首楞嚴經通議

1

수능엄경통의 1

首楞嚴經通議

감산 덕청 지음, 장순용 역주

운주사

머리말

『능엄경통의』를 번역하면서 느낀 몇 가지 소회를 기술하는 것으로 머리말을 대신하고자 한다.

　『능엄경』은 우리나라 불교 강원에서 교과로 채택하고 있는 중요한 경전이며, 우리나라만이 아니라 중국·일본에서도 광범위하게 유포되어 널리 연구되고 있다. 하지만 나는 평소 『능엄경』이 위경僞經일 수 있다는 말을 들은 탓인지 별로 관심을 갖지 않았다. 학계에서 위경으로 보고 있는 이유는 다른 경전과 비슷한 내용, 중국적 색채가 뚜렷한 번역어, 산스크리트 원문의 부재, 역사서에 전파하고 번역한 자의 기록이 없다는 점 등등인데, 반면에 명백한 증거 없이 기록의 차이나 몇몇 번역어만으로 위경 여부를 판단하는 것은 합리적이 아니라는 주장도 있다.

　그러다가 감산 대사의 명저 『능엄경통의』를 소개받아 번역하게 되었는데, 이때 『능엄경』이란 텍스트 자체의 가치가 위경 여부에 관계없이 매우 크다는 사실을 발견했고, 이런 장점 때문에 중국과 한국에서 방대한 『능엄경』 주석서가 생겨났을 거라는 생각이 들었다. 혹시 『능엄경』에 대해 선입견을 갖고 있던 독자들이 이 『능엄경통의』를 읽는다면 관점이 바뀐 나의 생각에 동의할 수 있으리라 기대한다.

　또 『능엄경』에서는 신선도神仙道를 육취(六趣: 六道)를 윤회하는 중생에 더해 칠취七趣로 규정함으로써 신선 역시 윤회하는 중생의 하나로 보고 있다. 만약 『능엄경』이 위경이라면, 이 신선에 관한 내용은 중국에서 불교가 전래된 이래로 도교 혹은 도가 사상과 치열한 갈등 과정을 거친 산물로 표현된 것이 아닐까 하는 생각이며, 반대로 위경이 아니라면 '신선'을 다루면서 그 부류를 칠취로 규정한 것은 다른 경전과는 달리 『능엄경』만이 갖고 있는 독특한 특색이라고 할 수 있다.

끝으로 『능엄경통의』를 소개해 번역으로 이끌어주신 도원 스님과 후원을 아끼지 않은 법안 보살, 그리고 번역을 함께하며 리뷰해주신 북경의 이영란 교수에게 지면을 빌려 깊은 감사를 드린다.

2020년 3월

장순용

해 제

『수능엄삼매경』은 후한後漢 시대의 지루가참支婁迦讖이 초역한 이래로 모두 여덟 번의 번역이 이루어졌다. 특히 후한 때 지루가참이 번역했다는 사실은 이 경전이 적어도 지루가참이 중국에 오기 전인, 아마 기원후 125~150년경에 서북 인도에서 성립했다고 추정할 수 있는 근거이다. 그리고 서기 185년에 지루가참에 의해 번역된 점으로 볼 때, 아울러 대승불교 경전의 발전 과정에서 볼 때 『수능엄삼매경』은 『화엄경』, 『유마경』, 『법화경』의 선구를 이루고 있기 때문에 원전의 성립은 기원 전후부터 100년경 사이로 추정할 수 있어서 초기 대승불교를 연구할 때 원전 자료로서의 가치가 크다.

현재까지 전해지는 『수능엄삼매경』에는 두 종류가 있다. 하나는 후진後秦 시대 구마라집(鳩摩羅什, Kumārajīva)이 402년에서 412년 사이에 한역한 『수능엄삼매경首楞嚴三昧經(Surangama samadhi sutra)』으로 그 온전한 명칭은 『불설수능엄삼매경佛說首楞嚴三昧經』, 줄여서 『수능엄경首楞嚴經』이라 하며 대승불교 경집부經集部의 경전이다. 이 경전은 드르다마티(한역하면 견혜堅慧 보살)가 주인공으로 등장해서 붓다와의 대화를 통해 '수능엄삼매首楞嚴三昧'를 체득해가는 과정을 이야기한 것이다. 수능엄삼매는 수능가마삼매首楞伽摩三昧라고도 하는데 용건정勇健定, 건행정健行定, 또는 건상정健相定이라 번역한다. 수능엄삼매를 증득한 보살은 일체 세계에 능히 자재하게 나타날 수 있으며 중생을 교화하는 일체의 사업을 행할 수 있다. 또 마계魔界에도 위력威力이 자재해서 내마內魔, 외마外魔를 이 온갖 불보살의 대비용건 삼매大悲勇健三昧로 항복시킬 수 있다. 이 수능엄삼매의 위력에 의거해 삼세의 온갖 부처는 능히 열반에 들면서도 영원히 멸하지는 않고 열반에 들었으면서도 능히 중생을 제도할 수 있다.

또 하나의 종류는 여기서 소개하고 있는 감산 대사의 명저 『능엄경통의』가 저본으로 삼고 있는 『대불정여래밀인수증요의제보살만행수능엄경大佛頂如來密因修證了義諸菩薩萬行首楞嚴經』이다. 이 경전은 전 10권으로 당唐나라 때 반랄밀제般刺蜜帝가 번역했으며, 밀교부에 수록(대정장 19책 밀교부 10권)되어 있다. 줄여서 『대불정수능엄경』, 『수능엄경』이라고도 한다.

전설에 의하면, 『대불정여래밀인수증요의제보살만행수능엄경』은 인도 나란타사寺에 비장祕藏된 경전으로 '서역 이외의 나라에는 반출하지 말라'는 왕명 때문에 당나라 이전에는 중국에 전파되지 않았다. 그러나 반랄밀제 삼장三藏은 진단(震旦: 고대 인도에서 중국을 진단이라 칭했다)에 전하고 싶어서 몇 번이나 몰래 들어왔지만 그때마다 잡혀서 돌아가는 바람에 성공할 수 없었다. 나중에 미묘하고 섬세한 모직물에다 경전을 써서 팔의 피부를 도려내 그 안에다 숨겼고, 마침내 바다를 항해해서 광주에 도착했으니, 때는 당나라 신룡 원년(神龍元年, 705년) 을축乙丑 5월 23일이었다. 때마침 재상 방융房融은 반랄밀제를 제지사制止寺에 모셔서 경전을 번역하고는 붓으로 필사하였다.

하지만 내용을 살펴볼 때 이 경전은 중국에서 후대에 많이 가필된 위경僞經이라는 설이 지배적이라서 법상종法相宗 계통의 수행자들은

위경僞經이라 생각한다. 내용도 본래의 경전, 즉 구마라습이 번역한
경전과는 전혀 다르다. 하지만 유포된 측면에서 볼 때 한국, 중국,
일본에서는 이 경전을 다양하게 연구해서 방대한 주석서를 낳았다.
특히 한국의 불교 전문 강원講院에서 이 경전은 『금강경』·『원각경』·
『대승기신론大乘起信論』과 함께 사교과四教科 과목으로 채택되어서
수행자들의 학습 교재가 되었다. 또한 '소화엄경小華嚴經'이라 불리면
서 널리 독송되었으며, 각 권마다 수록된 내용이 모두 한국불교의
신행信行에 크게 영향을 미쳤다.

　무엇보다도 이 경전은 밀교적인 색채가 짙긴 하지만 선종禪宗과
관계가 깊다. 그 내용을 살펴보면, 불타의 제자인 아난다阿難陀가
마등가 여인의 주술에 의해 마도魔道에 떨어지려는 것을 부처의 신통력
으로 구해내고, 그 다음 선정의 힘과 103개 다라니의 공덕력을 찬양한
뒤 이 다라니에 의해 모든 마魔의 장애를 물리치고 선정에 전념하여
여래의 진실한 경지를 얻어 생사의 고뇌에서 벗어나는 것이 최후의
목적임을 밝히고 있다. 따라서 이 경전은 밀교사상이 가미되기는
하였지만 선정이 역설되고 있기 때문에 밀교 쪽보다는 선가에서 환영
을 받아 중국의 주석서들은 모두 선문의 비구들에 의해 이루어졌다.

　이 경전에 관한 우리나라 고승의 주석서로는 고려시대 보환普幻의
『능엄경신과楞嚴經新科』 2권과 『수능엄경환해산보기首楞嚴經環解刪
補記』 2권, 조선시대 유일有一의 『능엄경사기楞嚴經私記』 1권과 의첨義
沾의 『능엄경사기』 1권 등이 현존하고 있으며, 조선시대에 간경도감에
서 편찬한 언해본을 비롯하여 10개의 판본이 전래되고 있다. 우리나라
일부 선종禪宗 사찰에서는 이 경의 제7권에 수록된 수능엄다라니를

10

외우는 것을 매일의 일과로 삼고 있다. 특히 보환普幻의『수능엄경환해
산보기首楞嚴經環解刪補記』는 송나라 계환戒環의『능엄경요해』의 잘못
된 곳을 고쳐 산보한 것이다.

그러면 감산 대사가 해설한 이 책『능엄경통의』를 살펴보자. 저자
감산 대사(1546~1623)는 명나라 4대 고승 중 한 사람으로 법명은
덕청德淸이다. 속가의 성姓은 채蔡이고 자字는 증인澄印, 호號가 감산憨
山이다. 오늘날의 안휘성 출신이다. 선禪과 정토 사상을 겸하여 수련할
것을 주장했으며, 육조 대사에서 비롯된 조계曹溪의 법맥을 중흥시켰
다. 특히 중국 불교를 집대성한 사람으로 유식학에 조예가 깊고 천태학
을 대성하였다. 저서로는『능가경관기』,『조론약주』,『몽유집』,『심
경직설心經直說』,『금강경결의金剛經決疑』등이 있다.

감산 대사는 오대산에서 수행할 때『능엄경』을 열람하다 깨달은
과정을 서술했는데, "하늘과 깨끗한 눈이 달빛과 교류할 즈음에 홀연히
대오大悟하며 갑자기 몸과 마음과 세계가 당장 평탄히 가라앉는 것이
마치 허공 꽃의 그림자가 떨어지는 것 같았다. 이때 비로소 일심삼관一
心三觀에 의거하여 하나의 경전을 원용해 회통했는데, 말하자면 미혹
과 깨달음이 일심을 벗어나지 못했고 구경究竟이 삼관을 여의지 못한
것이다"라고 하였다.

그 후 남악南嶽에 가서 영호靈湖의 만성난야萬聖蘭若에 머물렀다.
여름 결제結制 기간에 문인門人 초일超逸의 요청으로 곧바로 붓을
휘둘러 책을 만들었으니, 이 책에서 "자신이 깨달은 '일심삼관一心三觀
의 종지'를 널리 발휘했지만, 그러나 문장은 상세히 주석할 겨를이
없어서 제목을 '통의通議'라고 하였다"라고 했으며, "향상일로向上一路

의 길에서는 실로 군더더기로 여기겠지만, 처음 기연機緣을 맺은 인사에겐 바다의 물 한 방울을 마셔서 모든 강의 맛을 삼킬 수 있는 것"이라 하였다.

다음 『능엄경통의』에서는 먼저 이 경전의 제목을 고찰하고 있다. 제목은 전부 19자字에 달하지만 오직 '수능엄' 세 글자만을 중시할 뿐이고 그 밖의 16자는 모두 뜻을 잡은 것이라고 하는데, 일심에 갖춰진 체體·상相·용用 삼대三大의 뜻을 말한 것이다. 삼대는 첫째가 체대體大이고, 둘째가 상대相大이고, 셋째가 용대用大이다. 제목에서 칭한 '대불정大佛頂……'은 바로 삼대의 뜻을 제시한 것이다. '대大'는 말하자면 이 심체心體가 드넓어서 법계의 양量을 극한까지 포함하는 것이고, '불정(佛頂: 부처의 정수리)'은 부처의 지극한 무상無相의 정수리를 통해 광대무변한 마음을 비유했으니, 모습이 없어서 봄(見)을 볼 수 없기 때문에 상대相大가 된다. '여래밀인……'은 용대用大를 밝힌 것이다. 말하자면 일체의 모든 부처가 이 일심을 타고서 추호의 여지도 없는 궁극의 극과極果에 도달했기 때문에 '요의了義'라고 말하며, 일체의 보살이 이 마음을 타고서 여래지如來地에 도달했기 때문에 '만행萬行'이라 말하며, 이 일심이 앞서 말한 체대·용대·상대의 세 가지 뜻을 갖췄기 때문에 '대선정의 총체적 명칭'이라 한 것이다. 이 선정의 체體는 총체적으로는 일심一心이 되고 개별적으로는 삼관三觀이 되지만, 그러나 이 삼관은 모두 일심에 의거해 성립한다. 아난이 뜻을 잡아서 삼관을 청하자 부처님께서는 그 답변으로 곧바로 일심을 가리켰는데, 이로써 경전 전체에 펼쳐진 수증修證의 인과가 총체적으로 삼관을 벗어나지 못하고 궁극적으로 일심을 여의지 않는다는 것을 알 수 있다. 이 일심삼관은 본래 천태종에서 주장한 공空, 가假, 중中 셋을 일심으로 관하는 것이지만 여기서는 앞서 말한 사마타, 삼마지, 선나를 일심으로 관하는 것도 포함하고 있다. '수능엄'을 한역하면 '일체사 구경견고(一切事究竟堅固: 일체의 현상이 궁극적으로 견고하다)'로서 대선정(大定)의 총체적 명칭인데, 만약 이 마음으로 만법을 비추면 법마다 온전한 참(眞)이기 때문에 '일체사 구경견고'라 말한 것이다. 이 하나의 제목만 요달하면 경전 전체의 종지를 절반 이상 생각할 수 있다.

또 서문에서 감산 대사는 『수능엄경』을 모든 부처 여래의 대총지문大 摠持門이자 비밀의 심인心印으로 일대장교(一大藏教: 경經·율律·논論 삼장三藏의 가르침)를 종합적으로 포함하고 있다고 하였다. 다만 『능엄경』이 중국에 들어온 이래로 대체로 십여 가家의 해석이 존재하고 저마다 기량을 발휘하여 가르침의 핵심을 널리 통한 자가 적지 않지만, 그러나 여러 설說을 살펴보아도 아직 미흡한 점이 있는 것은 문자나 차별상을 뛰어넘어 진여眞如, 실상實相, 불성佛性 등의 본래 모습을 직접 관觀하는 이관理觀으로 회통會通한 것을 보지 못했기 때문이니, 언구言句가 비록 분명하더라도 커다란 종지(大旨)를 창달暢達하지 못한 탓에 배우는 자(學者)는 장님 코끼리 만지기 식이라는 탄식을 벗어나지 못했다. 그래서 감산 대사는 공空, 가假, 중中을 한마음으로 관하는 일심삼관一心三觀에 의거하여 『능엄경』을 원융해 회통했는데, 말하자면 미혹과 깨달음이 일심을 벗어나지 못했고 구경究竟이 삼관을 여의지 못한 것이다. 즉 기존에 나온 국내 주석서들이 나무만 보고 숲은 보지 못했다면 이 『능엄경통의』는 숲 전체를 조망하는 본질적인 통찰력이 빛나는 해설서이다.

다음 본문의 전체 내용은 석도안釋道安이 수립한 전통적인 분류 방법에 따라 서분序分, 정종분正宗分, 유통분流通分으로 나누고 있다.

서분序分은 통서通序와 별서別序로 나눈다. 통서는 법회의 인연으로 어느 경전에나 있기 때문에 '통서'가 된다. 별서는 이 경전의 유래를 천명하고 있다. 아난이 음실婬室에 타락하는 비천한 일로부터 시작하는데, 생사의 세계 속에서 홀로 참(眞)과 대면한 자는 오직 애욕, 이 하나의 일만이 중대할 뿐이니, 이것이 생사의 근본이 되기 때문이다.

정종분正宗分은 수증修證의 문門을 크게 여는 것과 미혹과 깨달음의 차별을 자세히 보이는 것으로 나눈다.

① 수증修證의 문門을 크게 여는 것

첫째, 1권에서 4권의 상유관청(尙留觀聽: 너는 어찌하여 스스로 속아서 아직도 보고 들음에만 머물러 있느냐?)까지는 세 가지 여래장을 열어서 삼관三觀의 체體를 드러낸 것이다. 즉 공여래장을 열어서 공관空觀의 체體를 보이고, 불공不空여래장을 열어서 가관假觀의 체를 보이고, 공불공空不空여래장을 열어서 중도관中道觀의 체體를 제시한 것이다. 망심妄心을 밝혀 진심眞心을 깨닫게 하는 것으로 특히 여래장을 역설하고 있다.

둘째, 4권 중간인 화옥華屋을 청하여 들임부터 제7권의 '이러한 원願을 세우다'까지는 삼관의 상相을 보인 것이다. 수행 방법을 제시한 것으로서 번뇌에서 벗어나 원통圓通을 얻는 방법으로 3무루학無漏學, 4율의律儀, 다라니 암송과 그 공덕, 12종류의 생명이 생기는 원인을 서술하며 그에 따른 수행 방법과 과정을 서술하고 있다.

셋째, 7권 '44심心을 물음'에서부터 제8권 중 '삿된 관觀이라 칭함'까지는 삼관의 용용用을 드러낸 것이다. 즉 7권 끝에서 8권 중간까지는 10신信, 10주住, 10행行, 10회향回向, 4가행加行, 10지地, 구경究竟의 55단계 수도를 거쳐 묘각妙覺을 성취하는 것을 설명하고 있다. 8권 중간 부분은 지옥, 아귀에서부터 신선까지 7취趣가 생기는 원인을 말하고 있으며, 8권 중간부터 10권 마지막까지는 수도 과정에 나타나는 온갖 마장魔障을 식별하고 퇴치하는 내용을 설하고 있다.

넷째, '문수보살이 명칭을 매듭지음을 묻기'까지는 삼관의 명칭을 매듭지은 것으로 이루어져 있다.

②미혹과 깨달음의 차별을 자세히 제시한 것

이는 '칠취를 정밀히 연구함'으로부터 '마魔와 오음五陰을 상세히 변별하는' 데까지이다.

첫째, 칠취를 정밀히 연구하여 미혹 속의 차별상을 자세히 제시한 것이다.

둘째, 음마陰魔를 상세히 밝혀서 깨달음 속 차별의 모습을 자세히 제시한 것이다.

유통분流通分은 공덕을 비교하여 헤아리고 그 얻는 복의 수승함과 그 수승한 이익을 총체적으로 드러낸다. 그리고 마지막으로 법회法會를 모두 맺는다.

끝으로 천태종의 종장宗匠 체한(諦閑, 1858~1932)의 『능엄경통의』에 대한 평가를 소개한다.

"성종性宗과 상종相宗을 융화하고 일심삼관一心三觀을 사무쳐서 종

지에 결정코 부합하여 털끝만한 여지도 남기지 않았으며, 근본과
지말枝末이 원만히 통하고 처음과 마지막이 하나로 일관되었으니,
진실로 교법의 준칙이요 선종의 정안正眼이다."

수능엄경통의首楞嚴經通議 제강약과提綱略科[1]

명明나라 남악南嶽 사문 감산덕청憨山德清 배열

이 열 권의 경전을 상례에 준거하여 세 가지로 나눈다.

I. 소위 첫째는 서분序分이니, 설법의 원인과 유래를 서序하기 때문이다.

II. 둘째는 정종분正宗分이니, 한 경전의 근본 종지(宗體)를 올바로 제시하기 때문이다.

III. 셋째는 유통분流通分이니, 오래도록 유전流轉되길 바라기 때문이다.

경전에 들어가면서 먼저 서분序分을 열거한다.

---

1 요점을 정리한 대강의 과목이란 뜻으로, 넓은 의미의 목차에 해당한다. 원서의 목차는 도해가 복잡해서 원문과 대조해 그 순서대로 배열하였으며, 장章과 절節 등을 나눈 원문의 부호는 현대적인 부호로 바꾸었다.(역자)
○ → I, II / 〔□@(×)〕 → 1, 2 / △ → 1), 2) / 〔○@●〕 → (1), (2) / 〔□@◇〕 → ①, ② / 〔○@◇〕 → 가, 나 / 〔△@△〕 → 가), 나) / 〔□@○〕 → (가), (나) / 〔⌒〕 → ㉮, ㉯ / ◎ → A, B / 〔□@((○/(○*○)))〕 → A), B) / 〔△@○〕 → (A), (B) / 〔×〕 → Ⓐ, Ⓑ / 〔?(●/(○*○))〕 → a, b / 〔卍〕 → a), b) / ○ → (a), (b) / 〔?(○/(○*○))〕 → ⓐ, ⓑ / 卐 → i, ii / 〔?(◇*◇)〕 → i), ii)

I. 서분序分

1. 통서通序
2. 별서別序

II. 정종분正宗分의 대과大科를 둘로 나눔

1. 수증修證의 문문門을 크게 열다
2. 미혹과 깨달음의 차별을 자세히 보임

1. 수증문을 열어 보임 중에서 사과四科를 전체적으로 나눔

1) 세 가지 여래장을 열어서 삼관三觀의 체體를 드러냄(이는 1권에서 4권의 상유관청尙留觀聽까지)

2) 삼관의 상相을 보임(화옥華屋을 청하여 들임부터 제7권의 이러한 원원願을 세우다까지)

3) 삼관의 용用을 드러냄(44심心을 물음에서부터 제8권 중 '삿된 관觀이라 칭함'까지)

4) 삼관의 명칭을 매듭지음(문수보살이 결명結名을 묻기까지)

1) 세 가지 여래장을 열어서 삼관三觀의 체體를 드러냄

(1) 공여래장을 열어서 공관空觀의 체體를 보임

① 생멸문을 취하는 가운데 참(眞)과 허망(妄)을 결택함으로써 본각本覺 의 진심眞心을 드러냄

② 불생불멸과 회망귀진會妄歸眞: 허망함을 회통하여 참에 돌아감을 취하여 진공의 여래장 성품(眞空藏性)을 드러냄

① 생멸문을 취하는 가운데 참(眞)과 허망(妄)을 결택함으로써 본각本
覺의 진심眞心을 드러냄에 두 가지가 있다

가. 적합한 기연이 행을 청함(當機請行)

나. 세존께서 자세하게 보임을 네 가지로 나눔

　가) 오온과 팔식을 올바르게 타파함으로써 인공人空을 밝힘

　나) 두 종류의 세계를 예로 들어 타파함으로써 법공法空을 밝힘

　다) '본각이 반연을 여읨'을 드러냄으로써 '진여가 속박을 벗어남'을
　　보임

　라) '자취를 쓸어내고 현묘함에 들어감'으로써 '진여가 상대相待를 단절
　　했음'을 드러냄

　가) '인공人空을 밝힘'을 네 가지로 나눔

　(가) 먼저 '마음을 명백히 밝혀 색온과 수온을 타파함으로써 전오식
　　前五識[2]이 체體가 없음을 밝힘'을 여섯 가지로 나눔.

　　㉮ 발심發心을 살핌

　　㉯ 망상의 근본을 물리침.

　　㉰ 망상의 근원을 따짐

　　㉱ 망상의 처소를 살핌

　　㉲ 정定의 체體를 올바로 보임

　　㉳ 망상의 처소에 체體가 없음을 올바르게 타파함

　(나) 망심을 배척해 상온을 타파함으로써 육식六識에 체體가 없는
　　것을 네 가지로 나눔

---

2 안식, 이식, 비식, 설식, 의식을 다섯 가지 식識을 말한다.

㉠ 적합한 기연이 거듭 선정의 문門을 청함

㉡ 세존께서 광명으로 선정의 체體를 보임

㉢ 전도顚倒의 근본을 총체적으로 제시함

㉣ 전도顚倒를 올바로 보인 것을 세 가지로 나눔

  A. 전도의 마음을 힐문한 것을 다섯 가지로 나눔

   A) 허망한 마음을 시험 삼아 힐문함

   B) 망상이 참(眞)이 아님을 지적함

   C) 육식에 체體가 없음을 힐문함

   D) 칠식이 참(眞)이 아님을 대동하여 드러냄

   E) 전도를 총체적으로 질책함

  B. 전도된 봄(見)을 힐문한 것을 세 가지로 나눔

   A) 적합한 기연이 거듭 청함

   B) 광명으로 하나의 참됨(一眞)을 보임

   C) 봄(見)을 회통하여 마음에 돌아감

  C. 전도된 사람을 두 가지로 나누어 제시함

   A) 청함

   B) 답을 여섯 가지로 나눔

    (A) 범부의 전도를 제시함

    (B) 이승의 전도를 두 가지로 나누어 제시함

     Ⓐ 미혹을 제시함   Ⓑ 따지고 질책함

    (C) 외도의 단견斷見이 전도되었음을 제시함

    (D) 전도의 상태를 제시함

    (E) 전도를 올바로 질책함

    (F) 미혹과 깨달음이 동일한 근원임을 제시함

(다) 망견의 변론으로 행온을 타파해서 칠식에 체體가 없음을 밝힌 것을 두 가지로 나눔

㉮ 망견을 타파함을 다섯 가지로 나눔

  A. 먼저 분별을 따져 타파함으로써 망견에 체體가 없음을 네 가지로 나눔

    A) 망견을 드러냄

    B) 허망한 반연이 실답지 않음을 가려냄

    C) 근根과 식識이 둘 다 허망함을 제시함

    D) 돌아갈 수 있으면 참(眞)이 아님을 제시함

  B. 잠시 견정見精을 빌려서 티끌의 반연을 가려냄을 두 가지로 나눔

    A) 청함

    B) 답함을 세 가지로 나눔

     (A) 견정見精을 세움

     (B) 티끌의 반연을 가려냄

     (C) 봄(見)의 성품을 제시함

  C. 봄(見)의 성품이 반연을 여읨으로써 견정을 드러냄을 보이는 것을 네 가지로 나눔

    A) 돌려보내지 못함을 청함

    B) 봄(見)의 양을 정함

    C) 티끌의 반연을 가려냄

    D) 견정見精을 제시함

  D. 견정이 사물이라고 굴리고 계교함을 타파한 것을 두 가지로 나눔

A) 굴리고 계교함을 타파함

B) 참다운 봄(眞見)을 제시함

E. 견량見量을 올바로 타파해서 진심을 드러냄을 두 가지로 나눔

A) 양量을 세움　　B) 올바로 타파함

㉯참(眞)을 드러냄

(라) 비견정非見精으로 식온을 타파하고 제 팔식을 멸해서 올바른 수행의 길을 정확히 가리킴을 세 가지로 나눔

㉮아집我執을 타파해 일진一眞을 드러냄을 세 가지로 나눔

A. 적합한 기연이 계교를 내다

B. 세존께서 자세히 타파하는 것을 두 가지로 나눔

A) 사물에 즉해서 봄(見)을 타파함

B) 사물에 즉해서 봄이 아님(非見)을 타파함

C. 문수가 참(眞)을 드러냄

㉯자증自證을 타파함으로써 하나의 참(一眞)을 드러냄을 네 가지로 나눔

A. 적합한 기연이 계교를 내다

B. 세존께서 자세히 타파함을 두 가지로 나눔

A) 자연自然을 타파함

B) 인연을 타파함

C. 정각精覺을 정확히 제시함

D. 허망한 계교를 거듭 물리침

㉰견정을 타파함으로써 시각始覺을 제시함을 세 가지로 나눔

A. 허망한 계교를 따져서 타파함

B. 시각始覺을 정확히 제시함을 두 가지로 나눔

　　A) 연緣을 가려냄　　B) 정확히 제시함

　C. 질책으로 맺으면서 수행을 권유함

나) 두 종류의 세계가 본래 공함을 사례를 들어 타파함으로써 법공法

空을 밝힌 것을 두 가지로 나눔

(가) 적합한 기연이 신청함

(나) 세존께서 설법을 허락함을 두 가지로 나눔

　㉮설법을 허락하면서 경청하라고 훈계함

　㉯두 가지 허망함을 올바로 제시한 것을 두 가지로 나눔

　A. 총체적으로 제시함

　B. 개별적으로 제시함을 세 가지로 나눔

　A) 별업망견　　B) 동분망견

　C) 나아가고 물러서면서 종합적으로 밝힘을 세 가지로 나눔

　　(A) 별업別業에 나아가 동분同分을 예로 함

　　(B) 동분에서 물러나 별업을 예로 듦

　　(C) 나아가고 물러서면서 종합적으로 밝힘

다) 본각이 반연을 여읨으로써 진여가 속박에서 벗어남을 제시함을

　드러냄

라) 자취를 불식시키고 현묘함(玄)에 들어감으로써 진여眞如의 절대

　絶待를 드러냄을 두 가지로 나눔

(가) 세존께서 특별히 제시함

(나) 허망한 계교를 거듭 불식시킴을 두 가지로 나눔

　㉮화합을 타파함　　㉯불화합을 타파함

②불생불멸不生不滅을 잡아 허망함을 회통해 참(眞)으로 돌아감으로

　써 진공眞空의 여래장성如來藏性을 드러냄을 두 가지로 나눔

가. 일심을 곧바로 가리킴(直指一心)

나. 만법을 단박에 원융함을 세 가지로 나눔

　가) 삼과三科를 회통함으로써 사사에 즉하고 이理에 즉함을 드러냄을
　　네 가지로 나눔

　　(가) 오음五陰을 회통함

　　　㉮색음色陰을 회통함　　㉯수음受陰을 회통함

　　　㉰상음想陰을 회통함　　㉱행음行陰을 회통함

　　　㉲식음識陰을 회통함

　　(나) 육입六入을 회통함

　　　㉮안입眼入을 회통함　　㉯이입耳入을 회통함

　　　㉰비입鼻入을 회통함　　㉱설입舌入을 회통함

　　　㉲신입身入을 회통함　　㉳의입意入을 회통함

　　(다) 십이처十二處를 회통함

　　　㉮빛깔의 처소(色處)를 회통함

　　　㉯소리의 처소(聲處)를 회통함

　　　㉰향내의 처소를 회통함　　㉱맛의 처소를 회통함

　　　㉲촉觸의 처소를 회통함　　㉳법의 처소를 회통함

　　(라) 십팔계十八界를 회통함

　　　㉮안식계眼識界를 회통함　　㉯이식계耳識界를 회통함

　　　㉰비식계鼻識界를 회통함　　㉱설식계舌識界를 회통함

　　　㉲신식계身識界를 회통함　　㉳의식계意識界를 회통함

　나) 칠대七大를 회통해서 사사와 이理가 걸림 없음을 드러내는 것을
　　다섯 가지로 나눔

(가) 적합한 기연이 의문을 물음

(나) 계청誠聽을 설하길 허락함

(다) 허망한 계교를 총체적으로 냄

(라) 하나의 근원을 특별히 제시함

(마) 대大의 성품을 두루 제시함을 일곱 가지로 나눔

⑦ 지대地大를 제시함　　㉯ 화대火大를 제시함

㉰ 수대水大를 제시함　　㉱ 풍대風大를 제시함

㉲ 공대空大를 제시함　　㉳ 견대見大를 제시함

㉴ 식대識大를 제시함

다) 근기가 적합한 자들이 깨닫고서 게송을 설해 정情을 늘어놓다

(2) 불공여래장不空如來藏을 열어서 가관假觀의 체體를 보인 것을 세 가지로 나눔

① 적합한 기연機緣이 의문의 해결을 청함

② 의정疑情을 올바로 서술한 것을 둘로 나눔

가. 참(眞)은 허망(妄)을 용납하지 못한다고 의심함

나. 사대가 서로 침범한다고 의심함

③ 세존께서 법을 깨우치는 것을 다섯 가지로 나눔

가. 설법을 허락하고 훈계함

나. 허망이 참(眞)에 의거해 일어남을 제시한 것을 다섯 가지로 나눔

가) 한마음(一心)을 세워서 미혹과 깨달음의 근본으로 삼음

나) 두 문門이 생사의 원인이 된다고 쌍雙으로 힐책함

다) 허망을 인정해서 참(眞)을 잃음

라) 생멸문에서는 무명無明의 불각不覺에 의거해 삼세三細를 낸다

마) 경계境界가 연緣이 되어 육추六麤로 자라나는 것을 세 가지로
나눔

(가) 육추를 총체적으로 드러냄

(나) 상속相續을 따로 제시함을 세 가지로 나눔

㉮세계의 상속   ㉯중생의 상속을 밝힘

㉰업과業果의 상속을 밝힘

(다) 결론으로 허망의 모습(妄相)을 드러냄

다. 본래 생멸이 없음을 두 가지로 나눔을 제시함

가) 허망을 집착해 참(眞)을 의심함

나) 본래 생멸이 없음을 제시함

라. 이理와 사事가 걸림 없음을 드러냄

마. 미혹과 깨달음이 동일한 근원이란 것을 통해 이理와 사事가 걸림
없음을 매듭지은 것을 드러냄

**(3) 공불공空不空 여래장을 열어서 중도관中道觀의 체體를 제시한 것을 네 가지로
나눔**

①차단(遮)과 비춤(照)을 잡아서 원만함(圓)을 드러낸 것을 네 가지로
나눔

가. 쌍으로 차단함(雙遮)을 잡아서 원만함을 드러냄

나. 쌍으로 비춤(雙照)을 잡아서 원만함을 드러냄

다. 동시同時를 잡아서 묘함을 드러냄

라. 말을 여윔을 결론으로 제시함

②일심一心으로 단박에 깨달아 단박에 증득함(頓悟頓得)을 드러내는

것을 제시함

③ 참(眞)과 허망을 쌍으로 끊어서 묘함을 드러내는 것을 제시함을
두 가지로 나눔

가. 적합한 기연이 미혹에 집착해서 여전히 인연이나 자연이라 의심함

나. 세존께서 자세하게 사사事에 즉함으로써 참마음(眞心)은 상대가
끊어졌음을 드러낸 것을 여섯 가지로 나눔

가) 미혹과 깨달음이 모두 아님을 총체적으로 드러냄

나) 참(眞)과 허망을 쌍으로 끊음을 드러낸 것을 두 가지로 나눔

(가) 참(眞)을 끊는 예시를 두 가지로 나눔

㉮ 자연을 끊음　　㉯ 인연을 끊음

(나) 허망을 끊는 예시를 두 가지로 나눔

㉮ 자연을 끊음　　㉯ 인연을 끊음

다) 결론으로 말과 사고를 묘하게 끊음

라) 망연妄緣을 버림

마) 관觀과 지혜를 쌍으로 없애다

바) 과해果海를 없애서 동일하게 함

④ 결론으로 수행을 권해서 행行을 발함을 따진다

2) 온갖 행行을 상세히 진술함으로써 삼관三觀의 상相을 제시하는 것을 두
가지로 나눔

(1) 특별히 행行을 청하는 문門

(2) 세존께서 행行의 상相을 위탁해 제시하는 것을 두 가지로 나눔

① 자리自利의 묘하고 원만한 이행理行을 제시하는 것을 네 가지로

34

나눔

가. 미혹과 깨달음의 근원을 통틀어 제시하는 것을 네 가지로 나눔

　가) 보리를 발하는 초심(發覺初心)을 총체적으로 제시함

　나) 두 가지 결정된 뜻을 따로 제시하는 것을 두 가지로 나눔

　(가) 생멸하지 않는 마음을 근본 수행의 인因으로 삼는 것을 세
　　가지로 나눔

　　㉮능관能觀의 마음을 제시함

　　㉯소관所觀의 경계를 제시한 것을 세 가지로 나눔

　　　A. 생멸의 근원을 제시함

　　　B. 생멸의 모습을 비유함

　　　C. 생멸을 따로 밝힘

　　㉰관행觀行의 원인을 제시함을 세 가지로 나눔

　　　A. 원인이 참되고 결과가 올바름(因眞果正)을 밝힘

　　　B. 미혹을 끊는 얕고 깊음을 비유한 것을 두 가지로 나눔

　　　　A) 점진적으로 끊음을 비유함

　　　　B) 단박에 끊음을 비유함

　　　C. 결론으로 참(眞)의 궁구로 미혹이 다함

　(나) 번뇌의 근본 뜻을 살펴서 원만한 근(圓根)을 가려냄을 여섯
　　가지로 나눔

　　㉮상세히 살피라고 훈계하심

　　㉯근根의 결성을 올바로 가리킴

　　㉰근根과 인因이 허망하게 짜임을 드러냄

　　㉱역용力用이 가지런하지 않음을 드러내는 것을 여섯 가지로
　　　나눔

        A. 안근眼根   B. 이근耳根   C. 비근鼻根

        D. 설근舌根   E. 신근身根   F. 의근意根

      ㉩ 원만한 근根을 선택하라고 훈계함

      ㉫ 하나의 문門에 깊이 들어가게 함

다) 허망함이 다하여 근원으로 돌아감을 간략히 제시하는 것을 두 가지로 나눔

 (가) 적합한 기연이 의문을 물음

 (나) 세존께서 정확히 제시한 것을 열 가지로 나눔

    ㉮ 기틀은 얕고 법은 깊음을 총체적으로 밝힘

    ㉯ 여섯인지 하나인지 허망을 관찰하게 함

    ㉰ 참(眞)과 허망(妄) 둘 다 잊는 것을 정확히 제시함

    ㉱ 미혹해서 하나를 집착하는 것을 질책함

    ㉲ 형상과 명자名字를 벗어나길 비유함

    ㉳ 허망의 근원을 따로 제시한 것을 두 가지로 나눔

      A. 허망의 근원을 따로 드러낸 것을 여섯 가지로 나눔

        A) 안근眼根   B) 이근耳根   C) 비근鼻根

        D) 설근舌根   E) 신근身根   F) 의근意根

      B. 허망을 총체적으로 결론내림

    ㉴ 관심觀心으로 돌아가길 가리킴

    ㉵ 지혜가 일어나고 미혹을 잊음

    ㉶ 대용大用을 대략 드러냄

    ㉷ 허망함이 다해 근원으로 돌아감을 드러냄

라) 최초의 방편을 은밀히 제시한 것을 두 가지로 나눔

 (가) 적합한 기연이 단멸斷滅을 거듭 의심함을 두 가지로 나눔

㉮ 참(眞)으로써 허망을 의심함

㉯ 허망으로써 참(眞)을 의심함

(나) 참되고 항상함(眞常)을 교묘히 제시하는 것을 다섯 가지로 나눔

㉮ 질책을 하면서 의심을 없애주겠다고 허락함

㉯ 종을 쳐서 시험함

㉰ 참되고 항상함(眞常)을 올바로 드러내는 것을 다섯 가지로 나눔

   A. 분간하여 정함   B. 올바로 제시함

   C. 미혹을 질책함   D. 비유로 드러냄

   E. 결론을 드러냄

㉱ 뒤바뀜을 총체적으로 결론지음

㉲ 관심觀心을 가리켜 돌아감을 세 가지로 나눔

   A. 티끌을 멸해서 각覺과 동화함

   B. 지혜가 일어나고 미혹이 없어짐

   C. 티끌이 소멸하고 각覺이 청정해짐

나. 일심삼관一心三觀의 모습을 올바로 제시한 것을 두 가지로 나눔

가) 적합한 기연이 참(眞)으로써 허망을 의심함

나) 부처님께서 미혹과 깨달음이 동일한 근원이라고 제시한 것을 네 가지로 나눔

(가) 본존本尊께서 위로하심

(나) 모든 부처님이 증명해 성취한 것을 두 가지로 나눔

㉮ 광명으로 도道의 동일함을 증명함

㉯ 하나의 참(一眞)을 말로 드러냄

(다) 기틀에 당면해 거듭 청함

(라) 세존께서 선포해 제시하는 것을 두 가지로 나눔

　㉮긴 행行을 여섯 가지로 나눔

　　A. 참 근원은 둘이 아님을 가리킴

　　B. 무명의 체體가 공空함을 제시함

　　C. 육근과 육진이 허망하게 발함을 밝힘

　　D. 허망의 근원이 체體가 없음을 밝힘

　　E. 미혹과 깨달음이 동일한 근원임을 제시함

　　F. 진제眞際를 가리켜 귀의함

　㉯게송으로 관觀의 모습을 올바로 제시한 것을 여섯 가지로
　　나눔

　　A. 일심一心에 의거해 삼관三觀의 모습을 세움

　　B. 일심에 즉함이 소관所觀의 경계가 됨

　　C. 원만한 근(圓根)에 의거함이 이치(理)에 들어가는 문門
　　　이 됨

　　D. 모습을 낳는(生相) 무명이 끊어야 할 미혹이 됨을 가리킴

　　E. 일심一心을 단박에 증명해서 삼관三觀의 작용을 드러냄

　　F. 모든 부처님이 똑같이 증득해서 삼관三觀의 명칭을 결론지음

다. 해탈과 결성의 방향을 간략히 제시하는 것을 세 가지로 나눔

가) 경가經家가 사리를 서술함

나) 기틀에 당면해서 계청啓請함을 두 가지로 나눔

　(가) 여섯이 풀리면 하나 역시 없어진다 것을 질문함

　(나) 맺힘을 푸는 순서를 질문함

다) 세존께서 솜씨 있게 제시한 것을 두 가지로 나눔

(가) '여섯이 풀리면 하나 역시 없어진다'에 답한 것을 세 가지로 나눔

㉮ 육근이 맺히게 된 이유를 제시한 것을 다섯 가지로 나눔

  A. 일심을 허망하게 미혹해서 오음五陰을 이룬 것을 사물을 빌려 드러냄

  B. 허망하게 오음을 맺어서 육근을 이룬 것을 사물을 빌려 드러냄

  C. 하나와 여섯의 이치가 생기는 것을 사물을 빌려 드러냄

  D. 육근의 같음과 다름을 사물을 빌려 드러냄

  E. 육근의 같음과 다름을 결론으로 종합함

㉯ '여섯을 풀면 하나도 없어진다'를 제시한 것을 두 가지로 나눔

  A. '여섯을 풀면 하나도 없어진다'를 사물을 빌려 드러냄

  B. 법이 참과 허망의 불생不生과 합치함

㉰ 매듭을 푸는 방법을 제시한 것을 다섯 가지로 나눔

  A. 두 변邊이 무력함을 사물을 빌려 드러냄

  B. 중도中道가 공功을 거두는 것을 사물을 빌려 드러냄

  C. 중도를 직관하라고 사물을 빌려 명함

  D. 성불의 참 원인(眞因)을 올바로 제시함

  E. 육근을 말미암아 증득해 들어감을 결론으로 제시함

(나) 매듭을 푸는 순서에 대한 답을 네 가지로 나눔

㉮ 생겨남은 식을 인해 있다(生因識有)는 것을 사물을 빌려 드러냄

㉯ 소멸은 색으로부터 없애는(滅從色除) 것을 사물을 빌려 드러냄

㉰ 법이 매듭을 푸는 차례와 합치함을 세 가지로 나눔

  A. 중도를 말미암아 견사見思(견혹과 사혹)를 끊음으로써 인공人空을 증득함

B. 중도를 말미암아 진사塵沙를 끊음으로써 법공法空을 증득함

C. 중도를 말미암아 무명을 끊음으로써 무생無生을 증득함

㉣결론으로 관심觀心에 돌아감

라. 최초의 방편을 자세히 제시한 것을 네 가지로 나눔

가) 적합한 기연이 해당 근根을 특별히 청함

나) 세존께서 시험 삼아 증명해서 은밀히 전수함

(가) 세존께서 시험 삼아 물어봄

(나) 온갖 성인들이 증명해 성취함을 세 가지로 나눔

㉠온갖 성인들이 선포해 제시한 것을 두 가지로 나눔

A. 24성인이 따로 증명함을 네 가지로 나눔

A) 육진六塵을 여섯으로 나눔

(A) 성진聲塵　(B) 색진色塵　(C) 향진香塵

(D) 미진味塵　(E) 촉진觸塵　(F) 법진法塵

B) 오근五根을 다섯 가지로 나눔

(A) 안근眼根　(B) 비근鼻根　(C) 설근舌根

(D) 신근身根　(E) 의근意根

C) 육식六識을 여섯 가지로 나눔

(A) 안식眼識　(B) 이식耳識　(C) 비식鼻識

(D) 설식舌識　(E) 신식身識　(F) 의식意識

D) 칠대七大를 일곱 가지로 나눔

(A) 화대火大　(B) 지대地大　(C) 수대水大

(D) 풍대風大　(E) 공대空大　(F) 식대識大

(G) 견대見大

B. 소리를 관하는 이근耳根으로 원만히 증명함을 세 가지로 나눔

A) 관행觀行의 말미암는 바를 서술함

B) 근根이 원통圓通을 획득함을 서술한 것을 세 가지로 나눔

　(A) 이 근根을 처음 이해해서 먼저 인공人空을 증득한 것을
　　두 가지로 나눔

　　ⓐ 현전의 진塵을 없앰　　ⓑ 내근內根을 다함

　(B) 공성空性이 원만하고 밝음으로써 법공法空을 증명한 것을
　　두 가지로 나눔

　　ⓐ 관지觀智를 버림　　ⓑ 거듭 공空을 버림

　(C) 구공俱空: 함께 공함의 불생不生으로 일심一心을 단박에
　　증명함

C) 흐름에 들어가 정각을 성취함을 서술한 것을 두 가지로
　나눔

　(A) 단박에 십지十地를 초월함을 총체적으로 드러냄

다) 묘용妙用의 방향 없음을 따로 드러낸 것을 다섯 가지로 나눔

(가) 동체同體로서인 사랑의 능력으로 32상相의 응신을 증명함

(나) 동체同體의 연민(悲)으로 능히 14가지 무외無畏를 증득함

(다) 열반에 묘하게 계합해서 네 가지 부사의不思議를 얻는 것을
　두 가지로 나눔

　㉮ 총체적으로 제시함

　㉯ 개별적으로 제시하는 것을 네 가지로 나눔

　A. 온갖 다양하고 묘한 용모를 나타냄

　B. 온갖 다양하게 묘한 형상을 나타냄

　C. 능히 지나가면 감화하고 존재하면 신령스럽다(過化存神)

　D. 능히 감응해서 마침내 통한다(感而遂通)

(라) 결론으로 선정의 명칭을 가리킴

(마) 명호名號가 진실을 말미암아 성립하는 것을 서술함

㉮ 주主와 반伴을 가지런히 증명함

㉯ 문수에게 지혜의 증명(智證)을 가려 뽑으라고 명한 것을 두 가지로 나눔

　A. 여래의 특명特命

　B. 문수가 명을 받드는 것을 두 가지로 나눔

　A) 세 가지 업이 가加를 청함

　B) 게송을 올바로 진술한 것을 열두 가지로 나눔

　(A) 0.5의 게송은 일심의 참 근원(眞源)을 드러냄

　(B) 2.5의 게송은 참에 의거해 허망을 일으킴(依眞起妄)을 드러냄

　(C) 1.5게송은 허망함을 돌이켜 참으로 돌아감(返妄歸眞)을 드러냄

　(D) 0.5게송은 근원으로 돌아가매 둘이 없음(歸源無二)을 드러냄

　(E) 1게송은 소인所因을 가려 뽑는 것을 드러냄

　(F) 24게송은 해당되는 기틀이 아님을 가려내는 것을 두 가지로 나눔

　　Ⓐ 삼과三科를 가려내는 것을 세 가지로 나눔

　　a. 육진六塵

　　　a) 우바니優波尼　　　b) 교진나憍陳那

　　　c) 향엄동자香嚴童子　d) 약왕약상藥王藥上

　　　e) 발타바라跋陀婆羅　f) 마하가섭摩訶迦葉

b. 오근五根

  a) 아나율타阿那律陀   b) 주리반특가周利槃特迦

  c) 교범발제憍梵鉢提   d) 필릉가바차畢陵伽婆蹉

  e) 수보리須菩提

c. 육식六識

  a) 사리舍利   b) 보현普賢 보살

  c) 손타라난타孫陀羅難陀   d) 부루나富樓那

  e) 우파리優波離   f) 대목건련大目犍連

Ⓑ 칠대七大를 가려내는 것을 일곱 가지로 나눔

a. 지대地大 지지持地 보살

b. 수대水大 월광동자月光童子

c. 화대火大 오추슬마烏芻瑟摩

d. 풍대風大 유리광법왕자瑠璃光法王子

e. 공대空大 허공장虛空藏 보살

f. 식대識大 미륵彌勒 보살

g. 견대見大 대세지법왕자大勢至法王子

(G) 12.5게송이 원통의 요체와 묘함을 정확히 가리키는 것을
두 가지로 나눔

  Ⓐ 10.5게송이 법을 가리켜 수승함을 드러내는 것을 두
가지로 나눔

a. 1.5게송은 법을 가리킴

b. 9게송이 수승함을 드러내는 것을 두 가지로 나눔

  a) 10구절은 능히 닦는 사람(能修人)의 수승함을 찬탄함

  b) 26구절은 소입所入의 근根이 수승함을 찬탄하는데
두 가지로 나눔

(a) 홀로 나머지 근根보다 수승함을 드러내는 것을 세
가지로 나눔

ⓐ6구절은 원만(圓)의 수승함

ⓑ8구절은 통함(通)의 수승함

ⓒ8구절은 항상(常)의 수승함

(b) 나머지 근根이 미치지 못한다고 결론지음

Ⓑ2게송은 미혹과 깨달음의 인의因依를 드러냄

(H) 17구절이 법을 매듭지어 수행을 권하는 것을 세 가지로
나눔

Ⓐ5구절은 결론으로 정문定門을 가리킴

Ⓑ4구절은 다문多聞이 이익이 없다는 것을 따짐

Ⓒ8구절은 참된 수행에 공功이 있음을 권하는 것을 네
가지로 나눔

a. 수행을 올바로 권함

b. 들음은 묘한 깨달음이 아니다.

c. 묘한 깨달음은 말을 끊는다

d. 말을 여의고 단박에 증명함

(I) 7.5게송이 관觀의 상相을 제시하는 것을 세 가지로 나눔

Ⓐ삼관三觀이 교섭해 들어감(涉入)을 올바로 제시하는 것
을 세 가지로 나눔

a. 4구절은 가假로부터 공空에 들어감

b. 6구절은 공空으로부터 가假에 들어감

c. 13구절이 공空과 가假로부터 중도(中)에 들어가는 것을
두 가지로 나눔

a) 비유로 밝힘   b) 법의 화합

Ⓑ2구절은 관觀의 깊고 얕음을 밝힘

Ⓒ5구절은 매듭을 푸는 방법을 제시함

(J) 2.5게송은 똑같이 증명했음을 예를 들어 매듭지음

(K) 14게송은 부처님의 명命에 보고하면서 가피加被를 청하는 것을 두 가지로 나눔

Ⓐ11게송은 부처님의 명에 보고함

Ⓑ5구절은 가피加被를 청함

(L) 12. 5구절은 해당 기틀에 정확히 수여함

(바) 해당 기틀의 깨달음(領悟)

(사) 법회에서 이익을 얻음

②이타利他의 묘하고 원만한 사행事行을 제시하는 것을 두 가지로 나눔

가. 해당 기틀에 청함을 진술하는 것을 세 가지로 나눔

가) 자리自利의 공덕이 원만함

나) 이타利他의 염원함이 광대함을 진술함

다) 이타利他의 할 바를 진술한 것을 두 가지로 나눔

(가) 삿된 도道가 참(眞)을 어지럽힘

(나) 삿됨을 꺾고 올바름을 드러내는 것을 두 가지로 나눔

㉮마음을 섭수攝收하는 궤칙軌則을 질문함

㉯도량의 안립安立을 질문함

나. 세존께서 설법을 허락하는 것을 두 가지로 나눔

가) 칭찬으로 허락하면서 귀를 기울이라고 훈계함

나) 분제分際를 허락해 설하는 것을 두 가지로 나눔

(가) 마음을 섭수하는 궤칙에 답하는 것을 두 가지로 나눔

㉮세 가지 무루학이 수행의 근본이 됨을 총체적으로 제시함

㉯삼취계三聚戒가 성불의 기초가 됨을 개별적으로 제시한 것을
  네 가지로 나눔

 A. 계의 체體를 간략히 제시함

 B. 수행의 상相을 올바로 제시한 것을 다섯 가지로 나눔

  A) 네 가지 근본 계를 지니게 해서 업을 발하는 무명을 다스려
    끊는 것을 네 가지로 나눔

  (A) 음행을 금지하는 계(不婬戒)를 여섯 가지로 나눔

    Ⓐ능히 지니는 이익을 통틀어 드러냄

    Ⓑ지니지 않는 과오를 드러냄

    Ⓒ가르침에 의거해 반드시 지니게 함

    Ⓓ계를 지니고 범할 때의 득실得失을 드러냄

    Ⓔ반드시 끊는 것을 참(眞)으로 삼음

    Ⓕ실상實相으로 인정印定함

  (B) 불살생의 계를 여섯 가지로 나눔

    Ⓐ능히 지님(能持)의 이익을 통틀어 드러냄

    Ⓑ지니지 않음의 과오를 드러냄

    Ⓒ가르침에 의거해 마땅히 지니게 함

    Ⓓ지니고 범하는 것의 득실得失을 드러냄

    Ⓔ반드시 끊는 것을 참(眞)으로 삼음

    Ⓕ실상實相으로써 인정印定함

  (C) 도적질하지 말라는 계를 여섯 가지로 나눔

    Ⓐ계를 능히 지니는 이익을 통틀어 드러냄

    Ⓑ계를 지니지 않는 과오를 드러냄

ⓒ 가르침에 의거해 마땅히 지니게 함

ⓓ 계를 지니고 범함의 득실을 드러냄

ⓔ 반드시 끊는 것을 참(眞)으로 삼음

ⓕ 실상으로써 인정印定함

(D) 허망한 말을 하지 말라(不妄語)는 계를 여섯 가지로 나눔

ⓐ 계를 능히 지니는 이익을 통틀어 드러냄

ⓑ 계를 지니지 않는 과오를 드러냄

ⓒ 가르침에 의거해 마땅히 지니게 함

ⓓ 계를 지니고 범함의 득실을 드러냄

ⓔ 반드시 끊는 것을 참(眞)으로 삼음

ⓕ 실상으로써 인정印定함

B) 비밀 신주神呪를 지니게 해서 구생俱生의 습기를 훈습해 끊는 것을 두 가지로 나눔

(A) 현행現行으로 쉽게 다스림을 밝힘

(B) 숙세의 습기를 없애기 어려움을 밝힌 것을 세 가지로 나눔

ⓐ 주문을 외우라고 가르침

ⓑ 주문의 묘함을 드러냄

ⓒ 주력呪力을 드러냄

C) 청정한 계사戒師에 의거해 삿된 오류를 깊이 막게 함

D) 아란야 처소를 택해 외적인 반연을 멈추어 끊게 함

E) 부처님께 은밀한 가피를 청하여 관행觀行이 쉽게 성취하길 바람

C. 기한을 정해서 수증修證함

D. 감응하여 은밀히 부합함

(나) 도량을 세우는 일에 대해 묻는 것을 두 가지로 나눔

㉮ 해당되는 기틀이 도량의 궤칙을 거듭 청함

㉯ 세존께서 닦고 다스리는 법식法式을 상세히 제시한 것을 두 가지로 나눔

A. 상세히 답한 것을 열 가지로 나눔

A) 지면에 바르는 법식法式   B) 단壇을 세우는 법식

C) 공양의 법식   D) 상像의 법식을 마련함

E) 관행觀行의 법식

F) 도道를 행하는 법식을 세 가지로 나눔

(A) 7일간 예배하면서 명호를 칭함

(B) 7일간 마음을 오로지하여 서원을 발함

(C) 7일간 한결같이 주문을 지님

G) 도의 교류에 감응함

H) 결론으로 공功의 효과를 드러냄

I) 허물을 여의게 하고 잘못을 끊게 함

J) 기한을 정해서 증득을 취함

B. 결론으로 제시함

③ 함께 이롭고 묘하게 장엄한 밀행密行을 제시한 것을 세 가지로 나눔

가. 적합한 기연이 삼업三業으로 드러내어 청함

나. 여래께서 광명의 모습을 은밀히 보내주는 것을 세 가지로 나눔

가) 상서로움을 나타냄

나) 대중이 우러러봄

다) 주문을 5회會에 설함

다. 신주의 이익을 널리 드러낸 것을 두 가지로 나눔

가) 올바른 행(正行)이 이익을 이루는 것을 두 가지로 나눔

(가) 여래의 밀인密因을 두 가지로 나눔

㉮ 능히 온갖 부처를 출생함

㉯ 능히 밀인密因이 됨

(나) 보살의 만행을 두 가지로 나눔

㉮ 능히 만행을 성취함을 두 가지로 나눔

　A. 자리행自利行을 열 가지로 나눔

　A) 마魔의 일을 능히 멀리함

　B) 능히 해독害毒을 멀리함

　C) 능히 악신惡神으로 하여금 수호하게 함

　D) 능히 숙명宿命을 앎

　E) 능히 악도惡道를 여읨

　F) 능히 좋은 곳(善處)에 태어남

　G) 능히 선행善行을 이룸

　H) 능히 잡행雜行을 여읨

　I) 능히 온갖 업을 소멸함

　J) 능히 축적된 장애를 소멸함

　B. 이타행利他行을 두 가지로 나눔

　A) 능히 원하는 바를 따름

　B) 능히 재난을 소멸함

㉯ 참된 행을 결성함

나) 성대한 이익을 보호하는 것을 두 가지로 나눔

(가) 온갖 신神이 수호함

(나) 보살이 수호함

3) 삼관三觀의 작용을 드러냄을 두 가지로 나눔

(1) 해당되는 기틀이 수증修證의 계급 차이를 특별히 청함

(2) 세존께서 미혹과 깨달음의 인과를 특별히 제시한 것을 두 가지로 나눔

① 칭찬하며 허락함

② 올바로 설함을 두 가지로 나눔

　가. 일진법계여래장성一眞法界如來藏性을 세워 생사와 열반의 인因으
　　로 삼는 것을 세 가지로 나눔

　　가) 일심一心을 곧바로 가리킴

　　나) 참(眞)과 허망이 인하고 의거함

　　다) 허망에 즉해 참(眞)을 밝힘

　나. 일심의 물듦과 청정함으로 미혹과 깨달음을 훈습해 이루는 인과의
　　차별상差別相을 자세히 제시한 것을 세 가지로 나눔

　　가) 무명의 훈습으로 진여眞如가 염법染法을 이루어 12종류가 생겨난
　　　원인이 됨을 잡은 것을 두 가지로 나눔

　　나) 진여의 훈습으로 무명이 청정의 작용을 이루어 55위位의 원인이
　　　됨을 잡은 것을 두 가지로 나눔

　　다) 관행觀行으로 일심이 다하여 과해果海와 똑같음을 원만히 증득해
　　　서 무상묘각無上妙覺의 과과를 성취하는 것을 결론으로 가리킴

　가) 첫 번째를 두 가지로 나눔

(가) 중생과 세계의 근본을 총체적으로 밝힘

(나) 두 가지 전도의 원인을 따로 이름 지은 것을 네 가지로 나눔

㉮ 중생의 전도

㉯ 세계의 전도

㉰ 훈변(熏變: 훈습해 변화함)의 모습을 제시함

㉱ 윤회의 형상을 제시한 것을 두 가지로 나눔

    A. 12종류로 생겨난 것의 명칭을 총체적으로 열거함

    B. 12종류 생생의 과보를 개별적으로 제시한 것을 두 가자로 나눔

       A) 행行을 제시한 것을 12가지로 나눔

         (A) 난생卵生   (B) 태생胎生   (C) 습생濕生

         (D) 화생化生   (E) 유색有色   (F) 무색無色

         (G) 유상有想   (H) 무상無想   (I) 비유색非有色

         (J) 비무색非無色   (K) 비유상非有想   (L) 비무상非無想

       B) 결론으로 이름을 지음

나) 진여가 무명을 훈습함을 잡아 청정한 작용을 이루어서 55위의 원인이 되는 것을 세 가지로 나눔

(가) 물듦과 청정이 동일한 근원임을 밝힘

(나) 참(眞)이 허망에 의거해 성립함을 밝히는 것을 두 가지로 나눔

㉮ 올바로 밝힘   ㉯ 비유로 드러냄

(다) 인행因行의 위계의 차이를 올바로 밝힌 것을 두 가지로 나눔

㉮ 세 가지 점차漸次에 의거해 일심을 단박에 깨닫는 것이 허망을 돌이켜 참에 돌아가는(返妄歸眞) 근본이 됨을 총체적으로 밝힌

것을 두 가지로 나눔

A. 표방을 밝힘

B. 해석을 세 가지로 나눔

　A) 돕는 원인(助因)을 제거함

　B) 정성正性을 도려냄

　C) 현업現業을 어김

㉴일심삼관一心三觀의 상相에 원만히 의거해 점진적으로 무명을 끊음이 범속함을 전변하여 성스러움을 이루는 원인이 됨을 개별적으로 밝힌 것을 세 가지로 나눔

A. 세간의 차별인差別因을 세 가지로 나눔

　A) 중도의 묘관妙觀을 말미암아 가假를 섭수해 참(眞)으로 들어가서 공여래장空如來藏을 증명하는 것을 세 가지로 나눔

　　(A) 건혜지乾慧地　　(B) 십신十信　　(C) 십주十住

　B) 중도의 묘관을 말미암아 참(眞)을 대동하고 가假에 교섭해서 불공여래장不空如來藏을 증명함(십행十行)

　C) 중도의 묘관을 말미암아 공空과 가假가 서로 들어가서 공하면서 불공인 여래장을 증명함(십향十向)

B. 출세간出世間의 평등인平等因을 두 가지로 나눔

　A) 차별인의 상相을 버린 네 가행加行을 네 가지로 나눔

　　(A) 난위煖位　　(B) 정위頂位　　(C) 인위忍位

　　(D) 세제일위世第一位

　B) 평등인의 상相에 올바로 들어가는 것을 두 가지로 나눔

　　(A) 공용功用이 있는 행을 두 가지로 나눔

　　　Ⓐ지위의 차제를 열거함

52

ⓑ 인因의 원만함을 매듭지음

(B) 공용功用이 없는 행行

C. 과과果의 원만함을 매듭지음

다) 관행觀行이 일심을 원만히 증명하고 과해果海와의 동일성을
소멸해서 위없는 묘각(無上妙覺)의 과과果를 이룸을 결론으로 가리킨
것을 두 가지로 나눔

(가) 올바로 결론지음

(나) 수행을 권함

4) 삼관의 명칭을 결론지은 것을 두 가지로 나눔

(1) 문수가 경전의 명칭을 청하여 물음

(2) 세존께서 다섯 가지 항목을 구체적으로 답함

2. 미혹과 깨달음의 차별을 자세히 제시한 것을 두 가지로 나눔

**1) 칠취를 정밀히 연구하여 미혹 속의 차별상을 자세히 제시한 것을 세
가지로 나눔**

(1) 경가經家가 이익을 서敍함

(2) 해당되는 기틀의 계청啓請을 세 가지로 나눔

① 스스로의 이익을 진술함

② 의문점을 올바로 진술한 것을 여섯 가지로 나눔

　가. 첫 번째 의문: 참(眞)은 본래 허망함이 없는데 육도는 어떻게
해서 있는 것인가?

　나. 두 번째 의문: 육도가 본래 있는 것인가, 허망의 습기로부터

생겨나는 것인가?

다. 세 번째 의문: 허망함의 성품이 체體가 없는데, 허망한 업이 어떻게 과보를 받습니까?

라. 네 번째 의문: 중생이 이미 무생無生이라면, 어떻게 지옥에 떨어져 태어납니까?

마. 다섯 번째 의문: 세계가 이미 머무는 바가 없는데, 지옥이라고 해서 정해진 곳이 있을 수 있는가?

바. 여섯 번째 의문: 허망한 업은 동일한데, 과보를 받는 것은 어찌하여 각기 다른가?

③ 결론으로 뜻을 청함

(3) 세존께서 자세히 제시한 것을 두 가지로 나눔

① 찬탄하며 허락함

② 열어 보임(開示)을 다섯 가지로 나눔

가. 칠취의 근본을 통틀어 제시한 것을 세 가지로 나눔

가) 허망한 봄(妄見)과 허망한 습기를 잡아서 내분內分과 외분外分을 세운 것이 삼계의 인因이 됨

나) 안과 밖의 정상情想이 물듦과 청정, 생生과 사死의 원인이 됨을 잡은 것을 두 가지로 나눔

(가) 내분內分의 순수함과 물듦

(나) 외분外分도 겸하여 청정함

다) 정상情想의 많고 적음을 잡아서 칠취의 뜨고 잠기는 상相을 제시한 것을 세 가지로 나눔

(가) 생사가 교제交際하는 상相을 총체적으로 밝힘

(나) 정상情想의 많고 적음을 잡아서 뜨고 잠기는 상相을 세밀하게 제시한 것을 두 가지로 나눔

㉮그 상相을 열거하여 제시한 것을 여섯 가지로 나눔

　A. 천도天道　B. 천선天僊과 신도神道　C. 인도人道

　D. 축도畜道　E. 귀도鬼道　F. 지옥도地獄道

㉯과보의 땅을 간략히 제시함

(다) 칠취에 윤회하는 인과의 상相을 자세히 제시하는 것을 두 가지로 나눔

㉮그 상相을 각각 제시하는 것을 일곱 가지로 나눔

　A. 지옥도의 인과의 상相을 제시하는 것을 다섯 가지로 나눔

　A) 열 가지 인因과 여섯 가지 과보를 총체적으로 표방함

　B) 그 상相을 개별적으로 해석한 것을 두 가지로 나눔

　(A) 열 가지 습기의 인상因相을 밝히는 것을 열 가지로 나눔

　　Ⓐ음행의 습기를 네 가지로 나눔

　　a. 인因은 능히 과果를 감응함

　　b. 과果를 들어 인因을 증험함

　　c. 모든 부처님이 꾸짖는 바임

　　d. 수행하는 사람은 반드시 피해야 함

　　Ⓑ탐냄의 습기를 네 가지로 나눔

　　a. 인因은 능히 과果를 감응함

　　b. 과果를 들어 인因을 증험함

　　c. 모든 부처님이 꾸짖는 바임

　　d. 수행하는 사람은 반드시 피해야 함

ⓒ 오만(慢)의 습기를 네 가지로 나눔

  a. 인因은 능히 과果를 감응함

  b. 과果를 들어 인因을 증험함

  c. 모든 부처님이 꾸짖는 바임

  d. 수행하는 사람은 반드시 피해야 함

ⓓ 성냄의 습기를 네 가지로 나눔

  a. 인因은 능히 과果를 감응함

  b. 과果를 들어 인因을 증험함

  c. 모든 부처님이 꾸짖는 바임

  d. 수행하는 사람은 반드시 피해야 함

ⓔ 속임수(詐)의 습기를 네 가지로 나눔

  a. 인因은 능히 과果를 감응함

  b. 과果를 들어 인因을 증험함

  c. 모든 부처님이 꾸짖는 바임

  d. 수행하는 사람은 반드시 피해야 함

ⓕ 거짓말(誑)의 습기를 네 가지로 나눔

  a. 인因은 능히 과果를 감응함

  b. 과果를 들어 인因을 증험함

  c. 모든 부처님이 꾸짖는 바임

  d. 수행하는 사람은 반드시 피해야 함

ⓖ 원망의 습기를 네 가지로 나눔

  a. 인因은 능히 과果를 감응함

  b. 과果를 들어 인因을 증험함

  c. 모든 부처님이 꾸짖는 바임

  d. 수행하는 사람은 반드시 피해야 함

Ⓗ견見의 습기를 네 가지로 나눔

  a. 인因은 능히 과果를 감응함

  b. 과果를 들어 인因을 증험함

  c. 모든 부처님이 꾸짖는 바임

  d. 수행하는 사람은 반드시 피해야 함

Ⓘ모함의 습기를 네 가지로 나눔

  a. 인因은 능히 과果를 감응함

  b. 과果를 들어 인因을 증험함

  c. 모든 부처님이 꾸짖는 바임

  d. 수행하는 사람은 반드시 피해야 함

Ⓙ소송의 습기를 네 가지로 나눔

  a. 인因은 능히 과果를 감응함

  b. 과果를 들어 인因을 증험함

  c. 모든 부처님이 꾸짖는 바임

  d. 수행하는 사람은 반드시 피해야 함

(B) 여섯 가지 교보交報의 상相을 해석한 것을 두 가지로 나눔

  Ⓐ여섯 가지 과보의 총체적인 상(總相)을 표방함

  Ⓑ여섯 가지 과보의 개별적인 상相을 해석한 것을 여섯 가지로 나눔

    a. 봄의 과보(見報)를 두 가지로 나눔

     a) 해당 근根이 과보를 초래하는 것을 세 가지로 나눔

      (a) 과보를 나타냄   (b) 태어나는 과보

      (c) 그 후의 과보

     b) 육근의 교보交報

b. 들음의 과보(聞報)를 두 가지로 나눔

　a) 해당 근根이 과보를 초래하는 것을 세 가지로 나눔

　(a) 과보를 나타냄　(b) 태어나는 과보

　(c) 그 후의 과보

　b) 육근의 교보交報

c. 냄새 맡음의 과보(嗅報)를 두 가지로 나눔

　a) 해당 근根이 과보를 초래하는 것을 세 가지로 나눔

　(a) 과보를 나타냄　(b) 태어나는 과보

　(c) 그 후의 과보

　b) 육근의 교보交報

d. 맛(味)의 과보를 두 가지로 나눔

　a) 해당 근根이 과보를 초래하는 것을 세 가지로 나눔

　(a) 과보를 나타냄　(b) 태어나는 과보

　(c) 그 후의 과보

　b) 육근의 교보交報

e. 감촉(觸)의 과보를 두 가지로 나눔

　a) 해당 근根이 과보를 초래하는 것을 세 가지로 나눔

　(a) 과보를 나타냄　(b) 태어나는 과보

　(c) 그 후의 과보

　b) 육근의 교보交報

f. 사고(思)의 과보를 두 가지로 나눔

　a) 해당 근根이 과보를 초래하는 것을 세 가지로 나눔

　(a) 과보를 나타냄　(b) 태어나는 과보

　(c) 그 후의 과보

　b) 육근의 교보交報

C) 결론으로 말미암는 바(所由)를 제시함

D) 경중輕重을 비교해 헤아리는 것을 세 가지로 나눔

　(A) 육근이 똑같이 지어냄

　(B) 육근이 각자 지음

　(C) 세 가지 업이 나누어 지은 것을 세 가지로 나눔

　　Ⓐ세 가지 업을 겸하여 지음

　　Ⓑ세 가지 업을 겸하지 않음

　　Ⓒ육근이 단독으로 지음

E) 대략적인 질문에 결론으로 답함

B. 귀도鬼道의 인과의 상相을 제시한 것을 세 가지로 나눔

A) 인과의 총체적인 상(總相)을 표방하여 제시함

B) 인과의 개별적인 상相을 따로 제시한 것을 열 가지로 나눔

　(A) 탐냄의 습기　　(B) 음행의 습기

　(C) 속임수의 습기　(D) 원망의 습기

　(E) 성냄의 습기　　(F) 오만의 습기

　(G) 거짓말(誑)의 습기　(H) 봄(見)의 습기

　(I) 모함(枉)의 습기　　(J) 소송(訟)의 습기

C) 결론으로 인유因由: 원인과 이유를 제시한 것을 두 가지로 나눔

　(A) 올랐다 추락했다 하는 원인과 이유를 결론으로 말함

　(B) 있고 없는 까닭을 결론으로 답함

C. 축생도畜生道의 인과의 상을 제시한 것을 세 가지로 나눔

A) 인과의 총체적인 상을 표방하여 제시함

B) 인과의 개별적인 상을 열거하여 제시한 것을 열 가지로 나눔

(A) 탐냄의 습기　　(B) 음행의 습기

(C) 속임수의 습기　(D) 원망의 습기

(E) 성냄의 습기　　(F) 오만의 습기

(G) 거짓말의 습기　(H) 봄(見)의 습기

(I) 모함의 습기　　(J) 소송의 습기

C) 결론으로 인유因由를 제시한 것을 세 가지로 나눔

(A) 윤회의 원인과 이유를 결론으로 제시함

(B) 있고 없음의 까닭을 결론으로 답함

(C) 명부로 질문의 뜻을 제시함

D. 인도人道의 인과의 상을 제시한 것을 세 가지로 나눔

A) 인과의 총체적인 상을 표방하여 제시한 것을 두 가지로 나눔

(A) 인과의 갚음을 제시함

(B) 윤회가 끝나지 않음을 제시함

B) 인과의 개별적인 상을 열거하여 제시한 것을 열 가지로 나눔

(A) 탐냄의 습기　　(B) 음행의 습기

(C) 속임수의 습기　(D) 원망의 습기

(E) 성냄의 습기　　(F) 오만의 습기

(G) 거짓말의 습기　(H) 봄(見)의 습기

(I) 모함의 습기　　(J) 소송의 습기

C) 윤회의 상을 결론으로 제시함

E. 신선도神仙道의 인과의 상을 제시한 것을 세 가지로 나눔

A) 인과의 총체적인 상을 표방하여 제시함

B) 인과의 개별적인 상을 열거하여 제시한 것을 열 가지로
   나눔
   (A) 지행선地行仙　　(B) 비행선飛行仙
   (C) 유행선遊行仙　　(D) 공행선空行仙
   (E) 천행선天行仙　　(F) 통행선通行仙
   (G) 도행선道行仙　　(H) 조행선照行仙
   (I) 정행선精行仙　　(J) 절행선絶行仙
C) 윤회의 상을 결론으로 제시한 것을 두 가지로 나눔
   (A) 참다운 수행을 이해하지 못하는 것을 가려냄
   (B) 윤회의 근본을 제시함
F. 천도天道의 인과의 상을 제시한 것을 두 가지로 나눔
  A) 삼계의 인과의 상을 통틀어 제시한 것을 세 가지로 나눔
   (A) 욕계의 여섯 하늘(六天)을 두 가지로 나눔
     ⓐ기계器界의 인과의 상을 열거하여 제시한 것을 여섯 가지
       로 나눔
       a. 사천왕四天王　b. 도리천忉利天　c. 야마천夜摩天
       d. 도솔천兜率天　e. 화락천化樂天　f. 타화천他化天
     ⓑ해당 세계의 얻어진 명칭을 총체적으로 결론지음
   (B) 색계色界의 사선천四禪天을 두 가지로 나눔
     ⓐ해당 계계의 인과의 상을 열거하여 제시한 것을 네 가지로
       나눔
       a. 초선初禪의 삼천三天을 두 가지로 나눔
        a) 그 상相을 열거하여 제시한 것을 세 가지로 나눔
         (a) 범중천梵衆天　(b) 범보천梵輔天　(c) 대범천大梵天

b) 해당 천天이 명칭을 얻은 것을 결론으로 제시함

b. 이선二禪의 삼천三天을 두 가지로 나눔

　a) 그 상相을 열거하여 제시한 것을 세 가지로 나눔

　(a) 소광천少光天　　(b) 무량광천無量光天

　(c) 광음천光音天

　b) 해당 천天이 명칭을 얻은 것을 결론으로 제시함

c. 삼선三禪의 삼천三天을 두 가지로 나눔

　a) 그 상相을 열거하여 제시하는 것을 세 가지로 나눔

　(a) 소정천少淨天　　(b) 무량정천無量淨天

　(c) 변정천徧淨天

　b) 해당 천天이 명칭을 얻은 것을 결론으로 제시함

d. 사선四禪의 구천九天을 두 가지로 나눔

　a) 해당 계界의 인과의 상을 열거하여 제시한 것을 두

　　가지로 나눔

　(a) 해당 계의 범부 사천四天을 두 가지로 나눔

　　ⓐ상相을 열거한 것을 두 가지로 나눔

　　　i. 범부천凡夫天을 세 가지로 나눔

　　　i) 복생천福生天　ii) 복애천福愛天　iii) 광과천廣果天

　　　ii. 무상無想 외도外道의 천天

　　ⓑ명칭을 결론지음

　(b) 범부와 성인이 똑같이 거처하는 오천五天을 세 가지로

　　나눔

　　ⓐ인과의 총체적인 상을 총체적으로 표방함

　　ⓑ인과의 개별적인 상을 열거하여 제시한 것을 다섯

　　　가지로 나눔

    i. 무번천無煩天 ii. 무열천無熱天 iii. 선견천善見天

    iv. 선현천善現天 v. 색구경천色究竟天

   ⓒ 결론으로 수승한 능력을 찬탄함

  b) 해당 계界가 얻은 명칭을 총체적으로 결론지음

(C) 무색계無色界 사천四天을 두 가지로 나눔

  Ⓐ 해당 계의 범성凡聖과 인과의 상을 총체적으로 제시한

  것을 두 가지로 나눔

  a. 열거하여 제시한 것을 두 가지로 나눔

  a) 계界 밖의 인과를 의탁하여 드러냄

  b) 계界 안의 인과를 올바로 제시한 것을 네 가지로 나눔

  (a) 공처空處 (b) 식처識處

  (c) 무소유처無所有處 (d) 비비상처非非想處

  b. 결론으로 부촉하는 것을 네 가지로 나눔

  a) 계界 밖의 성인聖人을 결론으로 부촉함

  b) 계界 안의 외도外道를 결론으로 부촉함

  c) 실다운 과보의 범부를 결론으로 부촉함

  d) 지위에 의탁한 보살을 결론으로 부촉함

  Ⓑ 해당 계界가 얻은 명칭을 개별적으로 결론지음

B) 삼계의 원인을 총체적으로 결론지음

G. 아수라도阿修羅道의 인과의 상을 제시한 것을 두 가지로 나눔

A) 명칭을 표방함

B) 상相을 설명한 것을 네 가지로 나눔

 (A) 알에서 태어나는 것은 귀신의 갈래에 섭수된다

 (B) 태胎에서 태어나는 것은 사람의 갈래에 섭수된다

 (C) 화化해서 태어나는 것은 하늘의 갈래에 섭수된다

(D) 습기濕氣에서 태어난 것은 축생의 갈래에 섭수된다

㉯허망함을 총체적으로 결론지음

나. 미혹과 깨달음의 인의因依를 결론으로 제시한 것을 두 가지로 나눔

가) 미혹할 때는 허망하게 있다(妄有)

나) 깨달은 후에는 원래 공하다(元空)

다. 결론으로 질문의 뜻에 답함

라. 힘써 수행하길 훈계함

마. 결론으로 올바른 설명(正說)을 가리킴

2) 음마陰魔를 상세히 밝혀서 깨달음 속 차별의 모습을 자세히 제시한 것을 두 가지로 나눔

(1) 다섯 가지 음마陰魔의 일을 제시한 것을 열두 가지로 나눔

① 세존께서 질문 없이 스스로 말씀하심

② 마사魔事의 인연을 간략히 제시함

③ 미혹과 깨달음의 근본을 제시함

④ 마魔를 움직이는 이유를 제시함

⑤ 깨달음이 삿됨을 이기는 것을 제시함

⑥ 미혹하면 삿됨이 이기는 것을 제시함

⑦ 마魔의 일을 올바로 진술한 것을 다섯 가지로 나눔

가. 색음色陰을 세 가지로 나눔

가) 해당 음陰을 아직 타파하지 못함

나) 선정 경계의 차별이 다음에서 10단계임을 제시함

　　다) 깊이 방어하도록 훈계하고 도와줌

　나. 수음受陰을 세 가지로 나눔

　가) 해당 음陰을 아직 타파하지 못함

　나) 선정 경계의 차별이 다음에서 10단계임을 제시함

　다) 깊이 방어하도록 훈계하고 도와줌

　다. 상음想陰을 세 가지로 나눔

　가) 해당 음陰을 아직 타파하지 못함

　나) 선정 경계의 차별이 다음에서 10단계임을 제시함

　다) 깊이 방어하도록 훈계하고 도와줌

　라. 행음行陰을 세 가지로 나눔

　가) 해당 음陰이 아직 타파되지 않음

　나) 선정 경계의 차별이 아래를 향해 10단계임을 제시함

　다) 깊이 방어하도록 훈계하고 도와줌

　마. 식음識陰을 세 가지로 나눔

　가) 해당 음陰이 아직 타파되지 않음

　나) 선정 경계의 차별을 다음에서 10단계로 제시함

　다) 깊이 방어하도록 훈계하고 도와줌

⑧ 널리 선포하라고 명을 내림

⑨ 모든 부처가 동일하게 증득했음

⑩ 음陰이 다하니 공功이 원만함

⑪ 선대先代의 부처님께서 주고받음

⑫ 은밀한 수행(密修)을 거듭 제시함

(2) 오음의 망상을 제시한 것을 두 가지로 나눔

① 해당 기틀이 청하여 물음

② 세존께서 위탁해 보인 것을 다섯 가지로 나눔

　가. 허망의 근원을 총체적으로 제시함

　나. 오음의 근본 원인(本因)을 제시한 것을 두 가지로 나눔

　가) 다섯 가지로 열거해 나눔

　　(가) 색음色陰　　(나) 수음受陰　　(다) 상음想陰

　　(라) 행음行陰　　(마) 식음識陰

　나) 맺음

　다. 음계陰界의 변제邊際를 제시함

　라. 미혹과 깨달음의 단박(頓)과 점차(漸)를 제시함

　마. 결론으로 수행해 지닐 것을 권함

III. 유통분流通分을 네 가지로 나눔

　1. 공덕을 비교하여 헤아림

　2. 얻는 복의 수승함

　3. 수승한 이익을 총체적으로 드러냄

　4. 법회法會를 모두 맺음

수능엄경통의首楞嚴經通議 서문

『수능엄경』은 모든 부처 여래의 대총지문大摠持門[3]이자 비밀의 심인心
印[4]으로 일대장교一大藏敎[5]를 종합적으로 포함하고 있으니, 오시五時[6],
삼승三乘[7], 범부와 성인, 참과 거짓, 미혹과 깨달음, 인因과 과果의

---

3 총지摠持는 지혜나 삼매를 가리키는 것으로 우주의 실상에 계합하여 수많은
   법문을 보존하여 가지기 때문이다. 총지의 또 다른 뜻은 진언眞言인데 산스크리트
   어를 번역하지 않고 발음 그대로 독송한 것이다.

4 언어를 떠난 깨달음. 마음에서 마음으로 전해진 깨달음. 도장이 진실·확실을
   나타내듯, 깨달음도 그러하므로 인印이라 한다. 주로 선가禪家에서 언어나 문자에
   의하지 아니한 불타의 내심內心의 실증實證. 수행자가 언어·문자로 표현할 수
   없는 궁극의 경지를 성취했음을 스승이 마음으로 인증함을 표현하는 말이다

5 경經·율律·논論 삼장三藏의 가르침을 말한다.

6 부처님이 일대 교설을 다섯 시기로 나눈 것을 말한다. 이에 다양한 설이 있으나,
   여기서는 천태종의 시조 지의智顗의 설을 소개한다. ①화엄시華嚴時: 성도 후
   최초 21일 동안은 화엄을 설한 시기이다. ②아함시: 그 후 12년간 녹야원에서
   『아함경』을 설한 시기이다. ③방등시: 다음 8년간 『유마경』, 『금광명경』, 『능가
   경』, 『승만경』 등 방등부 경전을 설한 시기이다. ④반야시: 다음 22년간 『반야
   경』을 설한 시기이다. ⑤법화열반시: 마지막 8년간 『법화경』을 설하고 열반할
   때 『열반경』을 설한 시기이다.

7 삼승三乘은 세 가지 탈것이라는 뜻으로, 성문승聲聞乘·연각승緣覺乘·보살승菩薩乘
   을 통칭하는 낱말이다. 승乘은 물건을 실어 옮기는 탈것을 가리키는 낱말로
   고타마 붓다의 가르침, 즉 불교佛敎도 중생을 실어 열반의 언덕에 이르게 한다는
   비유적인 뜻에서 승乘이라고 한다. 즉 승乘은 고타마 붓다의 가르침 또는 '불교(佛
   敎: 부처·여래·깨달은 자의 가르침)'를 의미하며, 3승은 세 가지 길(三道)을 뜻한다.

68

법을 남김없이 내포한다. 수증修證[8]의 올바르고 삿된 등급의 차이와
윤회의 전도顚倒[9]된 상황이 눈앞에 분명한 것이 마치 손바닥 안의
아마륵과[10]를 보는 듯해서 일심一心[11]의 근원을 사무치고 만법의 이치를

삼승은 대승불교가 일어난 후 부처를 목표로 하는가, 아라한을 목표로 하는가의
차이에 따라 타는 것도 달라진다는 생각에서 대승 편에서 주장하기 시작한 것이다.
대승에서는 소승은 성문승聲聞乘·연각승緣覺乘의 이승二乘으로서 아라한은 될
수 있어도 부처는 영원히 될 수 없다고 하여 구별하였다. 우선 성문聲聞이란
부처의 가르침을 듣고서 도에 정진하는 자라는 뜻으로서 불제자를 가리킨다.
따라서 성문승이란 불제자의 도로서 구체적으로는 부처의 교법에 의해서 사제四諦
의 이리理를 보고 스스로 아라한이 될 것을 이상으로 하는 낮은 수행자라고 한다.
연각승의 연각緣覺은 독각獨覺이라고도 하며, 원래 고타마가 스승에 의하지 않고
혼자서 깨달음을 얻은(無師獨悟) 면을 나타낸 말인데, 교리敎理상으로는 12연기를
관찰하여 미혹을 끊고 이법理法을 깨닫는다(斷惑證理)는 뜻으로 사용되었다. 그러
나 구체적으로는 독각은 제자도 없고 설교하지도 않으므로 이념적인 것에 불과한
것이다. 마지막으로 부처를 목표로 하는 보살승菩薩乘은 육바라밀六波羅密에 의거
해 스스로 해탈하고 타인도 해탈로 이끌어 부처를 이루는 것이다.

8 『수능엄경』에서는 밀인密印을 수행하여 부처님의 대결과大結果를 증득한다는
뜻으로 55단계 보살행을 닦아서(修) 마지막 깨달음을 성취함(證)을 말한다.

9 전도에는 그릇됨, 어긋남, 잘못됨, 위배됨, 뒤바뀜, 뒤집힘 등의 뜻이 있다.

10 아마륵은 산스크리트어 āmalaka의 음사이며 무구無垢라 번역한다. 인도 전역에
분포하는 낙엽교목으로 잎은 가늘고 길며, 호두와 비슷한 열매는 신맛이 난다.

11 중국 대승불교의 중심 개념 중 하나이다. 원효는 그의 『대승기신론소』에서,
"염정染淨의 모든 법은 그 본성이 둘이 없어, 진망眞妄의 이문二門이 다름이
있을 수 없기 때문에 '일一'이라 이름하며, 이 둘이 없는 곳이 모든 법 중의
실체인지라 허공과 같지 아니하여 본성이 스스로 신해神解하기 때문에 '심心'이라
고 이름"한다고 하였다.
다시 이어서 "그러나 이미 둘이 없는데 어떻게 일一이 될 수 있는가? '일一'도
있는 바가 없는데 무엇을 '심心'이라 말하는가?"라고 묻고 스스로 답하기를,

총괄함이 이 경전처럼 광대하고 완비된 것은 없다고 말할 수 있다.

여래가 일대사인연一大事因緣[12]으로 세간에 출현해서 이 경전을 제외하고 따로 가르쳐 인도한 것은 없다. 그러므로 이『능엄경』의 교리에 대한 판석(判釋: 판단과 해석)을 하나의 시기에 하나의 가르침으로 국한한다면, 어찌 대롱으로 하늘을 보는 것이 아니며 표주박으로 바닷물을 측량하는 것이 아니겠는가?

『능엄경』이 중국에 들어온 이래로 대체로 십여 가家의 해석이 존재하는데, 가령 회통會通과 해석 외에도 요즘 세상의 승려와 재가 신도가 저마다 기량을 발휘해 가르침의 핵심을 널리 통한 자가 적지 않다. 경전에 대한 숭상이 지극하고 뜻을 마음에 깊이 새긴 탓에 문장을 펼쳐 뜻을 해석한 것이 너무나 상세하고 정확해서 남김없이 발휘하지 않음이 없으니, 또 어찌 사족蛇足을 달려고 하겠는가?

그러나 여러 설說을 살펴보아도 아직 미흡한 점이 있는 것은 다만 이관理觀[13]으로 회통會通한 것을 보지 못했기 때문이니, 언구言句가 비록 분명하더라도 커다란 종지(大旨)를 창달暢達하지 못한 탓에 배우는 자(學者)는 장님 코끼리 만지기 식이라는 탄식을 벗어나지 못했다.

나는 예전에 오대산 빙설氷雪 속에서 향상向上의 길[14]을 참구할 때

"이러한 도리는 말을 여의고 생각을 끊은 것이니 무엇이라고 지목할지를 모르겠으나, 억지로 이름 붙여 일심一心이라고 하는 것이다"라고 했다.

12 지극히 크고 중요한 인연이란 뜻이다. 『법화경』에서는 부처님이 일불승一佛乘의 가르침을 알게 하기 위해 이 세상에 태어난 것이라 한다.

13 대승불교에서 진여, 실상, 불성 등을 직접 관觀하는 수행이다. 문자나 차별상을 뛰어넘어 본래의 모습을 관한다.

14 향상일로向上一路를 뜻한다. 절대의 진리에 이르는 외길을 뜻하는 말. 『벽암록』

이 경전으로 인증印證하였다. 견고하게 응연凝然[15]한 정심正心으로 죽 비춰보다가 환하게 트이면서 얻는 바가 있어 급기야 동해東海에 가서 삼 년간 침묵 속에 좌선(默坐)하였다. 당시 우연히 이 경전을 열람하며 동해에서 하룻밤을 보냈는데, 맑은 하늘과 깨끗한 눈이 달빛과 교류할 즈음에 홀연히 대오大悟하며 갑자기 몸과 마음과 세계가 당장 평탄히 가라앉는 것이 마치 허공 꽃의 그림자가 떨어지는 것 같았다. 그날 밤 등잔불 아래서 『현경懸鏡』[16] 1권을 저술하였다. 이때 비로소 일심삼관一心三觀[17]에 의거하여 하나의 경전을 원용해 회통했는데, 말하자면 미혹과 깨달음이 일심을 벗어나지 못했고 구경(究竟: 궁극)이 삼관을 여의지 못한 것이다.

이렇게 해서 대강大綱을 제시하였지만 다만 이관理觀으로 주主를 삼고 글에서는 생략하였으니, 마치 화엄법계[18]를 마련한 뜻이 이치(義)

제12칙, 「동산마삼근洞山麻蔘斤」에 나오는 말이다. 『경덕전등록』 「반상보적조盤山寶積條」에도 나온다. 천성불전千聖不傳과 한 구를 이룬다. '위로 향하는 유일한 길'이라는 뜻으로 절대의 모습, 근본 원인 등 다양하게 풀이된다. 즉 '천성부전 향상일로'는 1,000명의 성인도 전할 수 없으며 언어와 생각이 미치지 못하는 외길을 의미한다. 종문宗門의 최종 목적지를 가리키는 말이기도 하다.

15 불변하는 모양. 우주의 대기大機는 응연凝然하여 원래 생멸이 없다고 본다.
16 『능엄경현경』을 말한다.
17 모든 현상에는 불변하는 실체가 없다고 주시하는 공관空觀, 모든 현상은 여러 인연의 일시적인 화합으로 존재한다고 주시하는 가관假觀, 공空이나 가假의 어느 한쪽에 치우치지 않는 진리를 주시하는 중관中觀은 서로 원만하게 하나로 융합되어 있으므로 한 마음으로 동시에 닦는 수행법이다.
18 『화엄경』에 표현된 화엄의 사상은 모든 존재와 현상들이 서로 끊임없이 연관되어 있으며, 그대로가 바로 불성佛性의 드러남이라고 하는 법계연기설法界緣起說과

를 얻는 데 있어서 말은 잊을 수 있는 것과 같다. 그러나 해설하는 자(說者)가 또 문자를 장애로 여기면 원융하게 들어갈 수가 없어서 마음을 관觀하면서도 오히려 마음이 결함이 된다. 이 때문에 나는 오랫동안 이런 생각들을 가슴속에 배양하고 있었다. 급기야 재난에 빠져서 남방의 해역에 휩쓸리면서도 일념으로 잊지 않은 것이 20여 년이나 되었는데, 만력萬曆 갑인년甲寅年[19]이 되어서야 남악南嶽[20]에 가서 영호靈湖의 만성난야萬聖蘭若에 머물렀다.

여름 결제結制[21] 기간에 오粵[22] 지역의 문인門人 초일超逸이 나를

성기설性起說에 기초하고 있다.

법계연기설은 현상 세계의 개개의 사물들이 겉으로는 서로 아무런 연관도 없는 개체처럼 보이지만 실제로는 홀로 있거나 홀로 일어나는 일이 없이 다 같이 서로 원인이 되는 무한한 연관관계를 갖는다는 주장이다. 이처럼 화엄사상은 '하나가 일체요, 일체가 곧 하나'여서 우주 만물이 서로 원융圓融하여 무한하고 끝없는 조화를 이룬다는 것을 핵심으로 한다.

성기설은 모든 존재를 부처의 성품이 발현된 것으로 보는 관점이다. 『화엄경』에서는 부처의 지혜가 천지만물에 그 빛을 두루 비추고 있으며, 모든 존재가 불성의 현현이라고 본다. 따라서 현상계 밖에 따로 진리의 세계나 실체가 있다는 것을 인정하지 않으며, 있는 그대로의 현상계를 절대적으로 긍정한다. 이러한 시각을 여래성연기如來性緣起라고 하며, 줄여서 성기性起라고 한다.

19 1614년이다.

20 중국 오악五嶽 중에서 남악南嶽은 형산衡山으로, 도가의 제3 소동천小洞天이기도 하다.

21 승려들이 안거를 맺는 일로, 입제入制라고도 한다. 승려들은 안거라고 하여 일정 기간 동안 외출을 하지 않고 한데 모여 수행修行을 하는데, 하안거夏安居의 첫날인 음력 4월 16일과 동안거冬安居가 시작되는 음력 10월 16일에 행하는 의식을 결제라고 한다. 또 여름의 결제를 결하結夏, 겨울의 경우를 결동結冬이라 구분하기도 한다.

가장 오래 시봉하면서 달고 쓴맛과 질병과 환란을 늘 함께하였다.
나는 그의 정성에 감동하였다. 그래서 그가 입실入室[23]하여 『현경懸
鏡』을 청했을 때 예전의 마음이 촉발되어서 마침내 곧바로 붓을 휘둘러
책을 만들었다. 『현경』과 비교해서 비록 분량이 많긴 하지만 일심삼관
一心三觀의 종지를 널리 발휘하지 않음이 없다. 그러나 문장은 상세히
주석할 겨를이 없어서 제목을 '통의通議'라고 하였다. 대체로 『춘추春
秋』[24]에서 나라를 다스리던 선왕先王의 법인 '논의하되 쟁론爭論하지
않는' 뜻을 취하였으니, 소위 그 하나하나의 이치(條理)를 논의해서
그 대강(大綱: 큰 강령)에 통한다는 것이다. 이는 향상일로向上一路[25]에
서는 실로 군더더기로 여기겠지만 처음 기연機緣[26]을 맺은 인사에게는

---

22 현재의 중국 광동성廣東省을 말한다.

23 ①수행자가 친히 스승의 지도를 받기 위해 그의 방에 들어가는 것, ②스승이
 수행자를 자신의 방으로 불러들여 그의 수행 상태를 점검하는 것, ③제자가
 스승의 법맥法脈을 이어받는 것을 말한다.

24 『춘추春秋』는 중국 춘추시대春秋時代 노魯의 은공隱公 원년(元年, BC 722)에서
 애공哀公 14년(BC 481)까지 12대代 242년 동안의 역사歷史를 편년체編年體로
 기록하고 있다. 기원전 5세기 초에 공자(孔子, BC 552~BC 479)가 노魯에 전해지던
 사관史官의 기록을 직접 편수編修한 것으로 알려져 있다. 유학儒學에서 오경五經
 의 하나로 여겨지며, 동주東周 시대의 전반기를 춘추시대春秋時代라고 부르는
 것도 이 책의 명칭에서 비롯되었다.

25 '위로 향하는 유일한 길'이라는 뜻으로 절대의 모습, 근본 원인 등 다양하게
 풀이된다. 즉 '천성불전 향상일로'는 1,000명의 성인도 전할 수 없으며 언어와
 생각이 미치지 못하는 최상의 경지를 의미한다.

26 ①중생의 소질이나 능력이 부처의 가르침을 받을 만한 조건이 되는 것, ②가르침
 을 주고받게 된 스승과 제자의 인연, ③어떤 일이 일어나게 되는 계기·동기라는
 뜻이다.

바다의 물 한 방울을 마셔서 모든 강의 맛을 삼킬 수 있는 것이다.
어떤 사람이 물었다.

"부처님의 부사의법不思議法[27]은 획득해 논의할 수 있는 것입니까?"

"그렇지 못하다. 법은 본래 말을 여의었으나 삿된 견해에 굳게 집착하
는 자는 말이 아니면 타파하지 못한다. 부처님이 설한 우파제사優波提
舍[28]는 그 명칭을 '논의論議'라 하는데 삿된 아만我慢의 깃발을 꺾는다."

진실로 이 경전으로 구계九界[29]의 삿된 예봉을 꺾고 범부와 성인이
집착하는 보루堡壘를 물리침이 장광설長廣舌[30]의 끝에서 남김없이 다
드러나고 있다. 갖가지 견고한 벽을 하나의 화살촉으로 타파하니,
오직 지혜를 다하고 정情이 고갈해서 마음을 항복시켜 귀순歸順한
후에야 그만두었다. 이처럼 경전으로써 그 기능을 다 발휘하니, 진실로

---

27 본래 불교에서 말로 표현하거나 마음으로 생각할 수 없는 오묘한 이치 또는
  가르침을 뜻하며, 언어로 표현할 수 없는 놀라운 상태를 일컫기도 한다.
  『화엄경』에 '부처의 지혜는 허공처럼 끝이 없고 그 법法인 몸은 불가사의하다'는
  말이 나온다. 또 이 경전의 「불가사의품不可思議品」에 따르면 부처에게는 불국토
  (刹土), 청정한 원력(淨願), 종성種姓, 출세出世, 법신法身, 음성, 지혜, 신력자재神力
  自在, 무애주無碍住, 해탈 등의 열 가지 불가사의가 있다고 한다. 부처의 몸이나
  지혜·가르침은 불가사의하여 중생의 몸으로는 헤아릴 수 없다는 말이다.

28 산스크리트어 upadeśa의 음사로, 논의論議라고 번역한다. ①십이부경十二部經의
  하나로, 경전의 서술 형식에서, 교리에 대해 문답한 부분이다. ②경전의 내용을
  풀이한 주석서를 말한다. ③우파저사優婆低沙와 같다.

29 화엄의 십법계十法界 중에서 지옥, 아귀, 축생, 아수라, 인간, 천天, 성문聲聞,
  연각緣覺, 보살菩薩을 말한다. 구계는 불계佛界를 상대해서 말한 것이다.

30 글자 그대로는 깊고 넓은 혀라는 뜻이다. ①대단한 웅변雄辯, 또는 쓸데없이
  장황하게 늘어놓는 말. ②부처님이나 전륜성왕의 모습 가운데 하나. 본래 부처님
  의 진실하고 거짓 없는 말을 의미한다.

올바른 법령法令을 논의하여 밝히지 않으면 법계法界의 요사한 기운을
정화하고 각황(覺皇: 부처님의 별칭)의 위대한 교화를 빛내지 못할
것이다.

이는 문자로 지목할 수 있으니, 뜻을 얻자 말을 버리는 것은 바로
금강金剛[31]의 정안正眼[32]에 있다.

만력 정사년丁巳年 단양일(端陽日: 단오)
감산도인 덕청이 오문吳門의 패엽재貝葉齋에서 쓰다.

---

[31] 벌절라伐折羅·발일라跋日羅 등으로 음역하고 번역하여 금강金剛이라 하는데,
이는 쇠 가운데 가장 강한 것이라는 뜻이다. 무기로서의 금강金剛은 금강저金剛杵
를 말하며, 제석천帝釋天과 밀적력사密迹力士가 가지고 있는 무기이다. 무엇으로
도 이를 파괴할 수 없지만 이 금강金剛은 다른 모든 것을 파괴할 수 있으므로
경론經論 가운데서는 금강견고金剛堅固·금강불괴金剛不壞 등 견고함의 비유로
쓰이며, 그래서 금강심金剛心·금강신金剛身·금강견고金剛堅固의 신심信心 등의
이름으로 쓰인다. 또 금강저를 가지고 있는 역사를 집금강執金剛이라고 하고,
약하여 금강이라 한다. 여기서 말하는 금강은 절대로 파괴할 수 없는 부처의
법을 뜻한다.

[32] 불교에서 의미하는 중생의 참된 본심本心, 즉 진심眞心을 말한다. 불교 교리로는
불성佛性 또는 진여심眞如心으로 불린다. 교학 쪽에서는 이를 법계法界·진여眞如·
법신法身·여래如來·총지總持·여래장如來藏이라 하였고, 선종에서는 자기自己·
정안正眼·주인옹主人翁·취모검吹毛劍이라고 불렀다.

중각重刻[33] 수능엄경논의 서序

위대하도다, 가르침이여! 여래의 금구金口[34]에서 나오는 참된 말씀과
조사의 자비심에서 나온 언어 표현(言詮)과 해석에 대해 그 오묘함을
추구해 터득하고 깊숙이 들어가 쉽게 깨달은 것으로는 감산 대사께서
저술한 『수능엄경통의』만한 것이 없다. 그 종지가 분명하고 언사言辭
가 절실해서 문장을 여읜 채 묘함을 드러내지도 않았고 또 언구에
걸린 채 현묘함을 이야기하지도 않았다. 성종性宗과 상종相宗[35]을 융화
하고 일심삼관一心三觀을 사무쳐서 종지에 결정코 부합하여 털끝만한
여지도 남기지 않았으며, 근본과 지말枝末이 원만히 통하고 처음과
마지막이 하나로 일관되었으니, 진실로 교법의 준칙이요 선종의 정안
正眼이다.

　　나 체한諦閑[36]은 처음에 출가해서 속세를 떠났다. 그러다가 마침내

33　거듭 인쇄한다는 뜻이다.

34　부처의 입을 높여 이르는 말, 또는 그 입에서 나온 가르침을 말한다.

35　성종은 현상이 차별세계를 초월하여 만법의 참된 체성體性을 논하는 종지로서
　　삼론종, 천태종, 화엄종 등이고, 상종은 본체의 문제보다는 만법의 모습(相)을
　　주로 연구하는 종지로서 구사종, 법상종 등이 있다.

36　1858년에 태어나 1932년에 입적. 절강성 황암黃巖 사람으로 호는 탁삼卓三이다.
　　평생 불법을 펴고 가르치는 데 힘썼으며 삼장을 통달하여 천태종의 태두가
　　되었다. 저술로는 『대불정수능엄경서지매소大佛頂首楞嚴經序指昧疏』, 『원각경강
　　의圓覺經講義』, 『대승지관술기大乘止觀述記』 등이 있다.

『몽유록夢遊錄』[37]의 잔본殘本을 얻었는데, 그 교훈과 법의 가르침이 치밀하고 정확해서 모골이 송연할 지경이었다. 급기야『능엄경』을 청강하게 되면서 여러 대가大家의 주석을 열람한 적이 있는데, 그때 감산 대사께서도『능엄경』에 대해 발명發明함이 있다는 것을 알았으니, 그 책의 이름이 바로『통의通議』이다. 폐부 깊숙이 그 이름을 새겨둔 채 한 번도 보지 못하고 10여 년이 흘렀으나 늘『통의』를 잊지 못하고 있었다. 그러다 갑오년 봄에 구름처럼 산수를 떠돌다가 마침내 예전의 마음(즉 출가의 마음)이 이루어지면서 뜨거운 번뇌가 일시에 소멸하고 얼어붙은 흉금이 순식간에 녹았다. 그때 우연히 이 경전을 보자 기쁨이 용솟음쳤다. 이에 가만히 있을 수 없어서 인연을 찬양하며 새겨서 출판하니, 실로 뜻을 같이 하는 사람과 함께하려 한 것일 뿐 아직 감산 대사의 법을 따랐다고는 말하지 못하겠다.

때는 광서光緖 20년 음력 10월에 천태의 후예인 운수산인雲水山人 체한諦閑이 신강申江 용화사龍華寺의 장경각藏經閣에서 쓰다.

---

37 전 55권으로 감산 대사의 어록이다. 시자侍者 복선福善이 기록하고 통형通炯이 편집했다. 또『감산노인몽유집憨山老人夢遊集』이라고도 칭하는데, 감산 어록을 집대성한 책이다.

【제1권】

대불정여래밀인수증요의제보살만행수능엄경통의

大佛頂如來密因修證了義諸菩薩萬行首楞嚴經通議

명明나라 남악南嶽의 사문 감산憨山 석덕청釋德清이 서술함

현판懸判

통의 　예전부터 경전을 해석한 여러 스님의 일반적 견해는 반드시 현판懸判[38] 십문十門을 먼저 거쳐야 했으니, 요컨대 우리 여래께서 세상에 응하여 49년 동안 설하신 일대장교一大藏教[39]를 배우는 자들이 알게 하기 위해서였다. 법을 설한 시초부터 마지막까지 오시五時[40] 오교五教[41]의 구별이 있으니, 이른바 소승, 시교始教, 종교終教,

---

38 불교 교리를 평가하고 판결한 것을 제시했다는 뜻이다.

39 방대한 경전. 불교 경전을 모은 것이다.

40 불교 경전을 분류하는 방법으로, 천태天台 지의智顗의 설이다. 1 화엄시: 부처님이 성도하시고 최초의 21일간 『화엄경』을 대보살에게 설하신 시기이다. 2 녹야시: 『화엄경』을 설하시고 녹야원에서 첫 설법을 하신 이래 12년간 『4아함경』 등을 설하신 시기이다. 3 방등시: 녹야시 후에 8년간 『유마경』, 『승만경』 등을 설하신 시기이다. 4 반야시: 방등시 후에 22년간 『반야경』을 설하신 시기이다. 5 법화열 반시: 부처님 입멸 전 5년간 최후로 『법화경』과 『열반경』을 설하신 시기이다.

돈교頓敎, 원교圓敎로서 깊고 얕은 차제次第의 차이가 있다. 하나의
경전을 지정해서 어느 시기 어떤 교리에 속하는지를 결정하는 것이
바로 주석註釋의 규칙이니, 가령 현수賢首[42]와 청량淸涼[43] 이후로는
모두가 본받아서 그렇게 서술하였다. 그러나 유독 이 『능엄경』만은

---

[41] 석가의 일대一代 교설을 5종으로 분류하여 설명하는 것이다. 시대에 따라서,
또 사람에 따라서 여러 분류 방법이 있는데, 여기서는 당나라의 법장法藏이
설한 소승교小乘敎·대승시교大乘始敎·종교終敎·돈교頓敎·원교圓敎의 5교를 말
한다.

(1) 소승교小乘敎는 성문聲聞과 연각緣覺을 위해 사제四諦·십이인연十二因緣 등을
설한 아함경의 가르침이다.

(2) 대승시교大乘始敎는 모든 존재에는 불변하는 실체가 없다고 설하는 반야경과
모든 존재의 현상과 본성을 설한 해심밀경의 가르침이다.

(3) 대승종교大乘終敎는 대립이나 차별을 떠난 본성과, 그 본성이 그릇된 인연을
만나 일으키는 차별 현상을 설하는 『능가경』·『기신론』의 가르침이다.

(4) 돈교頓敎는 일정한 단계를 거치지 않고 단박 깨달음에 이르게 하는 『유마경』의
가르침이다.

(5) 원교圓敎는 원만하고 완전한 일승一乘을 설하는 『법화경』·『화엄경』의 궁극
적인 가르침이다.

[42] 643년에 태어나 712년에 입적. 화엄종의 제3조祖로, 법명은 법장法藏이고 호는
향상香象이다. 지엄에게 『화엄경』을 배우고, 실차난타가 『화엄경』을 번역할
때에 그 필수筆受를 맡아 3년 만에 마치니 이것이 『80권 화엄경』이다. 화엄을
대성했으며, 저술로는 『화엄경탐현기』 20권, 『화엄오교장』 3권, 『화엄지귀』
등을 남겼다.

[43] 징관澄觀으로, 청량산에 거주해서 청량 대사라 말한다. 738년(?)에 태어나 839년
에 입적했다. 화엄 제4조이다. 모든 종파와 경론에 해박하나 특히 화엄에 능통했
다. 4종 법계의 성기설性起說을 대성해서 당시 유행하던 선종과의 융화를 꾀하여
교선일치론敎禪一致論을 주장했다. 저술로는 『화엄경주소』, 『화엄경수소연의
초』, 『화엄경강요』 등 4백여 권이 있다.

전후로 해석한 자가 무릇 십여 가家로서 저마다 일정한 견해에 근거해 지정한 이 경전의 시기가 전후로 동일하지 않은 탓에 많은 논쟁이 일어나면서 온갖 의문을 해결하기 어려웠다.

나는 어떤 판본의 별제別題를 본 적이 있는데, 그 명칭이 관정부중록출별행(灌頂部中錄出別行: 관정부 중에서 초록 간행된 별행본)이다. 이 경전을 자세히 살펴보면 일시에 단박에 설한 것이 아닌데도 정확한 근거가 없었다. 장수長水⁴⁴ 스님이 주소注疏를 붙인 경본별제經本別題를 본 적이 있는데, 일명 관정부 중에서 초록 간행된 별행본으로 중인도 나란타 대도량경中印道 那蘭陀 大道場經이다. 자선(子璿: 장수) 스님이 판석判釋하기를 "부처님께서 이 경전을 설하실 때 일시에 단박에 설하시지 않고 설함에 반드시 전후가 있다"고 하였으니, 이로써 편집을 맡은 사람이 종류별로 요약해 1부部로 편찬한 것임을 알 수 있으므로 이를 준거로 삼으면 의심 없이 믿을 수 있을 것이다. 다만 경전 속에서 스스로 관정灌頂⁴⁵의 장구章句라 칭한 것을 자세히 살펴보면 편집자가

---

44 장수長水 자선子璿을 말하며, 송나라 때 승려로 화엄종에 속한다. 『화엄경』을 크게 넓혀서 규봉 종밀 이후의 고승이라 한다. 저술로는 『수능엄경의소주首楞嚴經義疏注』 20권, 『수능엄경과首楞嚴經科』 2권 등이 있다.

45 산스크리트어 abhisecana 또는 abhiseka의 번역이다. 수계하여 불문에 들어갈 때 물이나 향수를 정수리에 뿌린다는 뜻이다.
(1) 원래 인도에서는 제왕의 즉위식 및 태자를 책봉할 때의 그 정수리에 바닷물을 뿌리는 의식을 말한다.
(2) 보살이 십지十地 중 제구지九地에서 제십법운지十法雲地에 들어갈 때 제불諸佛이 지수智水를 그 정수리에 뿌려 법왕의 직책을 받았음을 증명하는 것으로, 이것을 수직관정受職灌頂이라 한다. 또 십주十住의 제십위十位를 관정주灌頂住라고도 한다. 혹은 대사大事, 석존의 사적과 본생 등을 기록한 책에 있는 보살십지十

종류별로 요약했음을 알 수 있다.

시험 삼아 말해보겠다. 관정부灌頂部는 바로 나의 중앙인 비로자나 불毗盧遮那佛이 설한 법이다. 비로毗盧는 바로 법신불이다. 법신으로부터 보신을 드리우니, 이름하여 노사나盧舍那이다. 보리도량에 앉아서 대화엄을 펼치는데, 이를 일러 근본 법륜이라 한다. 하지만 이 근본 법륜은 일류의 큰 근기(大根)의 중생이나 받아들일 뿐 작은 근기(小根)의 사람에겐 소경이나 귀머거리의 처지와 같다. 노사나 세존께서 찰나제刹那際[46] 삼매에 들어가서 두 모습을 쌍雙으로 드리워 응신應身과 화신化身을 나타내서 삼계에 태어남을 보인 것을 이름하여 석가모니라 한다.[47]

地 중 제십지十地를 관정지灌頂地라 한다. 관정위灌頂位란 이 밖에 특히 등각위等覺位를 가리킬 때도 있다.

(3) 밀교密敎에서 행하는 관정灌頂을 총칭하여 비밀관정灌頂, 밀관密灌이라 한다. 밀교에서는 관정灌頂을 중히 여겨 여래如來의 상징인 오병五甁의 수水를 제자弟子의 정수리에 뿌리는 작법作法에 의해 불타의 법위法位를 계승시키는 것을 현시한다. 여기에 여러 가지 종류가 있어 이를 요약하면, 결연관정結緣灌頂·학법관정學法灌頂·전법관정傳法灌頂의 세 가지가 있다.

46 찰나는 불교에서 시간의 최소단위를 나타내는 말이다. 산스크리트의 '크샤나', 즉 순간瞬間의 음역인데, 『아비달마대비바사론阿毘達磨大毘婆沙論』 권136에 따르면, 120의 찰나를 1달 찰나(一怛刹那: tat-ksana, 순간의 시간, 약 1.6초), 60달 찰나를 1납박(一臘縛: lava, 頃刻의 뜻, 약 96초), 30납박을 1모호율다(一车呼栗多: muhūrta, 약 48분), 30모호율다를 1주야(一晝夜: 24시간)로 하고 있으므로, 이에 따르면 1찰나는 75분의 1초(약 0.013초)에 해당한다. 그러나 이설도 있다. 불교에서는 모든 것이 1찰나마다 생겼다 멸하고, 멸했다가 생기면서 계속되어 나간다고 가르치는데, 이것을 찰나생멸刹那生滅·찰나무상刹那無常이라고 한다. 찰나제刹那際 삼매란 찰나 사이에 삼매에 든 것을 말한다.

처음 도솔천兜率天[48]으로부터 왕궁에 강림하여 마야 부인[49]의 태胎에

---

47 법신불, 보신불, 화신불을 삼신불三身佛이라 한다. 부처의 세 가지 몸으로 법신불은 비로자나불毗盧遮那佛이고, 보신불은 노사나불盧舍那佛로 1천 잎의 연화좌蓮華座에 있으며, 화신化身·응신불應神佛은 석가모니불釋迦牟尼佛이다. 또는 순서대로 자성自性, 수용受用, 변화變化를 말하기도 한다. 법신法身은 '법계法界의 이리와 일치한 부처의 진신眞身으로 빛깔도 형상도 없는 부처의 본체신本體身'이고, 보신報身은 '인위因位에서 지은 한량없는 원願과 행行의 과보로 나타난 만덕萬德이 원만한 부처의 몸'이며, 화신化身은 변화신으로 '오취五趣, 천상·인간·축생·지옥·아귀 등 5곳의 중생을 제도하기 위하여 알맞은 대상으로 화현化現하며 흔히 천백억화신千百億化身이라 하는 것'이다.

48 도솔천(兜率天, Tuṣita)은 고대 인도(불교)의 세계관에서 천상天上의 욕계慾界 중 네 번째 하늘나라로서 천상天上 4,000년=인간세人間世 584,000,000년의 머무름의 기간을 갖는다. 도솔천은 수미산(須彌山, Sumeru mountain) 정상에서 12만 유순(由旬, 고대 인도의 거리 단위, yojana) 떨어진 곳에 위치하고 있다고 한다. 도솔천은 내원內院과 외원外院으로 나뉜다. 내원은 내원궁內院宮이라고도 하며, 석가모니가 남섬부주(南贍部洲, 인간세계)에 내려오기 전에 머물던 곳으로, 현재는 미륵보살이 지상에 내려갈 때를 기다리며 머무르고 있는 곳이라고 한다. 외원은 여러 천인天人들이 모여 행복과 쾌락을 누리는 곳이다. 덕업을 쌓고 불심이 깊은 사람만이 죽어서 도솔천에 다시 태어날 수 있다고 하며 때로는 문학에서 정신적 이상향으로 간주되기도 한다.

49 마야摩耶는 산스크리트어 Māyā를 음사音寫한 한자로, 마하마야(摩訶摩耶: 대마야라는 뜻)라고 존칭한다. 석가족族 호족豪族의 딸로서 가비라바소도(伽毘羅衛)의 성주城主 정반왕淨飯王의 왕비가 되어 석가를 낳았다. 전설에 따르면, 석가는 도솔천兜率天에서 내려와 부인에게 흰 코끼리로 현몽하여 오른쪽 옆구리에서 태내로 들어갔다고 한다. 출산하기 위하여 친정으로 가던 중, 룸비니라는 동산에 이르러 무우수無憂樹에 오른팔을 뻗어 나뭇가지를 잡는 순간, 석가가 오른쪽 겨드랑이 밑을 뚫고 탄생하였다고 한다. 마야부인은 석가 출산 후 7일 만에 타계했다고 전해진다.

들어가고, 태에서 나온 이래로 출가하여 고행苦行 등의 팔상八相⁵⁰으로
도道를 이루고, 처음 녹야원鹿野苑⁵¹에서 법을 설하면서 내리 방등方
等⁵², 반야般若⁵³, 법화法華⁵⁴ 등의 49년을 거쳐 대열반에 들어갈 때까지

50 불보살이 세상에 출현하여 중생을 제도하려고 일생동안 나타내 보이는 여덟
   가지 상相으로 여러 학설이 있다. 가장 알려진 것으로는 도솔천에서 하강한
   모습, 태胎에 들어간 모습, 출생하는 모습, 출가하는 모습, 악마를 항복시키는
   모습, 도道를 성취한 모습, 법륜을 굴리는 모습, 열반에 들어간 모습이다.
51 산스크리트어 mṛgadāva, 팔리어 migadāya로 붓다가 처음으로 설법한 곳. 갠지스
   강 중류, 지금의 바라나시Varanasi에서 북동쪽 약 7km 지점에 있는 동산. 붓다가
   깨달음을 이룬 우루벨라uruvelā 마을의 붓다가야buddhagayā에서 녹야원까지
   는 직선거리로 약 200km가 된다.
52 불경佛經의 이름. 대승불교大乘佛敎 경전經典의 총칭. 방등경方等經.
53 반야般若는 산스크리트어 prajñā의 음사, 혜慧·지혜智慧라 번역. 이 반야 사상을
   설한 경전이 반야경이다.
54 이 경經의 산스크리트어명은 saddharma-pundarika-sūtra로 sad는 정正 또는
   묘妙로 번역되고, dharma는 법法, 그리고 pundarika는 연화蓮華로 번역되므로
   축법호쯔法護는 이를 '정법화경正法華經'이라 번역하였고, 나집은 '묘법연화경妙
   法蓮華經'이라고 번역하였는데, 나집의 역본譯本이 널리 유포되었기 때문에 '묘법
   연화경妙法蓮華經'이 이 경經의 대표적인 역명譯名이 되었다. 우리가 『법화경法華
   經』이라고 하는 것은 이의 약칭이다. 이 경經은 모든 불교경전 중 가장 넓은
   지역과 많은 민족들에 의해서 수지受持 애호된 대승경전大乘經典 중의 꽃이라고
   할 수 있다. 특히 중국에서 한역된 후 수隋의 천태대사 지의(538~597)에 의해
   이 경經에 담겨져 있는 깊은 뜻과 사상思想이 교학적·사상적으로 조직·정리됨으
   로써 천태사상이 발전을 보게 되어 화엄사상華嚴思想과 함께 중국불교학中國佛敎
   學의 쌍벽을 이루게 된 유명한 경전이다. 내용과 사상으로 볼 때 이 경은 인도에서
   재가신도들이 중심이 된 대승불교운동의 태동胎動과 그 맥락을 같이 해서 성립된
   경이다. 따라서 이 경의 내용과 사상은 거의 완벽하게 대승불교적인 것이라고
   할 수 있는데, 그중에서도 이 경의 주 안목을 요약하자면 회삼귀일會三歸一과

시종일관 찰나제삼매를 벗어나지 않고 일대장교를 설하였으니, 이를 이름하여 섭말귀본법륜(攝末歸本法輪: 말단을 거두어서 근본으로 돌아가는 법륜)이라 하고 또한 인섭교(引攝敎: 이끌어 거두는 가르침)라 한다. 즉 오성五性[55]과 삼승三乘[56]을 이끌어서 일승一乘[57]의 적멸도량[58]

구원성불久遠成佛의 두 가지라고 할 수가 있다.

[55] 유식종唯識宗에서 중생의 성품에는 선천적으로 보살정성菩薩定性, 연각정성緣覺定性, 성문정성聲聞定性, 삼승부정성三乘不定性, 무성유정無性有情의 다섯 가지 구별이 있다. 보살정성은 본래부터 부처가 될 무루無漏 종자를 갖고 있고, 연각정성은 벽지불이 될 무루 종자를 갖고 있고, 성문정성은 아라한이 될 무루 종자를 갖고 있고, 삼승부정성은 두 가지 종자나 세 가지 종자를 갖춘 것이며, 성문, 연각, 보살의 무루 종자는 없고 인승人乘이나 천승天乘이 될 유루有漏 종자만 갖춘 것이다.

[56] 대승불교에서 말하는 세 종류의 가르침. 승乘은 '타는 것'으로, 인간이 깨달음의 경지에 이르기 위해 타는 것, 즉 가르침을 의미한다. 대승불교에서는 불교 전체를 성문승聲聞乘, 연각승緣覺乘, 보살승菩薩乘의 3종으로 나누고, 각각 능력이 다른 3종류의 대상을 위해서 다른 가르침이 있다고 한다. 성문聲聞은 가장 능력이 떨어진 것으로, 불의 소리에 이끌려서 자신만의 깨달음을 구하는 것이며, 다음의 연각緣覺은 스스로 깨달은 것, 최상위의 보살은 자신을 위해서만이 아니라 일체 인간의 깨달음을 위해서 수행하고 있는 것을 의미하며, 성문, 연각은 자리自利, 보살은 자리이타自利利他라고 한다.

[57] 산스크리트어 eka-yāna 승乘은 중생을 깨달음으로 인도하는 부처의 가르침을 뜻한다. 깨달음에 이르게 하는 오직 하나의 궁극적인 부처의 가르침이다. 부처가 중생의 능력이나 소질에 따라 여러 가지로 가르침을 설하였지만, 그것은 결국 하나의 가르침으로 귀착한다는 뜻이다.

[58] 원래는 붓다가 깨달음을 이룬 곳으로, 고대 인도 마가다국의 우루벨라 마을 네란자라 강가에 있는 붓다가야(산스크리트어 buddhagayā)의 보리수菩提樹 아래를 말한다.

의 땅으로 거두어 돌아가는 것이니, 바로 화엄華嚴[59]이 묘장엄해(妙莊嚴海: 묘하게 장엄된 바다)가 되고 마치 빈궁한 아들의 집처럼 돌아갈 땅이 됨을 가리키는 것이다. 그래서 삼관三觀의 오묘한 문門이 바로 집으로 돌아가는 길이니, 소위 한 길(一路)의 열반문이다.

이제 이 『능엄경』을 살펴보건대, '음실(婬室: 사창가)에 떨어짐을 보임'으로 출발한 것은 바로 아함阿含의 시기이다. 마음에 대해 따지는 질문으로 몸의 상견常見에 집착함을 타파하고 파사닉왕[60]을 통해 단견

59 불법佛法의 광대무변함을 비유적으로 표현하고 있는 말로 『화엄경』을 주요 경전으로 하는 화엄종의 가르침을 나타낸다.

화엄華嚴이란 온갖 꽃으로 장엄하게 장식한다는 뜻의 잡화엄식雜華嚴飾에서 나온 말로 대승불교 초기의 주요 경전인 『화엄경華嚴經』에서 비롯되었다. 『화엄경』은 석가모니가 깨달음을 얻은 직후에 그 깨달음의 내용을 그대로 설법한 경문이다. 정식 이름은 『대방광불화엄경大方廣佛華嚴經』인데 이는 불법佛法이 광대무변廣大無邊하여 모든 중생과 사물을 아우르고 있어서 마치 온갖 꽃으로 장엄하게 장식한 것과 같다는 뜻이다. 곧 화엄은 불법의 광대무변함을 비유적으로 나타내는 표현이며, 온갖 분별과 대립이 극복된 이상적인 불국토佛國土인 연화장세계蓮華藏世界를 나타내는 말이기도 하다.

60 석가모니 생존 시 북인도 코살라왕국의 왕이다. 파사익波斯匿은 파세나디의 한역이다. 기원정사祇圓精舍를 지을 땅을 보시한 기타祇陀 태자와 부처의 수기를 받은 승만 부인의 부친이며, 여러 명의 아내 중 이른바 무비無比의 보시를 한 말리카와 비사바카티야가 유명하다.

코살라왕국은 마가다왕국과 함께 북인도를 지배했던 강국으로 갠지스 강 유역의 여러 지방을 장악하였다. 석가모니가 태어난 가비라위성迦毘羅衛城도 이 왕국의 지배하에 있었다. 파세나디왕은 석가모니를 존경하여 기원정사까지 찾아와 가르침을 얻고 귀의하였으며, 석가모니와 같은 샤키야족(釋迦族) 출신의 비사바카티야를 아내로 맞기까지 하였다. 파세나디는 샤키야족 아내와의 사이에서 아들 비두다바(毘瑠璃)를 두었다.

斷見을 타파한 것이 바로 아함의 가르침이다. 그 망견(妄見: 허망한
견해)을 밝혀냄으로써 참 견해인 진견眞見을 드러내고, 견정見精을
타파함으로써 본각本覺[61]을 드러내니, 그 뜻이 심밀경深密經[62]과 동일한
시기이다. 오온과 삼과三科[63]를 회통해서 장성(藏性: 여래장의 성품)에

---

[61] 원효元曉는 그의 『금강삼매경론』에서 본각本覺과 관련하여 다음과 같이 말하고
있다. 모든 중생(有情)은 오랜 과거로부터 무명無明의 긴 밤에 들어가 망상의
큰 꿈을 꾸니, 보살이 관법觀法을 수행하여 무생법인無生法忍을 성취할 때 중생이
본래 적정寂靜하여 오직 본각일 뿐이라는 것을 통찰하여 평등한 진여의 침상에
누워 이 본각의 이익으로써 중생을 이롭게 한다.

무생법인을 증득한 보살은 본각의 이익으로써 중생의 허망한 분별식을 전변시켜
암마라식(唵摩羅識, amala-vijnana)에 들어가게 한다. 암마라는 무구식無垢識, 혹은
청정식淸淨識으로서 아리야식의 미혹을 떠나 본래 청정한 자리를 회복한 의식이
다. 그러므로 이 식은 바뀌거나 변하지 않고 언제나 여여如如한 본각本覺에
다름 아니다. 본각에 들어갈 때 팔식이 본래 적멸함을 깨닫고, 깨달음이 완전해졌
으므로 모든 분별의식이 일어나지 않는다고 한다.

[62] 『해심밀경』 5권을 말한다. 당나라 때 현장이 번역했으며 법상종의 근본 경전이다.
유식의 깊은 뜻을 8품에 나누어 설명했다.

[63] 5온五蘊, 12처十二處, 18계十八界를 말한다. 일체 만법을 이 세 가지로 분류한
것이다. 5온은 색온色蘊, 수온受蘊, 상온想蘊, 행온行蘊, 식온識蘊을 말한다. 12처는
안처眼處, 이처耳處, 비처鼻處, 설처舌處, 신처身處, 의처意處, 색처色處, 성처聲處,
향처香處, 미처味處, 촉처觸處, 법처法處를 말한다. 18계는 안계眼界, 이계耳界,
비계鼻界, 설계舌界, 신계身界, 의계意界, 색계色界, 성계聲界, 향계香界, 미계味界,
촉계觸界, 법계法界, 안식계眼識界, 이식계耳識界, 비식계鼻識界, 설식계舌識界,
신식계身識界, 의식계意識界를 말한다.

3과 중 12처의 법처와 18계의 법계에는 열반을 비롯한 무위법이 포함되어 있기
때문에, 12처와 18계는 유위법과 무위법 전체의 법(法, 존재)을 포괄하는 일체법에
대한 분류체계이다. 반면, 5온에는 무위법이 포함되어 있지 않기 때문에 5온은
일체의 유위법에 대한 분류체계이다. 3과를 다른 말로는 온처계蘊處界, 음입계陰

돌아가면 반야의 진공眞空[64]이나 법화의 실상實相[65]과 똑같고, 또한
두 시기(즉 반야 시기와 법화 시기) 사이를 거치는 것이다. 칠대七大[66]가
보편적으로 두루하고 성품의 참됨(性眞)이 원융하면 진실로 화엄의
이사무애理事無礙 법계[67]와 더불어 동등하다. 나아가 4권에서는 이렇게

入界, 또는 음계입陰界入이라고도 한다. 음陰은 온蘊의 옛 번역이며, 처處는 마음과
마음작용을 생장(生長: 생겨나고 증대됨)시키는 문(門, dvāra)이라는 뜻을 가지는데,
문을 통해 12처의 모든 요소가 들어오므로 입入이라고도 하며, 또한 대상이
들어오는 영역 또는 범위라는 뜻에서 입처入處라고도 한다.

64 ① 모든 현상에는 불변하는 실체가 없다는 공空의 관념도 또한 공空이라는 뜻.
② 공空에 치우치지 않고, 여러 인연의 일시적인 화합으로 존재하는 현상을
긍정하는 진실한 공空. ③ 모든 차별을 떠나 있는 그대로의 모습. ④ 모든 분별이
끊어진 마음 상태. 부처의 성품을 말한다.

65 불교에서 이르는 모든 존재의 참된 본성. 진여眞如·법성法性의 의미도 내포하고
있다. 석가의 깨달음의 내용이 되는 본연의 진실을 의미하며, 일여一如·실성實性·
무위無爲·열반涅槃도 실상의 이명異名으로 사용된다. '제법실상諸法實相'은 불교
의 근본진리를 가리키는 용어의 하나로, 용수(龍樹, 150~250?)에 의해 공空의
의미도 포함한 것으로 강조된 이래 대승불교를 일관하는 근본사상이 되었다.
그러나 이 말이 의미하는 내용은 종파에 따라 차이가 있다.
『법화경』을 소의所依로 하는 천태종에서는 모든 법의 실상을 3중三重으로 구별한
다. 초중初重은 인연因緣에 따라 생긴 제법이 그대로 공임을 가리켜 실상이라고
한다. 차중次重은 공과 유를 제법으로 규정하고 별도로 중도제일의제中道第一義諦
의 이치를 세워 실상이라고 한다. 말중末重은 차별의 현상을 모두 제법이라
하고, 그 제법이, 삼제(三諦: 空·假·中)가 원융圓融된 참모습을 가리켜 실상이라고
한다. 즉 일체가 완전히 조화를 이룬 상태를 말한다.

66 만법의 체성體性을 일곱 가지로 나눈 것이다. (1) 지대地大: 견고한 성질. (2)
수대水大: 축축한 성질. (3) 화대火大: 따뜻한 성질. (4) 풍대風大: 움직이는 성질.
(5) 공대空大: 공간, 허공. (6) 식대識大: 분별하는 마음 작용, 분별 작용, 인식
작용. (7) 근대根大: 감각하거나 의식하는 기관·기능.

말하고 있다.

"하나가 무량無量이 되고 무량이 하나가 되며, 작음(小) 속에 큼(大)

---

67 화엄교학에서는 법계를 이사무애법계理事無礙法界를 포함한 사법계事法界·이법
계理法界·사사무애법계事事無礙法界의 4종으로 나누었는데, 이를 사법계四法界
또는 사법계관四法界觀이라 한다.

1. 사법계事法界: 현실의 미혹의 세계이다. 우주는 차별이 있는 현상 세계라는
세계관이다.

2. 이법계理法界: 진실에 대한 깨달음의 세계이다. 우주의 모든 사물은 진리가
현현顯現된 것이라는 세계관이다.

3. 이사무애법계理事無礙法界: 이상으로서의 깨달음의 세계가 현실의 미혹의
세계와 떨어져서는 존재할 수 없는, 즉 번뇌즉보리煩惱卽菩提, 현실즉이상現實卽
理想의 세계이다. 모든 현상과 진리는 일체불이一體不二의 관계에 있다는 세계관
이다.

4. 사사무애법계事事無礙法界: 현실의 각 존재가 서로 원융상즉圓融相卽한 연기관
계緣起關係에 있는 세계이다. 현상계는 서로 교류하여, 한 개와 여러 개가 한없이
관계하고 있다는 세계관이다.

사법계四法界 중 특히 제4의 사사무애법계事事無礙法界는 화엄교학의 특징을
보여주는 것으로, 일반적으로 중중무진重重無盡의 법계연기法界緣起 또는 법계무
진연기法界無盡緣起라고도 불린다. 사사무애법계관事事無礙法界觀에 따르면, 일
체의 존재는 타他 존재와 상즉상입相卽相入 관계에 있기 때문에 하나(一)를 들면
그 밖의 모든 것은 그 속에 수용되며, 하나를 주主로 하면 그 밖의 것은 반伴이
되어 일체의 것은 절대적인 가치를 지니게 되고, 차별의 세계 자체가 부처의
목숨이 된다.

화엄교학은, 사사무애법계관事事無礙法界觀을 통해, 우리들이 현재 살고 있는
생사의 세계야말로 부처의 주처住處이며, 연기緣起하는 일체의 것이 변화하고
생멸生滅하는 무상無常 속에 부처 자체의 영원한 생명이 있다는 절대적 현실긍정
관現實肯定觀을 세웠다.

이와 같은 법계연기설은 십현문十玄門과 육상원융六相圓融 등의 교설로 강설되며
화엄교학의 중심을 이루었다.

을 나타내고 큼 속에 작음을 나타내며, 하나의 터럭 끝에 보왕찰寶王刹
을 나타내고 미진微塵 속에 앉아서 대법륜을 굴린다."

이는 화엄의 사사무애事事無礙 법계를 간략히 드러낸 것이다. 이
사사무애 법계가 바로 돌아갈 묘장엄해인데, 이를 일러 궁극적인
귀녕(歸寧: 고향에 돌아감)의 땅이라고 한다. 삼신三身이 일체一體임은
이 땅에 이르러야 비로소 드러난다. 석가모니께서 세상에 나온 본래의
소회所懷도 중생을 교화하여 반드시 이 땅에까지 이끌고 거둔 뒤에야
그만두려는 것이다. 이로써 이『능엄경』이 흡수하지 않는 교리가
없고 거두지 않는 기연(機)이 없음을 알 수 있으리니, 어찌 한 시기에
국한시켜 정할 수 있겠는가?

대체로 석가세존께서 잡고 계신 노사나불의 '하나의 실상인實相印[68]'
을 이른바 미묘하고 비밀스런 한 마음(微密一心)이라고 하며, 공空·가
假·중中 삼관의 법문은 바로 미혹을 타파하는 날카로운 도구가 된다.
세존께서 세상에 출현하셔서 이 일심을 중생에게 증득시키고자 하였으
나 중생의 번뇌와 때(垢)가 무거운 탓에 이 마음을 단박에 제시하지
못하였다.

그래서 아함 회상會上에서 인간과 천상의 과보를 얻는 열 가지 선善[69]
을 닦으면 삼악도三惡道[70]에 떨어짐을 면한다는 것을 설하고, 아울러

---

68 모든 현상의 있는 그대로의 참모습. 이에 대해 설하는 것이 불교의 특징이므로
인印이라 한다.

69 몸과 입과 뜻으로 십악十惡을 짓지 않는 것이다. 살생하지 않는 것, 훔치지
않는 것, 사음邪淫하지 않는 것, 망어妄語하지 않는 것, 두 말(兩舌)하지 않는
것, 나쁜 말(惡口) 하지 않는 것, 속이는 말을 하지 않는 것, 탐욕을 부리지
않는 것, 성내지 않는 것, 사견邪見을 내세우지 않는 것이다.

무상·고苦·공空·무아와 고·집·멸·도의 사제四諦[71]와 12인연법[72]을 설

70 삼도三塗 또는 삼악취三惡趣라고도 하는데, 뜨거운 불로 몸을 태우는 지옥도地獄道
와 서로 잡아먹는 축생도畜生道, 그리고 칼과 몽둥이로 핍박하는 아귀도餓鬼道를
가리킨다. 불교에서는 악행을 저지른 사람은 죽어서 반드시 이 셋 가운데 하나에
빠지게 된다고 한다.

71 불교에서 주장하는 네 가지의 진리로, 사성제四聖諦라고도 한다. 불교의 개조인
석가는 부다가야의 보리수 아래에서 이 사제의 진리를, 또는 12인연이라는
연기의 법을 깨달았다고 한다. 네 가지의 진리라는 것은 고제苦諦, 집제集諦,
멸제滅諦, 도제道諦의 네 가지를 말한다. 이 중 고제라는 것은 우리 모든 존재는
생로병사 등의 고통으로 괴로워하는 고통적 존재라는 진리, 집제의 집集이라는
것은 원인이라는 의미로, 고통을 낳는 원인은 갈애渴愛로 대표되는 마음의 더러움
(번뇌)이라는 진리, 멸제라는 것은 번뇌를 없앤 상태는 정숙한 열반이라는 진리,
도제라는 것은 열반으로 가는 길은 팔정도八正道 등의 실천행이라는 진리로,
이들 네 가지 진리 중 앞의 두 가지는 집제가 있기 때문에 고제가 있다는 방황
세계에서의 인과관계를, 후의 두 가지는 도제가 있기 때문에 멸제가 있다는
깨달음으로 향하는 과정에서의 인과관계를 각각 나타내고 있으며, 불교의 연기설
을 12인과설과는 다른 측면에서 표현한 것이다.

72 12연기법을 말한다. 고타마 붓다는 『잡아함경』 제12권 제299경 「연기법경緣起法
經」에서 연기법은 자신이나 다른 깨달은 이가 만들어낸 것이 아니며 여래가
세상에 출현하고 출현하지 않음에 관계없이 우주법계에 본래부터 존재하는
보편 법칙, 즉 우주적인 법칙이며, 자신은 단지 이 우주적인 법칙을 완전히
깨달은(等正覺) 후에 그것을 세상 사람들을 위해 12연기설의 형태로 세상에
드러낸 것일 뿐이라고 말하고 있다.

12연기에서 고苦가 생기生起하는 연기관계를 유전연기流轉緣起, 혹은 연기緣起의
순관順觀, 혹은 순연기順緣起라고 한다. 구체적으로는 "무명無名에 연緣해서 행行
이 있고, 행에 연해서 식識이 있으며, 식에 연해서 명색名色이 있고, 명색에
연해서 6입六入이 있으며, 6입에 연해서 촉觸이 있으며, 촉에 연해서 수受가
있고, 수에 연해서 애愛가 있고, 애에 연해서 취取가 있으며, 취에 연해서 유有가
있고, 유에 연해서 생生이 있으며, 생에 연해서 노사老死·우비고수뇌憂悲苦愁惱의

해서 중생으로 하여금 삼계三界[73]를 벗어나길 권하여 생사를 여의게
하였으니. 이때 증득된 열반을 공에 치우친 이른바 편공(偏空: 치우친

갖가지 고苦가 생긴다"라는 정형적定型的인 글로 표현되어 있다.

다음 고苦의 유전流轉이 멸해지고 이상의 열반계涅槃界로 돌아가는 연기의 관계는
환멸연기還滅緣起라고 말해지며, 또 이것을 연기緣起의 역관逆觀, 혹은 역연기逆緣
起라고 한다. 구체적으로는 "무명無明이 멸하기 때문에 행行이 멸한다. 행이
멸하기 때문에 식識이 멸한다. 식이 멸하기 때문에 명색名色이 멸한다. 명색이
멸하기 때문에 6입六入이 멸한다. 6입이 멸하기 때문에 촉觸이 멸한다. 촉이
멸하기 때문에 수受가 멸한다. 수가 멸하기 때문에 애愛가 멸한다. 애가 멸하기
때문에 취取가 멸한다. 취가 멸하기 때문에 유有가 멸한다. 유가 멸하기 때문에
생生이 멸한다. 생이 멸하기 때문에 노사老死·우비고수뇌憂悲苦愁惱의 갖가지
고苦가 멸한다"와 같이 설명된다.

73 삼계(三界, 산스크리트어 trayo-dhātava 또는 trayo dhātavaḥ, 팔리어 tayodhātavo
또는 tisso dhātuyo)는 불교 용어로, 부처의 지위에 도달하지 못한 사람이 거주하는
욕계欲界·색계色界·무색계無色界를 통칭하는 낱말이다. 삼계는 십법계十法界·
삼천대천세계三千大千世界 등과 함께 불교의 세계관 또는 우주론(Buddhist cosmol-
ogy)을 나타내는 용어이다.

불교의 교의에 따르면, 부처의 지위에 도달하지 못한 사람은 극복되지 못한
무명無明의 미혹迷惑 때문에 탄생과 죽음을 반복하는데("생사유전生死流轉 또는
윤회輪廻"), 삼계는 이러한 아직 깨닫지 못한 상태인 미계迷界를 셋으로 분류한
것이다. 삼계는 비록 괴로움과 즐거움이 서로 간에 다르지만 삼계 모두는 탄생과
죽음이 반복되는 윤회를 벗어난 상태가 아니므로 생사生死라고도 한다.

삼계는 다시 총 이십팔천(二十八天·스물여덟 하늘)으로 세분되는데, 욕계는 육천六
天으로, 색계는 십팔천十八天으로, 무색계는 사천四天으로 나뉜다. 이들 중 욕계의
육천六天은 지옥도·아귀도·축생도·수라도·인간도·천신도의 욕계欲界 육도六
道 중 천신도의 여섯 하늘만을 따로 지칭하는 것이다. 삼계가 이십팔천으로
나뉘기 때문에 이러한 구조의 불교의 우주론을 가리키는 말로 흔히 삼계이십팔천
三界二十八天이라고도 한다.

공)이라 하는데 공에 집착해서 능히 유有이질 못하다.

이처럼 소승이 유식唯識[74]의 도리를 요달하지 못하자 비로소 해심밀경解深密經[75]을 설하여 구식九識[76]을 수립하고, 이에 의거해 팔식八識[77]

---

74 소승불교의 부족한 교리를 보충하고 용수의 공사상이 후세에 지나치게 공허한 사상으로 치우쳐 가는 것을 바로잡아 주고자 나타난 유식사상은 미륵(A.D. 270~350), 무착(A.D. 310~390)과 세친(A.D. 320~420) 등에 의하여 성립되었고, 중요한 경론으로는 해심밀경, 유가사지론, 섭대승론, 유식삼십송, 성유식론 등을 들 수 있다. 유식이란 말은 인간을 중심한 정신과 물질 등 내외의 모든 것은 오직 심식心識에 의하여 창조되며 심식을 떠나서 존재할 수 없다는 뜻이다. 즉 현상세계는 인식의 주체인 식識이 대상의 모습을 띠고 나타난 표상식으로 존재할 뿐이고, 대상세계는 결코 식을 떠나서는 존재하지 않으며, 지각된 그대로 외계에 실재하지 않는다는 이론을 유식무경설唯識無境說이라고 한다. 진실로 각자覺者의 눈으로 보면 이 세계는 식의 사현似現이고 표상일 뿐 실재하지 않으며 꿈과 같은 환상이다. 그러나 무명無明에 싸여 주관과 객관의 대립 속에 사는 일반인들은 이 세계가 지각되는 그대로 실재한다고 믿는다. 유식사상은 이러한 아집과 법집을 타파하고, 업식業識을 반야의 지혜로 전환하고자 한다. 이처럼 업식 반야의 무분별지혜, 즉 전식득지轉識得智가 바로 유식학의 근본 취지(大意)이다.

75 인도의 중기 대승불교의 경전이다. 원래 명칭은 상디니르모차나 수트라(Samdhi-nirmocana-sutra)라고 하는데 산스크리트어 원본은 없으며, 한역漢譯으로는 『심밀해탈경深密解脫經』과 『해심밀경解深密經』 2가지가 있다. 인도의 유가유식설瑜伽唯識說과 중국 등지의 법상종法相宗의 근본경전 중 하나로 되어 있다. 신라의 고승 원측은 『해심밀경소解深密經疏』를 지었다.
『해심밀경』은 5권이며 당唐의 현장玄奘이 번역했다. 승의제勝義諦의 특징, 아뢰야식阿賴耶識, 삼성三性과 삼무자성三無自性, 지止와 관觀, 십일지十一地와 십바라밀十波羅蜜, 여래의 법신과 화신의 작용에 대해 설하고 있다.

76 눈(眼)·귀(耳)·코(鼻)·혀(舌)·몸(身)·의식의 6식에 말나식末那識·아뢰야식阿賴耶識·아마라식阿摩羅識을 더한 것을 말한다. 구사종俱舍宗 등 소승불교에서는 6식까

을 일으켜서 근根[78], 신身[79], 기器[80], 계界[81]를 변화해 일으키니, 요컨대 허망한 모습이 다 식識으로부터 변한 것일 뿐이라서 그 모습이 본래 공空함을 요달하는 것이다. 다음에는 반야를 설하여 '진실로는 비었지만 허깨비로 존재함(眞空幻有)'을 드러냄으로써 소승의 공에 치우친 집착을 타파했으니, 이렇게 해서 아함으로부터 40년의 시간을 보냈다.

───────────

지만을 주장하는 데 비하여, 일반적으로 대승불교의 유식설에서는 인간의 인식작용을 8가지 범주로 설명하는데, 그중에서 제8식第八識인 아뢰야식을 인간의 마음 가장 깊은 곳에 위치한 잠재의식(心王)으로 보았다. 그러나 천태종天台宗과 화엄종華嚴宗 등에서는 거기에 아마라식인 제9식第九識을 상정하여 이것이 인간의 가장 깊은 의식이라고 설명하였다. 산스크리트의 아말라amala는 형용사로서 '티 없는' 또는 '순수한'이라는 의미를 지니며, 무구無垢・이구離垢・정정淨 등으로 번역된다. 따라서 아마라식은 곧 무구식無垢識으로 일컬어진다. 법상종法相宗에서는 아마라식을 따로 이름하여 맑아진 상태라는 의미로 무구식이라고 한다.

77 유식설唯識說에서 분류한 여덟 가지 마음 작용, 곧 안식眼識・이식耳識・비식鼻識・설식舌識・신식身識・의식意識・말나식末那識・아뢰야식阿賴耶識을 말한다.

78 산스크리트어 indriya로, ①신체의 기관・기능, 능력, 작용, 어떤 작용을 일으키는 강한 힘, 강한 힘이 있는 작용. ②소질, 근성. ③근본, 기본 등의 뜻이 있다.

79 ①산스크리트어 kāya는 몸・신체, ②산스크리트어 ātman은 나・자신, ③산스크리트어 janma는 생존, ④산스크리트어 kāya는 신근身根의 준말. ⑤산스크리트어 kāya는 인식 주체・인식 작용을 일으키는 주체, ⑥산스크리트어 kāya는 모임・종류의 뜻으로, 어미에 붙어 복수를 나타낸다.

80 유정有情이 거주하는 공간으로서의 물리적인 세계를 말한다.

81 dhātu(산스크리트어)의 번역어. 다음과 같은 여러 가지 의미가 있다. ①층層・성분・기초・요소 등의 의미로서, 구체적으로는 18계界를 가리킨다. ②종류・종족・영역 등의 의미로서, 욕계欲界・색계色界・무색계無色界의 삼계三界라는 말에서 '계界'는 이 경우의 의미이다. ③본질・본성・자성自性 또는 어떤 현상을 나타내는 인因이나 종자種子 등의 의미로도 쓰인다.

그리고 『법화경』을 설할 때는 순수하게 실상만을 이야기하여 곧바로 일심을 제시함으로써 중도中道[82]를 드러냈다. 『열반경涅槃經』[83]에서는 비로소 평등한 불성을 밝히니, 삼승이 똑같이 일승으로 돌아가고 오성五性[84]이 일제히 한 성품으로 들어가 무릇 마음 있는 자는 모두

---

[82] 불교의 중심 개념 중의 하나이다. 용수가 쓴 『중론』의 중심 주제이다. 중도는 연기나 공과 같은 불교 일반의 핵심주제어와 분리해서 이해할 수 없는 개념이다. 그것은 다음의 유명한 게송에서도 드러난다. "인연으로 생긴 법(因緣所生法) 나는 이것을 공이라고 한다(我說卽是空). 이것은 또한 가명이며(亦爲是假名) 이것이 또한 중도의 뜻이다(亦是中道義)." 즉 연기이므로 무자성이고, 그러므로 공이다. 고로 연기=공=가명=중도라는 것이 이 게송의 요지이다.

[83] 대승불교의 『열반경』(마하파리니르바나 수트라)으로는 한역 『대반열반경大般涅槃經』14권과 이 밖에 이역본 2종이 있다. 대승불교의 『대반열반경』은 산스크리트어 원본은 존재하지 않으며 한역과 티베트역으로 전해지는데, 그 사상적 특색은 다음과 같다.
1. 부처의 본체本體로서의 법신(法身: 진리 자체)은 상주불변常住不變이다.
2. 불교 본래의 무아無我의 입장과는 아주 대조적인 "상락아정常樂我淨"이 열반의 경지인 것으로 단적으로 표현한다.
3. 일체중생一切衆生, 즉 생명을 받은 모든 것에는 부처의 본성이 갖추어져 있으며, 극히 악하고 믿음이 없는 일천제一闡提라도 성불할 수 있음을 역설한다.
중국에서는 남북조 시대에 『열반경』을 연구하는 많은 연구가가 배출되어 열반종涅槃宗이 성립되었다.

[84] 법상종法相宗에서 선천적으로 정해져 있는 중생의 소질을 다섯 가지로 차별한 것을 말한다.
1. 보살정성菩薩定性: 보살의 소질을 지니고 있는 자.
2. 연각정성緣覺定性: 연각의 소질을 지니고 있는 자.
3. 성문정성聲聞定性: 성문의 소질을 지니고 있는 자.
4. 부정성不定性: 보살·연각·성문 가운데 어떤 소질인지 정해지지 않은 자.
5. 무성無性: 청정한 성품으로 될 가능성이 전혀 없는 자.

성불하게 됨으로써 바야흐로 세존께서 세간에 출현하신 본래의 소회所
懷를 다하였다.

그러나 『열반경』은 오히려 원융圓融⁸⁵의 종지를 아직 드러내지 못했
다. 지금 이 『능엄경』에서 표현된 이취(理趣: 진리의 지취)의 훤히
뚫린 길은 일대시교一代時敎⁸⁶를 일정하게 안배해서 남김없이 법을
거두고 있다. 게다가 처음 아함경에서부터 마지막 『열반경』에 이르기
까지는 오히려 화신불이 설한 법과 관련되어 있지만, 원융의 도리는
『화엄경』에 속해서 보신불이 설한 것이 아니던가. 이를 말미암아
살펴보건대 어찌 한 시기에 국한하여 정할 수 있겠는가? 가령 법계해法
界海의 지혜에서 비추어보면 석가모니의 49년 설법도 시종일관 찰나제
삼매를 벗어나지 않으니, 이는 바로 겁에 대한 생각(劫念)을 일제히
거둔 '때(時) 없는 때(時)'로서 실로 먼저와 나중이 없는 것이다.

만약 감응해 교화하는 문(應化門頭)에 나아가면, 기틀에 설음(生)과
익숙함(熟)이 있어서 얕은 데서부터 깊은 데 이르기까지 차례가 없지
않다. 일심一心 법문에서는 부처 부처가 똑같이 증득해서 삼관이 곧

---

85 불교 사상 용어 중의 하나로 주로 천태와 화엄종에서 이용한다. 개물의 실체와
대립관을 부정하고, 진실로 존재하는 것을 연기緣起라고 하며, 불가득공不可得空
으로 하는 불교의 근본진리를 더욱 논리화해서 체계지은 것, 즉 사事와 이理의
완전한 상즉상입相卽相入 또는 융합을 주장하고, 사리事理·사사事事·이이理理의
삼종 원융으로 하고, 공가중空假中의 삼체를 총별總別·동이同異·성괴成壞의 육상
원융六相圓融으로 구분하는 등 상대즉절대相對卽絶對의 사고를 강화시키는 것이
특색이다.
86 석가세존께서 보리수 아래 정각을 성취한 때부터 마지막 열반에 이르기까지
일생동안 설하신 가르침이다.

마음을 깨닫는 요체이지만, 오시五時를 거치면서 기틀에 따라 똑같지 않기 때문에 일대시교를 나누어서 각기 해당 기틀을 세 근기로 두루 거두어들이므로 항포(行布: 가르침의 순서) 또한 다른 것이다. 이 때문에 결집結集한 자는 말세에 수행하는 인사人士들의 지식智識이 협소하고 열등해서 광활한 교리의 바다에서 지귀(指歸: 돌아갈 곳)를 궁구하기 어렵기 때문에 보신불과 화신불이 설한 근본으로부터 지말枝末로 내려가고, 지말을 거두어 근본으로 돌아가는 두 가지 법륜을 추구한 것이다.

총체적으로 일대시교 중에서 일심을 끄집어내서 특별히 중생의 깨달음으로부터 미혹에 이르는 과정을 통해 칠취七趣[87]의 극極까지 상승했다 침체했다 하는 정황을 드러내고, 삼관을 회귀會歸하여 두 가지 집착을 타파함으로써 미혹으로부터 깨달음에 이르는 과정을 통해 증득된 깊고 얕은 55가지 지위[88]의 단계를 드러냈다. 영원의 길을 통틀어 회통하면서도 시종일관 일심으로 거두어 돌아가니, 범부에서부터 성인聖人에 이르기까지 곧바로 과의 바다(果海)에 들어갈 뿐 지류支流와는 관계치 않는다.

그리하여 수행하는 인사에게 남김없이 한 번 열람시키면, 마치 거울을 걸어놓은 것처럼 지혜가 눈앞에서 고향집으로 가는 길을 완전히 식별한다. 소위 한 길(一路)의 열반문이니, 어찌 하나의 시기에

---

87 중생이 윤회하는 일곱 갈래로 육도六道인 지옥, 아귀, 축생, 아수라, 인간, 천天에다 신선의 세계를 더한 것이다.

88 10신信, 10주住, 10행行, 10회향回向, 4가행加行, 10지地, 구경究竟의 55단계. 『능엄경』에서는 이 55단계를 거쳐 묘각妙覺에 도달한다고 설한다.

국한해서 정할 수 있겠는가? 진실로 이理로 융통融通하여 부처의 마음 (佛心)을 인印쳐서 계합하지 못하면, 하나의 시기를 엄격하게 정한들 법에 무슨 이익이 있겠는가? 그러므로 널리 통달한 자는 근본 얻는 것을 귀하게 여기지 진흙의 자취는 귀하게 여기지 않는다.

대불정여래밀인수증요의제보살만행수능엄경大佛頂如來密因修證了義 諸菩薩萬行首楞嚴經

통의 이 경전의 제목에 대해서는 경전 속에서 세존께서 스스로 다섯 가지 명칭으로 설하셨다. 지금은 이 하나의 제목으로도 다섯 제목 중에서 사용된 것과 사용되지 않은 것을 알 수 있다. 그러나 이 제목이 비록 19자字라도 오직 '수능엄' 세 글자만을 중시할 뿐이고, 그 위의 16자는 모두 뜻을 잡은 것이다. '수능엄'을 한역하면 '일체사구 경견고一切事究竟堅固'로서 대선정(大定)의 총체적 명칭이니, 바로 일 심의 다른 칭호로서 법法도 있고 뜻(義)도 있다.

이 선정의 체體는 총체적으로는 일심이 되고 개별적으로는 삼관이 되는데, 그러나 이 삼관은 모두 일심에 의거해 성립한다. 『기신론起信 論』에서 "심진여心眞如는 바로 일법계대총상법문一法界大總相法門의 체體이다"라고 말한 것은 소위 여래장如來藏[89]의 청정진심淸淨眞心인

---

[89] 범어 tathagata-garbha의 번역으로 모든 중생의 번뇌 속에 내재해 있는 본래 청정한 여래의 법신을 말한다. 여래장은 번뇌 속에 있어도 번뇌에 더럽혀지지 않고 절대 청정하며 영원히 변함없는 깨달음의 본성이다. 여래장에는 세 가지 의미가 있다고 한다. ①모든 중생은 여래의 지혜의 눈에 섭수되고(所攝), ②여래

데, 이 심체心體에 의거해 세 가지 명칭이 있으니 첫째는 공空여래장이고, 둘째는 불공不空여래장이고, 셋째는 공이면서 불공인 여래장이다.

말하자면 이 심체는 본래 청정해서 하나의 법도 성립하지 않으니, 이 때문에 공이라고 이름한다. 그러나 성품에 부합하는 공덕이 갠지스 강의 모래알처럼 많이 갖추어졌기 때문에 불공이라 이름한다. 세 번째의 공이면서 불공이라 함은 바로 이 둘의 체體가 단지 일심일 뿐이라서 적멸과 비춤이 동시同時인 것이다. 적멸하기 때문에 공이라 이름하고 비추기 때문에 불공이니, 존재함과 소멸함이 걸림이 없어서 공이면서 불공이라 이름한다. 이상과 같은 뜻에 의거하기 때문에 삼관을 건립하는 것이며, 이 삼관을 말미암아서 되돌아 일심을 증명하기 때문에 '대선정의 총체적 명칭'이라고 하며, 또 이를 일러 법法이라 한다.

의 법신은 인위因位와 과위果位를 통하여 변함이 없는데 중생들에게는 번뇌에 덮여 드러나지 않고(隱覆), ③여래의 과덕果德은 모두 범부의 마음속에 섭수되어(能攝) 있기 때문에 여래장이라 한다. 또한 자성自性·인인因·지득知得·진실眞實·비밀秘密의 다섯 가지 의미가 있다고 한다. 1) 만유는 여래의 자성에 불과하다는 의미에서 여래장이라 한다. 2) 성인이 수행해서 정법을 생기게 하는 대경對境과 경계가 된다는 인인의 의미에서 정법장(법계장)이라 한다. 3) 여래장을 믿어 여래법신의 과덕課德을 얻는다는 수득修得의 의미에서 법신장이라 한다. 4) 세간의 허위虛僞를 넘어선 진실이란 의미에서 출세장出世藏이라 한다. 5) 일체법이 여래장에 수순하면 청정해지고 어기면 염탁染濁이 된다는 비밀스런 의미에서 자성청정장이라 한다. 또한 여래장에는 능장·소장·능생能生의 세 가지 의미가 있다고 하고, 은복隱覆·함섭含攝·출생出生의 세 가지 의미를 들어 삼종여래장이라 한다. 여래장에는 번뇌를 초월하여 번뇌가 공이라고 하는 공空여래장과 일체법을 갖추어서 번뇌를 여의지도 않고 벗어나지도 않고 다르지도(不異) 않은 불공不空여래장의 두 가지가 있다.

'위의 16자는 그 뜻을 잡은 것이다'는 이 일심에 갖춰진 체體·상相·용
用 삼대三大의 뜻을 말한 것이다. 삼대는 첫째가 체대體大이고, 둘째가
상대相大이고, 셋째가 용대用大이다. 제목에서 칭한 '대불정大佛頂…'
은 바로 삼대의 뜻을 제시한 것이다. '대大'는 말하자면 이 심체心體가
드넓어서 법계의 양量을 극한까지 포함하는 것이니, 너무나 크고 밖이
없어서 그 체體가 명칭이나 말이 끊어졌지만 억지로 '대(大: 크다)'라고
칭하는 것이다. '불정(佛頂: 부처의 정수리)'은 비유를 잡아서 상대相大
를 밝힌 것이니, 말하자면 부처는 바로 지극한 성정(聖頂: 성스러움의
정상, 정수리)이자 바로 가장 존귀해서 더 이상 위가 없는 정수리이다.

그래서 부처의 상호相好[90] 속 명칭은 '정수리의 모습을 보지 못함(無見
頂相)'이 되는데, 이 때문에 "처음 태어났을 때 친히 두 손으로 받들어
자세히 살폈지만 정수리를 보지 못했다"고 말하는 것이다. 이 지극한
무상(無相: 모습 없음)의 정수리로써 광대무변한 마음을 비유했으니,
모습이 없어서 봄(見)을 볼 수 없기 때문에 상대相大가 된다. '여래밀
인…'은 용대用大를 밝힌 것이다. 말하자면 일체의 모든 부처가 이
일심을 타고서 추호의 여지도 없는 궁극의 극과極果에 도달했기 때문에
'요의了義'[91]라고 말하며, 일체의 보살이 이 마음을 타고서 여래지如來
地[92]에 도달했기 때문에 '만행萬行'[93]이라 말하며, 이 일심이 앞서 말한

---

90 Lakṣaṇa-anuvyañjana의 번역어이다. 불타가 태어나면서부터 갖추고 있다는
   신체상의 특상. 그중 예로부터 말하여 온 특히 중요한 것이 32상인데, 이것에
   준하는 2차적인 것이 80수호隨好이고 합하여 상호라 한다.
91 불법의 이치를 끝까지 규명하여 분명하게 설명해 나타내는 것이다.
92 수행에 의해 증득된 결과인 불위佛位, 즉 부처의 지위·경지를 말한다. 지地와
   위位는 모두 수행상의 지위 또는 경지를 뜻한다. '부처라는 결과'라는 뜻에서

체대·용대·상대의 세 가지 뜻을 갖췄기 때문에 '대선정의 총체적 명칭'이라 한 것이다.

이어서 아난이 뜻을 잡아서 삼관을 청하자 부처님께서는 그 답변으로 곧바로 일심을 가리켰으니, 이로써 경전 전체에 펼쳐진 수증修證의 인과가 총체적으로 삼관을 벗어나지 못하고 궁극적으로 일심을 여의지 않는다는 것을 알 수 있다. 만약 이 마음으로 만법을 비추면 법마다 온전한 참(眞)이기 때문에 '일체사구경견고─切事究竟堅固'라 말한 것이다. 이 하나의 제목만 요달하면 경전 전체의 종지를 절반 이상 생각할 수 있다.

불과佛果라고도 하며, '부처 또는 여래의 계위 또는 지위'라는 뜻에서 불지佛地 또는 여래지如來地라고도 하며, '불과의 계위 또는 지위'라는 뜻에서 불과위佛果位 라고도 하며, '불과로서 가지는 깨달음'이라는 뜻에서 불과보리佛果菩提라고도 하며, 부처의 지혜라는 뜻에서 불지(佛智, 산스크리트어 buddha-jñāna, 팔리어 bud-dha-ñāna)라고도 한다. '부처의 상태를 이루었다 또는 부처의 상태에 도달하였다' 는 뜻의 성불(成佛, 산스크리트어 buddho bhavati)과도 같은 뜻이다. 수행을 원인으 로 하여 묘각과妙覺果, 즉 묘각이라는 결과 즉 깨달음이라는 결과가 지극 히 완전하게 이루어졌다는 뜻에서 과극果極이라고도 한다. 또한 과극은 여래10호 如來十號 가운데 특히 선서善逝라는 호칭이 가진 의미를 드러내는 전통적인 용어이다.

93 불교도나 수행자들이 지켜야 할 여러 가지 행동으로, 고행·난행·희사·불공·수행 정진·참회·기도 등의 모든 행업行業이다. 안거 기간의 수행을 마친 승려가 한 곳에 머물지 않고 여러 곳을 두루 자유롭게 돌아다니며 제각기 수행하는 것을 의미한다.

일명 중인도 나란타 대도량경어관정부녹출별행一名 中印度那蘭陀大道場
經於灌頂部錄出別行

통의 이것은 개별 목록이다. '인도'는 자세히 말하면 인특가印特伽이
며 한역하면 월방月邦이다. 인도에 다섯이 있는데, 이건 그중
하나로서 서역의 대국大國이다. '나란타'는 한역하면 시무염施無厭이
니 곧 용龍의 명칭이다. 서역기西域記에서는 "암몰라국菴沒羅國에 연못
이 있고 그 연못에 용이 사는데, 이름을 시무염이라고 한다. 절이
그 연못 근처에 있었기 때문에 용 이름을 절 이름으로 삼았다"라고
하였다.

'대도량[94]이라 함은 서역의 여러 절 중에서 이곳이 가장 크기 때문이
다. 다섯 천축국의 왕들이 똑같이 이 절을 숭배해서 성종性宗[95]과 상종相
宗[96] 두 종파의 대덕들을 모셔서 살게 한 탓에 불법佛法이 이곳에 많이
축적되어 있다. 옛날에 현장 법사가 처음 서역에 갔을 때 가장 먼저
이 절에 가서 계현戒賢[97] 논사論師로부터 유식唯識[98]의 종지를 익힌

---

94 ①산스크리트어는 bodhi-maṇḍa로 붓다가 깨달음을 이룬 곳이다. 곧 우루벨라
uruvelā 마을의 네란자라nerañjarā 강변에 있는 붓다가야buddhagayā의 보리수
菩提樹 아래를 말한다. ②불도佛道를 닦는 일정한 구역. 수행하는 곳. ③사찰.
④부처나 보살에게 예배·공양하거나 수계·참회 등을 행하는 의식. 나라나 개인
의 안녕과 번영을 기원하거나 장수·명복 등을 비는 의식, 또는 그것을 행하는
곳을 말한다.
여기서는 ②번에 해당한다.
95 본질이나 이치에 대해 설한 가르침·학파·종파를 말한다.
96 현상의 변화·차별·대립 등에 대해 설한 가르침·학파·종파를 말한다.

바로 그곳이다.

'관정부'란 화엄의 세계 속에 있는 오방불五方佛[99]이 설한 법이 각각 1부部가 있는데, 중앙 비로자나불이 주主가 되어 설한 법을 이름하여 관정부라 한다. 이 경전 전체가 보신불이 설했음을 드러내기 위해서 관정부로 이름을 삼은 것이다. 이미 나란타 대도량의 경전임을 표방했

97 산스크리트어는 Silabhadra이며, 시라발타라尸羅跋陀羅라 음역한다. 동인도 삼마달타국의 왕족으로 마갈타국 나란타사에 들어가 호법護法을 스승으로 섬겼다. 나란타사의 장로로 대중의 존경을 받으면서 정법장正法藏이란 이름으로 불렸다.

98 소승불교의 부족한 교리를 보충하고 용수의 공사상이 후세에 지나치게 공허한 사상으로 치우쳐 가는 것을 바로잡아 주고자 나타난 유식사상은 미륵(A.D 270~350), 무착(A.D 310~390)과 세친(A.D 320~420) 등에 의하여 성립되었고, 중요한 경론으로는 해심밀경, 유가사지론, 섭대승론, 유식삼십송, 성유식론 등을 들 수 있다. 유식이란 말은 인간을 중심한 정신과 물질 등 내외의 모든 것은 오직 심식心識에 의하여 창조되며 심식을 떠나서 존재할 수 없다는 뜻이다.
인도 유가유식학파瑜伽唯識學派의 선구적인 유가사瑜伽師, 요가 수행자의 선정에서의 지각인 유식唯識에 바탕을 둔 현상계의 모든 것은 오직 표상식表象識일 뿐이다(sarvam vijnaptimatram)라는 명제는 이 학파 학설의 바탕을 이룬다. 현상세계는 인식의 주체인 식識이 대상의 모습을 띠고 나타난 표상식으로 존재할 뿐이고, 대상세계는 결코 식을 떠나서는 존재하지 않으며, 지각된 그대로 외계에 실재하지 않는다는 이론을 유식무경설唯識無境說이라고 한다. 진실로 각자覺者의 눈으로 보면 이 세계는 식의 사현似現이고 표상일 뿐 실재하지 않으며 꿈과 같은 환상이다. 그러나 무명無明에 싸여 주관과 객관의 대립 속에 사는 일반인들은 이 세계가 지각되는 그대로 실재한다고 믿는다. 유식사상은 이러한 아집과 법집을 타파하고, 업식業識을 반야의 지혜로 전환하고자 한다. 이처럼 업식 반야의 무분별지혜, 즉 전식득지轉識得智가 바로 유식학의 근본 취지(大意)이다.

99 정중앙은 법신불인 비로자나불, 남방은 환희세계의 보생불寶生佛, 동방은 향적香積세계의 아촉불阿閦佛, 서방은 극락세계의 아미타불, 북방은 연화蓮花세계의 미묘성불微妙聲佛이다.

다면 편집자가 알 수 있을 것이다. 생각건대, 장수長水 법사의 소疏[100]에
이 제목이 존재하는 것도 역시 '이 경전이 일시에 설한 것이 아님'을
말한 것으로 보인다.

중천축 사문沙門 반랄밀제般剌密諦가 광주廣州의 제지制止 도량에서 번
역하다[101]

통의 이것은 번역한 사람의 이름이다. 천축은 또한 건축乾竺이라고
도 하고 신독身毒이라고도 하며 인도印度라고도 한다. 서역의
나라 이름으로 산스크리트어 발음으로는 초하이楚夏耳라고 한다. 반랄
밀제는 한역하면 극량極量인데 번역한 스님의 이름이다. 이 경전은
서역의 국왕이 가장 소중하게 여긴지라 국경 밖으로 반출하는 것을
엄격히 금하며 허락하지 않았다.

반랄밀제 삼장三藏은 진단(震旦: 고대 인도에서 중국을 진단이라 칭했
다)에 전하고 싶어서 몇 번이나 몰래 들어왔지만 그때마다 잡혀서
돌아가는 바람에 성공할 수 없었다. 나중에 미묘하고 섬세한 모직물에
다 경전을 써서 팔의 피부를 도려내 그 안에다 숨겼다. 마침내 바다를
항해해서 광주에 도착했으니, 때는 당나라 신룡 원년神龍元年 을축乙丑
5월 23일이었다.

때마침 재상 방융房融[102]을 만나 남쪽으로 전해진 경전이 광주에

---

100 『수능엄경의소주首楞嚴經義疏注』를 말한다.
101 제지사는 오늘날 중국 광동성 광주시의 중심지에 있는 광효사이다. 광효사는
육조 혜능 대사께서 삭발한 절로서 삭발한 머리를 모신 탑이 지금도 있다.

있다는 것을 알았다. 방융은 반랄밀제 삼장을 제지사制止寺에 모셔서
번역을 하고는 붓으로 적었다. 이 경전은 이렇게 어렵게 전래되었다.
이윽고 겨우 번역을 마쳤다. 그러나 삼장은 몰래 입국하였기 때문에
그 나라의 변경 담당자들이 질책을 받았다. 삼장은 이 어려움을 해결하
기 위해 귀국하였다. 급기야 방융이 상소를 올렸지만 중종中宗은 처음
으로 나라를 이어받은지라 일이 많아서 이 경전을 선포할 겨를이
없었다.

당시 신수神秀[103] 선사가 왕궁 안의 도량에 들어가서 이 경전을 보고
원문을 그대로 베껴서 마침내 북쪽 지역에 유통되었다. 대통大通도
궁 안에서 왕에게 올린 이 경전을 직접 보고는 다시 필사해서 형주荊州
도문사度門寺로 돌아갔다. 위나라 북쪽 관도館陶의 사문 혜진慧振은
항상 이 경전을 사모하다가 도문사에서 얻었다. 나중에 유각惟愨[104]
스님이 옛 재상인 방융의 집에서 그 번역본을 얻는 바람에 마침내
전파되었다. 이 경전은 이렇게 유통도 어려웠다.

옛날 천태의 지자智者[105] 대사는 지관止觀[106]을 지어서 완성했을 때

102 당나라 때 하남성 낙양 사람. 측천무후 때 현령, 자사를 거쳐 재상에 이르렀다.
　　발랄밀제가 전래한 『수능엄경』 번역에 참여해 필사筆寫했다. 707년 완성해서
　　측천무후에게 바쳤으며, 이때부터 『수능엄경』이 중국에 전파되기 시작했다.
103 출생 연도는 명확하지 않으며 706년에 입적했다. 당나라 때 북종선北宗禪의
　　시조이자 5조 홍인 대사의 제자로 측천무후의 귀의를 받았다. 시호는 대통大通
　　선사이다.
104 당나라 때의 승려. 상당上黨 사람이고, 속성俗姓은 연連씨다. 경사京師 숭복사崇福
　　寺에서 지냈다. 저서에 『능엄경소楞嚴經疏』가 있다.
105 538년에 태어나 597년에 입적. 수隋나라 때 승려로 천태종의 시조이다. 법명은

인도 스님(梵師) 한 분을 만났다. 지자 대사가 지관을 보여주자 인도 스님이 말했다.

"이것과 서역의 『수능엄경』은 삼관의 큰 종지가 서로 똑같습니다."

그래서 지자 대사가 밤낮으로 서쪽을 바라보고 경배하면서 『수능엄경』을 볼 수 있도록 원했지만 미처 보지 못했다. 이 경전은 이렇게

지의智顗이고 지자智者는 591년 진왕 양광楊廣에게 보살계를 주면서 받은 칭호이다. 법화종을 중심으로 불교를 통일하여 천태종을 완성했다. 저술로는 『법화현의』, 『마하지관』, 『법화문구』 등이 있다.

106 천태종을 완성한 지의(538~597)의 저서인 『마하지관』을 말한다. 천태종天台宗의 수행법을 담고 있으며, 지의의 다른 저서와 마찬가지로 제자들에게 강의한 것을 관정灌頂이라는 제자가 기록으로 남긴 것이다. 『차제선문次第禪門』의 내용을 그대로 계승하였으며 『법화현의』, 『법화문구』와 함께 천태삼대부天台三大部를 이룬다. 서문에 따르면 594년 형주의 옥천사玉泉寺에서 처음으로 이 책의 내용을 강의하기 시작하였다. 본래 3본이 있었으나 제1본과 제2본은 전하지 않고 제3본만 전한다. 1·2본은 각각 20권과 10권이었으며, 책명은 『원돈지관』이었다.

천태종의 수행을 지관止觀이라는 용어로 요약하여 기술하였는데, 지는 선정禪定이고 관은 지혜를 뜻한다. 이 둘을 함께 닦는 것을 원돈지관圓頓止觀이라고 하며, 책명 마하지관摩訶止觀도 같은 뜻이다. 또한 일상생활을 있는 그대로 삼매로 이끄는 천태종의 사종삼매, 즉 상좌常坐·상행常行·반행반좌半行半坐·비행비좌非行非坐의 4가지 삼매를 다루었다.

구성은 십광오략十廣五略으로 되어 있다. 책의 전체적인 개요를 대의大意편에서 다루었고, 석명釋名·체상體相·섭법攝法·편원偏圓·방편方便·정관正觀·과보果報·기교起敎·지귀旨歸의 십광으로 나누었다. 오략은 전체 내용을 발대심發大心·수대행修大行·감대과感大果·열대망裂大網·귀대처歸大處 5가지로 분류하여 간략히 정리한 것으로 역시 대의편에 들어 있다. 십광 중 정관 부분은 다시 10경境으로 나뉘고, 10경 중 첫 번째인 음입계경陰入界境이 가장 중요한 내용으로 평가된다.

만나기도 어려웠다. 이제 다행히 고금의 해석자들 십여 가家의 의소義疏는 깊이 숨겨진 뜻을 드러내서 충분히 설명을 다했다. 요즘 승려든 재가 신자든 이 법문에 들어간 자가 적지 않다. 그러나 배우는 자가 대체로 등한시하고 있으니, 어찌 불법 만나기 어렵다는 것을 알겠는가?

이 열 권의 경전을 상례에 준거하여 세 가지로 나눈다.

I. 소위 첫째는 서분序分이니, 설법의 원인과 유래를 서序하기 때문이다.

II. 둘째는 정종분正宗分이니, 한 경전의 근본 종지(宗體)를 올바로 제시하기 때문이다.

III. 셋째는 유통분流通分이니, 오래도록 유전流轉되기를 바라기 때문이다.

경전에 들어가면서 먼저 서분序分을 열거한다.

I. 서분序分

1. 통서通序

이와 같이 나는 들었다.

한때 부처님께서는 실라벌성室羅筏城[107]의 기환정사祇桓精舍[108]에서 대비구 1천2백5십 명과 함께 있었다. 그들은 모두 무루無漏[109]의 대아라

---

107 산스크리트어 śrāvastī의 음사. 사위성舍衛城과 같다.

108 기원정사祇園精舍·기원정사祇洹精舍라고도 한다. 중인도 사위성舍衛城에서 남쪽에 있는 기수급고독원祇樹給孤獨園에 지은 절. 이 절은 석존釋尊과 같은 때 사위성에 살던 부호富豪 수달장자須達長者가 지어 부처님께 드린 것이다. 기환祇桓의 기祇는 기타祇陀이고, 환桓은 숲으로 기타 숲을 뜻한다.

109 산스크리트어 아사스라바asâsrava를 번역한 말이다. 번뇌가 있는 유루有漏와 반대되는 용어이다. 이때 누漏는 누설漏泄의 준말로 번뇌를 뜻한다. 번뇌를 끝낸 것을 무루법無漏法, 번뇌가 없는 육체를 무루신無漏身, 번뇌가 없는 깨달음의 세계를 무루의 길이라고 하며, 무루법은 사제四諦 중에서 깨달음의 과인果因인 멸제滅諦·도제道諦 등을 말한다.

범부의 지혜를 유루지有漏智라 하는 데 비하여 도를 이룬 성자의 지혜를 무루지無

한이었다. 부처님의 제자로 주지住持[110]하면서 온갖 유(有: 존재하는 모든 세계)를 훌륭히 초월하여 모든 국토에서 능히 위의威儀[111]를 성취하였고, 부처님을 좇아 법륜을 굴리면서 유촉(遺囑: 유언)을 묘하게 감당하였고, 계율을 아주 청정히 해서 삼계의 큰 모범이 되었고, 한량없이 몸을 감응해서 중생을 제도해 해탈시키고 미래의 고통까지 구제하여 온갖 진루(塵累: 번뇌)를 초월케 하였으니, 이들의 이름은 대지사리불(大智舍利弗: 한역 鶖子), 마하목건련(摩訶目犍連: 한역 采菽氏), 마하구치라(摩訶拘絺羅: 한역 大膝), 부루나미다라니자(富樓那彌多羅尼子: 한역 滿慈子), 수보리(須菩提: 한역 空生), 우파니사타(優波尼沙陀: 한역 塵性空) 등으로 상수上首[112]가 되었다.

그리고 한량없는 벽지불과 무학無學과 그 초심자初心者들이 함께 부처님 처소에 왔다.

如是我聞. 一時佛在室羅筏城祇桓精舍. 與大比丘衆千二百五十人俱. 皆是無漏大阿羅漢. 佛子住持. 善超諸有. 能於國土成就威儀. 從佛轉輪妙堪遺囑. 嚴淨毗尼弘範三界. 應身無量度脫衆生. 拔濟未

漏智라 하고, 성자가 일으키는 선을 무루선無漏善, 무루지로 닦은 관행을 무루행無漏行이라 부른다. 무루행으로 열반의 깨달음인 무루과를 얻는 것을 무루인無漏因이라고 하며, 성자가 무루지로 얻은 선정은 무루정無漏定이라고 부른다.

110 늘 불법에 머물면서 그 불법을 보호해 지니는 것을 말한다. 나중에는 불교 사원을 주관하는 승려의 직책을 칭하는 말이 되었다.

111 규율에 맞는 행위와 몸가짐. 훌륭한 행위를 말한다.

112 수행자들 가운데 우두머리. 설법하는 자리에 모인 대중 가운데 우두머리를 말한다.

來越諸塵累. 其名曰. 大智舍利弗(此云鶖子)摩訶目犍連(此云采菽氏)
摩訶拘絺羅(此云大膝)富樓那彌多羅尼子(此云滿慈子)須菩提(此云空
生)優波尼沙陀(此云塵性空)等. 而爲上首.
復有無量辟支無學. 幷其初心同來佛所.

> **통의**　이 통서通序는 법회의 인연이다. 세존께서 법을 설할 때 행하는
> 통상의 의식儀式으로서 부처님이 남긴 제도이다. 어느 경전에
> 나 있기 때문에 '통서'가 된다. 그 내용은 여섯 가지 성취와 공덕의
> 찬탄, 여러 대중들, 제자, 씨족氏族으로 상례常例에 준거해 해석이
> 많지만 여기서는 중복하지 않겠다.

2. 별서別序

마침 비구들이 하안거夏安居[113]를 마치고 자자自恣[114]를 하게 되자, 시방
의 보살들이 마음속 의문을 자문을 통해 해결하려고 자비와 위엄을
갖추신 부처님을 흠모해 비밀한 뜻(密義)을 구하러 왔다. 그때 여래께
서 법좌를 펴고 편안히 앉아서 법회의 대중을 위해 심오한 도리를
펼쳐 보이시니, 법회에 모인 청정한 대중들은 일찍이 없었던 깨달음(未
曾有)을 얻었다.
　그리고 가릉빈가迦陵頻伽[115] 새의 노래처럼 아름다운 부처님의 음성

---

113 비구들이 여름 우기雨期의 90일 동안 한 곳에 있으면서 수행하는 기간이다.
114 하안거 마지막 날에 함께 정진하던 승려들이 모여서 서로 견見·문聞·의疑
　　세 가지 경우에서 지은 죄를 고백하고 참회하는 행사를 말한다.

이 시방세계에 가득하자 항하(恒河 : 갠지스 강)의 모래알처럼 많은 보살들이 도량에 몰려오는데 문수사리文殊師利[116]가 그중의 상수上首가 되었다.

그때 파사닉왕波斯匿王이 부왕을 위해 휘일諱日[117]에 재齋를 마련해서 부처님을 궁전으로 청했다. 그리고 자신이 직접 여래를 맞이하여 가장 맛있는 진수성찬을 차리고, 아울러 여러 대보살들도 직접 맞아들였다.

성안에서는 또 장자長者와 거사들이 동시에 승려들에게 공양하고 싶어서 부처님께서 오시기를 고대하고 있었다. 부처님께서는 문수보살에게 "보살과 아라한들을 일부 데리고 가서 재주齋主[118]들의 공양에 응하라"고 분부하셨다.

오직 아난[119]만은 먼저 개별적인 초청(別請)을 받고 멀리 외출했다가

---

115 산스크리트어 kalaviṅka의 음사로, 묘음조妙音鳥·애란哀鸞이라 번역한다. 머리와 팔은 사람의 모습이고 몸은 새의 모습을 한 상상의 새로서, 극락정토에 있으며 소리가 매우 아름답다고 하며, 극락조極樂鳥라고도 한다.

116 Manjuśri의 번역어로 문수文樹·만수실리曼樹室利·묘길상妙吉祥이라 부르기도 한다. 제불諸佛의 지혜를 상징하는 보살이며, 모든 보살 중 상수上首로 여겨지고, 관음 다음으로 가장 신앙되었다. 본래 실제 인물이었던 것으로 추정되기도 한다. 사자를 탄다고 하며, 석가의 좌협시左脇侍가 되어 보현普賢보살과 함께 3존三尊을 형성하는 외에 『유마경維摩經』에서 유마와의 토론으로 유명하다.

117 사람의 죽은 날. 곧 기일忌日을 말한다. 휘신(諱晨·諱辰)이라고도 한다.

118 수행승들에게 정오의 식사를 베푸는 사람이다.

119 산스크리트어 ānanda의 음사로, 환희歡喜라고 번역한다. 십대제자十大弟子의 한 사람이다. 붓다의 사촌 동생으로, 붓다가 깨달음을 성취한 후 고향에 왔을 때 난타難陀·아나율阿那律 등과 함께 출가했다. 붓다의 나이 50여 세에 시자侍者

돌아오지 못한 탓에 승차僧次[120]에 참석하지 못했다. 상좌나 아사리阿闍
梨[121]도 없이 혼자 돌아오는데 그날따라 공양도 없었다. 즉시 아난은
응기(應器: 발우)를 들고 성안을 돌아다니면서 차례로 걸식하였다.
마음속으로는 처음으로 한 번도 공양을 베푼 적이 없는 사람을 재주齋主
로 삼고자 하였다. 그래서 청정한 크샤트리아의 존귀한 계급이든 더러
운 전다라旃陀羅[122]의 계급이든 상관없이 평등한 자비를 행할 뿐 미천한
사람을 소외시키지 않았으니, 그 뜻은 일체 중생의 한량없는 공덕을
원만히 성취하기 위함이었다. 아난은 여래이신 세존께서 수보리[123]와
대가섭[124]에게 '아라한[125]이 되었는데도 마음이 평등하지 못하'고 꾸짖

로 추천되어 붓다가 입멸할 때까지 보좌하면서 가장 많은 설법을 들어서 다문제
일多聞第一이라 일컫는다.

붓다에게 여성의 출가를 세 번이나 간청하여 허락을 받기도 했다. 붓다가 입멸한
직후, 왕사성王舍城 밖의 칠엽굴七葉窟에서 행한 제1차 결집結集 때, 아난이
기억을 더듬어 가며 "이렇게 나는 들었다. 어느 때 붓다께서는……"이라는
말을 시작으로 암송하면, 여러 비구들은 아난의 기억이 맞는지를 확인하여
잘못이 있으면 정정한 후, 모두 함께 암송함으로써 경장經藏이 결집되었다.

120 공양하는 방법의 하나이다. 시주施主가 특정 스님을 지정하지 않고 좌석의
차례대로 청하는 공양을 말한다. 대중 가운데 특정 스님을 지칭하는 공양은
별청別請이라고 한다.

121 아차리야라고도 하며 교수敎授·궤범軌範·정행正行이라 번역한다. 제자의 행위
를 교정하며 그의 사범이 되어 지도하는 큰스님이다.

122 인도 종성種姓 중의 하나이다. 이 지위는 수드라의 아래로 천민 계급이다.

123 산스크리트 이름 Subhūti의 한자 음역이며, 선善·선실善實·선길善吉·선업善業·
공생空生 등으로 의역한다. 수보리는 사위국(舍衛國: 슈라바스티)의 브라만 가문
의 아들로 태어났는데, 특히 16나한羅漢 중의 하나로서 무쟁삼매無諍三昧의
법을 깨쳐 모든 제자들 가운데 제일이라는 평가를 받았다.

으신 걸 이미 알고 있었기 때문에 온갖 의심이나 비방을 초월하신 여래의 열려 있고 막힘없는 모습을 흠모하였다. 그래서 성문을 지나 곽문郭門[126]으로 천천히 걸어가면서 위의威儀를 단정히 하고 공양을 받는 재법齋法을 엄숙하고 공손하게 하였다.

그때 아난이 차례대로 걸식을 하면서 음실(婬室: 사창가)을 지나다가 대환술大幻術을 하는 마등가녀摩登伽女를 만났다. 그녀는 사비가라沙毘迦羅[127] 외도들이 사용하는 선범천주先梵天呪로 아난을 음실로 끌어들인 뒤에 음란한 몸으로 어루만지고 비벼대면서 계율의 몸(戒體)을

---

124 산스크리트어 kāśyapa, 팔리어 kassapa의 음사로, 음광飮光이라 번역한다. 십대제자十大弟子의 한 사람. 마가다국magadha國 출신으로, 엄격하게 수행하여 두타제일頭陀第一이라 일컫는다. 바라문의 여자와 결혼했으나 가정생활을 싫어하여 아내와 함께 출가하여 붓다의 제자가 되었다. 붓다가 입멸한 직후, 왕사성王舍城 밖의 칠엽굴七葉窟에서 행한 제1차 결집結集 때 의장이 되어 그 모임을 주도하였다.

125 소승小乘의 수행자들, 즉 성문승聲聞乘 가운데 최고의 이상상理想像으로, Arhat의 번역어이며 준말로 나한羅漢이라고도 한다. 아라한은 본래 부처를 가리키는 명칭이었는데, 후에 불제자들이 도달하는 최고의 계위階位로 바뀌었다. 수행 결과에 따라서 범부凡夫·현인賢人·성인聖人의 구별이 있는데, 잘 정비된 교학敎學에서는 성인을 예류預流·일래一來·불환不還·아라한阿羅漢의 사위四位로 나누어 아라한을 최고의 자리에 놓고 있다.

아라한과果는 더 이상 배우고 닦을 만한 것이 없으므로 무학無學이라고 하며, 그 이전의 계위는 아직도 배우고 닦을 필요가 있는 단계이므로 유학有學의 종류로 불린다.

126 성이나 왕궁王宮 등等의 외곽에 있는 문門을 말한다.

127 겁비라劫毗羅此羅라고도 한다. 한역은 금두金頭 혹은 황발黃髮이라고 하며, 외도의 하나이다.

망가뜨리려고 하였다.

여래께서는 아난이 환술에 걸린 것을 알고는 공양을 마치자마자 급히 기환정사로 돌아오셨다. 왕과 대신과 장자와 거사들도 부처님께 법요(法要: 법의 요체)를 듣고 싶어서 함께 따라왔다.

그때 세존께서 정수리로 백 가지 보배롭고 두려움 없는 광명(百寶無畏光明)을 놓으셨다. 그 광명 속에서 나온 천 개의 잎을 가진 보배 연꽃에는 부처의 화신化身이 결가부좌를 한 채 신령한 주문을 설하셨는데, 부처님께서 문수사리에게 명하셨다.

"이 주문을 갖고 가서 아난을 보호하라."

문수사리는 부처님이 주신 신령한 주문으로 사비가라의 악한 주문을 소멸시킨 후에 아난과 마등가를 데리고 부처님의 처소로 돌아왔다.

屬諸比丘休夏自恣. 十方菩薩咨決心疑. 欽奉慈嚴將求密義. 卽時如來敷座宴安. 爲諸會中宣示深奧. 法筵淸眾得未曾有. 迦陵仙音徧十方界. 恆沙菩薩來聚道場. 文殊師利而爲上首. 時波斯匿王爲其父王諱日營齋. 請佛宮掖. 自迎如來. 廣設珍羞無上妙味. 兼復親延諸大菩薩. 城中復有長者居士同時飯僧. 佇佛來應. 佛敕文殊分領菩薩及阿羅漢應諸齋主. 唯有阿難先受別請. 遠遊未還不遑僧次. 旣無上座及阿闍黎. 途中獨歸. 其日無供. 卽時阿難執持應器. 於所遊城次第循乞. 心中初求最後檀越以爲齋主. 無問淨穢刹利尊姓及旃陀羅. 方行等慈不擇微賤. 發意圓成一切眾生無量功德. 阿難已知如來世尊訶須菩提及大迦葉. 爲阿羅漢心不均平. 欽仰如來. 開闡無遮. 度諸疑謗. 經彼城隍. 徐步郭門. 嚴整威儀. 肅恭齋法. 爾時阿難因乞食次

經歷婬室. 遭大幻術摩登伽女. 以娑毗迦羅先梵天呪攝入婬席. 婬躬
撫摩將毀戒體. 如來知彼婬術所加. 齋畢旋歸. 王及大臣長者居士俱
來隨佛願聞法要. 於時世尊頂放百寶無畏光明. 光中出生千葉寶蓮.
有佛化身結跏趺坐宣說神呪. 敕文殊師利將呪往護. 惡呪銷滅. 提獎
阿難及摩登伽歸來佛所.

통의 이 별서別序는 이 경전의 유래를 천명하고 있다. 하안거夏安
居[128]를 끝내고 자자自恣[129]를 하는 것은 바로 부처님의 규율이
다. 비구는 애초에 여름철에 결제結制[130]를 하는데, 그 명칭을 '중생을
보호하기 위함'이라고도 하고 또한 좌납坐臘이라고도 한다. 90일 동안
외출이 금지되기 때문에 부처님을 뵙지 못한다. 이 하안거가 끝나는

---

128 수행修行하는 승려들이 한 곳에 모여 외출을 금지하고 도를 닦으며 공부하는
일이다. 4월 15일부터 7월 15일까지를 하안거夏安居, 10월 15일부터 이듬해
1월 15일까지를 동안거冬安居라 하는데, 한 안거 기간이 90일이므로 구순 안거九
旬安居라고도 한다.

129 자자는 여름 안거가 끝나는 음력 7월 15일에 안거생활을 함께 한 승려들이
모여서 각자 안거 기간 중에 무슨 허물이 있었는지를 동료 스님들에게 묻는
의식이다. 승려들은 자기 차례를 기다려 대중 앞에 합장을 하고, 동료 스님들에게
안거 기간 동안 자기의 언동에 무슨 잘못이 있었는지를 지적해 달라고 청한다.
동료 스님들은 이때 지적할 것이 있으면 지적하고 없으면 가만히 있는다.
이것은 서로 간에 허물을 지적하고 참회함으로써 승려 본연의 청정함을 유지하
려는 제도로, 따라서 자자를 끝내 청정해진 스님에게 공양을 올리면 더욱 큰
공덕을 받는다. 조상의 영혼을 위로하는 우란분회盂蘭盆會가 자자가 끝나는
날에 열리는 것도 이 때문이다.

130 승려들이 안거를 맺는 일. 입제入制라고도 한다.

날에 함께 부처님 처소로 가서 스스로 허물이 있고 승려로서 방자한 행동이 있었음을 부처님께 작법참회作法懺悔[131]를 하는데, 이를 이름하여 갈마羯摩라고 한다.

또 이렇게 말하기도 한다. 하안거 중에는 안거자의 법랍도 자신自身을 따른다. 만약 어떤 근根[132]이 계율을 범해서 그 근을 망가뜨리면 법랍法臘[133]으로 계산하지 않고, 반면에 계율을 전혀 범하지 않는다면 바로 일납一臘을 이루는데 세속의 일 년과 같다. 그러므로 출가는 법랍으로 하지 세속의 햇수로 하지 않는다. 그래서 이 경전에서 하안거를 끝내고 자자를 시작의 단초端初로 삼았다는 것은, 노사나불盧舍那佛

---

131 죄악을 참회하는 세 가지 방법 중 하나로서 규정된 작법에 따라 부처님 앞에 참회하는 것을 말한다.

132 산스크리트어 indriya의 번역. 힘이 있어 강한 작용을 가진다(이것을 증상增上이라고 한다)는 뜻이다. 안근眼根·이근耳根·비근鼻根·설근舌根·신근身根·의근意根·여근女根·남근男根·명근命根·낙근樂根·고근苦根·우근憂根·희근喜根·사근捨根·신근信根·근근勤根·염근念根·정근定根·혜근慧根·미지당지근未知當知根·기지근己知根·구지근具知根을 이십이근二十二根이라고 하는데, 처음의 안眼·이耳·비鼻·설舌·신身·의意는 육근六根이라 일컫는다. 그중에서 의근意根을 제하기 전전의 오근五根은 물질적(色) 요소에 의한 생리체生理體이므로 오색근五色根이라 하며 또 단순히 오근五根이라 약칭한다.

133 불가에서 속인이 출가하여 승려가 된 해부터 세는 나이이다. 좌랍坐臘·계랍戒臘·하랍夏臘·법세法歲라고도 한다. 납臘이란 본래 연말에 신에게 제사지내는 것을 뜻하여 세말歲末을 일컫는 말인데, 출가하여 수행하는 비구比丘는 세속에서 12월 말을 연말로 치는 것과는 달리, 하안거夏安居 제도에 따라 음력 7월 15일을 연말로 하고, 안거를 마친 횟수대로 나이를 세게 된다(하랍). 또 수행승은 수행 연수의 다과에 따라 상랍·중랍·하랍으로 분류하기도 하며, 특별히 법랍이 많은 자는 납만臘滿·극랍極臘·일랍一臘 등으로 부른다.

이 『범망경梵網經』[134]을 설하면서 금강보계金剛寶戒[135]로 화신불인 석가
에게 명하여 시방에 선포한 것이다. 이로써 석가가 49년 동안 단순히
계법戒法만을 펼쳤음을 알 수 있으니, 그 뜻은 바로 출가수행으로
생사법을 벗어나기 위해서는 계율을 근본으로 삼아야 한다는 것이다.

　문: 이 경전에서 이理는 여래장의 성품(藏性)을 열고, 행行은 대정大
定에 의거하고, 가르침은 돈원頓圓[136]에 속한다. 그런데 아난이 음실婬

---

134 불교의 대승계大乘戒에 관한 경전으로, 우리나라 불교 계율의 기초를 이루는
　　경전의 하나이다. 원명은 『범망경노사나불설보살심지계품제십梵網經盧舍那佛
　　說菩薩心地戒品第十』이다. 범본梵本은 120권 61품이 있었다고 한다. 상·하 2권인
　　데, 상권에는 보살의 심지心地가 전개되는 모양을 설명하였고, 하권에는 대승의
　　보살이 지켜야 할 가장 중요한 계율인 십중금계十重禁戒와 가벼운 허물을 다스리
　　는 48경계輕戒 등을 밝히고 있다.
135 일심금강계一心金剛戒라고도 한다. 『범망경』에서 말한 대승의 계로 바로 원돈계
　　圓頓戒를 말한다. 원돈계는 마음에 갖춰진 성계性戒로서 한 번 오랫동안 잃지
　　않는 것이 마치 금강보를 깨뜨릴 수 없는 것과 같아서 금강보계라고 한다.
136 원돈지관은 한마디로 한순간 일어나는 중생의 마음의 참된 모습이 부사의不思議
　　라는 것을 관찰하는 관심법觀心法을 말한다. 지의는 『마하지관』에서 화법사교에
　　근거한 다양한 불교수행법들을 정리했지만, 이러한 노력의 궁극적인 목적은
　　원교圓敎에 근거해서 성립하는 수행법인 원돈지관의 의미를 밝히는 것에 있었
　　다. 그에 따르면, 원돈지관은 대승불교의 수행법이다.
　　원교에 따르면, 공/가/중은 즉공즉가즉중卽空卽假卽中의 원융圓融한 관계로서
　　하나의 연기적 현상을 세 가지 측면에서 설명한 이론이다. 지의는 이러한 원교에
　　근거하는 대승불교의 수행법을 원돈지관으로 정의했다. 만약 공/가/중을 지혜
　　의 정도에 따라 드러나는 독립된 세 개의 진리로서 이해한다면, 궁극적인 깨달음
　　을 얻기 위한 수행은 점차적일 수밖에 없다. 그러나 원교는 공/가/중을 원융한
　　관계로 이해하기 때문에, 궁극적인 깨달음은 단계적인 수행 과정 없이 한순간에
　　완전하게(頓) 성취된다. 이것이 대승불교의 수행법으로서 성립하는 원돈지관의

室에 타락하는 비천한 일이 발생한 이유는 무엇인가?

답: 이 여래의 설법에는 깊은 뜻이 있다. 경전에서 "부처님은 일대사인연一大事因緣 때문에 세간에 출현하신다"고 했다. 소위 '일대사'는 바로 일진법계여래장一眞法界如來藏[137]의 청정한 진심眞心이니, 이 마음이야말로 모든 부처님과 중생이 균등하게 똑같이 품부稟賦받은 것이다. 다만 중생이 이 마음을 미혹했기 때문에 여래께서 특별히 세간에 출현해서 중생들이 깨달아 들어갈 수 있도록 이 마음을 열어 보였다. 그러므로 이것이야말로 실로 '가장 중대한 하나의 일(一大事)'이다.

그러나 중생이 이 마음을 품부 받았는데도 항상 생사에 갇혀서 오래도록 윤회에 빠진 채 영겁토록 '벗어나 여의질(出離)' 못하는 것은 모두 애착과 욕망에 이끌려 속박을 당하기 때문이다. 생사의 세계 속에서 홀로 참(眞)과 대면한 자는 오직 애욕, 이 하나의 일만이 중대할 뿐이니, 이것이 생사의 근본이 되기 때문이다. 그래서 "하나만 있어서 다행"이라고 말한 것이다. 만약 애욕 따위가 둘이 있다면 온 천하의 사람 중에 능히 도道를 이룰 사람이 없을 터이니, 이제 거짓을 돌이켜 참으로 돌아가려고(返妄歸眞) 한다면 반드시 먼저 생사의 근본을 뿌리 뽑아야 한다.

그래서 범망계경梵網戒經에서는 살생을 끊는 것을 우선시했고, 이 경전에서는 음행淫行을 끊는 것을 으뜸으로 삼았으니, 이 우환이 가장

의미이다.

137 법계의 종류가 아무리 많아도 모두 일진법계一眞法界에 함섭含攝되며 그것은 또 온갖 부처와 중생의 본원本源인 청정심淸淨心이라고 하고, 일심법계一心法界·일진원융법계라고도 한다.

깊어서 대정大定이 아니면 충분히 타파할 수 없기 때문이다. 그리하여 아난이 음실에 타락해 보인 것을 발단으로 삼았고 돌아와 부처님을 뵌 후에는 먼저 대정大定을 청하게 되었는데, 아난이 입을 열어 말하자마자 욕망의 기운이 거칠고 탁해서 세존께서는 바로 그의 허물과 근심을 역력히 헤아렸다.

그러다 세 가지 상속相續에 이르러서는 "그리운 상념과 애욕이 함께 얽혀서 애착을 능히 여의질 못하면, 온갖 세간에서 끊임없이 부모와 자손으로 서로 출생하여 백천 겁이 지나도 길이 속박되어 있으니, 이는 오직 음행, 살생, 도적질의 세 가지가 근본이 되고 있다"라고 하였다. 또 "거울 속 머리가 없기 때문에 미쳐서 달려갔다"라고 하였으며, 또 "너의 다문(多聞: 많이 들어서 배움)을 칭찬했는데, 어찌하여 마등가가 꾸민 난관을 벗어나질 못하고, 신령한 주문의 힘으로 음욕의 불을 단박에 끄고 애욕의 강물을 말라붙게 해서 그대를 벗어나게 하도록 했는가?"라고 하였다. 또 "그대가 비록 여래의 비밀스런 묘엄(妙嚴: 묘한 장엄)을 기억해 지니고 있더라도, 이는 하루 동안 무루無漏의 업을 수행해서 세간의 증오와 애착이란 두 가지 고통을 멀리 여의는 것만 못하다"고 하였다.

또 "마가야수摩伽耶輸는 똑같이 숙세의 인因을 깨닫자 탐욕과 애착을 고통으로 여겼다"고 했고, 급기야 도량을 안립安立해서는 가장 먼저 "육도의 중생은 그 마음이 음란하지 않으면 생사의 상속相續에 떨어지지 않지만, 음란한 마음을 없애지 못하면 티끌(즉 六塵)[138]에서 벗어나

---

138 심성을 더럽히는 육식六識의 대상계對象界로서 색色·성聲·향香·미味·촉觸·법法의 육경六境을 말한다. 이 육경은 육근을 통하여 몸속에 들어가서 우리의 정심淨

지 못하니, 설사 선정禪定이 있더라도 반드시 마도魔道[139]에 떨어진다. 만약 음란함을 끊지 않고 선정을 닦는다면 마치 모래를 삶아 밥을 짓는 것과 같아서 백겁을 지내도 성취하기 어렵다. 음란한 몸으로 수행을 하면 설사 묘한 깨달음을 얻더라도 모두 음근婬根으로 돌아가고, 근본이 음란해지면 삼악도三惡道[140]를 벗어나기 어려우니 반드시 음란한 기틀을 몸과 마음에서 영원히 끊도록 해야 한다"라고 하였다.

그리고 도량道場[141]에 앉게 되시면 "탐심과 음심淫心을 멸해서 부처의 청정한 계율을 지닌다"고 하였으며, 과보를 증득하는 시초에 이르면 "그 조인(助因: 간접적인 요인)을 제거하고 그 정성正性[142]을 파고들어서 그 현행現行[143]의 업을 바꾼다"[144]라고 하였다. 또 "응당 음욕을 독사처럼 보아야 한다"고 했고, 또 "음란한 마음을 영원히 끊으면, 먼저 몸을

心을 더럽히고, 진성眞性을 덮어 흐리게 하므로 진塵이라 한다.

139 ① 악마와 같은 나쁜 행위. ② 악마들의 세계.

140 삼도三途 또는 '삼악취三惡趣'라고도 하는데, 뜨거운 불로 몸을 태우는 지옥도地獄道와 서로 잡아먹는 축생도畜生道, 그리고 칼과 몽둥이로 핍박하는 아귀도餓鬼道를 가리킨다. 불교에서는 악행을 저지른 사람은 죽어서 반드시 이 셋 가운데 하나에 빠지게 된다고 한다.

141 ① 승려나 도사道士 등이 수행修行하는 장소, 도량道場. ② 불교의 중들이 모여서 나라의 평화와 왕가의 안녕을 빌던 법회.

142 산스크리트어는 samyaktva로, 그릇된 견해를 끊는 견도見道를 말한다.

143 ① 인연의 화합으로 나타남. 구체적으로 활동함. ② 아뢰야식阿賴耶識에 저장되어 있는 종자種子가 변화하고 성숙하여 일어나는 인식 작용. ③ 감각이나 지각의 대상으로 존재함. 여기서는 ① 번이다.

144 좋은 습성을 위하여 악한 습성을 만드는 요인을 제거하고, 모든 악습을 제거하면 본래의 성품인 정성을 나타내서 중생으로 하여금 현행의 업을 바꾸게 한다.

집착하지 않게 되고 다음은 마음에 대한 집착이 일어나지 않는다"라고
했고, 또 "마음에 탐심이나 음심이 없으면 외부의 육진六塵에 대체로
방일放逸하지 않으니, 육진을 이미 반연攀緣하지 않는다면 근根[145]이
상대할 것이 없어서 몸과 마음이 유쾌하다. 이 사람은 즉시 무생법인無
生法忍[146]을 얻으니, 이 점수漸修[147]로부터 성스런 지위(聖位)를 안립해
서 최초의 건혜지乾慧智[148]를 익히고자 한다면 여래의 법류수法流水와
더불어 동등하다"고 했다.

  이렇게 본다면 세간과 출세간出世間[149], 생生과 무생無生이 다 음심을
끊느냐 끊지 못하느냐에 달려 있을 뿐이다. 칠취七趣[150]가 정情의 상념

---

145 산스크리트어는 indriya이다. ①신체의 기관·기능, 능력, 작용, 어떤 작용을
  일으키는 강한 힘, 강한 힘이 있는 작용. ②소질, 근성. ③근본, 기본.

146 일체의 것이 불생불멸임을 인정하는 것. 무생의 법을 인정한다는 말로 모든
  사물에 불성이 있음을 의미한다. 진리를 깨닫는 3종류의 지혜, 곧 『묘법연화
  경』에 나오는 삼법인三法忍의 하나이다. 법인法忍은 진리를 깨닫는 지혜, 신인信
  忍은 신심에 의해 얻는 지혜, 순인順忍은 진리에 순종하는 지혜를 말하는데,
  이 중 법인을 말한다.

147 얕고 깊은 순서에 따라 점진적으로 수행하는 것. 일정한 단계를 거치는 수행을
  말한다.

148 마른 지혜란 뜻이다. 이 지위는 5정심停心, 별상념처別想念處, 총상념처總想念處의
  관觀을 닦아 지혜는 깊으나 아직 온전한 진제眞諦인 법성의 이치는 깨닫지
  못했다.

149 ①세속의 번뇌를 떠나 깨달음의 경지에 이름. 번뇌의 더러움에 물들지 않은
  청정한 깨달음의 경지. 번뇌를 소멸시킨 깨달음의 심리 상태이다.
  ②깨달음의 결과와 원인인 멸제滅諦와 도제道諦. 사제四諦를 명료하게 주시하여
  견혹見惑을 끊는 견도見道 이상의 경지이다.

150 지옥, 아귀, 축생, 수라, 인간, 천상의 육취六趣에다가 신선의 세계를 합친

을 말미암아 높은 지위로 올라갔다 낮은 지위로 떨어졌다 부침浮沈을
하게 된다면, 삼악도는 음란한 습관 때문에 크나큰 고통을 초래한다.
급기야 선禪을 수행하는 인사는 성욕 때문에 정심定心을 무너뜨리고
법왕法王[151]을 파괴해서 마魔의 권속이 되고 만다. 독毒하도다, 생사의
감옥인 이 욕망이여! 길이 삼계의 영어囹圄로 묶여서 영원히 열반의
안락한 집(安宅)을 파괴하는 것으로 이보다 더한 것이 없다. 진실로
비밀의 장엄(密嚴)과 날카로운 근기를 부여받은 용맹한 장부가 아니라
면 어찌 이 욕망을 뿌리 뽑을 수 있겠는가?

　이 욕망의 습관을 말미암음이 극도로 깊고 깊기 때문에 세존께서
먼저 정수리 광명(頂光)[152]을 방출해서 비추고, 무위無爲[153]의 화불化佛
의 비밀심주秘密心呪로써 파괴하며, 문수의 대 지혜로 뿌리 뽑은 것이
다. 그렇다면 아난을 찾아가 구원한 것은 바로 전체 경전의 대정大定의
체體를 제시한 것이다. 이를 말미암아 살펴보건대 애욕을 인함은 생사
의 근본이 되고, 대정大定은 성불成佛[154]의 근본이 된다. 생각건대 대각

것을 칠취라 한다.
151 부처에 대한 존칭이다.
152 부처나 보살의 머리 위에서 비치는 둥근 빛.
153 산스크리트어는 asaṃskṛta, 팔리어는 asavkhata이다. 조작造作: 만들다의 뜻이
　　없는 것으로 유위의 대對가 되며, 조작되지 않은 세계, 즉 인연의 화합에 의해
　　만들어진 것이 아닌 세계로 생멸변화를 떠난 절대적이며 항상 존재하는 진리
　　또는 진리의 세계를 뜻한다.
154 부처가 되는 것. 불교의 개조 석가는 부다가야의 보리수 밑에서 불타Buddha,
　　즉 깨달은 자가 되었다. 깨달음을 방해하는 번뇌에서 해방된다는 의미로 해탈이
　　라고 하며, 부처를 이룬다는 의미에서 성불이라고 한다.

大覺[155]이 아니면 크나큰 꿈을 충분히 타파할 수 없고, 대법大法[156]이 아니면 크나큰 근심을 충분히 없앨 수 없다. 이는 진실로 참(眞)과 허망(妄)의 두 길이 체體를 보면 둘이 없음이니, 그래서 '관상觀相을 올바로 제시함'의 글에 있는 게송에서는 이렇게 말하고 있다.

"마치 세상의 솜씨 좋은 환술사幻術師가
온갖 남자와 여자를 환상으로 짓는 것과 같아서
비록 온갖 근根의 움직임을 보더라도
요약하면 하나의 기틀(一機)이 싹튼 것이니,
기틀을 쉬어서 적연(寂然: 고요함)으로 돌아가면
온갖 환상의 이루어짐이라서 성품이 없다."

또 이렇게 말하고 있다.

"고요함이 지극하매 광명이 통하여 도달하고
적조寂照[157]는 허공을 포함하는데,
고요히 세간을 관찰하니
마치 꿈속의 현상과 같구나.
마등가는 꿈에 존재하니

---

155 위대한 깨달음, 또는 그 깨달음에 이른 부처.
156 대승불교大乘佛敎의 교법敎法.
157 ①산란한 마음을 가라앉히고 지혜로써 모든 현상의 모습을 있는 그대로 응시함.
②모든 번뇌를 남김없이 소멸한 상태에서 청정한 지혜의 광명을 드러냄.

누가 능히 그대의 형상을 남기리오.

전체 경전의 핵심을 자세히 살피건대

오로지 이 하나의 일을 가리킬 뿐이다."

그러므로 계발啓發의 이유를 알면 우리 부처님께서 설한 근본 뜻을
볼 것이다.

II. 정종분正宗分의 대과大科를 둘로 나눔

1. 수증修證의 문門을 크게 열다(여기서부터 제8권까지는 경전의 명칭을 묻고 매듭짓는다)

2. 미혹과 깨달음의 차별을 자세히 보임(칠취를 정밀히 연구함으로부터 마魔와 오음五陰을 상세히 변별하는 데까지)

1. 수증문을 열어 보임 중에서 사과四科를 전체적으로 나눔

1) 세 가지 여래장을 열어서 삼관三觀의 체體를 드러냄(이는 1권에서 4권의 상유관청尙留觀聽까지)

2) 삼관의 상相을 보임(화옥華屋을 청하여 들임부터 제7권의 이러한 원願을 세우다까지)

3) 삼관의 용用을 드러냄(44심心을 물음에서부터 제8권 중 '삿된 관觀이라 칭함'까지)

4) 삼관의 명칭을 매듭지음(문수보살이 결명結名을 묻기까지)

이상 네 가지 과科는 전부 수증문을 크게 열어 보임에 속한다.

1) 세 가지 여래장을 열어서 삼관三觀의 체體를 드러냄
(1) 공여래장을 열어서 공관空觀의 체體를 보임(글은 3권에 있고 2과科로 나눈다)
① 생멸문을 잡는 가운데 참(眞)과 허망(妄)을 결택함으로써 본각本覺의 진심眞心을 드러냄(경전의 2권반까지)
② 불생불멸과 회망귀진(會妄歸眞: 허망함을 회통하여 참에 돌아감)을 잡아서 진공의 여래장 성품(眞空藏性)을 드러냄(오온의 회통으로부터 3권 끝까지)

① 생멸문을 잡는 가운데 참(眞)과 허망(妄)을 결택함으로써 본각本覺의 진심眞心을 드러냄은 두 가지로 나눈다
가. 적합한 기연이 행을 청함(當機請行)
아난이 부처님을 뵙자 큰절을 한 뒤 슬피 울면서 '무시無始[158]이래로 한결같이 많이 듣기만(多聞) 했지 도력道力이 온전치 못함'을 한탄하였다. 그리고 시방의 여래께서 보리菩提[159]를 성취하게 된 묘한 사마타奢摩他와 삼마三摩와 선나禪那[160]의 최초 방편을 가르쳐달라고 간절히 청하

---

158 산스크리트어 anādi의 의역이다. 아무리 거슬러 올라가도 그 처음이 없음, 시작을 알 수 없는 아주 먼 과거를 말한다.
159 불교에서 수행 결과 얻어지는 깨달음의 지혜 또는 그 지혜를 얻기 위한 수도 과정을 이르는 말이다. 산스크리트어 보디Bodhi를 음역한 말로, 의역하면 각覺·지智·지知·도道라 한다.
160 사마타는 지止, 지식止息, 적정寂靜, 능멸能滅이라 번역하며 망념을 쉬고 마음을 한 곳에 머무는 것이다. 삼마는 삼마지(三摩地, Samadhi)를 말하며 마음을 한

였다.

그때 다시 갠지스 강의 모래알처럼 많은 보살과 여러 시방의 대아라한과 벽지불[161] 등이 모두 기꺼이 듣고 싶어서 자리에서 물러나 묵묵히 성스러운 가르침(聖旨)을 받고자 하였다.

阿難見佛. 頂禮悲泣. 恨無始來一向多聞未全道力. 殷勤啓請十方如來得成菩提妙奢摩他三摩禪那最初方便. 於時復有恆沙菩薩及諸十方大阿羅漢辟支佛等. 俱願樂聞. 退坐默然. 承受聖旨.

○ **통의** 이 아난은 잘못을 저질러 타락한 탓에 행을 공경히 청한[162] 것이다. 생각건대 묘한 사마타와 삼마와 선나는 바로 시방의 여래가 성취한 보리의 묘문妙門이다. 아난이 부처님을 따른 이래로 늘 익숙하게 듣던 것이다. 그러나 자기 지혜의 분수가 아니므로 늘 다문多聞만 쓸데없이 불렸을 뿐 기꺼이 의지해서 수행하려고 하지 않았다. 이 때문에 도력道力이 온전하지 않았는데, 지금 마의 힘(魔力)에 걸려들고 나서야 비로소 다문多聞의 쓸데없음을 알았을 뿐 아니라

곳에 집중하여 산란하지 않게 하는 것이다. 선나는 선정禪定으로 6바라밀의 하나이다.
161 산스크리트어 pratyeka-buddha, 팔리어 pacceka-buddha의 음사로, 홀로 깨달은 자라는 뜻이다. 독각獨覺·연각緣覺이라 번역한다. 스승 없이 홀로 수행하여 깨달은 자, 가르침에 의하지 않고 독자적으로 깨달은 자, 홀로 연기緣起의 이치를 주시하여 깨달은 자, 홀로 자신의 깨달음만을 구하는 수행자란 의미이다.
162 청행請行은 묘한 방편을 펼치시는 부처님의 행동거지를 공경히 청하는 것을 뜻한다.

애욕의 습관이 깊고 두텁다는 것도 스스로 알았다.

이는 대법大法이 아니면 완전히 끊을 수 없으므로 반드시 삼관三觀의 힘에 의거해야만 그 욕망의 번뇌(欲漏)를 소멸시킬 수 있을 것이다. 그래서 이제 분발하여 수행하려고 하지만, 그러나 맨 처음 공부를 어디서부터 들어가야 할지를 몰라서 최초의 방편을 여쭌 것이다. 향후에 부처님이 보이신 묘한 행(妙行)은 25명의 성인聖人을 빌려서 발휘하는데, 그 뜻인즉 문門마다 다 근원으로 돌아갈 수 있고 곳곳마다 다 해탈을 이룰 수 있음을 드러내는 데 있다. 그러나 초심初心이 들어갈 곳은 단지 매듭을 푸는 것을 관觀해서 당장의 마음이 문득 손을 대는 곳163이지 반드시 무엇이 최초의 방편方便164인지 따로 가리킬 필요는 없으니, 바로 관음觀音165의 이근耳根으로 이 땅의 기연機緣166에 올바르

---

163 입문하는 상태를 말한다.

164 일반적으로는 '방법', '교묘한 수법'을 의미한다. 단, 불교에서 방편을 이용하는 경우에는 기본적으로 훌륭한 교화 방법, 산스크리트어의 upāya-kausalya(선교 방편)라는 것으로, 중생을 진실한 가르침으로 이끌기 위해서 대신 설정한 가르침이라는 의미이다. 경전·논석만이 아니라 문학작품 등에 이용되는 경우, 미묘한 의미의 변화가 보이는데, 기본 의미에 입각함으로써 이해할 수 있다. 특히 『법화경』에서는 방편을 열어서 진실을 나타내는 것이 큰 테마가 되어 있으며, 『법화경·방편품』에서는 "삼승三乘이 일승一乘을 위한 방편이다"라고 하였다.

165 대승불교의 대표적인 보살로서 대자대비大慈大悲의 정신으로 중생을 구제할 것을 근본서원으로 하는 보살로, 아박로지저습벌라阿縛盧枳低濕伐邏라 음역되고, 광세음光世音·관세음자재觀世音自在·관자재觀自在·관세자재觀世自在라고 번역하며, 줄여서 관음觀音이라고 한다. 별명은 구세보살救世菩薩·시무외사施無畏者·연화수보살蓮華手菩薩 등이 있다. '관음' 또는 '관세음'이란, 중생의 구원해 달라는 소리를 관觀하면 즉시 구제해 준다는 뜻이다.

게 응할 뿐이다.

나. 세존께서 자세하게 보임을 네 가지로 나눔

가) 오온五蘊[167]과 팔식八識[168]을 올바르게 타파함으로써 인공人空[169]을

---

166 ① 중생의 소질이나 능력이 부처의 가르침을 받을 만한 조건이 되는 것, ② 가르침
   을 주고받게 된 스승과 제자의 인연, ③ 어떤 일이 일어나게 되는 계기·동기를
   말한다.

167 산스크리트어 pañca-skandha의 역어. 오음五陰이라고도 번역되는 불교용어이
   다. skandha는 '집합'·'구성요소'라는 의미로서, 오온은 개인 존재를 구성하는
   '5개의 집합', 즉 '색色', '수受', '상想', '행行', '식識'을 말한다. '색(rūpa)'은 물질적인
   형태로서 육체를 의미한다. '수(vedanā)'는 감수感受 작용인데, 의식 속에 어떤
   인상을 받아들이는 것, 감각과 쾌·불쾌 등의 단순 감정을 포함한 작용을 말한다.
   '상(samjñā)'은 표상 작용으로 의식 속에 상象을 구성하고 마음속에 어떤 것을
   떠올려 관념을 형성하는 것, 대략 지각·표상 등을 포함하는 작용이다. '행
   (samskāra)'은 형성 작용으로, 능동성·잠재성 형성력을 의미하고, 우리가 경험하
   는 어떠한 것을 현재에 존재하는 것처럼 형성하는 작용을 말하며, '수'·'상'·'식'
   이외의 모든 마음의 작용을 총칭한 것으로서 특히 의지 작용을 말한다. '식
   (vijñāna)'은 식별 작용을 말하는 것으로서, 대상을 구별하고 인식·판단하는
   작용, 혹은 마음의 작용 전반을 총괄하는 주체적인 마음의 활동을 말한다.
   '수' 이하의 4온四蘊은 정신적 요소로 색온色蘊과 결합하여 심신心身을 이루기
   때문에 '명색(名色, nāmarūpa)'이라고도 불린다.
   개인의 존재는 이 오온에 의해 성립하는데, 세속적 입장에서는 이렇게 하여
   성립한 모든 것을 총괄하여 '아我'·'자기自己'라고 부른다. 그러나 우리의 중심
   주체는 이러한 '집합' 속에서 인식되지 않는다. 오온은 현상적인 존재로서 끊임없
   이 생멸·변화하기 때문에, 언제나 머물러 있는 불변의 실체는 존재하지 않는다.
   개인적 존재는 오온五蘊이 임시로 모여 구성된 것(五蘊假和合)이고, 오온의 그
   어느 것도 '아'로 불릴 수 없다(五蘊無我)고 한다. 오온은 또한 윤회 생존의
   기반이라는 의미에서 '오취온五取蘊'이라고도 불린다. 후에 오온의 개념 내용이

밝힘.

　나) 두 종류의 세계를 예로 들어 타파함으로써 법공法空[170]을 밝힘.

　다) '본각本覺[171]이 반연攀緣을 여읨'을 드러냄으로써 '진여眞如[172]가 속박을 벗어남'을 보임.

　라) '자취를 쓸어내고 현묘함에 들어감'으로써 '진여가 상대相待를 단절했음'을 드러냄.

가) '인공人空을 밝힘'을 네 가지로 나눔

(가) 먼저 '마음을 명백히 밝혀 색온과 수온을 타파함으로써 전오식前五識[173]이 체體가

　확대되어, 현상 세계의 모든 구성요소를 의미하는 것이 되었다. 대승에서는 오온 그 자체도 또한 공空이고 실재하지 않는다고 주장한다.

168 유식설唯識說에서 분류한 여덟 가지 마음 작용. 곧 안식眼識·이식耳識·비식鼻識·설식舌識·신식身識·의식意識·말나식末那識·아뢰야식阿賴耶識을 말한다.

169 ①인간은 오온五蘊의 일시적인 화합에 지나지 않으므로 거기에 불변하는 실체가 없음. ②분별하는 인식 주관의 작용이 끊어진 상태이다.

170 ①모든 현상은 여러 인연의 일시적인 화합에 지나지 않으므로 거기에 불변하는 실체가 없음. 현상을 구성하는 요소에 불변하는 실체가 없음. ②인식 주관에 형성된 현상에 대한 분별이 끊어진 상태이다.

171 『기신론』에서, 번뇌에 가려 드러나지 않은 청정한 깨달음의 성품. 중생이 본디 갖추고 있는 청정한 마음을 말한다.

172 대승불교의 중심개념으로 사물의 본래 그대로의 모습이라는 뜻이다. 흔히 공을 가리키는 말로 쓰인다. 『대승기신론』의 설명에 따르면, 진여(眞如, tathata)란 사물이 망념(虛妄分別識)에 의해 왜곡되지 않고 있는 그대로의 모습을 가리킨다. 불교는 그것을 떠나 달리 초월적 진리를 세우지 않으므로 궁극적 진리라는 의미도 갖는다.

173 안식, 이식, 비식, 설식, 의식을 다섯 가지 식識이라 말한다.

없음을 밝힘'을 여섯 가지로 나눔

㉮ 발심發心[174]을 살핌

부처님이 아난에게 말씀하였다.

"너와 나는 사촌四寸이니 정情으로 보자면 천륜天倫이나 마찬가지다. 애초에 네가 발심發心할 때 나의 법 속에서 어떤 수승한 모습을 보았기에 세간의 깊고 무거운 은혜와 사랑을 단박에 버릴 수 있었느냐?"

아난이 대답했다.

"제가 여래의 32상相[175]을 보니 너무나 수승하고 절묘해서 그 형체의 영롱한 사무침은 마치 유리琉璃와 같았습니다. 그래서 항상 스스로 '이런 모습은 애욕愛慾으로 생긴 것이 아니다. 왜냐하면 애욕의 기운은 거칠고 탁해서 비린내나 누린내가 얽혀 있고 고름과 피가 섞여 있기 때문에 아주 청정하면서도 묘하게 밝은 자금색 광명을 발생할 수 없다'고 생각했죠. 이 때문에 목마르게 우러르는 심정으로 부처님에게 투신해서 머리를 깎았습니다."

佛告阿難. 汝我同氣情均天倫. 當初發心於我法中見何勝相頓捨世間深重恩愛. 阿難白佛. 我見如來三十二相勝妙殊絕. 形體映徹猶如瑠璃. 常自思惟. 此相非是欲愛所生. 何以故. 欲氣麤濁. 腥臊交遘. 膿血離亂. 不能發生勝淨妙明紫金光聚. 是以渴仰從佛剃落.

---

174 불교적 의미로는 발보리심發菩提心, 즉 깨달음을 구하려는 마음을 일으킨다는 뜻이다.

175 일반 사람과는 다른 부처만이 갖고 있는 신체적 특징이다.

④ 망상의 근본을 물리침

부처님께서 말씀하셨다.

"착하구나, 아난이여. 너희들은 반드시 알아야 하나니, 일체 중생이 무시이래로 생사生死를 계속 이어가는 것은 모두 항상 머무는 참마음 (常住眞心)의 성품이 청정하고 밝은 바탕(淨明體)임을 알지 못하고 온갖 망상을 쓰기 때문이니, 이 망상이 참되지 못하므로 윤회전생이 있는 것이다.

네가 이제 무상보리無上菩提[176]를 궁구해서 참으로 본래의 성품을 밝히고자 한다면, 응당 직심直心[177]으로 나의 질문에 대답해야 한다. 시방의 여래는 동일한 도道로 생사를 벗어났으니, 모두가 직심 때문이다. 마음과 말이 솔직하기 때문에 이렇게 처음부터 마지막의 지위까지, 그리고 그 중간에도 영원히 갖가지 왜곡된 모습이 없다.

佛言. 善哉阿難. 汝等當知一切衆生從無始來生死相續. 皆由不知常住眞心性淨明體. 用諸妄想. 此想不眞故有輪轉. 汝今欲研無上菩提眞發明性. 應當直心詶我所問. 十方如來同一道故出離生死皆以直心. 心言直故如是乃至終始地位中間永無諸委曲相.

---

176 보살이 등각等覺, 묘각妙覺의 지위에 이르러서 온갖 번뇌를 끊어 없애고 불과가 원만한 깨달음을 이룬 것을 말한다.

177 ①있는 그대로의 청정한 본심. ②차별이나 대립을 일으키지 않는, 한결같이 평등한 마음. ③한결같이 깨달음을 구하는 마음이다.

㉰ 망상의 근원을 따짐

아난아, 내가 지금 너에게 묻겠다.

'네가 발심했을 때 여래의 32상을 말미암았다고 하던데, 무엇을 갖고 그렇게 보았으며, 누가 32상을 애모하고 좋아하였느냐?'"

아난이 부처님에게 대답했다.

"세존이시여, 저의 마음과 눈을 사용해서 이토록 애모하고 좋아했습니다. 눈을 통해 여래의 수승한 모습을 살펴보고, 마음으로 애모하고 좋아했기 때문에 저는 발심해서 생사를 버리길 원했습니다."

阿難. 我今問汝. 當汝發心. 緣於如來三十二相. 將何所見. 誰爲愛樂. 阿難白佛言. 世尊. 如是愛樂用我心目. 由目觀見如來勝相心生愛樂. 故我發心願捨生死.

㉱ 망상의 처소를 살핌

부처님이 아난에게 말씀하셨다.

"너의 말대로 애모하고 좋아한 것이 정말로 마음과 눈 때문이라면, 마음과 눈이 있는 곳을 식별해 알지(識知) 못할 때는 번뇌를 항복시킬 수 없을 것이다. 마치 도적의 침입을 받은 국왕이 병사를 일으켜 토벌하려고 할 때 이 병사들이 도적이 있는 곳을 반드시 알아야 하는 것과 같다. 너를 생사에 유전流轉케 하는 것은 마음과 눈의 허물이니, 내가 이제 너에게 묻겠다. 너의 마음과 눈은 지금 어디에 있느냐?"

佛告阿難. 如汝所說眞所愛樂因於心目. 若不識知心目所在則不能

得降伏塵勞. 譬如國王爲賊所侵發兵討除. 是兵要當知賊所在. 使汝
流轉心目爲咎. 吾今問汝. 唯心與目今何所在.

통의 아난이 부처님을 뵙고서 먼저 삼관三觀의 방편을 가르쳐 달라
고 청했지만, 부처님은 곧바로 대답하지 않고 우선 발심發心하
여 출가하면서 애착을 버린 이유를 따져 물었다. 이는 마치 신통한
의사가 병을 치료할 때 먼저 병의 뿌리가 어디에 있는지 살핀 후에
약 처방을 하는 것과 같다. 아난은 그 이유를 이렇게 답했다.

"여래의 32상相을 보니 너무나 수승하고 절묘한지라, 목마르게 우러
르는 심정으로 애모하고 좋아해서 부처님을 따라 머리를 깎았습니다."

바로 이 한마디 말이 병의 뿌리를 바로 보여주고 있다. 왜냐하면
색상色相을 보고서 애착과 흠모를 일으킨 것은 바로 망상의 마음이기
때문이다. 그래서 "만약 빛깔로 나를 보거나 음성으로 나를 구한다면,
이 사람은 사도邪道를 행하는지라 여래를 볼 수 없다"라고 한 것이다.
아난은 부처님을 뵐 때 단지 색상을 사랑했을 뿐 법신法身은 보지
못했다. 망상의 마음을 써서 애착으로 애착을 버리니, 어찌 참된 출가이
겠는가? 그래서 그 애착하는 습관의 종자種子[178]가 잠복해 있다가 현행
現行을 발한 것이니, 이미 여래에 애착했다면 어찌 마등가를 애착하지

---

178 산스크리트어로는 bīja이다. ①어떤 현상을 일으키는 근원, 어떤 현상이 일어날
가능성. ②과거의 인식·행위·경험·학습 등에 의해 아뢰야식阿賴耶識에 새겨진
인상印象·잠재력. 아뢰야식에 저장된, 과거의 인식·행위·경험·학습 등의 잠복
상태. 아뢰야식에 저장되어 있으면서 인식 작용을 일으키는 원동력. 습기習氣와
같다. ③밀교에서, 상징적 의미를 가지는 하나하나의 범자梵字를 말한다.

않을 수 있겠는가? 이것이 바로 인지因地의 발심이 참되지 못하면
과보果報도 왜곡된 결과를 초래한다는 것이니, 이 때문에 아난이 오늘
이 음실婬室의 난관에 봉착한 것이다.

그리고 이 망상의 마음은 비단 아난만이 아니라 일체 중생이 무시이
래로 생사를 상속相續하면서 '항상 머무는 참마음(常住眞心)'의 '성품의
청정하고 밝은 바탕(性淨明體)'을 알지 못한 채 온갖 망상을 쓰기 때문
이니, 이 망상이 참되지 못하므로 윤회전생이 있는 것이다. 아난은
이 생사의 마음을 갖고 부처님을 따랐으니 어찌 타락하지 않을 수
있겠는가?

그래서 '네가 이제 무상보리無上菩提를 궁구해서 참으로 성품을 발명
發明하고자 한다면, 이는 망상으로 들어갈 수 있는 것이 아니니 응당
직심直心으로 나의 질문에 대답해야 한다'라고 한 것이다. 『유마경維摩
經』[179]에서는 "직심이 도량道場이다"라고 했으며, 『기신론起信論』에서
는 "믿음을 성취하는 발심에 대략 세 가지가 있다. 첫째는 직심直心이

---

179 원명을 비말라키르티 수트라(Vimalakīrti Sūtra)라고 하며, 『반야경』에 이어 나타
난 초기 대승경전 중에서도 그 성립이 오랜 것 중의 하나이다. 산스크리트어
원본과 티베트역이 있고, 한역 3본三本 중에서는 라습羅什이 번역한 『유마힐소설
경維摩詰所說經』 3권이 일반적으로 사용되고 있다. 유마힐維摩詰이란 비말라키
르티의 음역音譯으로서 바이샤리의 부호富豪 이름이다. 그는 이 경의 주인공으로
등장하여 재속在俗 신자(信者: 居士)로 불교의 진수眞髓를 체득하고 청정淸淨한
행위를 실천하며 가난한 자에게는 도움을 주고 불량한 자에게는 훈계를 주어
올바른 가르침을 전하고자 노력하였다고 한다. 이 유마힐을 모델로 하여 『반야
경』에 서술된 공空사상을 실천적으로 체득하려는 대승보살大乘菩薩의 실천도實
踐道를 강조하고 있는 것이 이 경의 내용이다. 특히 중국에서 널리 읽혔고
초기의 선종禪宗에서 매우 중시했다.

니, 진여법眞如法을 올바로 염念하기 때문이다. 둘째는 깊은 마음(深心)[180]이니, 일체의 선행을 즐거이 모으기 때문이다. 셋째는 대비심이니, 일체 중생의 고통을 뿌리 뽑고자 하기 때문이다"라고 하였다. 지금 여래께서는 먼저 직심으로 질문에 대답하라고 아난을 가르쳤으니, 마음이 정직하면 속이지 않고 속이지 않으면 진실에 도달할 수 있는 것이다.

그래서 재차 아난에게 "애초에 발심했을 때 여래의 32상을 본 것을 반연했다고 하던데, 무엇을 갖고 그렇게 보았으며, 누가 32상을 애모하고 좋아하였느냐?"라고 물은 것이다. 이는 마치 신통한 의사가 병의 뿌리를 파악해서 반드시 나을 수 있는 약을 처방하는 것과 같다. 아난이 직심으로 대답하기를 "눈을 통해 살펴보고 마음으로 애모하고 좋아했다"고 했으니, 이거야말로 병의 근원을 올바로 내놓은 것이다. 이 때문에 여래께서 고하기를 "과연 애모하고 좋아한 것이 마음과 눈 때문이라면, 이거야말로 생사의 근본이다"라고 말씀하신 것이며, 그래서 "너를 생사에 유전流轉케 하는 것은 마음과 눈의 허물이니, 마치 도적의 침입을 받은 국왕이 병사를 일으켜 토벌하려고 할 때 이 병사들이 도적이 있는 곳을 반드시 알아야 하는 것과 같다"고 말한 것이다.

지금 너의 육근六根[181]이 도적을 끌어들여 스스로 집안의 보배를 겁탈한 것은 모두 마음과 눈에 의거해 주재하고 부린 것이니, 이른바

---

180 ①진리나 근원을 깊이 사유하는 마음. ②깊이 믿는 마음이다.

181 근根은 감각기관을 말하며, 여섯 가지 감각기관은 눈(眼根)·귀(耳根)·코(鼻根)·혀(舌根)·몸(身根)·뜻(意根)을 말한다.

도적을 잡으려면 그 우두머리를 잡아야 한다. 이제 마음과 눈이 법신에 해害를 끼쳤음을 알았다면 반드시 그 의거한(所依) 처소를 알아야만 비로소 완전히 소탕해서 해로움의 근원을 단절시킬 수 있다. 그래서 "오직 마음과 눈뿐이라면 지금 어디에 존재하느냐?"라고 한 것이다. 존재함(在)은 바로 곳(處)이니, 이 때문에 경전에서는 '이곳이 있지 않다(無有是處)'라고 말한 것이다.

문: 허망함을 타파하는 분명한 글에서 세존께서는 단지 마음과 눈을 지목했을 뿐인데도 과科에서 '오온과 팔식을 타파한 것'이라 말한 이유는 무엇인가?

답: 성불의 요체는 바로 일심삼관一心三觀이며, 타파된 허망함은 오직 오온과 팔식[182]일 뿐으로 일대 장경藏經 속 대승의 가르침은 이를 드러냈을 뿐이다. 중생은 미혹했기 때문에 단지 망심妄心을 집착해서 그 망심이 몸 안에 거주하고 있다고 여긴다. 그러나 몸은 곧 수(受: 느낌)를 집착하는 몸이 있는 것이니, 바로 오식五識이 의지하는 근거이자 실제로 육적六賊[183]이 의지하는 처소로서 색온色蘊과 수온受蘊이 된다.

마음은 곧 망상으로 육식六識의 상온想蘊이 되고, 봄(見)은 바로 팔식의 견분見分으로 곧 칠식七識의 행온行蘊이다. 이는 팔식의 견정見

---

182 안식·이식·비식·설식·신식·의식·말나식·아뢰야식을 8식이라 한다. 이 중 제7식인 말나식은 아뢰야식을 소의所依로 하여 아뢰야식의 견분見分을 반연한 그것을 자내아自內我라고 사랑, 집착해서 모든 미망迷妄의 근본이 되는 식이다. 제8식은 장식藏識이라 한다.

183 번뇌를 일으키는 근원이 되는 안眼·이耳·비鼻·설舌·신身·의意의 육근六根을 도둑에 비유한 말이다.

精이 근根이 되고 식온識蘊이 됨을 가리킨 것이다. 따라서 눈과 마음의
허망함은 오온과 팔식을 다 포함하고 있는 것이 경문에서 명백하다.
다만 그 의지義旨가 그윽이 잠겨 있어서 한결같이 해석하는 자가 투철하
게 밝혀내질 못하고 배우는 자가 들떠 있어서 쉽게 들어가지 못할
뿐이다.

백 부의 대승경전을 종합하여 만든 『기신론』은 바로 진여문眞如門과
생멸문生滅門의 두 문을 수립했고, 또한 생멸문으로부터 진여문으로
들어간다. 『기신론』에서 "오음의 색色과 마음, 그리고 육진 경계를
추구해도 필경 무념無念이고, 마음은 형태나 모습이 없어서 시방十方에
구해도 끝내 얻을 수 없다'라고 했으니, 이는 대승의 가르침의 종지宗旨
이다. 진실로 종지를 알지 못하고 그저 문자만을 본다면 뜻에 얽매여
돌아갈 곳(歸宿)이 없으리니, 이렇게 경문을 확고히 인정하면(印定)
이치가 저절로 분명히 드러나리라.

아난이 부처님에게 대답했다.
"세존이시여, 일체 세간의 열 가지 다른 중생은 똑같이 식심識心이
몸 안에 거주하고 있습니다. 가령 여래의 푸른 연꽃 같은 눈을 보더라도
부처님 얼굴에 있으며, 지금 저의 부근浮根과 사진四塵[184]을 살펴보더라
도 단지 저의 얼굴에 있을 뿐이니, 이처럼 식심은 진실로 몸 안에
거주해 있습니다."
부처님이 아난에게 말씀하셨다.

---

184 빛깔·냄새·맛·접촉을 사진四塵이라 하며, 이 사진으로 이루어진 보통의 육안으
로 볼 수 있는 감각 기관을 부진근이라 한다.

"너는 지금 현재 여래가 설법하는 강당에 앉아서 기타림祇陀林[185]을 보고 있다. 기타림은 지금 어디에 있는가?"

"세존이시여, 이 대중각大重閣의 청정 강당은 급고독원給孤獨園에 있고, 지금 기타림은 강당 밖에 실재합니다."

"아난아, 너는 지금 강당 안에서 무엇을 먼저 보느냐?"

"세존이시여, 저는 지금 강당에서 먼저 여래를 보고 그 다음 대중을 살펴보는데, 이런 식으로 밖까지 바라보면 기타림이나 급고독원까지 보게 됩니다."

"아난아, 네가 기타림과 급고독원을 보았다면 무엇을 인해 보게 되었느냐?"

"세존이시여, 이 대강당의 문과 창이 활짝 열려 있기 때문에 제가 강당에 있으면서도 멀리까지 볼 수 있었습니다."

阿難白佛言. 世尊. 一切世間十種異生同將識心居在身內. 縱觀如來 青蓮華眼亦在佛面. 我今觀此浮根四塵祇在我面. 如是識心實居身 內. 佛告阿難. 汝今現坐如來講堂. 觀祇陀林今何所在. 世尊此大重 閣淸淨講堂在給孤園. 今祇陀林實在堂外. 阿難. 汝今堂中先何所見. 世尊. 我在堂中先見如來. 次觀大衆. 如是外望方矚林園. 阿難. 汝矚

---

185 중인도中印度 사위성舍衛城에서 남쪽으로 1마일 지점에 있다. 기원정사祇園精舍 가 있는 곳으로 세존이 설법한 유적지. 기타림은 본래 파사닉왕波斯匿王의 태자 기타祇陀가 소유한 원림園林이었으나, 급고독장자給孤獨長者가 그 땅을 사서 세존께 바치고 태자는 또 그 숲을 바쳤으므로, 두 사람의 이름을 합하여 기수급고독원이라고 한다. 또 기다수급고독원祇多樹給孤獨園이라고도 하며, 줄 여서 기수원祇樹園·기원祇園·급고독원給孤獨園이라고도 한다.

林園因何有見. 世尊. 此大講堂戶牖開豁. 故我在堂得遠瞻見.

㉣ 정정定의 체體를 올바로 보임

이때 세존께서는 대중 속에서 금빛 팔을 펴 아난의 정수리를 어루만졌다. 그리고는 아난과 대중들에게 말씀하셨다.

"대불정수능엄왕大佛頂首楞嚴王이란 명칭을 가진 삼마제三摩提[186]가 있다. 만행萬行을 갖추어서 시방의 여래가 하나의 문으로 초월해 벗어난 묘장엄妙莊嚴의 길이니, 너는 이제 자세히 들어라."

아난이 큰절을 하면서 자비로운 가르침을 엎드려 받고자 하였다.

---

186 삼매三昧, 삼마지三摩地·삼매지三昧地 등과 같이 산스크리트어 사마디의 음역이다. 불교 수행의 한 방법으로 심일경성心一境性이라 하며 마음을 한곳에 모아 움직이지 않기 때문에 정정定으로 번역하고, 또 마음을 평정하게 유지하기 때문에 등지等持, 또 정수正受·정심행처正心行處 등으로 의역한다. 일체의 자아自我나 사물이 공空임을 깨닫는 공삼매空三昧, 공이기 때문에 차별의 특징이 없음을 관찰하는, 즉 무상삼매無相三昧, 무상이기 때문에 원해서 구할 것이 없음을 관찰하는 무원삼매無願三昧의 삼매 또는 삼해탈문三解脫門은 이미 『아함경阿含經』시대에 설파되었다. 이 삼매는 『반야경般若經』 등에서도 중요하게 여기고 있지만, 대승불교에서는 더 나아가 독자적인 설명을 하고 있다.
삼매에는 지(止: 마음의 집중)와 관(觀: 관찰)이 있는데, '지'일 때에만 올바른 관찰이 실현된다는 것이다. 이는 대승불교에는 소승불교와 다른 수행을 필요로 하기 때문에 그에 대응하여 새로운 삼매가 설정되게 되었던 것이다. 『대품반야경』의 대승품에 108삼매가 설명되고 있는데, 그 가운데 처음의 수능엄삼매(首楞嚴三昧·勇健三昧: 번뇌를 깨뜨리는 용맹 견고한 삼매)는 반야바라밀(지혜의 완성)을 실현하는 등 대승불교의 수행을 추진하는 실천력을 기르는 힘으로 『반야경』뿐만 아니라 『십지경十地經』·『화엄경華嚴經』과도 관계가 깊다.

爾時世尊在大衆中. 舒金色臂摩阿難頂告示阿難及諸大衆. 有三摩
提名大佛頂首楞嚴王. 具足萬行十方如來一門超出妙莊嚴路. 汝今
諦聽. 阿難頂禮. 伏受慈旨. ·

㉙ 망상의 처소에 체體가 없음을 올바르게 타파함
부처님이 아난에게 말씀하셨다.

"너의 말대로 '몸은 강당에 있지만 문과 창이 활짝 열려 있기 때문에
멀리 기타림과 급고독원을 본다'고 하자. 어떤 중생이 이 강당에 있으면
서 여래를 보지 않고 강당 밖을 볼 수 있느냐?"

아난이 대답했다.

"세존이시여, 강당에 있는 자가 여래를 보지 않고 숲과 샘물을 본다는
것은 있을 수 없습니다."

"아난아, 너도 마찬가지다. 너의 심령心靈에겐 일체가 명료明了하지
만, 네게 현전現前한 명료한 마음이 몸 안에 실재한다면 그때는 먼저
몸 안을 분명히 알아야 합당할 것이다. 하지만 어떤 중생이 먼저 몸
안을 보고 나중에 몸 밖의 사물을 본단 말이냐?

설사 심장이나 간, 비장, 위장은 볼 수 없다고 하더라도 손톱이나
머리카락이 자라는 것과 근육이 움직이고 맥박이 뛰는 것은 진실로
분명하거늘 어찌하여 알지 못한단 말이냐. 이처럼 필경 몸 안을 알지
못하면서 어떻게 몸 밖을 안단 말이냐?

그러므로 반드시 알아야 하나니, '명백히 지각해서 능히 아는(覺了能
知) 마음이 몸 안에 있다'는 너의 말은 옳지 않느니라."

아난이 머리를 숙이면서 부처님께 말씀드렸다.

"제가 여래의 이러한 법음法音[187]을 듣고서 제 마음이 실제로는 몸 밖에 거주한다는 걸 깨달아 알았습니다. 왜 그렇습니까? 비유하자면 등불이 방 안에서 타고 있으면 반드시 먼저 방 안을 비추고 그 방문을 통해 나중에 정원까지 비추는데, 일체 중생이 몸 안을 보지 못하고 몸 밖만을 보는 것도 마치 등불이 방 밖에 있으면서 방을 비추지 못하는 것과 같기 때문입니다. 이 뜻은 아주 분명해서 의혹되는 점이 없으니, 부처님의 요의了義[188]와 똑같아서 거짓이 없지 않습니까?"

부처님이 아난에게 말씀하셨다.

"이곳의 비구들이 나를 따라 실라벌성에서 차례대로 걸식을 한 뒤에 기타림으로 돌아왔다. 난 이미 공양을 마쳤지만, 네가 비구들을 보건대 한 사람이 먹으면 모든 사람이 배부르더냐?"

아난이 대답했다.

"그렇지 않습니다, 세존이시여. 왜냐하면 이 비구들은 비록 아라한이지만 생명이 똑같지 않거늘 어쩌 한 사람이 먹었다고 해서 많은 사람들이 배가 부를 수 있겠습니까?"

부처님이 아난에게 말씀하셨다.

"너의 명백히 지각해서 알아보는(覺了知見) 마음이 정말로 몸 밖에 있다면, 몸과 마음이 서로 등져서 저절로 서로 상관하지 않을 것이다. 즉 마음이 아는 것을 몸이 능히 지각하지 못하고, 지각이 몸에 있을

---

[187] 부처님의 말씀 또는 가르침. 부처님의 법음은 시방세계에 널리 미쳐 미혹한 중생들을 깨달음의 세계로 인도하여, 고통 속에 헤매는 중생들의 마음을 편안하게 안정시켜주는 자비의 음성이다.

[188] ①깨달음이나 이치를 명료하게 드러내다. ②확실하게 이해하다.

때는 마음이 능히 알지 못한다.

지금 너에게 나의 도라면兜羅綿[189] 같은 손을 보였는데, 너의 눈이 볼 때 마음도 분별하는가?"

아난이 대답했다.

"그렇습니다, 세존이시여."

부처님이 아난에게 말씀하셨다.

"만약 몸과 마음이 서로 아는 것이라면 어떻게 밖에 있다고 할 수 있겠느냐? 그러므로 반드시 알아야 하나니, '명백히 지각해서 능히 아는(覺了能知) 마음이 몸 밖에 머문다'고 하는 너의 말은 옳지가 않느니라."

아난이 부처님에게 말씀드렸다.

"세존이시여, 부처님께서 말씀하셨듯이, 안을 보지 못하기 때문에 몸 안에 있다고 할 수 없고, 몸과 마음이 서로 알아서 서로 여의지 않기 때문에 몸 밖에 있지도 않습니다. 제가 지금 생각해보니 마음이 한 곳에 있다는 걸 알겠습니다."

부처님이 말씀하셨다.

"그곳이 어디인가?"

아난이 대답했다.

"이 명백히 아는 마음(了知心)이 이미 안을 알지 못하면서도 능히 밖을 볼 수 있으니, 제 생각으로는 안근眼根 속에 숨어 있는 것 같습니다. 마치 어떤 사람이 유리그릇을 취하여 두 눈을 덮으면, 비록 그릇이

---

[189] 얼음같이 흰 솜. 도라兜羅는 얼음이라는 말이고, 면綿은 솜이다. 도라이兜羅毦라고도 한다.

덮었지만 유리라서 장애가 되지 않는 것과 같습니다. 저 안근은 봄(見)을 따르고 봄에 따라 분별하지만, 그러나 '명백히 지각해서 능히 아는(覺了能知) 마음'이 안을 보지 못하는 것은 안근에 있기 때문이며, 분명히 밖을 보면서도 걸림이 없는 것은 안근 안에 잠복해 있기 때문입니다."

부처님이 아난에게 말씀하셨다.

"너의 말대로 안근에 잠복해 있는 것이 마치 유리와 같다면, 그 사람은 유리로 눈을 덮었으니 산과 강을 볼 때도 응당 유리를 보겠느냐?"

"그렇습니다, 세존이시여. 그 사람은 유리로 눈을 덮었으니 실제로 유리를 봅니다."

부처님이 아난에게 말씀하셨다.

"너의 마음이 안근 안에 있는 것이 유리로 덮은 것과 똑같다면, 산과 강을 볼 때 어찌하여 눈을 보지 못하느냐? 만약 눈을 보는 자라면 눈이 곧 경계와 똑같아서 '저 안근은 봄(見)을 따르고 봄에 따라 분별한다'는 말이 성립할 수 없다. 만약 볼 수 없다면, 어떻게 이 명백히 아는 마음(了知心)이 마치 유리를 댄 것처럼 안근 안에 잠복했다고 말할 수 있겠는가?

그러므로 반드시 알아야 하나니, '명백히 지각해서 능히 아는(覺了能知) 마음'이 마치 유리를 댄 것처럼 안근 안에 잠복했다'고 하는 너의 말은 옳지 않느니라."

아난이 부처님께 말씀드렸다.

"세존이시여, 저는 지금 또 이렇게도 생각해 봅니다. 이 중생의 몸은 오장육부가 안에 있고 눈·귀·코 등의 구멍은 밖에 있는데, 마음이 오장육부에 있으면 어둡고 마음이 눈·귀·코 등에 있으면 밝습니다. 이제 제가 부처님을 대하면서 눈을 뜨고 밝음을 보는 것은 밖을 본다고 칭하고 눈을 감고 어둠을 보는 것은 안을 본다고 칭하려는데, 이 뜻이 어떠합니까?"

부처님이 아난에게 말씀하셨다.

"네가 눈을 감고 어둠을 볼 때 이 어두운 경계가 눈과 상대한 것인가, 상대하지 않은 것인가? 만약 안근과 상대하여 어둠이 눈앞에 있다면 어떻게 안을 보는 것이겠는가? 만약 안을 보는 것이라고 한다면, 어두운 방에 거처하면서 해와 달과 등불이 없을 때도 이 방의 어둠이 모두 너의 오장육부여야 한다. 그리고 안근과 상대하지 않았다면 어떻게 봄(見)이 성립할 수 있겠는가?

만약 밖으로 봄을 여의고 안을 상대해 이루어지는 것이라서 눈을 감고 어둠을 보는 것을 이름하여 '몸 안을 본다'고 하면, 눈을 뜨고 밝음을 볼 때 어찌하여 자기 얼굴을 보지 못하는가? 만약 얼굴을 보지 못한다면 안을 상대해서 이루어지는 것이 아니다.

또 자기 얼굴을 볼 수 있다면, 이 명백히 아는 마음(了知心)과 안근이 바로 허공에 있는 것이니 어찌 안에 있다고 하겠는가? 만약 허공에 있다면 저절로 너의 몸은 아니니, 그렇다면 응당 여래가 지금 너의 얼굴을 보는 것도 또한 너의 몸일 것이다. 너의 눈이 이미 알았더라도 몸은 합당하게 지각하지 않을 터인데도 네가 끝까지 '몸도 지각하고 눈도 지각한다'고 하면 응당 두 개의 앎이 있는 것이라서 너의 한 몸으로 두 부처를 이루어야 하리라.

그러므로 반드시 알아야 하나니, '어둠을 보는 것을 이름하여 안을 본다고 한다'고 하는 너의 말은 옳지가 않다."

아난이 말했다.

"저는 늘 부처님께서 사부대중에게 '마음이 생겨나기 때문에 갖가지 법이 생겨나고, 법이 생겨나기 때문에 갖가지 마음이 생겨난다'고 가르치시는 것을 들었습니다. 이제 생각해보니, 생각 자체가 실제 나의 심성心性이라서 경계에 합하는 곳을 따라 마음도 그에 따라 있을 뿐이지 안이나 밖, 또는 중간에 있는 것이 아닙니다."

부처님이 아난에게 말씀하셨다.

"네가 지금 '법이 생겨나기 때문에 갖가지 마음이 생겨나고, 경계에 합하는 곳을 따라 마음도 그에 따라 있을 뿐'이라고 하는데, 이 마음에 체體가 없다면 합하는 바도 없을 것이다. 만약 체體가 있지 않는데도 합할 수 있다고 한다면, 19계界가 칠진七塵[190]을 인하여 결합하는 격이니, 이 뜻은 옳지 않다.

만약 체體가 있다면, 네가 손으로 직접 자신의 몸을 때릴 때 그걸 아는 마음은 안에서 나오는가, 아니면 밖으로부터 들어오는가? 만약 안에서 나온다면 되돌아 몸 안을 볼 수 있어야 하며, 밖으로부터 들어온다면 먼저 얼굴을 보아야 할 것이다."

아난이 말했다.

"보는 것은 눈이고 마음은 알 뿐이지 눈은 아니니, 마음이 본다고 함은 옳지 않습니다."

부처님이 말씀하셨다.

---

190 18계와 육진이 있을 뿐인데도 19계와 칠진을 말하고 있으니, 이는 명칭만 있을 뿐 실제로는 존재하지 않은 것을 뜻하고 있다.

"만약 눈이 능히 볼 수 있다면, 네가 방 안에 있을 때 문을 볼 수 있는가? 또 이미 죽은 사람이라도 눈이 썩지 않고 여전히 존재한다면 응당 사물을 보아야 할 터인데, 만약 사물을 본다면 어찌 죽은 사람이라 칭하겠는가?

아난아, 너의 명백히 지각해서 능히 아는(覺了能知) 마음에 반드시 체體가 있다면, 그것은 일체一體인가 아니면 다체多體인가? 지금 너의 몸에서 두루하고 있는 체인가 아니면 두루하지 않는 체인가?

만약 일체라면 네가 손으로 팔이나 다리를 때릴 때 사지가 아픔을 지각해야 하며, 만약 아픔을 다 지각한다면 때린 곳이 있지 않아야 한다. 만약 때린 곳이 있다면 너의 '일체'는 저절로 성립될 수 없다.

만약 다체라면 많은 사람을 이룰 터이니, 어느 체가 네가 되겠는가? 만약 두루하는 체라면, 앞에서 말했듯이 어느 한 곳을 때려도 사지가 다 아픔을 지각해야 한다.

만약 두루하지 않는 체라면, 네가 머리를 부딪치면서 발까지 접촉했을 때 머리는 아픔을 지각해도 발은 알지 못해야 하거늘 지금 너는 그렇지 못하다.

그러므로 반드시 알아야 하나니, '경계에 합하는 곳을 따라 마음도 그에 따라 있을 뿐'이라는 너의 말은 옳지가 않다."

아난이 부처님께 말씀드렸다.

"세존이시여, 제가 듣건대 부처님께서는 문수文殊 등 여러 법왕자法王子와 실상實相[191]을 이야기하실 때 '마음은 안에 있지도 않고 밖에

---

191 불교에서 이르는 모든 존재의 참된 본성. 진여眞如·법성法性의 의미도 내포하고 있다. 석가의 깨달음의 내용이 되는 본연의 진실을 의미하며, 일여一如·실성實

있지도 않다'고 하셨습니다.

가령 제가 생각건대 안으로는 보는 바가 없고 밖으로는 서로 알고 있습니다. 안으로 아는 바가 없기 때문에 안에 있다고 할 수 없고, 몸과 마음이 서로 알므로 밖에 있다고 할 수도 없습니다. 이제 몸과 마음이 서로 알면서도 안으로 보지를 못하니, 응당 중간에 있어야 합니다."

부처님이 말씀하셨다.

"네가 중간이라 말하니, 중간을 헛갈리지 않았다면 반드시 그 소재가 없지 않을 것이다. 이제 너에게 중간에 대해 묻겠다. 중간은 어디에 있는가? 몸 바깥(處)에 있는가, 몸에 있는가?

만약 몸에 있을 경우, 몸의 겉(邊)에 있다면 중간이 아니고, 몸의

性·무위無爲·열반涅槃도 실상의 이명異名으로 사용된다. '제법실상諸法實相'은 불교의 근본진리를 가리키는 용어의 하나로, 용수(龍樹, 150~250?)에 의해 공空의 의미도 포함한 것으로 강조된 이래 대승불교를 일관하는 근본사상이 되었다. 그러나 이 말이 의미하는 내용은 종파에 따라 차이가 있다.
①삼론종三論宗에서는 공리空理를 제법의 실상이라고 말한다. 그러나 이 공리는 유有·공空을 함께 파破하며, 파하는 일 그 자체도 집착執着에 머물러서는 안 되는 것이라 한다. ②천태종天台宗에서는 제법실상을, 3중三重으로 구별한다. 초중初重은 인연因緣에 따라 생긴 제법이 그대로 공임을 가리켜 실상이라고 한다. 차중次重은 공과 유를 제법으로 규정하고 별도로 중도제일의제中道第一義諦의 이치를 세워 실상이라고 한다. 말중末重은 차별의 현상을 모두 제법이라 하고, 그 제법이, 삼제(三諦: 空·假·中)가 원융圓融한 참모습을 가리켜 실상이라고 한다. 즉 일체가 완전히 조화를 이룬 상태를 말한다. ③선종禪宗에서는 본래의 진면목眞面目이 제법의 실상이라 한다. ④정토종淨土宗에서는 진여眞如를 제법실상이라 하고, 아미타불阿彌陀佛의 명호名號를 실상법이라고 한다. 이러한 실상은 대승불교의 현실 긍정적 태도를 보여주고 있다는 데에 공통점이 있다.

중간에 있다면 앞서 말한 오장육부를 보지 못하는 것과 같다.

만약 몸 바깥에 있다면, 그 지점을 표시할 수 있는가, 표시할 수 없는가? 표시할 수 없다면 없는 것과 똑같고, 표시할 수 있다 해도 일정하게 정할 수 없다. 왜냐하면 마치 어떤 사람이 표시를 해서 중간을 삼았을 때에도 동쪽에서 보면 서쪽이고 남쪽에서 보면 북쪽인 것과 같기 때문이다. 표시 자체가 이미 혼란스럽다면 마음도 응당 어지러울 것이다."

아난이 말했다.

"제가 말씀드린 중간은 '몸 바깥'과 '몸'의 두 가지가 아닙니다. 가령 세존께서 눈과 빛깔이 반연이 되어서 안식眼識을 낳는다고 말씀하셨듯이, 눈은 분별이 있고 빛깔(色塵)은 앎이 없는데도 안식이 그 중간에서 생기니, 여기가 마음이 있는 곳입니다."

부처님이 말씀하셨다.

"너의 마음이 안근과 색진의 중간에 있다면, 이 마음의 체體는 안근과 색진의 둘을 겸했느냐, 둘을 겸하지 않았느냐?

만약 둘을 겸했다면 사물과 체體가 뒤섞여 혼란스러울 터인데, 사물은 앎이 없고 체體는 앎이 있어서 서로 대적하여 양립하거늘, 어찌 중간이 될 수 있겠는가?

만약 둘을 겸하지 않았다면, 앎도 아니고 알지 못함도 아니라서 체體의 성품이 없을 터인데, 중간이 어찌 모습(相)을 갖겠는가?

그러므로 반드시 알아야 하나니, '마음이 중간에 있다'는 너의 말은 옳지 않느니라."

아난이 부처님께 말씀드렸다.

"세존이시여, 저는 예전에 부처님께서 대목련[192], 수보리[193], 부루
나[194], 사리불[195] 사대 제자와 함께 법륜을 굴리실 때 늘 '지각해 알고

---

192 산스크리트어 maudgalyāyana의 음사로, 석존의 10대 제자 중 한 사람이다.
마가다국magadha國의 바라문 출신으로, 신통력이 뛰어나 신통제일神通第一이
라 일컫는다. 원래 산자야sañjaya의 수제자였으나 사리불舍利弗과 함께 붓다의
제자가 되었다. 붓다보다 나이가 많았고, 탁발하는 도중에 바라문 교도들이
던진 돌과 기왓장에 맞아 입적하였다.

193 석존의 10대 제자 중 한 사람으로, 『증일아함경增一阿含經』 등에 전기가 실려
있다. 산스크리트 이름 Subhūti의 한자 음역이며, 선善·선실善實·선길善吉·선업
善業·공생空生 등으로 의역한다. 수보리는 사위국(舍衛國: 슈라바스티)의 브라만
가문의 아들로 태어났는데, 특히 16나한羅漢 중의 하나로서 무쟁삼매의 법을
깨쳐 모든 제자들 가운데 제일이라는 평가를 받았다. 또한 공空의 뜻을 잘
아는 제자라 하여 해공제일解空第一이라 인정받고 있으니, 모든 종류의 『반야경
般若經』을 보면 반야바라밀般若波羅蜜을 설한 것이 수보리로 되어 있다.

194 부처의 10대 제자 중 한 사람으로 설법을 통해 9만 9,000명을 열반에 들도록
하여 설법제일이라 불린다. 평생 인격과 중재로 중생교화에 힘썼다고 한다.
산스크리트 이름 Pūrna-maitrāyaniputra는 원願을 만족시킨다는 뜻이 있어,
만원자滿願子·만자자滿慈子·만축자滿祝子·만견자滿見子·만엄식호滿嚴飾好·
만족자자滿足慈者·만족滿足·원만圓滿·만축滿祝 등 여러 가지 말로 번역된다.
그 이름에 대하여 『중아함경中阿含經』은 "내 이름은 만滿이다. 내 어머니는
자慈라 한다. 그러므로 모든 수도자들은 나를 만자자滿慈子라 부른다"라고 했으
니, 즉 Maitrāayana족族 출신 어머니의 아들 Pūrna라는 뜻이 된다.

195 석가의 10대 제자 중 지혜가 가장 뛰어나 지혜제일智慧第一로 칭송되었다고
전해진다. 주로 교화 활동에 종사하였다. 산스크리트어 샤리푸트라Sāriputra,
팔리어 샤리푸타Sāriputta의 음역音譯이며, 추자鷲子·사리자舍利子라고도 한다.
원명은 우파티사이다. 인도 중부의 마가다왕국의 수도 왕사성王舍城 근처의
브라만 출신으로 젊었을 때부터 학문에 뛰어났는데, 당시 유명한 논사論師라고
일컬어지는 6사외도六師外道의 한 사람인 산자야 밑에서 출가승이 되었다.

분별하는(覺知分別) 심성은 안에 있지도 않고 밖에 있지도 않으며 중간에 있지도 않아서 어디에도 있지 않다'고 말씀하시는 걸 본 적이 있습니다.

이는 일체에 집착하지 않음을 이름하여 마음이라 한 것이니, 그렇다면 제가 집착 없음을 마음이라 칭할 수 있지 않겠습니까?"

부처님이 아난에게 말씀하셨다.

"네가 '지각해 알고 분별하는(覺知分別) 심성은 어디에도 있지 않다'고 하는데, 세간의 허공과 육지와 물에서 날아다니거나 걸어 다니는 온갖 물상物象을 이름하여 일체一切라고 한다. 네가 '집착하지 않는다'고 한 것은 이 일체가 있다는 말인가 없다는 말인가? 일체가 없다면 거북 털이나 토끼 뿔과 똑같거늘 어찌 집착하지 않는다고 할 수 있겠으며, 일체가 있으나 집착하지 않는다고 한다면 '집착이 없다'고 칭할 수 없느니라.

모습(相)이 없으면 없는 것이고, 없는 것이 아니라면 모습이다. 모습을 두면 있는 것이니, 어찌 집착이 없다고 할 수 있겠는가? 그러므로 반드시 알아야 하나니, '일체에 집착이 없는 것을 이름하여 지각해 아는 마음(覺知心)이라 한다'는 것은 옳지가 않느니라."

佛告阿難. 如汝所言. 身在講堂. 戶牖開豁. 遠矚林園. 亦有衆生在此堂中. 不見如來見堂外者. 阿難答言. 世尊. 在堂不見如來能見林泉無有是處. 阿難. 汝亦如是. 汝之心靈一切明了. 若汝現前所明了心

불제자 아사지의 가르침을 듣고 깨달아 목건련目犍連 및 250명의 제자들과 함께 불제자가 되었는데, 석가도 그를 높이 평가하였다.

實在身內. 爾時先合了知內身. 頗有衆生先見身中後觀外物. 縱不能
見心肝脾胃. 爪生髮長筋轉脈搖誠合明了如何不知. 必不內知云何
知外. 是故應知汝言覺了能知之心住在身內無有是處. 阿難稽首而
白佛言. 我聞如來如是法音. 悟知我心實居身外. 所以者何. 譬如燈
光然於室中. 是燈必能先照室內. 從其室門後及庭際. 一切衆生不見
身中獨見身外. 亦如燈光居在室外不能照室. 是義必明將無所惑. 同
佛了義得無妄耶. 佛告阿難. 是諸比丘適來從我室羅筏城. 循乞摶
食. 歸祇陀林. 我已宿齋. 汝觀比丘一人食時諸人飽不. 阿難答言.
不也. 世尊. 何以故. 是諸比丘雖阿羅漢軀命不同. 云何一人能令衆
飽. 佛告阿難. 若汝覺了知見之心實在身外. 身心相外自不相干. 則
心所知身不能覺. 覺在身際心不能知. 我今示汝兜羅綿手. 汝眼見時
心分別不. 阿難答言. 如是. 世尊. 佛告阿難. 若相知者云何在外. 是
故應知汝言覺了能知之心住在身外無有是處. 阿難白佛言. 世尊. 如
佛所言. 不見內故不居身內. 身心相知不相離故不在身外. 我今思惟
知在一處. 佛言. 處今何在. 阿難言. 此了知心旣不知內而能見外.
如我思忖潛伏根裏. 猶如有人取瑠璃椀合其兩眼. 雖有物合而不留
礙. 彼根隨見隨卽分別. 然我覺了能知之心不見內者爲在根故. 分明
矚外無障礙者潛根內故. 佛告阿難. 如汝所言. 潛根內者猶如瑠璃.
彼人當以瑠璃籠眼當見山河見瑠璃不. 如是. 世尊. 是人當以瑠璃籠
眼實見瑠璃. 佛告阿難. 汝心若同瑠璃合者當見山河何不見眼. 若見
眼者眼卽同境不得成隨. 若不能見云何說言此知了心潛在根內如瑠
璃合. 是故應知汝言覺了能知之心潛伏根裏如瑠璃合無有是處. 阿
難白佛言. 世尊. 我今又作如是思惟. 是衆生身腑藏在中. 竅穴居外.

有藏則暗. 有竅則明. 今我對佛. 開眼見明名爲見外. 閉眼見暗名爲
見內. 是義云何. 佛告阿難. 汝當閉眼見暗之時. 此暗境界爲與眼對.
爲不對眼. 若與眼對暗在眼前云何成內. 若成內者居暗室中無日月
燈. 此室暗中皆汝焦腑. 若不對者云何成見. 若離外見內對所成. 合
眼見暗名爲身中. 開眼見明何不見面. 若不見面內對不成. 見面若
成. 此了知心及與眼根乃在虛空. 何成在內. 若在虛空自非汝體. 卽
應如來今見汝面亦是汝身. 汝眼已知身合非覺. 必汝執言身眼兩覺
應有二知. 卽汝一身應成兩佛. 是故應知汝言見暗名見內者無有是
處. 阿難言. 我常聞佛開示四衆. 由心生故種種法生. 由法生故種種
心生. 我今思惟. 卽思惟體實我心性. 隨所合處心則隨有. 亦非內外
中間三處. 佛告阿難. 汝今說言. 由法生故種種心生. 隨所合處心隨
有者. 是心無體則無所合. 若無有體而能合者則十九界因七塵合. 是
義不然. 若有體者如汝以手自挃其體. 汝所知心爲復內出. 爲從外
入. 若復內出還見身中. 若從外來先合見面. 阿難言. 見是其眼. 心知
非眼. 爲見非義佛言. 若眼能見. 汝在室中門能見不. 則諸已死尚有
眼存應皆見物. 若見物者云何名死. 阿難. 又汝覺了能知之心. 若必
有體. 爲復一體. 爲有多體. 今在汝身爲復徧體. 爲不徧體. 若一體者
則汝以手挃一支時四支應覺. 若咸覺者挃應無在. 若挃有所則汝一
體自不能成. 若多體者則成多人. 何體爲汝. 若徧體者同前所挃. 若
不徧者當汝觸頭亦觸其足. 頭有所覺. 足應無知. 今汝不然. 是故應
知隨所合處心則隨有無有是處. 阿難白佛言. 世尊. 我亦聞佛與文殊
等諸法王子談實相時. 世尊亦言心不在內. 亦不在外. 如我思惟. 內
無所見. 外不相知. 內無知故在內不成. 身心相知在外非義. 今相知

故. 復內無見. 當在中間. 佛言. 汝言中間. 中必不迷. 非無所在. 今汝推中中何爲在. 爲復在處. 爲當在身. 若在身者在邊非中. 在中同內. 若在處者爲有所表. 爲無所表. 無表同無. 表則無定. 何以故. 如人以表表爲中時. 東看則西. 南觀成北. 表體旣混心應雜亂. 阿難言. 我所說中非此二種. 如世尊言眼色爲緣生於眼識. 眼有分別色塵無知. 識生其中則爲心在. 佛言. 汝心若在根塵之中. 此之心體爲復兼二. 爲不兼二. 若兼二者物體雜亂. 物非體知. 成敵兩立云何爲中. 兼二不成非知不知. 卽無體性. 中何爲相. 是故應知當在中間無有是處. 阿難白佛言. 世尊. 我昔見佛與大目連須菩提富樓那舍利弗四大弟子共轉法輪. 常言覺知分別心性旣不在內. 亦不在外. 不在中間. 俱無所在. 一切無著名之爲心. 則我無著名爲心不. 佛告阿難. 汝言覺知分別心性俱無在者. 世間虛空水陸飛行諸所物象名爲一切. 汝不著者爲在爲無. 無則同於龜毛兔角. 云何不著. 有不著者不可名無. 無相則無. 非無則相. 相有則在. 云何無著. 是故應知一切無著名覺知心無有是處.

통의 부처님께서는 아난에게 마음과 눈이 어디에 있는지를 물었고, 아난은 우선 마음은 몸 안에 있다고 대답했다. 이는 바로 일체 중생의 평상시 집착은 단 하나라도 몸 안에 있지 않음이 없다는 뜻이다. 즉 망심妄心[196]으로 허망하게 집착하는 색신을 의지처로 삼는

---

196 진여심眞如의 마음은 선과 악이나 아름다움과 추악함을 넘어선 담담하고 고요한 마음이다. 그러나 생멸의 마음은 외물에 감응되어 선하고 아름답고 깨끗하게도 되지만 악하고 추악하고 더러움에 물든 것이 되기도 하는데, 불교에서는 이것을

것이니, 이것이 바로 도적이 존재하는 곳이다.

그러나 아난이 단정하게 삼관三觀을 청하자 여래께서 먼저 마음과 눈을 따진 것은 그 의미가 깊고 깊은데도 종래로 해석하는 자가 멋대로 '일곱 곳에서 마음을 따지다(七處徵心)'라고 했는데, 이는 부처님 뜻의 핵심을 알지 못하고 단지 부처님이 허락한 대정大定만을 볼 뿐이라서 끝내 삼관이 돌아가는 곳은 알아채지 못했다. 이것이 종래의 경전 종지로는 통하는 길을 밝히기 어려운 까닭이다.

시험 삼아 말해보자. 원래 저 일진법계一眞法界는 생겨나지도 않고 소멸하지도 않으면서 '항상 머무는 참마음(常住眞心)'이고, 모든 부처와 중생은 똑같이 이 참마음을 부여받아서 본원本源이 둘이 없다. 진실로 중생은 비롯함 없는 무명으로 일념一念[197]을 자각하지 못해서

망심妄心이라 표현한다. 따라서 망심을 끊어버리고 진심으로 되돌아가기 위하여 일체의 속박을 벗어버리면 이른바 해탈의 경지에 도달한다.

197 아주 짧은 시간의 단위로 한 생각이라는 뜻의 불교용어이다. 일상용어로는 한결같은 마음 또는 깊이 생각에 잠기는 것을 뜻한다. 그러나 불교에서는 시간 단위의 하나로 1찰나刹那를 이르는 말이다. 손가락을 한 번 튕기는 동안 60찰나가 지나가므로 극히 짧은 시간에 해당한다. 이처럼 짧은 시간에도 중생들은 무엇인가를 생각하고 있는데, 그 생각에 따라 고통도 되고 즐거움도 되며 지옥과 극락이 나뉘기도 한다. 이 한순간의 생각은 매우 귀중하다. 한 생각한 생각이 모여 삶을 이루고, 다음 생을 만들어내기 때문이다. 현실의 고통을 이겨내고 즐거움에 머무는 사람을 한 생각을 얻은 사람, 또는 한 생각을 쉰 사람이라고 한다. 극락에 태어나기를 원하는 이는 오로지 이 한 생각으로 아미타불을 외워야 한다.
불경에서는 한 가지 마음으로 믿음을 알면 공덕이 끝이 없다 하였고, 『대반야경』에서는 혜慧에 의해 깨달음을 얻는 것을 일념상응一念相應이라고 하였다. 여기서 '혜'란 찰나의 일념과 상응하는 말이다. 부처와 중생의 차이는 바로

생멸이 있는 것이니, 바로 이 생멸과 불생멸의 화합으로 이 진심眞心을
변화시켜 아뢰야식[198]을 이루어 중생 생사의 근본이 된다.

한 생각을 깨달았느냐 깨닫지 못하였느냐에 달려 있다. 천태종에서는 일념삼천
一念三千이라 하여 한 생각 속에 우주의 모든 것이 다 갖춰진다고 하였다.

198 아뢰야식阿賴耶識은 산스크리트어 알라야 비즈냐나(आलयविज्ञान, ālaya vijñāna)를
음을 따라 표기한 것으로 아리야식阿梨耶識이라고도 하며, 제8아뢰야식第八阿賴
耶識 또는 간단히 제8식(第八識, eighth consciousness)이라고도 한다. 무몰식無沒
識·장식藏識이라 번역하고, 본식本識·택식宅識 등의 명칭이 있다. 무몰식이란
제법을 집지執持하여 잃어버리지 않는다는 뜻이며, 장식이라 함은 제법이 전개
되는 데 있어서 의지할 바탕이 되는 근본 마음이란 의미다. 또한 8식 가운데서
마지막에 두기 때문에 제8식이라 하고, 제법의 근본이기 때문에 본식이라 한다.
따라서 식 중에서도 식주識主라 한다.
장식의 장藏이란 글자에는 능장能藏·소장所藏·집장執藏의 세 가지 의미가 있다.
이것을 뢰야삼장 혹은 장삼의藏三義라고 한다. 능장이란 제8식이 제법을 전개하
고 생기시키는 종자를 섭수해서 지니고 있다는 의미다. 소장이란 제8식이 제법을
생기시키는 종자를 제법에서 훈습하여 지닌다(藏)는 의미다. 집장이란 제8식이
말나식(사랑하는 것)을 가지고 스스로에 애착한다는 뜻이다. 증일아함에 의하면
아뢰야식에는 애愛·낙樂·흔欣·희憙의 네 가지 의미가 있다고 하는데 집장과
동일한 뜻이다. 능장과 소장의 관계는 아뢰야식이 종자의 작용으로 제법, 즉
우리들의 현실 세계를 만들어 간다. 만드는 것(作)에 의해 반대로 제법에서
새로이 제법을 창조하고자 하는 종자를 자기 속에서 전변·변이·성숙시켜 저장
한 상의상대相依相待, 전전展轉 연기의 관계이다. 집장은 이와 같은 아뢰야식의
전변이 제법 속에서 스스로의 모습을 보려고 하는 아뢰야식 자체의 애착작용을
원동력으로 삼는 것이다. 그러므로 집장은 분명 아뢰야식의 자상自相이다.
또한 아뢰야식은 과거의 선업과 불선업의 결과에 이끌리므로 이것은 제8식의
과상果相이다. 그래서 아뢰야식을 이숙식(과보식)이라 한다. 또한 제법이 생기하
는 종자를 저장하고 있다는 의미에서 일체종자식이라 한다. 이것은 아뢰야식의
인상因相이다. 유식은 이상의 구조 아래 일체를 아뢰야식의 현현이라 간주하고
유심론을 수립한다.

이 아뢰야식은 세 가지를 갖추고 있다. 첫째, 업상業相이다. 바로 근본무명이니, 아뢰야식의 자증분自證分이다. 둘째, 전상轉相이다. 바로 근본지根本智를 굴려서 망견妄見이 되니, 곧 아뢰야식의 견분見分이다. 이 봄(見)이 곧 칠식七識의 뿌리이다. 셋째, 현상現相이다. 바로 아뢰야식의 상분相分이다.[199] 즉 무명의 불각不覺[200]이 진심을 가려 은폐하기 때문에 마침내 '신령하고 밝아서 모습이 없는(靈明無相)' 적멸寂滅의 진공眞空이 완고한 무지無知의 허공으로 변하니, 그래서 아래의 경문[201]에서 "미혹된 망상으로 인해 허공이 있다"라고 말한 것이다.

---

199 『대승기신론大乘起信論』에 3세三細와 6추六麤를 합쳐 일컫는 말로 구상차제九相次第라고도 한다. 절대 평등하여 항상 변하지 않는 진여眞如로부터 미계迷界의 사물을 형성할 때 전개된다고 하는 9가지 모습. ①업상業相: 맑은 눈에 열기가 생기는 일. ②전상轉相: 열로 말미암아 생긴 눈병으로 능견상能見相이라고도 한다. ③현상現相: 눈병 때문에 나타나는 허공의 꽃. 이상 3가지를 3세三細라고 하며, 6추는 다음과 같다. ④지상智相: 허공의 꽃을 분별하는 일. ⑤상속상相續相: 분별을 고집하여 고치지 않는 일. ⑥집취상執取相: 순탄한 경계는 받아들이고, 거슬리는 경계는 버리는 일. ⑦계명자상計名字相: 집취執取로 말미암아 사물을 분별하는 일. ⑧조업상造業相: 사물에 대해서 업을 일으키는 일로 기업상起業相이라고도 한다. ⑨수보상受報相: 업에 속박되어 살아가는 생활로 업계고상業繫苦相이라고도 한다.

200 번뇌에 가려 청정한 마음의 근원을 깨닫지 못하는 것, 청정한 마음의 근원이 번뇌에 가려 있는 상태를 말한다. 불각에는 두 가지가 있으니 근본불각根本不覺과 지말불각枝末不覺이다. 전자는 알라야식 내의 근본무명을 불각이라 이름하는 것이며, 후자는 무명에서 일어난 일체의 염법染法을 모두 불각이라 이름하는 것이다.

201 『수능엄경』 제6권에 "미혹된 망상으로 인해 허공이 있고, 이 허공에 의지해 세계를 성립한다. 상념이 고요히 머물러 국토를 이루고, 지각知覺이 바로 중생이다"라는 내용이 나온다.

이 완공(頑空: 완고한 허공)의 체體 속 무명이 응결凝結하여 마침내
사대四大²⁰²의 허망한 색色으로 변하여 허공 속의 세계가 되니, 그래서
"허공에 의지해 세계를 성립한다"고 한 것이다. 망견을 말미암아 사대
의 허망한 색色을 대하고, 이렇게 상대相待함이 오래되면 마침내 사대
의 외색外色 일부만을 오로지 취하여 자기 소유(己有)로 집착한다.
그리고 망견이 흡수해 모으는 그 가운데 색色과 마음이 화합하여
집착해 받아들이는 무지無知의 색色을 나(我)로 삼아서 마침내 오온의
중생을 이루니, 그래서 "상념(想)이 고요히 머물러 국토를 이루고,
지각知覺이 바로 중생이다"라고 한 것이다.

중생은 바로 이런 연유로 생겨난 것이다. 이로부터 중생은 단지
오온의 몸과 마음만을 집착하여 '나'로 삼으니, 어찌 드넓고 크나큰
진심을 알겠는가? 이른바 '일단의 헛갈림(迷)을 마음이라 한다면,
너는 결정적으로 색신의 안에 있다고 미혹한다'라고 하는 것이다.
이제 이 아난이 마음이 안에 있다고 집착하는 것은 바로 색신 안에
있는 망상의 마음을 진심으로 삼은 것이니, 이 때문에 단지 형태나
모습만을 보고 애모할 수 있을 뿐 색과 마음이 본래 공空함은 요달하지
못한 것이다.

이 오온에 의거하여 육근六根을 허망하게 분별하는데, 육근은 경계
를 대하면서 다시 사대로 이루어진 오진五塵²⁰³을 취해 '나'가 수용受用한

---

202 대상의 특성을 형성하는 네 가지 요소를 말한다. ①지대地大: 견고한 성질,
②수대水大: 축축한 성질, ③화대火大: 따뜻한 성질, ④풍대風大: 움직이는 성질
이다.
203 중생衆生의 진성眞性을 더럽혀 번뇌를 일으키는 다섯 가지 더러움, 곧 색色·성聲·

것으로 삼고, 육식六識을 일으켜 허망하게 분별을 낳아서 미혹을 일으
켜 업을 짓는다. 이를 구실로 생사를 윤회하면서 오온의 몸과 마음을
실제의 '나'라고 허망하게 인정하고 항상하다고 허망하게 집착하는데,
이제 허망함을 돌이켜 참에 돌아가기(返妄歸眞) 위해서는 반드시 먼저
오온을 '나'라고 집착하는 것부터 타파해야 한다.

　그러나 이 집착은 많은 겁劫[204]을 거치면서 뿌리가 깊어졌기 때문에
대정大定이 아니면 충분히 타파할 수 없다. 그래서 여래께서는 대정을
선포하여 먼저 마음과 눈이 있는 곳을 살피면서 아난이 집착하는
마음이 존재하는 몸 안이 바로 도적이 점거하고 있는 곳임에 근거하여
그의 견해를 격파해 나갈 수 있었다. 아난이 앞서의 집착을 '나'로
여기는 것을 지금 일거에 타파하자, 아난이 놀라고 두려워하기 때문에
그의 정수리를 어루만지고 위로하면서 "만행萬行을 갖춘 대불정수능엄
왕大佛頂首楞嚴王이란 명칭을 가진 삼마제三摩提가 있으니, 시방의 여
래가 하나의 문으로 초월해 벗어난 묘장엄妙莊嚴의 길이니라"라고
하였으니, 이로써 마음을 따져 봄(見)을 변론하는 것에서부터 곧바로

　향香·미味·촉觸의 오경五境을 말한다.

204 시간의 단위로 가장 길고 영원하며 무한한 시간을 말하며, 겁파劫波라고도
　한다. 세계가 성립되어 존속하고 파괴되어 공무空無가 되는 하나하나의 시기를
　말하며, 측정할 수 없는 시간, 즉 몇 억만 년이나 되는 극대한 시간의 한계를
　가리킨다. 힌두교에서 1칼파는 43억 2천만 년이다.
　겁을 소小·중中·대大로 나누어 이 세계의 성成·주住·괴壞·공空이 진행되는
　기간을 일대겁一大劫이라고 하기도 한다. 석가가 발심해서 성불할 때까지 수행
　에 소요된 시간을 삼아승기겁三阿僧祇劫, 백대겁百大劫이라고 한다. 아승기
　(asamkhya)는 무수無數라고 옮기며 헤아릴 수 없다는 의미이다.

두 가지 망견妄見에 이르기까지 중생의 아집我執[205]과 법집法執[206]을 통틀어 타파함으로써 본각의 진심을 드러낸 것이 모두 대정의 힘을 빌린 것임을 알겠다.

먼저 오온의 가아假我를 중생이 항상하다고 허망하게 집착하는 것을 타파하는 것은 지금 일곱 곳에서 마음을 따지는(七處徵心)[207] 글이니, 명칭은 비록 마음을 따짐(徵心)이지만 실제로는 색온과 수온을 은밀히 타파했을 뿐이다. 망상이 한결같이 사대를 집착해 받아들임을 '나'로 삼아서 마음이 몸 안에 있다고 여기고 있으니, 이는 색신을 집착하여 마음의 의지처로 삼는 것이다. 마음이 몸 안에 있다고 집착하게 되면 안으로 그 마음을 구한들 얻지 못하고, 마음이 밖에 있다고 집착하게 되면 밖으로 찾은들 얻지 못한다. 그리하여 일곱 곳을 돌아다니면서 찾아나서도 끝내 얻을 수 없으니, 허망한 몸은 실체가 있지 않아서 집착해 받아들임(執受)을 '나'로 삼는 것은 모두 허망한 것임을 충분히 알겠다.

---

205 ①나에 대한 집착. 자아自我에 대한 집착. 나에 변하지 않는 고유한 실체가 있다는 집착. 자아自我에 변하지 않고 항상 독자적으로 존속하는 실체가 있다는 집착. ②자신의 생각이나 소견에 대한 집착.

206 ①차별 현상에 대한 집착. ②모든 현상에 불변하는 실체가 있다는 집착. 현상을 구성하는 요소를 불변하는 실체로 간주하는 집착.

207 『수능엄경』제1권에서는 칠처징심七處徵心을 주제로 삼고 있으니, 석가모니가 제자 아난과의 문답을 통하여 마음을 어느 곳에서 얻을 수 있는가를 밝힌 것이다. 마음은 몸 안(在內), 몸 밖(在外), 감각기관(潛根), 어둠으로 감춰진 곳(藏暗), 생각이 미치는 곳(隨合), 감각기관과 대상의 중간지점(中間), 집착하지 않는 곳(無着), 그 어느 곳에도 있는 것이 아님을 밝혔다.

이렇게 볼 것 같으면 '일곱 곳에서 마음을 따지는' 글은 색온을 실제로 타파하면서 수온도 그에 따라 타파하고 있다. 이런 식으로 점점 나아가 상온, 행온, 식온을 타파하니, 이를 밝히는 글은 이후의 경문에 나온다. 이는 실제로 크나큰 종지(大旨)에 통하는 길이니 지혜로운 자는 깊이 살피기 바란다. 그렇지 않으면 어찌 세존께서 '마음을 따지는(徵心)' 시초에 먼저 대정을 허락했겠으며, 나중에 끝내 가리킴을 맺는 글이 없다고 해서 어찌 여래의 설법이 만담漫談이 되겠는가?

(나) 망심을 배척해 상온을 타파함으로써 육식六識에 체體가 없는 것을 네 가지로 나눔

㉮적합한 기연機緣이 거듭 선정의 문門을 청함

이때 아난이 대중 속에 있다가 자리에서 일어나 오른쪽 어깨를 드러내고 오른쪽 무릎을 땅에 꿇은 뒤에 합장으로 공경하면서 부처님께 말씀드렸다.

"저는 여래의 가장 어린 동생으로 부처님의 자비로운 사랑을 받았습니다. 비록 지금 출가는 했으나 오히려 어여삐 여김을 믿고서 많이 듣기만 했을 뿐 무루(無漏: 번뇌의 소멸)를 얻지는 못했죠. 그래서 사비가라의 주문을 꺾지 못하고 도리어 그에게 조종되어 음실淫室에 빠졌으니, 이는 참다운 실상(眞際)[208]의 경지를 알지 못했기 때문입니다.

오직 바라옵건대, 세존께서는 큰 자비로 불쌍히 여기시어 저희들에게 사마타의 길을 열어 보여서 천제闡提[209]들이 나쁜 소견을 버리게

---

208 진제는 모든 현상의 있는 그대로의 참모습. 차별을 떠난, 있는 그대로의 모습을 말한다.

하소서."

이렇게 말하고는 오체투지五體投地[210]를 하면서 대중들과 함께 목마르게 우러르면서 부처님의 가르침을 듣고자 하였다.

爾時阿難在大衆中. 卽從座起. 偏袒右肩. 右膝著地. 合掌恭敬. 而白佛言. 我是如來最小之弟. 蒙佛慈愛. 雖今出家猶恃憍憐. 所以多聞未得無漏. 不能折伏娑毗羅呪. 爲彼所轉溺於婬舍. 當由不知眞際所詣. 惟願世尊大慈哀愍. 開示我等奢摩他路. 令諸闡提隳彌戾車. 作是語已五體投地. 及諸大衆傾渴翹佇. 欽聞示誨.

⑭ 세존께서 광명으로 선정의 체體를 보임

이때 세존께서 그 얼굴에서 갖가지 광명을 놓으시니, 그 광명은 찬란하기가 마치 백천百千 개의 태양과 같았다. 모든 부처님의 세계가 여섯 가지로 진동하면서 이렇게 시방의 미진수微塵數 국토가 일시에 열리면서 나타나자, 부처님의 위신력威神力이 여러 세계를 합하여 하나의 세계를 이루었고, 그 세계 속에 있는 일체의 대보살들은 다 본국本國에 머물면서 합장한 채 가르침을 듣고 있었다.

---

209 원래는 일천제一闡提로 선근善根이 없는 자라는 뜻인데, 불법을 모르고 비방하는 무리들을 일컫는다.

210 불교 신자가 삼보三寶께 올리는 큰절을 말한다. 고대 인도에서 행해지던 예법 가운데 상대방의 발을 받드는 접족례接足禮에서 유래한 것이다. 자기 자신을 무한히 낮추면서 불·법·승 삼보에게 최대의 존경을 표하는 방법으로, 양 무릎과 팔꿈치, 이마 등 신체의 다섯 부분이 땅에 닿기 때문에 이 이름이 붙었다.

爾時世尊從其面門放種種光. 其光晃耀如百千日. 普佛世界六種震動. 如是十方微塵國土一時開現. 佛之威神令諸世界合成一界. 其世界中所有一切諸大菩薩皆住本國合掌承聽.

통의 바로 이 하나의 광명으로 선정의 체體를 온전히 보인 것이다. 앞서 세존께서 아난에게 마음과 눈이 존재하는 곳을 따져 묻자 아난이 망령되게 마음이 몸 안에 있다고 가리켰는데, 이는 일체 중생이 공통으로 갖고 있는 병이다. 이미 여래께서 추궁하고 따지자 아난은 선정에 집착해서 이 몸이 실재하기 때문에 마음이 몸 안에 존재한다고 일컬었으며, 이런 식으로 전개하여 일곱 곳에서 추궁했지만 끝내 찾을 수 없었다. 그렇다면 집착하고 있는 색신이 본래 있지 않다는 것을 분명히 알겠다.

그러나 아난은 이를 깨닫지 못했기 때문에 질책과 추궁을 받자 사마타의 길을 열어 보여주길 거듭 청했다. 특히 여래께서 먼저 대정을 허락한 후에 마음을 따진 것을 알지 못했으니, 그 뜻인즉 아난이 곧바로 돈오頓悟해서 사대가 본래 공空하고 오온의 실체가 있지 않음이 바로 대정 전체全體의 현전이라는 것이다.

만약 아난이 영리한 사람이라서 일상영과一狀領過[211]한다면, 얽혀 있는 갈등을 잘라서 대중을 꾸짖어 흩어버릴 수 있으므로 능엄의 한 회상이 여기서 해산되었을 것이다. 그러나 정신이 혼몽하고 산란해서 알지 못했기 때문에 수고롭게도 우리 세존께서 다방면으로 열어

---

[211] 한 사람씩 죄상을 조사하여 처결하지 않고 여러 사람을 동시에 처결하는 일을 말한다.

보이신 것이다. 그런데도 아난이 깨닫지 못한 이유는 모두 이 생사의 망상을 집착해서 진실로 오인했기 때문이다.

그래서 이 이하에선 두 가지 근본의 명칭을 제시해 상온을 타파하였다. 상온을 타파하려고 여래께서 먼저 얼굴에서 갖가지 광명을 놓은 것은 고덕古德이 이른바 "하나의 무위진인無位眞人[212]이 너희들의 얼굴에 있으면서 광명을 놓고 대지를 진동하는데, 어찌하여 사람들은 스스로 어두워졌는가?"라고 한 것이다. 이 때문에 나날이 쓰면서도 단지 망상을 인정하는 바람에 육근이 멀리 떨어지고(隔越) 육진이 장애한 것인데, 지금 부처님께서 이 하나의 광명을 놓아서 육근, 육진, 육식의 십팔계를 조파照破해 하나하나가 본래 참(眞)이므로 "모든 부처님 세계에서 광명이 단박에 나타났다"고 했으며, 광명을 돌이켜 무명을 타파했기 때문에 "여섯 가지로 진동했다"고 말했으며, 육근과 육진의 문두門頭가 전혀 장애가 없기 때문에 "하나의 계界를 합하여 이루었다"고 말한 것이다.

이렇게 비추는 작용이 현전하면 수고롭게 움직이며 걷지 않아도 즉각 도량을 맑히기 때문에 광명 속의 보살이 모두 본국에 머물면서 합장한 채 법을 들은 것이며, 또 이 하나의 광명으로 부처님은 곧 대정의 전체全體를 은밀히 보인 것이다. 아래를 향하여 허망함을 타파해 참됨을 드러냈지만, 그러나 드러낸 것은 이 한 단락 광명의 경계일 뿐이다. 만약 사람이 이 광명의 모습을 요달한다면 다시 또 무슨 불법을 따로 구하리오. 아난이 깨닫지 못했기 때문에 모름지기 차례대

---

212 모든 차별과 우열을 떠나 어떠한 것에도 걸림이 없는 주체적인 자유인을 말한다. 참답게 해탈한 사람, 단계적인 지위에 떨어지지 않는 진실한 사람이란 뜻이다.

로 하나하나 열어 보인 것이다. 허망함을 타파하는 초기에 아난이

거듭 사마타의 길을 청했기 때문에 여래께서 먼저 광명의 모습으로

은밀히 응답한 것이다.

㉰ 전도顚倒의 근본을 총체적으로 제시함

부처님이 아난에게 말씀하셨다.

"일체 중생은 무시이래로 갖가지로 전도顚倒되어서 업의 종자가

자연히 악차취惡叉聚[213]처럼 되었다. 그래서 수행하는 사람들이 위없는

보리(無上菩提)를 성취하질 못하고 개별적으로 성문이나 연각을 성취

하거나 외도 및 모든 천마天魔[214]와 마왕의 권속까지 되는 이유는 모두

두 가지 근본을 알지 못한 채 잘못된 수행을 익히기 때문이니, 마치

모래를 삶아 맛있는 밥을 지으려는 것 같아서 설사 미진수微塵數의

겁을 거치더라도 끝내 무상보리를 이룰 수 없다.

무엇이 두 가지 근본인가? 아난아, 첫째는 비롯함이 없는 생사의

근본이니, 네가 지금 여러 중생들과 더불어 반연심攀緣心으로써 자성自

性을 삼는 것이다. 둘째는 비롯함이 없는 보리열반의 원청정체元淸淨體

이니, 네가 지금 식정識精의 원명(元明: 원래의 밝음)으로 온갖 반연(緣)

---

213 악차惡叉라고도 한다. 산스크리트어 akṣa의 음사. 인도 전역에 분포하는 교목으
    로, 잎은 긴 타원형이며 흰 꽃이 핀다. 핵은 돌기가 많은데, 이것으로 염주를
    만든다. 같은 종류가 한곳에 많이 모여 있는 것을 비유한 것이다.

214 사마四魔의 하나. 천자마天子魔. 마왕魔王. 욕계欲界의 꼭대기에 있는 제6천第六天
    의 주인. 부처님이 보리수菩提樹 아래에 앉아 수도할 때에 천마가 와서 성도成道
    를 방해하려 하였으나, 부처님이 자정慈定에 들어 항복받았다 한다. 사마는
    네 가지 마군魔軍으로, 번뇌마煩惱魔·음마陰魔·사마死魔·천자마天子魔이다.

을 능히 낳다가 그 반연에서 유실된 것이다. 중생들이 이 본래의 밝음(本明)을 유실했기 때문에 비록 종일토록 행하더라도 자각하지 못해서 온갖 취(趣: 육도)에 잘못 들어가는 것이다.

佛告阿難. 一切衆生從無始來. 種種顚倒. 業種自然. 如惡叉聚. 諸修行人不能得成無上菩提. 乃至別成聲聞緣覺. 及成外道諸天魔王及魔眷屬. 皆由不知二種根本錯亂修習. 猶如煑沙欲成嘉饌. 縱經塵劫終不能得. 云何二種. 阿難. 一者無始生死根本. 則汝今者與諸衆生用攀緣心爲自性者. 二者無始菩提涅槃元清淨體. 則汝今者識精元明能生諸緣緣所遺者. 由諸衆生遺此本明. 雖終日行而不自覺枉入諸趣.

통의　여래께서 대정을 펼칠 때는 반드시 생사의 근본으로써 먼저 보이기 때문에 "일체 중생이 무시이래로 갖가지 전도된 것은 미혹의 업을 말미암은 것"이라고 하였다. 미혹은 바로 업을 발해 두 종류의 무명을 윤생潤生하고, 이 무명을 인해 갖가지 업을 짓기 때문에 '업의 종자'라 칭한다. 이미 이런 업이 있으면 고苦의 과보가 따르기 때문에 미혹과 업과 고의 세 가지는 반드시 한 줄기인 것이 마치 악차취와 같다. '악차'는 독수毒樹의 이름인데 씨앗이 생기면 반드시 세 개가 똑같이 하나의 줄기에 달리기 때문에 비유로 삼은 것이다.

　이 미혹이 바로 대정에 의해 타파되었기 때문에 먼저 제시하였다. 이 미혹을 말미암으므로 수행자들이 무상보리無上菩提를 성취하지를 못하는 것이며, 나아가 이승과 외도의 여러 천天과 마왕들을 따로 이루어서 미혹의 부림을 받는 것이니, 참됨(眞)과 허망함(妄)의 두 가지 근본을 알지 못하기 때문에 잘못 교란된 채 닦아 익혔을 뿐이다. '두 가지 근본'은 첫째, 중생이 미혹된 생사의 근본이니, 너희가 지금 반연된 망상의 마음을 자성自性으로 삼는 것이 이에 해당하며, 둘째, 모든 부처가 증명한 보리와 열반의 원청정체元淸淨體이니, 너희가 지금 식정識精의 원명元明으로 능히 온갖 반연(緣)을 낳다가 그 온갖 반연을 인정함으로써 유실된 것이 이에 해당한다.

온갖 중생이 이 근본의 밝음(本明)을 잃음을 말미암기 때문에 생사를 잘못 받아들인다. 식정識精은 팔식의 체體이고, 원명元明은 바로 본각의 묘하게 밝은 참마음(妙明眞心)이다. 온갖 중생은 이 근본의 묘하게 밝은 마음을 미혹하는 바람에 식정으로 변해서 망상을 일으키는 것이니, 그 뜻인즉 먼저 망상을 타파하고 다음에 식정을 타파해야지 본각의 참마음(眞心)이 비로소 드러난다는 것이다. 이 모두가 대정의 공功에 의지하니, 이 때문에 허망함을 타파하는 시초에 높이 들어서 제시한 것이다. 이하 허망함을 타파해 참됨을 드러냄으로써 사마타를 올바로 제시한 것이 바로 참됨으로 돌아가는(歸眞) 길이니, 이때 타파된 것은 두 가지 전도顚倒일 뿐이다.

㉔ 전도顚倒를 올바로 보인 것을 세 가지로 나눔
A. 전도의 마음을 힐문한 것을 다섯 가지로 나눔
A) 허망한 마음을 시험 삼아 힐문함
아난아, 네가 지금 사마타의 길을 알아서 생사를 벗어나고 싶다고 하니, 이제 다시 너에게 묻겠다."

그리고는 즉시 여래께서는 금빛 팔을 들어 다섯 손가락을 구부리면서 아난에게 말했다.

"너는 지금 보았느냐?"

아난이 대답했다.

"보았습니다."

"너는 무엇을 보았느냐?"

"여래께서 팔을 들어 손가락을 구부린 뒤에 빛나는 주먹을 만들어서 저의 마음과 눈을 비추는 것을 보았습니다."

"너는 무엇을 가지고 보았느냐?"

"저와 대중은 똑같이 눈을 가지고 보았습니다."

"네가 지금 나에게 '여래께서 손가락을 구부려 빛나는 주먹을 만들어서 저의 마음과 눈을 비춘다'고 대답했는데, 너의 눈은 볼 수 있겠지만 무엇을 마음으로 삼았기에 내 주먹의 빛남을 아느냐?"

"여래께서 지금 마음의 소재를 따져 물으셔서 제가 마음으로 추궁하고 찾아보았으니, 바로 능히 추궁하는 자를 저는 마음이라 여깁니다."

阿難. 汝今欲知奢摩他路願出生死. 今復問汝. 卽時如來擧金色臂. 屈五輪指. 語阿難言. 汝今見不. 阿難言見. 佛言. 汝何所見. 阿難言. 我見如來擧臂屈指. 爲光明拳. 耀我心目佛言. 汝將誰見. 阿難言. 我與大衆同將眼見. 佛告阿難. 汝今答我如來屈指爲光明拳耀汝心目. 汝目可見. 以何爲心當我拳耀. 阿難言. 如來現今徵心所在. 而我以心推窮尋逐. 卽能推者我將爲心.

B) 망상이 참(眞)이 아님을 지적함

"쯧쯧! 아난아, 그건 너의 마음이 아니다."

아난이 깜짝 놀라면서 자리에서 일어났다. 그리고는 합장한 채 서서 부처님께 말씀드렸다.

"이것이 저의 마음이 아니라면 뭐라고 칭해야 합니까?"

부처님이 아난에게 말씀하셨다.

"그건 눈앞의 육진六塵에 대한 허망한 상상(相想: 망상)으로서 너의 참 성품(眞性)을 미혹한 것이다. 네가 무시이래로 금생에 이르기까지 도적을 자식으로 오인하다가 너의 원상元常을 잃었기 때문에 생사윤회를 받은 것이다."

佛言. 咄. 阿難. 此非汝心. 阿難矍然避座合掌起立白佛. 此非我心當名何等. 佛告阿難. 此是前塵虛妄相想. 惑汝眞性. 由汝無始至於今生. 認賊爲子. 失汝元常. 故受輪轉.

통의   여기서는 망심을 올바로 타파함으로써 첫 번째 전도를 밝히고 있다. 여래께서 망심을 타파하려고 할 때 먼저 사마타의 길을 알고자 함을 살피는데, 그 의도는 이제부터 이후에 드러내는 것은 바로 대정의 체體를 드러낸다는 뜻에서이다. 사마타는 바로 공관空觀의 명칭이며, 여래장의 청정 진심은 본래 하나의 법도 없다는 이것이 바로 공관의 체體이다. 그리고 이 공관의 체가 다시 별개의 법이 없고, 다만 망심과 망견妄見으로 티끌의 반연(緣塵)을 분별하기 때문에 은폐되어 나타나지 않는 것이다.

이제 만약 심견心見이 이미 티끌의 반연을 타파했다면 본래 공空한 진심이 바로 드러나고, 만약 반연으로 생겨난 것은 자체의 성품이 없다는 것을 요달했다면 바로 이것이 진심이니, 이 때문에 이어서 아난이 망심과 망견으로 티끌의 반연을 분별한 것으로 질문하자, 여래께서는 단지 텅 비면서도 갈무리하는 대정의 체(空藏定體)로 답한 것이다. 그래서 이 이후로는 전부 사마타의 길을 제시하기 때문에 먼저 망심을 타파하는 것으로 들어 보인 것이다.

여래께서 처음에 아난에게 출가의 원인을 묻자, "눈으로 여래를 뵙자 애모하고 즐거워하는 마음이 생겨서 마침내 부처님을 따라 출가하였습니다"라고 대답하니, 여래께서 분명하게 "너를 유전流轉하게 한 마음과 눈이 허물이다"라고 고한다. 이는 아난의 망심과 망견을 명백히 지적한 것이다. 아울러 먼저 마음을 따져서 일곱 곳에서 구하지만 전부 찾을 수 없었으니, 명목은 비록 '마음을 따진다'고 하지만 요컨대 허망한 몸이 의지할 곳이 아님을 알아서 몸이 본래 공하다는 것을 충분히 드러내고 있다.

아난이 이를 깨닫지 못하고 거듭 대정의 문門을 청하자, 여래께서는 묘하게 변론해서 먼저 망심을 타파하고 다음은 망견을 타파했다. 이 때문에 지금 주먹을 들어서 아난에게 "너의 눈은 볼 수 있겠지만 무엇을 마음으로 삼았느냐?"고 물은 것이니, 요컨대 망심이 본래 공하다는 것을 드러내기 때문에 거듭 힐문한 것이다. 이에 아난이 '능히 추궁하는 자'를 가리켜서 나의 마음으로 삼는다고 했으니, 이는 망상인 생사의 마음을 집착해서 진실로 삼은 것이다. 여래가 이 때문에 크게 배척하면서 "쯧쯧, 그건 너의 마음이 아니다"라고 했으니, 여래께서

49년 동안 설법하면서 오직 지금 아난에게만 이 한마디 호통을 베푼 것은 마치 금강왕보검金剛王寶劍이 실제로 목숨의 뿌리(命根)를 능히 끊어버리는 것과 같다.

그러나 애석하게도 아난이 깨닫지 못하자 다시 노파심을 썼다. 즉 아난은 종래로 단지 이 생사의 마음만을 진심으로 인정하고 있기 때문에 지금 호통을 받자 깜짝 놀라면서 부처님에게 "만약 이것이 내 마음이 아니라면 뭐라고 칭해야 합니까?"라고 물었는데, 여래께서는 분명히 "그 마음은 바로 눈앞의 육진六塵을 분별한 허망한 상념"이라고 고하셨으니, 바로 육식의 반연하는 마음일 뿐이다. 이른바 허망한 반연의 기운(緣氣)이 그 가운데 쌓여서 가명假名으로 마음을 삼아 너의 참 성품(眞性)을 미혹한 것이니, 어찌 진심이라 할 수 있겠는가? 너희가 무시이래로 이것을 마음으로 인정한 것은 마치 도적을 자식으로 인정한 것과 같으니, 이 때문에 본원本元의 항상 머무는 진심을 잃고서 생사에 윤회하게 된 것이다.

C) 육식에 체體가 없음을 힐문함

아난이 부처님에게 말씀드렸다.

"세존이시여, 저는 부처님의 총애하는 동생입니다. 마음이 부처님을 사랑해서 저로 하여금 출가를 하게 했는데, 제 마음이 어찌 다만 여래만을 공양했겠습니까? 나아가 갠지스 강의 모래알처럼 많은 국토를 편력하며 온갖 부처님과 선지식을 받들어 섬기면서 커다란 용맹심을 발하여 일체의 행하기 어려운 법사法事[215]를 행한 것도 다 이 마음을 쓴 겁니다. 설사 법을 비방하다가 영원히 선근善根에서 물러나게 되는 것도 역시 이 마음을 인한 겁니다.

만약 이렇게 발명한 것이 마음이 아니라고 한다면, 저는 곧 마음이 없어서 흙이나 나무와 똑같을 겁니다. 이 각지覺知를 여의고는 다시 마음이 없을 터인데, 어찌하여 여래께서는 제 마음이 아니라고 말씀하십니까? 저는 정말로 놀랍고 두려우며, 아울러 이곳의 대중들도 의혹을 갖지 않는 이가 없으니, 오로지 대비심을 베풀어서 아직 깨닫지 못한 저희들을 깨우쳐 주소서."

그때 세존께서 아난과 대중들을 깨우쳐서 그들의 마음을 무생법인無生法忍[216]에 들게 하려고 사자좌獅子座[217]에서 아난의 정수리를 만지며 말씀하셨다.

"여래는 늘 '온갖 법의 생겨남은 오직 마음의 나타남일 뿐이며, 일체의 인과와 세계의 미진微塵은 마음을 인하여 체體를 이룬다'고 말씀하셨다. 아난아, 온갖 세계의 일체 존재하는 것들, 그중 풀잎이나 실의 매듭에 이르기까지 그 근원을 따져보면 다 체성體性이 있고, 설사 허공이라도 역시 이름과 모양이 있는데, 하물며 청정하고 묘정妙淨한 밝은 마음은 일체 마음의 본성이거늘 어찌 스스로 체體가 없겠는가.

만약 네가 분별과 각관覺觀[218]으로 명백히 아는 성품(了知性)을 집착

---

215 ①부처의 가르침, 진리. ②승단에서 해야 할 일. ③불교에서 치르는 행사.
216 불생불멸不生不滅의 진리를 확실하게 인정하고 거기에 안주하여 마음을 움직이지 않는 것을 말한다.
217 ①부처가 앉는 자리. ②불상을 모셔 두는 자리. ③법회 때 고승이 앉는 자리.
218 산스크리트어는 vitarka-vicāra이다. 각覺은 개괄적으로 사유하는 마음 작용, 관觀은 세밀하게 고찰하는 마음 작용이다.

해서 필경 마음으로 삼는다면, 이 마음은 응당 일체의 빛깔, 냄새, 맛, 접촉과 같은 온갖 티끌(즉 六塵)의 사업事業을 여의고도 따로 온전한 성품이 있을 것이다.

가령 너는 지금 나의 법을 듣고 있는데, 이는 소리를 인하여 분별이 있는 것이다.

阿難白佛言. 世尊. 我佛寵弟. 心愛佛故令我出家. 我心何獨供養如來. 乃至徧歷恆沙國土承事諸佛及善知識. 發大勇猛行諸一切難行法事皆用此心. 縱令謗法永退善根亦因此心. 若此發明不是心者. 我乃無心同諸土木. 離此覺知更無所有. 云何如來說此非心. 我實驚怖. 兼此大衆無不疑惑. 惟垂大悲開示未悟. 爾時世尊開示阿難及諸大衆. 欲令心入無生法忍. 於師子座摩阿難頂而告之言. 如來常說諸法所生唯心所現. 一切因果世界微塵因心成體. 阿難. 若諸世界一切所有. 其中乃至草葉縷結. 詰其根元咸有體性. 縱令虛空亦有名貌. 何況淸淨妙淨明心性一切心而自無體. 若汝執悋分別覺觀所了知性必爲心者. 此心卽應離諸一切色香味觸諸塵事業別有全性. 如汝今者承聽我法此則因聲而有分別.

D) 칠식이 참(眞)이 아님을 드러냄

설사 일체의 보고 듣고 지각하고 앎(見聞覺知)을 멸하고서 안으로 고요함(幽閑)을 지키더라도 오히려 법진法塵을 분별하는 환영幻影의 일이 되고 만다.

내가 너에게 명령해서 마음이 아니라고 고집하라는 것은 아니니,

다만 네가 마음으로 미세하게 헤아려 보거라. 만약 대상인 육진을
여의고도 분별하는 성품이 있다면 바로 참다운 너의 마음이겠지만,
만약 분별하는 성품이 육진을 여의고서 체體가 없다면 이는 곧 대상인
육진을 분별하는 환영의 일이니라. 육진은 항상 머무는 것이 아니라서
변하고 소멸할 때의 그 마음은 마치 거북 털이나 토끼 뿔과 똑같을
것이다. 그렇다면 너의 법신法身도 똑같이 단절되어 소멸할 터이니,
도대체 누가 무생법인無生法忍을 닦아 증득하겠느냐?"

그때 아난과 대중들은 아무 말도 못 하고 망연자실하고 있었다.

縱滅一切見聞覺知內守幽閒猶爲法塵分別影事. 我非敕汝執爲非心.
但汝於心微細揣摩. 若離前塵有分別性卽眞汝心. 若分別性離塵無
體斯則前塵分別影事. 塵非常住. 若變滅時此心則同龜毛兔角. 則汝
法身同於斷滅. 其誰修證無生法忍. 卽時阿難與諸大衆默然自失.

E) 전도를 총체적으로 질책함

그러자 부처님이 아난에게 말씀하셨다.

"세간에서 수행하고 배우는 모든 사람들이 비록 구차제정九次第定[219]
을 현전하여 이루더라도 번뇌가 다한 아라한을 이루지 못하는 것은
이 생사의 망상妄想을 집착하다가 진실眞實로 오인했기 때문이니,

---

[219] 초선初禪에서 차례대로 제2선第二禪·제3선第三禪·제4선第四禪으로 들어가고,
계속해서 차례대로 공무변처정空無邊處定·식무변처정識無邊處定·무소유처정
無所有處定·비상비비상처정非想非非想處定으로 나아가 멸진정滅盡定에 드는 수
행법을 말한다.

이로 인해 네가 지금 많이 듣긴(多聞) 했어도 성스러운 과보(聖果)를 이루지 못하는 것이다."

佛告阿難. 世間一切諸修學人現前雖成九次第定. 不得漏盡成阿羅漢. 皆由執此生死妄想誤爲眞實. 是故汝今雖得多聞不成聖果.

통의 아난은 한결같이 망상을 잘못 집착하는 바람에 육식의 반연하는 마음을 진심으로 여겼다. 그러다가 이제 부처님의 꾸지람을 받자 마침내 놀라고 두려워하면서 망연자실했다. 그리하여 이런 마음이 없으면 온갖 흙이나 나무와 똑같다고 질문을 하자, 세존께서는 참된 자비로 아난과 대중의 마음을 무생無生에 들게 하려고 했지만, 그들이 놀라서 어찌할 줄 모를까 봐 아난의 정수리를 어루만지며 위로하면서 그 참(眞)을 간략히 제시하였다.

너는 어찌하여 마음이 없으면 흙이나 나무와 똑같다고 스스로 의심하는가? 여래는 늘 '온갖 법의 생겨남은 오직 마음의 나타남일 뿐이며, 일체 세간의 정보正報[220]와 의보依報[221]의 인과는 마음을 인해서 체體를 이룬다'고 했다. 이것이 진심인데 너는 어찌하여 깨닫지 못하는가? 또 세계에 존재하는 지극히 미세한 사물은 다 체성體性이 있으니, 설사 허공이라도 역시 이름과 모양이 있는데 하물며 청정하고 묘정妙淨한 밝은 마음은 일체 마음의 본성이거늘 어찌 스스로 체體가 없겠는가.

[220] 과거에 지은 행위의 과보로 받은 부처나 중생의 몸을 말한다.
[221] 과거에 지은 행위의 과보로 받은 부처나 중생의 몸이 의지하고 있는 국토와 의식주 등을 말한다.

진심은 체體가 있지만 네가 깨닫지 못하고 단지 분별의 망상을 집착해서 진심으로 여기고 있으니 어찌 잘못이 아니겠는가? 만약 네가 이 분별심을 진심이라 집착해서 버리지 못한다면, 과연 이 진심은 바로 온갖 육진을 여의고도 따로 온전한 체(全體)가 있어야만 비로소 진심이라 할 것이다. 지금 육진을 여의고도 체體가 없다면 허망한 것이 아니고 무엇이겠는가?

또 네가 지금 나의 법을 듣고 있는데, 그렇다면 이것도 소리를 인하여 분별이 있는 것이다. 만약 내가 소리를 내지 않는다면 너의 마음도 없으리니, 이것이야말로 육진을 반연하는 분별의 마음이다. 즉 육식이 분별하는 망상의 마음이라서 육진이 없어지면 마음도 소멸한다. 이 구절은 상온에 체體가 없음을 정확히 타파함으로써 육식의 허망함을 드러내고 있다.

다음 구절은 칠식七識이 참이 아님을 아울러 드러내고 있다. 그 뜻인즉 육식이 분별하는 망상이 참이 아닐 뿐 아니라, 설사 네가 일체의 보고 듣고 지각하고 앎(見聞覺知)을 멸한 채 육근의 작용을 행하지 않고, 안으로 고요함(幽閑)을 지키더라도 오히려 법진法塵을 분별하는 환영幻影의 일이 되고 만다. 이는 바로 칠식이 집착하는 자기 안의 나(自內我)가 의식의 근본이 되는 것으로서 바로 생사의 근본이니, 어찌 이를 인정하여 참(眞)으로 삼을 수 있겠는가? 부처님의 뜻은 행온을 타파해서 제7식을 멸하려 하기 때문에 미리 이 구절을 복선으로 깔아놓은 것이다.

그러나 나는 네가 집착하는 것이 결정코 마음이 아니라고 배척하는 것은 아니다. 다만 망상이지 진심이 아닐 뿐이니, 따라서 마음으로 미세하게 헤아려 보거라. 육진을 여의고도 체體가 있다면 바로 너의 진심이라고 인정할 수 있다. 그러나 육진을 여의고서 체體가 없다면, 육진이 소멸하면서 마음도 따라 소멸하므로 마치 거북 털이나 토끼 뿔과 똑같다. 그렇다면 법신法身도 똑같이 단절되어 소멸할 터이니, 도대체 누가 무생법인(無生)을 닦아 증득하겠느냐?

아난은 망상일 뿐 참되지 못하다고 타파를 당하자 자기주장을 잃은 채 끝내 돌아갈 곳(歸宿)이 없었기 때문에 아무 말도 못하고 망연자실하고 있었다. 세존께서는 그의 잘못을 총체적으로 지적하시면서 "수행하는 사람들이 비록 구차제정九次第定을 이루더라도 아라한을 이루지 못하는 것은 모두 이 망상을 집착하다가 진실眞實로 오인했기 때문이니, 그래서 네가 비록 많이 듣긴(多聞) 했어도 성스러운 과보(聖果)를 이루지 못하는 것은 바로 이런 이유에서이다"라고 하셨다. 아라한은 단지 육식을 멸해서 삼계를 벗어날 수 있을 뿐이니, 이 인정印定[222]으로 상온을 타파한다는 것을 충분히 알 수 있다.

앞에서는 망심을 타파하고 나중에는 망견을 타파했다.

B. 전도된 봄(見)을 힐문한 것을 세 가지로 나눔
A) 적합한 기연이 거듭 청함
이 말씀을 들은 아난은 거듭 슬프게 울면서 오체투지한 뒤 몸을 일으켜 무릎을 꿇고 합장하면서 부처님께 말씀드렸다.
"제가 부처님을 따라 발심하여 출가한 이래로 부처님의 위신력만

---

222 삼마지인, 삼매인이라고도 한다.

민고서 늘 '내가 수고롭게 닦지 않아도 장차 여래께서 내게 삼매의 은혜를 베풀 것이다'라고 생각했을 뿐 몸과 마음이 본래 서로 대신할 수 없다는 걸 알지 못해서 저의 근본 마음(本心)을 잃어버렸습니다. 비록 몸은 출가했어도 마음은 도道에 들지 못했으니, 비유하자면 궁핍한 아들이 아버지를 버리고 도망친 것과 같습니다. 오늘에야 비로소 '많이 들었다' 해도 수행하지 않으면 듣지 않은 것과 마찬가지란 걸 알았으니, 마치 사람이 음식에 대한 설명만으로는 끝내 배부를 수 없는 것과 같습니다.

세존이시여, 저희들이 지금 두 가지 장애에 얽매인 것은 진실로 적멸하고 영원한(寂常) 심성을 알지 못하기 때문입니다. 오직 바라옵건대, 여래께서는 궁핍하고 헐벗은 저희들을 불쌍히 여기셔서 묘하게 밝은 마음(妙明心)을 발하여 저희들의 도안道眼을 열어주소서."

阿難聞已. 重復悲淚. 五體投地. 長跪合掌而白佛言. 自我從佛發心 出家恃佛威神. 常自思惟無勞我修將謂如來惠我三昧. 不知身心本不 相代失我本心. 雖身出家心不入道. 譬如窮子捨父逃逝. 今日乃知雖 有多聞若不修行與不聞等. 如人說食終不能飽. 世尊. 我等今者二障 所纏. 良由不知寂常心性. 惟願如來哀愍窮露. 發妙明心開我道眼.

B) 광명으로 하나의 참됨(一眞)을 보임
즉시 여래께서는 가슴의 만자卍字[223]로부터 보배 광명을 뿜어내시니,

---

223 인도의 여러 종교에서 서상瑞相, 즉 길상이나 미덕을 상징하는 것으로서 이용되는 인印을 말한다. 산스크리트어로는 '스바스티카svastika' 또는 '슈리바차'라고 하

백천百千의 빛깔로 찬란한 그 광명은 시방 미진수의 모든 불세계佛世界를 일시에 두루 비추면서 시방에 있는 보찰寶刹[224]의 모든 여래의 정수리에 두루 흘러 들어갔다가 아난과 대중들에게 되돌아왔다. 부처님이 아난에게 말씀하셨다.

"내가 이제 널 위해 커다란 법의 깃발(法幢)[225]을 세우고, 또한 시방의 일체 중생으로 하여금 묘하고 미세하고 비밀스러운 '성품이 청정하고 밝은 마음(性淨明心)'을 획득해서 청정한 눈(淸淨眼)을 얻게 하리라.

卽時如來從腎卍字涌出寶光. 其光晃昱有百千色. 十方微塵普佛世界一時周徧. 徧灌十方所有寶刹諸如來頂. 旋至阿難及諸大衆. 告阿難言. 吾今爲汝建大法幢. 亦令十方一切衆生獲妙微密性淨明心得淸淨眼.

통의 이제부터는 망견을 타파하고 있다. 아난이 부처님의 가르침을 한 번 받고 나자 육진을 반연한 분별심은 육진을 여의면 실체(體)가 없다는 것을 믿게 되면서 한결같이 집착하던 마음이 참마음(眞心)이 아님을 충분히 알았다. 이런 식으로 미루어보면, 앞에서 부처님

며, 길상희선·길상해운 등으로 번역된다. 태양이 빛을 내뿜는 모양을 상형화한 것이 기원이라고 하는데, 아소카왕 비문 중의 svast('길상'이라는 뜻)이라는 문자를 도안화한 것이 기원이라는 설 등 이설도 많아 일정하지 않다. 흔히 불교佛教·불심佛心이나 사찰을 나타내는 징표로 사용한다.

224 절을 높여 부르는 말이다.

225 ①장수가 깃발을 세우고 적군을 무찌르듯, 번뇌를 쳐부수는 부처의 가르침을 깃발에 비유한 말. ②지금 설법 중이라는 표시로 세우는 깃발.

을 보는 봄(見)도 참(眞)이 아니기 때문에 묘하게 밝은 마음(妙明心)을 발해서 나의 도안道眼을 열어달라고 청한 것이니, 그러므로 도안으로 인증印證한 것은 이하에서 망견을 타파한 것임을 충분히 알 수 있다.

그러나 이 망견은 바로 의식意識이 밖의 육근의 몸을 집착하는 것이 '나'가 되어서 아집과 법집을 분별하는 것을 분별견分別見이라 칭하고, 의근意根이 안의 팔식의 견분見分을 집착하는 것이 '나'가 되어서 아집과 법집을 함께 낳는 것을 이름하여 구생견俱生見이라 한다. 육근과 육식이 서로 의존해서 총체적으로 망상에 속하기 때문에 '두 가지 장애에 얽힌 것'이라고 말한다.

여래께서 망상을 타파하는 시초에 먼저 가슴의 만자卍字로부터 온갖 보배 광명을 뿜어내신 것은 이 망상이 원래 여래장심如來藏心의 대지혜 광명임을 표현한 것이다. 지금은 미혹해서 망상이 되었으므로 이 지혜 광명이 전변轉變하여 망견이 되었는데, 이제 허망함을 타파하려 하기 때문에 먼저 이 광명으로 시방을 사무치게 비추어 일시에 두루하는 것을 현전의 모습으로 삼았다.

또 이 일단一段의 광명은 성인에게나 범부에게나 공통으로 있기 때문에 시방 부처님의 정수리에 흘러 들어갔다가 아난과 대중들에게 되돌아왔으니, 요컨대 참마음과 참된 봄(眞見)을 깨달으려면 이 일단의 광명을 요달하면 되니, 바로 이 지혜 광명을 미혹해서 망심과 망견을 전변하여 이룬 것이다. 이제 마음과 봄(見)을 전변하여 이 광명이 본래 저절로 갖춰졌음을 이루고자 하는 것은 오직 전변轉變의 사이에 있을 뿐이다. 만약 이 참된 광명을 깨달아서 묘하고 청정하고 밝은 마음(妙淨明心)을 단박에 획득하여 청정한 눈(淸淨眼)을 얻으면 마음은 모두 참(眞)이니, 이것이 실제로 여래께서 건립한 커다란 법의 깃발이다.

다음 경문에서 '봄(見)을 회통하여 마음에 돌아감'은 아난이 한결같이 앎은 마음이고, 봄(見)은 눈이라고 집착할 뿐 눈이 보지 않는다는 것을 모르기 때문에 부처님께서 봄(見)을 회통하여 마음에 돌아간 것이다. 이는 눈이 본다고 하는 소승의 집착을 타파한 것이다.

다음에는 봄(見)의 근본을 변론한다.

C) 봄(見)을 회통하여 마음에 돌아감

아난아, 네가 앞서 내게 '빛나는 주먹을 보았다'고 대답했는데, 이 주먹의 광명은 무엇 때문에 있는 것이며, 어떻게 주먹을 이룬 것이며, 너는 무엇을 갖고서 보았는가?"

아난이 말했다.

"부처님은 몸 전체가 염부단閻浮檀의 황금[226]이라서 보배 산처럼 빛나면서도 청정하게 생겨난 것이기 때문에 광명이 있습니다. 제가 실제로 눈으로 보았는데, 다섯 손가락을 구부려 쥐어서 사람들에게 보이셨기 때문에 주먹의 모습이 있는 겁니다."

부처님이 아난에게 말씀하셨다.

"여래가 오늘 너에게 진실하게 말하리라. 지혜가 있는 사람이라면 비유를 듣고도 깨달을 수 있을 것이다.

---

226 염부단閻浮檀은 산스크리트어 jambū-nada의 음사로서 jambū는 나무 이름, nada는 강을 뜻한다. 염부나무 숲 사이로 흐르는 강에서 나는 사금砂金으로, 적황색에 자줏빛의 윤이 난다고 한다.

아난아, 가령 내 주먹은 내 손이 없으면 주먹을 쥘 수 없을 것이며, 너의 눈이 없으면 너도 볼 수 없을 것이다. 네 눈을 나의 주먹과 비교한다면 그 의의意義가 마찬가지인가?"

아난이 말했다.

"그렇습니다, 세존이시여. 내 눈이 없다면 내가 볼 수 없을 터이니, 제 눈을 여래의 주먹과 비교하면 그 일의 의의가 서로 같습니다."

"너는 '서로 같다(相類)'고 하지만 그 뜻은 그렇지 않다. 왜냐하면 손이 없는 사람은 필경 주먹이 없겠지만, 저 눈이 없는 자는 전혀 볼 수 없는 것은 아니다. 왜 그런가? 네가 시험 삼아 길에 나가서 맹인들에게 '당신들은 무엇을 봅니까?' 하고 물으면, 그 맹인들은 반드시 네게 '우리는 지금 눈앞에 오직 캄캄한 어둠만 보일 뿐 다른 것은 보이지 않습니다'라고 대답할 것이다. 이런 뜻에서 보면, 눈앞의 경계(前塵)가 스스로 어두울 뿐이지 보는 성품(見)이야 무슨 손상이 있겠는가?"

"맹인들이 눈앞에 오직 캄캄한 어둠만 보는 것을 어찌 본다고 하겠습니까?"

"맹인들이 눈이 멀어서 오직 캄캄한 어둠만 보는 것과 눈이 멀쩡한 사람들이 캄캄한 방에 있는 것이 캄캄하다는 점에서 서로 다른가, 다르지 않은가?"

"그렇습니다, 세존이시여. 캄캄한 방에 있는 사람과 저 맹인들을 비교했을 때 캄캄하다는 점에서는 다를 바가 없습니다."

"아난아, 눈이 먼 사람이 완전히 눈앞의 캄캄함만 보다가 홀연히 눈을 떠서 눈앞에 갖가지 빛깔을 보는 것을 이름하여 '눈이 본다'고

한다면, 저 어둠 속에 있는 사람이 완전히 눈앞의 캄캄함만 보다가 홀연히 등불이 켜지면서 눈앞에 갖가지 빛깔을 보게 된 것은 응당 '등불이 본다'고 칭해야 하느니라.

만약 등불이 보는 것이라면 등불은 '능히 볼' 수 있어서 스스로 등불이라 칭하지 못할 터이니, 그렇다면 등불이 보는 것이므로 너의 일과 무슨 상관이 있겠느냐? 그러므로 반드시 알아야 하나니, 등불이 능히 빛깔을 드러내지만 그렇게 보는 것은 눈이지 등불이 아니며, 눈이 능히 빛깔을 드러내지만 그렇게 보는 성품은 마음이지 눈이 아니니라."

阿難. 汝先答我見光明拳. 此拳光明因何所有. 云何成拳. 汝將誰見. 阿難言. 由佛全體閻浮檀金𤑡知寶山清淨所生故有光明. 我實眼觀. 五輪指端屈握示人故有拳相. 佛告阿難. 如來今日實言告汝. 諸有智者要以譬喩而得開悟. 阿難. 譬如我拳. 若無我手不成我拳. 若無汝眼不成汝見. 以汝眼根例我拳理. 其義均不. 阿難言. 唯然世尊. 旣無我眼不成我見. 以我眼根例如來拳. 事義相類. 佛告阿難. 汝言相類是義不然. 何以故. 如無手人拳畢竟滅. 彼無眼者非見全無. 所以者何. 汝試於途詢問盲人汝何所見. 彼諸盲人必來答汝. 我今眼前唯見黑暗更無他矚. 以是義觀. 前塵自暗見何虧損. 阿難言. 諸盲眼前唯觀黑暗. 云何成見. 佛告阿難. 諸盲無眼唯觀黑暗. 與有眼人處於暗室. 二黑有別爲無有別. 如是世尊. 此暗中人與彼羣盲二黑較量曾無有異. 阿難. 若無眼人全見前黑. 忽得眼光. 還於前塵見種種色名眼見者. 彼暗中人全見前黑. 忽獲燈光. 亦於前塵見種種色應名燈見. 若燈見者燈能有見自不名燈. 又則燈觀何關汝事. 是故當知燈能顯

色. 如是見者是眼非燈. 眼能顯色. 如是見性是心非眼.

통의 망견을 타파하려고 여래께서는 주먹을 들어 봄(見)을 시험하고 있다. 소승은 팔식의 삼분三分을 알 뿐 육식은 모르고 있다. 한결같이 단지 근根과 식識이 서로 낳는 것을 집착하기 때문에 눈으로는 볼 수 있어도 이 봄(見)이 마음에 있는 건 알지 못한다. 이것이 이른바 어리석은 자는 식識과 근根을 구분하기 어렵다는 것이다. 여래는 봄(見)을 회통해 마음에 돌아가고자 하기 때문에 금빛 주먹을 들어서 이렇게 시험하기를 "너는 무엇을 갖고서 보았는가?" 하고 물으니, 아난은 "저는 눈을 갖고 보았습니다"라고 대답했다. 이것은 바로 눈이 본다고 집착하는 것이다.

여래는 주먹을 안근眼根과 비교하면서 '내가 만약 손이 없다면 주먹을 만들지 못하겠지만, 네가 눈이 없다 한들 어찌 봄(見)이 없겠는가?'라고 하셨고, 그래서 맹인을 인용해서 '설사 눈이 없어도 캄캄한 어둠을 보니 어찌 보는 것이 아니겠는가?'라고 하셨다. 맹인과 어두운 방 안에 있는 사람이 똑같이 캄캄한 어둠을 본다면 눈이 보는 것이 아님을 분명히 알 수 있다. 만약 맹인이 홀연히 눈의 광명을 얻는 것을 이름하여 눈이 보는 것이라 한다면, 어두운 방 안의 사람이 홀연히 등불의 광명을 얻으면 응당 이름하여 등불이 본다고 해야 하리니, 어찌 이치에 맞는다고 하겠는가? 등불은 단지 빛깔을 능히 드러낼 뿐이며 보는 것은 사람에게 있으며, 이를 통해 안근은 단지 능히 빛깔을 드러낼 뿐이고 봄(見)의 성품은 마음이지 눈이 아님을 알겠으니, 이것이 바로 봄(見)을 회통해 마음에 돌아가는 것이다.

다음에 나오는 경문에서는 전도를 올바로 밝혀 생사의 마음을 타파하고 있다. 육식이 오온의 몸과 마음을 허망하게 집착해 '나'로 삼으면서 항상함(常)과 무상無常함을 계교하여 전도의 견해를 일으키는 것을 시험해 밝히고 있다. 말하자면 범부는 오온의 몸과 마음을 항상하다고 허망하게 집착해서 무상한 것을 항상하다고 계교하며, 이승은 몸과 마음이 본래 참되고 항상함(眞常)을 요달치 못해서 허망하게 무상하다고 계교하기 때문에 전도라고 말하는 것이다. 이는 바로 아함의 교의教義에 속하는데도 감히 이렇게 해석하는 것은 나중에 전도를 맺는 경문에서 말하기를 "너의 몸과 모든 여래의 청정 법신을 비교해서 설명한다면, 여래의 몸은 정변지正徧知[227]라 부르고 너희들의 몸은 성품의 전도(性顚倒)라고 칭한다는 것을 알 것이다"라고 했기 때문에 앞의 경문이 바로 신견身見[228]이 일으키는 망상의 분별심을 잡았음을 알 것이다.

C. 전도된 사람을 두 가지로 나누어 제시함

A) 청함

아난은 비록 부처님의 말씀을 다시 들었어도 대중과 더불어 입을 다물고 있을 뿐 마음은 아직 깨닫지 못하고 있었다. 그래서 여래께서 자비의

---

227 ① 산스크리트어 samyak-saṃbuddha는 십호十號의 하나로, 바르고 원만하게 깨달았다는 뜻, 곧 부처를 일컫는다. ② 산스크리트어 samyag-jñāna는 바르게 두루 아는 지혜이다.

228 십사十使·오리사五利使·오견五見의 하나이다. 몸을 보는 것이니, 나다 남이다 하고 보는 것. 곧 나라고 할 것이 없는 줄을 알지 못하고 내가 실로 있는 것이라고 집착하는 아견我見·아소견我所見을 말한다.

음성으로 가르쳐주시길 바라면서 맑은 마음으로 합장한 채 부처님의
연민어린 가르침을 기다리고 있었다.

阿難雖復得聞是言. 與諸大衆口已默然心未開悟. 猶冀如來慈音宣
示. 合掌清心佇佛悲誨.

통의 아난이 집착한 허망한 마음은 색온과 수온에 의지해 있는데
그 업은 이미 타파되었다. 이제 봄(見)을 회통해서 마음에
돌아가면 망연히 돌아갈 곳이 없기 때문에 청하는 것을 알지 못했다.
그래서 입을 다물고 있을 뿐 마음은 아직 깨닫지 못해서 그저 부처님의
연민어린 가르침을 기다리고 있었다.

B) 답을 여섯 가지로 나눔

(A) 범부의 전도를 제시함

이때 세존께서 그물 모습의 도라면처럼 빛나는 손을 들어 다섯 손가락을
펴시면서 아난과 대중들에게 가르침을 내렸다.

"내가 처음 도를 이루었을 때 녹야원에서 아약다(阿若多: 교진여)[229]
등 다섯 비구들과 너희 사부대중에게 '일체 중생이 보리와 아라한을
이루지 못하는 것은 다 객진번뇌客塵煩惱[230]로 인한 잘못 때문이다'라고

---

229 녹야원에서 석가의 초전법륜을 듣고 가장 먼저 깨달음을 얻은 인도의 비구이다.
   그 자리에서 그는 아라한이 되었다. 오비구 중의 한 명으로 바라나시波羅奈
   북쪽에 있는 녹야원鹿野苑에서 석가의 초전법륜을 듣고 가장 먼저 깨달음을
   얻은 비구이다.

말했는데, 너희들은 당시 무엇을 인해 깨달아서 지금 성스러운 과보(聖果)를 이루었느냐?"

그러자 교진여가 일어나서 부처님께 말씀드렸다.

"제가 지금 장로長老로서 대중 가운데 홀로 '이해했다'는 명칭을 얻은 것은 객客과 진塵 두 글자를 깨달아서 성과를 이루었기 때문입니다.

세존이시여, 비유하자면 나그네(客)는 여관에 투숙해서 숙식宿食을 하고 숙식이 끝나면 행장을 꾸려 여정旅程에 오르기 때문에 편안히 머물 겨를이 없습니다. 그러나 실제 주인이라면 스스로 떠나가는 일이 없습니다. 이렇게 생각할 때 머물지 않음을 객客이라 칭하고 머묾을 주인이라 칭하니, 머물지 않는 것으로써 객客의 뜻을 삼았습니다.

또 마치 날씨가 개어서 맑은 해가 하늘에 오르면, 그 빛이 틈 속에 들어와서 허공 속에 있는 온갖 티끌의 모습이 밝게 드러나는데, 티끌의 성질은 흔들리는 것이고 허공은 고요합니다. 이렇게 생각했을 때 맑고 고요함은 허공이라 칭하고 흔들리는 것은 진(塵: 티끌)이라 칭하니, 흔들리는 것을 진塵의 뜻이라 칭합니다."

부처님께서 말씀하셨다.

"그러하느니라."

爾時世尊舒兜羅綿網相光手開五輪指. 誨勅阿難及諸大衆. 我初成道. 於鹿園中. 爲阿若多五比丘等及汝四衆. 言一切衆生不成菩提及

---

230 번뇌는 본래부터 마음에 있는 것이 아니라 외부에서 들어와 청정한 마음을 더럽힌다는 뜻이다.

阿羅漢. 皆由客塵煩惱所誤. 汝等當時因何開悟今成聖果. 時憍陳那
起立白佛. 我今長老. 於大衆中獨得解名. 因悟客塵二字成果. 世尊.
譬如行客. 投寄旅亭. 或宿或食. 宿食事畢. 俶裝前途. 不遑安住. 若
實主人自無收往. 如是思惟不住名客. 住名主人. 以不住者名爲客義.
又如新霽. 清暘升天. 光入隙中. 發明空中諸有塵相. 塵質搖動. 虛空
寂然. 如是思惟澄寂名空. 搖動名塵. 以搖動者. 名爲塵義. 佛言如是.

통의 이것은 범부의 전도된 봄(見)을 타파함으로써 미혹을 제시한
것이다. 전도된 봄을 타파하는 시초에 갑자기 객진客塵으로
질문한 까닭은 범부가 오온의 몸과 마음을 항상하다고 허망하게 집착
해서 상견常見을 일으키기 때문이다. 그래서 여래께서는 객진을 빌려
서 상견을 타파한 것이다. 대체로 나그네(客)는 여관에 투숙해서 숙식
宿食을 하고 나면 곧 떠나지만, 그러나 참 주인이라면 스스로 떠나가는
일이 없다. 이는 중생이 삼계를 떠돌면서 생사가 무상함을 비유한
것이니, 어찌 항상하다고 계교할 수 있겠는가? 또 맑은 해가 하늘에
떠오르면 티끌(塵)은 움직여도 허공의 체(空體)는 고요하다. 이는
생멸의 무상을 비유한 것이니, 이러한 무상을 어찌 항상하다고 허망하
게 계교할 수 있는가? 이것이 바로 범부의 전도이다.

(B) 이승의 전도를 두 가지로 나누어 제시함

Ⓐ미혹을 제시함

그때 여래께서 대중들 속에서 다섯 손가락을 오므렸다 다시 펴고 폈다가
다시 오므리면서 아난에게 말씀하셨다.

"너는 지금 무엇을 보는가?"

아난이 말했다.

"저는 여래께서 백 가지 보배 바퀴의 무늬가 있는 손바닥을 대중 속에서 '폈다 쥐었다' 하는 모습을 보았습니다."

"네가 나의 손이 대중 속에서 '폈다 쥐었다' 하는 걸 보았다고 하는데, 나의 손이 '폈다 쥐었다' 한 것인가, 아니면 너의 봄(見)이 '폈다 쥐었다' 한 것인가?"

"세존께서 보배 손을 대중 속에서 '폈다 쥐었다' 하시니, 제가 여래의 손이 스스로 '폈다 쥐었다' 함을 본 것이지 저의 보는 성품(見性)이 '폈다 쥐었다' 한 것은 아닙니다."

"무엇이 움직이고, 무엇이 고요한가?"

"부처님 손은 머물지 않았고 저의 보는 성품은 오히려 고요함조차 있지 않으니, 무엇을 머물지 않았다고 하겠습니까?"

"그러하느니라."

그리고 여래께서 바퀴 무늬가 있는 손바닥으로부터 하나의 보배 광명을 날려서 아난의 오른쪽을 비추자 즉시 아난이 고개를 돌려 오른쪽을 돌아보고, 다시 하나의 광명을 방출해서 아난의 왼쪽을 비추자 아난이 역시 고개를 돌려 왼쪽을 돌아보았다.

부처님이 아난에게 말씀하셨다.

"너의 머리가 지금 무엇 때문에 흔들렸느냐?"

아난이 말했다.

"제가 보건대, 여래께서 묘한 보배 광명을 방출해서 저의 좌우를 비추었기 때문에 좌우를 살펴보느라고 머리가 저절로 흔들렸습니다."

"아난아, 네가 '부처님의 광명을 돌아보느라고 좌우로 머리를 흔들
었다'고 하는데, 너의 머리가 움직인 것인가 아니면 봄(見)이 움직인
것인가?"

"세존이시여, 저의 머리가 저절로 흔들린 것일 뿐 저의 보는 성품은
오히려 '그침(止)'도 있지 않거늘 무슨 '흔들림'이 있겠습니까?"

"그러하느니라."

卽時如來於大衆中屈五輪指. 屈已復開. 開已又屈. 謂阿難言汝今何
見. 阿難言. 我見如來百寶輪掌衆中開合. 佛告阿難. 汝見我手衆中
開合. 爲是我手有開有合. 爲復汝見有開有合. 阿難言. 世尊寶手衆
中開合. 我見如來手自開合. 非我見性有開有合. 佛言. 誰動誰靜.
阿難言. 佛手不住. 而我見性尚無有靜誰爲無住. 佛言如是. 如來於
是從輪掌中飛一寶光在阿難右. 卽時阿難迴首右盼. 又放一光在阿
難左. 阿難又則迴首左盼. 佛告阿難. 汝頭今日因何搖動. 阿難言.
我見如來出妙寶光來我左右. 故左右觀頭自搖動. 阿難. 汝盼佛光左
右動頭. 爲汝頭動. 爲復見動. 世尊. 我頭自動. 而我見性尚無有止誰
爲搖動. 佛言如是.

통의 이는 이승의 전도된 봄(見)을 타파함으로써 미혹을 제시한
것이다. 여래께서는 손가락을 굽혀 광명을 날려서 봄(見)의
움직이지 않음을 시험했다. 이승은 오온의 몸과 마음이 무상하다고
허망하게 계교하므로 염리(厭離: 싫어해 떠남)를 일으키지만 중생이
원래 그대로란 것을 요달치 못하기 때문에 여래께서 중생의 허망한

봄(見)을 타파하려고 먼저 손가락을 굽혀 광명을 날려서 시험한 것이
다. 아난이 이미 머리는 움직여도 봄(見)은 움직이지 않음을 알았다면
몸의 경계가 본래 부동不動임을 아는 것이니, 또 어찌 무상하다고
계교하겠는가? 이는 이미 참되고 항상함(眞常)을 은밀히 제시한 것이
다. 객진客塵과 광명을 날림이 모두 인印을 치는 것이니, 이는 아난의
대답이 틀리지 않음을 말한 것이다.

Ⓑ 따지고 질책함

이어서 여래께서는 대중에게 널리 말씀하셨다.

"중생들은 '흔들림'을 이름하여 진塵이라 하고 '머물지 않음'을 이름하
여 객客이라 하니, 너희들은 아난의 머리가 저절로 흔들렸지 봄(見)은
움직임이 없다는 걸 살펴보았고, 또 내 손이 스스로 '폈다 쥐었다'
했지 봄(見)은 '폈다 쥐었다'가 없음을 살펴보았다.

그런데 어찌하여 너희들은 지금 움직임으로 몸을 삼고 움직임으로
경계를 삼아서 시종일관 생각 생각마다 생멸하다가 참 성품(眞性)을
잃고 전도顚倒된 채 일을 행하는가? 본성의 마음(性心)이 진실을 잃고
서 사물을 자기로 오인하는 바람에 그 속에서 윤회하면서 스스로 유전流
轉을 취하는 것이다."

於是如來普告大衆. 若復衆生以搖動者名之爲塵. 以不住者名之爲
客. 汝觀阿難頭自動搖. 見無所動. 又汝觀我手自開合見無舒卷. 云
何汝今以動爲身. 以動爲境. 從始洎終念念生滅. 遺失眞性. 顚倒行
事. 性心失眞. 認物爲己. 輪迴是中自取流轉.

통의 이는 총체적으로 두 가지 허망함을 질책함으로써 범부와 성인의 계교를 몰아냈다. 생각건대 중생이 이미 흔들림을 진塵이라 칭함을 알았다면 생멸이 항상하지 않다는 것이 분명하니, 어찌 이 생멸을 항상하다고 계교할 수 있겠는가? 이승二乘이 머리는 움직여도 봄(見)의 성품은 움직이지 않음을 알았다면 본래 스스로 참되고 항상함(眞常)이 분명하니, 어찌 무상하다고 계교할 수 있겠는가? 이미 항상함과 무상함의 뜻을 알았다면, 어찌하여 너희들은 움직임으로 몸을 삼고 움직임으로 경계를 삼는 것인가? 이 두 구절의 경문은 두 가지 뜻을 포함해서 참과 허망함을 일제히 몰아내고 있다.

생각건대 '이 무상한 몸의 경계를 범부는 어찌하여 항상하다고 인정할 수 있단 말인가?'는 범부를 꾸짖은 것이다. '이 허깨비(幻)이자 허망한 몸의 경계는 본래 참되고 항상해서(眞常) 허깨비로 화한 비어 있는 몸(幻化空身)이 본래 법신인데, 이승은 어찌하여 무상하다고 인정할 수 있단 말인가?'는 생각건대 이승을 꾸짖은 것이다. 이 허망한 계교를 말미암기 때문에 시종일관 생각 생각마다 생멸하다가 참 성품(眞性)을 잃고 전도顚倒된 채 일을 행하는 것이다. 본래 마음의 성품을 갖췄는데도 이를 잃었으니, 이는 바로 사물을 자기로 오인한 탓이다. 그래서 윤회와 전도 속에서 스스로 유전流轉을 취하는 것이니. 이는 바로 전도를 총체적으로 꾸짖은 것이다.

제2권

대불정여래밀인수증요의제보살만행수능엄경통의

大佛頂如來密因修證了義諸菩薩萬行首楞嚴經通議

(C) 외도의 단견斷見이 전도되었음을 제시함

이때 아난과 대중들이 부처님의 가르침을 듣고서 몸과 마음이 크게 편안해지자 이렇게 생각했다.

'무시이래로 근본 마음(本心)을 잃은 채 육진을 반연한 분별의 그림자(分別影事)를 망령되게 인정하다가 오늘에야 깨닫게 되었으니, 마치 젖을 잃었던 아이가 홀연히 자애로운 어머니를 만난 것과 같구나.'

그래서 합장으로 부처님께 예禮를 표하면서 여래께서 '몸과 마음의 진망眞妄과 허실虛實'을 드러내주시고 '현전하는 생멸과 불생멸'의 두 가지로 성품을 발명發明해 주시는 걸 듣고 싶어 했다.

이때 파사익波斯匿[231] 왕이 일어나서 부처님께 말씀드렸다.

---

231 파세나디왕을 말한다. 석가모니 생존 시 북인도 코살라왕국의 왕이다. 기원정사 祇園精舍를 지을 땅을 보시한 기타祇陀 태자와 부처의 수기를 받은 승만 부인의 부친이며, 여러 명의 아내 중 이른바 무비無比의 보시를 한 말리카와 비사바카티

"제가 옛날에 아직 부처님들의 가르침을 받지 못했을 때 가전연迦旃延[232]과 비라지자毘羅胝子를 뵈었는데, 둘 다 '이 몸이 죽은 뒤의 단멸斷滅을 이름하여 열반이라 한다'고 말했습니다.

제가 비록 부처님을 만났지만 지금도 여전히 그때의 의심을 하고 있으니, 어떻게 해야 이 마음이 생멸하지 않는 경지를 증득해 알겠습니까? 지금 이곳의 대중 가운데 번뇌가 있는 자들은 다 듣기를 원합니다."

爾時阿難及諸大衆. 聞佛示誨. 身心泰然. 念無始來失却本心. 妄認緣塵分別影事. 今日開悟. 如失乳兒忽遇慈母. 合掌禮佛. 願聞如來顯出身心眞妄虛實. 現前生滅與不生滅. 二發明性. 時波斯匿王起立白佛. 我昔未承諸佛誨勅. 見迦旃延毗羅胝子. 咸言此身死後斷滅名爲涅槃. 我雖値佛. 今猶狐疑. 云何發揮證知此心不生滅地. 今此大衆諸有漏者咸皆願聞.

통의 여기서는 단견斷見의 의혹을 내놓고 있다. 아난이 객진客塵의 비광飛光이란 앞서의 가르침으로 몸의 경계의 움직임에는 움직이지 않음도 있음을 제시한 것을 듣고서 생멸에도 생멸하지 않는 이치(義)가 있음을 아는 것이다. 업은 이미 깨우쳤지만, 다만 한결같이 객진을 반연한 분별심을 마음이라고 허망하게 인정할 뿐 생멸하지

야가 유명하다.

[232] 산스크리트어 kātyāyana의 음사. 석가의 10대 제자의 한 명으로 논의제일로 칭해진다. 마하(Maha: 위대한이란 뜻)를 붙여 마하가전연, 혹은 대가전연 등이라고도 불린다.

않는 성품은 아직 보지 못했기 때문에 세존에게 바로 무엇이 진실이고 무엇이 허망인지, 무엇이 생멸이고 무엇이 불생멸인지를 현전하여 적시的示함으로써 참됨과 허망함의 두 가지 체體가 완연히 분명해지도록 듣기를 원하였으니, 바야흐로 스스로 신뢰하면서 의심하지 않은 것이다.

이는 바로 아난의 마음이 원한 것이지만 아직 결정하지 못했기 때문에 파사닉왕이 이를 인해 청을 드린 것이다. 파사닉왕은 먼저 가전연과 가라구타라는 이름을 가진 외도를 섬기면서 일체의 법은 있기도 하고 없기도 하다고 계교하였다. 또 다른 외도의 이름은 산자야 비라지자인데, 비라지는 바로 어머니의 호칭이기 때문에 '자子'라고 말한 것이다. 이 외도는 온갖 법이 자연(自然: 저절로 그러함)이라 계교한다. 서역의 외도가 많긴 하지만 따져 보면 단멸(斷)과 항상(常)의 두 가지 견해를 벗어나지 않는다.

이 두 가지 중에서 '단견斷見'은 파사닉왕이 이미 이 법을 받들었기 때문에 지금 부처님을 뵈었더라도 여전히 옛 습관을 집착해서 단지 죽은 뒤의 단멸斷滅만 알 뿐이었다. 그러다가 지금 이 마음의 생멸하지 않는 성품을 듣자 여전히 의심을 품었기 때문에 가르침(發揮)을 청하면서 대중들도 다 듣기를 원한다고 하였다. 만약 생멸하지 않는 마음을 깨달으면, 아난이 허망하게 집착하고 있는 정情은 저절로 물러나고 참되고 항상한(眞常) 성품은 저절로 드러난다. 그러나 죽은 뒤에 단멸한다는 견해는 서역만이 아니라 이 땅에도 많이 있다. 말하자면 사람이 죽으면 맑은 기운은 하늘로 돌아가고 탁한 기운은 땅으로 돌아가며 하나의 영靈인 참 성품은 태허太虛로 돌아간다고 하는데, 이는 단멸의

견해이다. 만약 결과가 태허로 돌아간다면 인과가 끊어지는 것이니
어찌 불행이 아니겠는가!

부처님이 왕에게 말씀하셨다.
"당신의 몸이 여기 있으니 이제 당신에게 묻겠소. 당신은 그 육신이
금강金剛[233]과 똑같아서 늘 머물며 썩지 않는다고 생각하십니까, 아니면
변하여 무너진다고 생각하십니까?"
"세존이시여, 저의 현재 몸은 결국 변하여 소멸할 것입니다."
"당신이 아직 소멸하지 않았는데 어떻게 소멸할 줄을 압니까?"
"세존이시여, 저의 무상해서 변하여 무너지는(無常變壞) 몸이 아직
은 소멸하지 않았지만, 저의 눈앞에서 생각 생각마다 변천해 가고
새록새록 머물지 않는 것이 마치 불에 타서 재가 되는 것처럼 점점
마모되면서 쉬지 않고 없어지고 있으니, 결정코 이 몸이 소멸해버린다
는 걸 알 수 있습니다."
"그렇습니다, 대왕이여. 당신의 지금 나이가 이미 쇠약한 노인의
연령이니, 얼굴 모습이 동자童子일 때와 비교해서 어떻습니까?"
"세존이시여, 제가 옛날 어렸을 때는 피부가 윤택하고 점점 성장하면
서 혈기가 왕성했지만, 이제 나이가 들어 쇠락하자 형색은 초췌하고

---

233 벌절라伐折羅 · 발일라跋日羅 등으로 음역하고 번역하여 금강金剛이라 하는데,
    이는 쇠 가운데 가장 강한 것이라는 뜻이다. 무기로서의 금강金剛은 금강저金剛杵
    를 말하며, 제석천帝釋天과 밀적력사密迹力士가 가지고 있는 무기이다. 무엇으로
    도 이를 파괴할 수 없지만 이 금강金剛은 다른 모든 것을 파괴할 수 있으므로
    경론經論 가운데서는 금강견고金剛堅固 · 금강불괴金剛不壞 등으로 부르고 견고
    의 비유로 쓰인다.

정신은 혼미해지고 머리털은 희어지고 얼굴을 쭈그러들어서 오래 살 것 같지 않은데, 어찌 혈기왕성할 때와 비교하겠습니까?"

"대왕이여, 그대의 얼굴이 단번에 늙은 것은 아닙니다."

"세존이시여, 변화가 은밀히 진행되어서 제가 참으로 깨닫지는 못했습니다만, 세월이 많이 흐르면서 점차 이렇게 되었습니다. 왜냐하면 제 나이 스무 살 때 젊었다고는 하지만 얼굴 모습은 열 살 때보다 늙었고, 서른 살 때는 스무 살 때보다 늙었고, 이제 예순두 살이 되어서 쉰 살 때를 돌아보니 지금보다 훨씬 건강했기 때문입니다.

세존이시여, 제가 은밀히 진행되는 걸 보면서 이 쇠락해가는 세월의 변천을 십 년씩 한정했지만, 다시 자세하게 생각해보면 그 변화가 어찌 십 년, 이십 년이겠습니까? 실은 해마다 변합니다. 어찌 해마다만 변하겠습니까? 또한 달마다 변합니다. 어찌 달마다만 변하겠습니까? 날마다 변천합니다. 이렇게 심사숙고해서 자세히 살펴보면 찰나찰나 생각생각 사이에도 정지하질 않았으니, 이 때문에 내 몸이 결국 변하여 소멸하리란 걸 압니다."

부처님이 말씀하셨다.

"대왕이여, 당신은 '쉬지 않고 변천하는 것을 보고 자신이 소멸하리란 걸 깨달아 알았다'고 하는데, 소멸할 때 당신의 몸속에 소멸하지 않는 것이 있음을 아십니까?"

파사닉왕이 합장하고 부처님에게 말씀드렸다.

"저는 정말로 알지 못하겠습니다."

"내가 지금 생멸하지 않는 성품을 당신에게 보여주겠소. 대왕이여, 당신은 몇 살 때 갠지스 강을 보았소?"

"제가 세 살 때 자애로운 어머니께서 절 데리고 기바천耆婆天을 참배하러 이 강을 건넜는데, 그때 갠지스 강이란 걸 알았습니다."

"대왕이여, 당신의 말처럼 스무 살 때는 열 살 때보다 늙었고, 나아가 예순 살이 되기까지 해마다, 달마다, 날마다, 시간마다, 생각 생각마다 변천했소. 그렇다면 세 살 때 본 갠지스 강을 열세 살이 되었을 때 보니 어떠합니까?"

"세 살 때 본 것과 전혀 차이가 없으며, 나아가 예순 두 살이 된 지금까지도 차이가 없습니다."

"당신은 지금 스스로 흰 머리털과 쭈그러진 얼굴에 대해 상심하고 있는데, 그 얼굴은 필경 어린 시절보다 쭈그러져 있소. 하지만 지금 이 갠지스 강을 보는 것과 예전 어렸을 때 갠지스 강을 보던 그 '봄(見)'에 어리고 늙은 차이가 있습니까?"

"없습니다, 세존이시여."

"대왕이여, 당신의 얼굴은 비록 쭈그러졌지만 이 견정見精의 성품은 쭈그러진 적이 없습니다. 쭈그러짐은 변하는 것이고 쭈그러지지 않음은 변하지 않는 것이니, 변하는 것은 소멸하게 되지만 변하지 않는 것은 원래 생멸이 없습니다. 그런데 어찌하여 그 가운데서 생사를 받는다고 하면서 오히려 저 말가리末伽梨²³⁴ 등이 '이 몸이 죽은 후엔 완전히 소멸한다'고 한 말을 인용합니까?"

---

234 말가리구사리末伽梨瞿舍利를 말한다. 팔리어 makkhali-gosāla의 음사로, 육사외도六師外道의 하나이다. 그의 교도들을 불교도들은 그릇된 생활 방법을 취하는 사명외도邪命外道라고 한다. 그는 인간이 번뇌에 오염되거나 청정해지는 과정과 인간의 고락과 선악에는 아무런 원인이나 조건이 작용하지 않고, 오직 자연의 정해진 이치에 따른 것이라고 한다.

이 말씀을 들은 파사닉왕은 몸이 죽은 후엔 이 생生을 버리고 다른 생으로 태어난다는 걸 믿고 알게 되자 대중들과 더불어 기뻐 날뛰면서 미증유未曾有[235]를 얻었다.

佛告大王. 汝身現在. 今復問汝. 汝此肉身爲同金剛常住不朽. 爲復變壞. 世尊. 我今此身終從變滅. 佛言大王. 汝未曾滅云何知滅. 世尊. 我此無常變壞之身雖未曾滅. 我觀現前念念遷謝新新不住如火成灰漸漸銷殞. 殞亡不息決知此身當從滅盡. 佛言. 如是大王. 汝今生齡已從衰老. 顏貌何如童子之時. 世尊我昔孩孺膚腠潤澤. 年至長成血氣充滿. 而今頹齡迫於衰耄. 形色枯悴. 精神昏昧. 髮白面皺. 逮將不久. 如何見比充盛之時. 佛言大王. 汝之形容應不頓朽. 王言世尊. 變幻密移. 我誠不覺. 寒暑遷流. 漸至於此. 何以故. 我年二十雖號年少. 顏貌已老初十歲時. 三十之年又衰二十. 於今六十又過於二. 觀五十時宛然强壯. 世尊. 我見密移. 雖此殂落. 其間流易且限十年. 若復令我微細思惟. 其變寧唯一紀二紀. 實爲年變. 豈唯年變. 亦兼月化. 何直月化. 兼又日遷. 沈思諦觀. 剎那剎那念念之間不得停住. 故知我身終從變滅. 佛告大王. 汝見變化遷改不停. 悟知汝滅. 亦於滅時汝知身中有不滅耶. 波斯匿王合掌白佛. 我實不知. 佛言. 我今示汝不生滅性. 大王. 汝年幾時見恆河水. 王言. 我生三歲. 慈母攜我謁耆婆天. 經過此流. 爾時即知是恆河水. 佛言大王. 如汝所說

산스크리트어는 adbhuta이다. ①예전에 없던 일, 예전에 들어 본 적이 없던 일, 매우 놀라운 일, 아주 드문 일. ②경전의 서술 내용에서, 부처의 불가사의한 신통력을 설한 부분을 말한다.

二十之時衰於十歲. 乃至六十日月歲時念念遷變. 則汝三歲見此河
時至年十三其水云何. 王言. 如三歲時宛然無異. 乃至於今年六十二
亦無有異. 佛言. 汝今自傷髮白面皺. 其面必定皺於童年. 則汝今時
觀此恆河與昔童時觀河之見有童耄不. 王言. 不也世尊. 佛言大王.
汝面雖皺. 而此見精性未曾皺. 皺者爲變. 不皺非變. 變者受滅. 彼不
變者元無生滅. 云何於中受汝生死. 而猶引彼末伽黎等都言此身死
後全滅. 王聞是言信知身後捨生趣生. 與諸大衆踊躍歡喜得未曾有.

통의 여기서는 외도의 단견斷見을 타파한다. 아난은 현전하는 몸과
마음에서 생멸하지 않는 성품을 끄집어내길 부처님께 원했는
데, 이 이치는 매우 발휘하기 어렵기 때문에 파사닉왕을 빌려서 가르치
셨다. 그러나 파사닉왕은 생멸이 바로 항상(常)임을 알지 못할 뿐
아니라 죽은 뒤의 단멸에 집착하는 사람이다. 진실로 멸함(滅)의 근원
(元)이 불멸임을 안다면, 생겨나도 본래 생겨남이 없다는 것을 알아서
진상(眞常: 참되고 영원함)의 뜻이 드러날 것이다. 멸하지 않는 성품은
죽은 뒤에 밝히기 어렵고 단지 현전하는 몸과 마음으로 시험해야만
알 수 있다.

그래서 파사닉왕에게 "당신은 이 육신이 금강金剛과 똑같아서 늘
머물며 썩지 않는다고 생각하십니까, 아니면 변하여 무너진다고 생각
하십니까?"라고 물은 것이니, 이 질문은 결국 변하여 소멸한다는 말을
좇아서 인용한 것이다. 만약 형해形骸에 나아가 그 실제實際를 관찰하
면 변천하면서 항상하지 않는다. 태어나면서부터 어린 시절까지, 어린
시절부터 장성할 때까지, 장설한 때부터 늙을 때까지 점차적으로

똑같지 않으니, 노쇠해지고서야 끝내 죽음으로 돌아간다.

만약 세월에 나아가 그 실제를 관찰한다면 변천하여 흐름(遷流)이 머물지 않는다. 기紀[236]가 변하고 해(年)가 화하고 달(月)이 변하고 날(日)이 변천하니, 자세히 관찰하면 시時가 변천할 뿐 아니라 찰나찰나 생각생각(念念) 머물지 않는 이것이 모두 몸과 마음이 생멸하면서 항상함이 없는 것이다. 즉 이 생멸에 생멸하지 않는 진상眞常의 성품이 있으니 무엇을 좇아서 본다고 하겠는가?

그래서 세존께서는 바로 강물을 관찰하는 봄(見)을 질문함으로써 인증印證한 것이니, 세 살 때 강물을 보면서부터 늙음에 이르기까지 형해形骸는 비록 변했지만 물을 보는 봄(見)의 성품은 변하지 않았다. 즉 이 변하지 않는 성품이 바로 참 성품(眞性)이다. 이렇게 해서 충분히 증명되었으니, 변화하는 것의 소멸은 받아들이지만 변하지 않는 성품이 어찌 너희의 생사를 받아들이겠는가? 이 몸은 비록 소멸되지만(謝) 참 성품은 항상 존재하니, 어찌 저 말가리 등이 주장한 죽은 뒤의 단멸을 인용하겠는가? 참되고 항상하는(眞常) 성품은 바로 이 몸에 즉卽해서 그대로 드러나 있다. 파사닉왕이 이 말씀을 듣고서 몸이 죽더라도 단멸에 들어가지 않는 것을 믿고 알게 되었다. 이상 외도의 단견을 타파함을 마친다.

(D) 전도의 상태를 제시함

아난이 즉시 자리에서 일어나 부처님께 합장한 채 무릎을 꿇고

---

236 『서경』에서는 12년을 1기紀라 하기도 하고, 『사기』에서는 1,500년을 1기라 하기도 하며, 『문선文選』에서는 1세대를 1기라 하기도 한다.

말씀드렸다.

"세존이시여, 만약 이 보고 들음이 필경 생멸하지 않는다면, 어찌하여 세존께서는 저희들을 일컬어 '참 성품(眞性)을 잃어버려서 행하는 일이 전도되었다'고 하셨습니까? 원하옵건대 자비를 일으켜서 저희의 티끌과 때를 씻어주소서."

그때 여래께서 금빛 팔을 드리워서 손을 아래로 가리키며 아난에게 말씀하셨다.

"너는 지금 나의 모다라수母陀羅手를 보았다. 이 손이 '바로'인가 '거꾸로'인가?"

아난이 말했다.

"세간의 중생들은 '거꾸로'라고 하겠지만, 저는 무엇이 '바로'이고 무엇이 '거꾸로'인지 모르겠습니다."

"만약 세간의 사람들이 '거꾸로'라고 한다면, 그 세간 사람들은 무엇을 '바로'라고 하겠는가?"

"여래께서 팔을 세워서 도라면 같은 손이 위로 허공을 가리키면 '바로'라고 칭할 겁니다."

부처님이 즉시 팔을 세우면서 아난에게 말씀하셨다.

"이런 뒤바뀜(顚倒)은 머리와 꼬리가 서로 바뀌었을 뿐이니, 세간 사람들은 하나같이 이렇게 쳐다보고 있다. 그럼 너의 몸과 모든 여래의 청정 법신을 비교해서 설명한다면, 여래의 몸은 정변지正徧知라 부르고 너희들의 몸은 성품의 전도(性顚倒)라고 칭한다는 걸 알 것이다.

너는 자세히 살펴보거라. 너의 몸을 부처님 몸과 비교해서 전도되었다고 하는 것은 어느 곳에 명자名字를 붙여서 전도되었다고 부르는 것인가?"

이때 아난과 대중들은 멀뚱멀뚱 부처님을 쳐다보면서 눈을 깜빡이지 않았을 뿐 몸과 마음이 전도된 소재所在는 알지 못하였다.

阿難卽從座起. 禮佛合掌. 長跪白佛. 世尊. 若此見聞必不生滅. 云何世尊名我等輩遺失眞性顚倒行事. 願興慈悲洗我塵垢. 卽時如來垂金色臂. 輪手下指. 示阿難言. 汝今見我母陀羅手爲正爲倒. 阿難言. 世間衆生以此爲倒. 而我不知誰正誰倒. 佛告阿難. 若世間人以此爲倒. 卽世間人將何爲正. 阿難言. 如來豎臂兜羅緜手上指於空則名爲正. 佛卽豎臂. 告阿難言. 若此顚倒首尾相換. 諸世間人一倍瞻視. 則知汝身與諸如來淸淨法身比類發明. 如來之身名正徧知. 汝等之身號性顚倒. 隨汝諦觀. 汝身佛身稱顚倒者. 名字何處號爲顚倒. 於時阿難與諸大衆. 瞪瞢瞻佛目睛不瞬. 不知身心顚倒所在.

(E) 전도를 올바로 질책함

부처님이 아난과 대중들에게 자비와 연민을 일으켜서 해조음海潮音[237]을 발하여 회상에 모인 대중들에게 두루 말씀하셨다.

"선남자들이여, 나는 늘 '색色과 마음의 온갖 반연과 심소사心所使와 온갖 반연된 법(所緣法)이 오직 마음이 나타난 것일 뿐'이라 설하였다. 너의 마음과 너의 몸이 다 묘명진정(妙明眞精: 묘하고 밝고 참되고 정밀한)의 묘한 마음속에 나타난 사물이거늘, 어찌하여 너희들은 본묘(本

---

237 조수潮水나 파도 소리를 말하는데, 많은 승려가 나무관세음南無觀世音을 제창하는 소리나 관세음보살觀世音菩薩이 설경說經하는 소리를 뜻하기도 한다.

妙: 본래 묘함)하고 원묘(圓妙: 원만히 묘함)한 밝은 마음의 보배롭고
밝고 묘한 성품(寶明妙性)을 잃어버리고 깨달음 속에서 미혹을 인정하
였느냐?

佛興慈悲. 哀愍阿難及諸大衆. 發海潮音. 偏告同會諸善男子. 我常
說言色心諸緣. 及心所使. 諸所緣法. 唯心所現. 汝身汝心皆是妙明眞
精妙心中所現物. 云何汝等遺失本妙圓妙明心寶明妙性. 認悟中迷.

통의 아난이 부처님의 가르침을 듣고서 강물을 관찰한 봄(見)이
생멸 속에서 생멸하지 않는 것이라면, 앞서 주먹을 보는 봄(見)
도 바로 보는 성품이라서 참 성품은 본래 잃은 적이 없다는 것을
믿고 알겠다. 그런데 어찌하여 세존께서는 홀로 파사닉왕에게만 허락
해서 우리들이 잃어버린 참 성품은 원래 전도되지 않았다고 설한
것이며, 어찌하여 우리가 행하는 일은 전도되었다고 질책을 보이시는
것인가?

이는 아난이 실제로는 참 성품을 보지 못했기 때문이다. 즉 허망함을
참(眞)으로 인정하는 바람에 전도의 소재를 알지 못했으니, 이 때문에
세존께서는 손을 드리워서 가르침을 보인 것이다. 또 자연스럽게
손을 드리우는데도 사람들이 '거꾸로'라고 여기는데, 이는 오히려 몸의
경계가 본래 스스로 진상眞常인데도 도리어 염리厭離를 낳는 것과
같으니, 이는 이승이나 외도의 전도이다. 팔을 세우는 것이 '거꾸로'인
데도 도리어 '바로'라고 여기는데, 이는 생멸의 무상無常을 인정해서
허망하게 항상하다고 계교하는 것이니, 이는 범부의 전도이다.

그러나 오로지 나의 하나의 팔일 뿐이다. 본래 '거꾸로'와 '바로'가 없지만 다만 머리와 꼬리를 서로 바꾸면서 허망하게 분별을 낳으니, 세상 사람은 다 하나같이 이렇게 쳐다본다. 배倍는 유類와 같다. 여래의 법신과 너희들의 색신은 모두 한 몸이다. 만약 비교해서 설명한다면, 여래의 몸은 정변지正徧知라 칭하고 너희들 몸은 성전도性顛倒라 부르며, 여래의 법신은 편안하여 자재自在하고 너희들 몸은 단멸과 항상을 허망하게 계교하니, 이것이 전도가 되는 까닭이다.

세존께서는 아난이 색신에 즉卽해 법신을 깨닫기를 요구했기 때문에 아난에게 "너는 자세히 살펴보거라. 너의 몸을 부처님 몸과 비교해서 어느 곳에 명자名字를 붙여 전도되었다고 하겠는가?"라고 물은 것이다. 아난과 대중은 예전부터 집착으로 미혹했기 때문에 망연히 전도의 소재를 알지 못했다. 부처님께서는 자비심을 일으켜 회상에 모인 대중들에게 두루 고하기를 "나는 늘 색色과 마음의 온갖 반연과 심소사心所使와 온갖 반연된 법(所緣法)이 오직 마음이 나타난 것일 뿐이라 설했다"고 하였다. 색色은 열한 가지 색법色法[238]이고, 마음은 사온四蘊[239]과 팔식八識[240]이고, 온갖 반연은 진塵[241]과 근根[242]이고, 심소사心所

---

238 오위五位의 하나. 감각 기관과 그 대상, 그리고 형상도 없고 감각되지도 않는 작용·힘·잠재력을 말한다.

239 오온 중에서 식識을 제외한 색色·수受·상想·행行을 뜻한다.

240 유식설唯識說에서 분류한 여덟 가지 마음 작용 중에서 아뢰야식阿賴耶識을 말한다.

241 ①산스크리트어 artha 또는 viṣaya는 대상, 차별 대상, 인식 대상, 마음속으로 지어낸 허구적인 대상, 분별로 채색한 허구적인 차별 대상. ②산스크리트어 rajas는 시각 대상. ③산스크리트어 rajas 또는 pāṃśu는 더러움. ④산스크리트

使는 51가지 심소心所²⁴³이고, 온갖 반연된 법은 근根·신身²⁴⁴·기器²⁴⁵· 계界²⁴⁶의 일체 만법이니, 오직 마음이 나타난 것일 뿐이다.

이렇게 살펴보면 '너의 몸과 너의 마음이 다 묘명진정(妙明眞精: 묘하고 밝고 참되고 정밀한)의 묘한 마음속에 나타난 사물이거늘, 어찌 하여 허깨비 같고 허망한 몸과 마음을 인정해서 본묘(本妙: 본래 묘함) 하고 원묘(圓妙: 원만히 묘함)한 밝은 마음의 보배롭고 밝은 묘한 성품(寶明妙性)을 잃어버리고 깨달음 속에서 미혹을 인정하였는가?' 라고 한 말씀을 충분히 알 것이다. 그리하여 본래 미혹하지 않았는데 네가 허망함을 인정하다 참(眞)을 잃음을 말미암은 것을 소위 '깨달음

어 upakleśa는 번뇌. ⑤산스크리트어 paramāṇu-raja는 아주 작은 티끌이나 먼지.

242 산스크리트어 indriya의 번역. 자세한 설명은 각주 132 참조.

243 산스크리트어는 caitta 또는 caitasika이다. 오위五位의 하나로, 심소유법心所有法 의 준말이다. 대상의 전체를 주체적으로 인식하는 심왕心王에 부수적으로 일어 나 대상의 부분을 구체적으로 인식하는 마음 작용을 말한다.

244 신身의 기본적인 뜻은 산스크리트어와 팔리어의 kāya에 해당하는 몸 또는 신체이지만, 이외에도 여러 가지 뜻이 있다. 산스크리트어와 팔리어의 kāya를 음역하여 가야迦耶라고 한다. 『대승광오온론』에 따르면 가야(迦耶, kāya)라는 낱말은 여러 가지 요소들의 화합적취(和合積聚: 화합하여 쌓임 또는 화합하여 쌓인 것) 또는 적집(積集: 쌓임, 쌓인 것)을 뜻한다.

245 기器는 불교 용어로, 유정이 거주하는 공간으로서의 물리적인 세계를 말한다.

246 불교 용어의 하나. ①층層, 성분, 기초, 요소 등의 의미로서 구체적으로는 18계界를 가리킨다. ②종류, 종족, 영역 등의 의미로서, 욕계欲界 색계色界 무색계無色界의 삼계三界라는 말에서 '계界'는 이 경우의 의미이다. ③본질, 본성, 자성自性 또는 어떤 현상을 나타내는 인因이나 종자種子 등의 의미로도 쓰인다.

속에서 미혹함'이라 하니, 이것이 바로 전도의 소재이다.

(F) 미혹과 깨달음이 동일한 근원임을 제시함

회매(晦昧: 어두컴컴함)가 공空이 되고, 공과 회암晦暗 속에서 어둠(暗)을 결성하여 색色이 되고, 색이 망상과 섞여서 상념의 모습(想相)이 몸(身)이 되고, 이렇게 반연이 쌓여서(聚緣) 안이 흔들리고 밖으로 분주히 치달려 혼미하게 흔들리는 모습을 심성心性으로 삼는다.

이처럼 한 번 헛갈려서 마음이 되자 이 마음을 결정적으로 미혹하여 색신色身 안에 있다고 여기는 바람에 색신과 그 밖의 산하와 허공, 대지가 다 묘명진심(妙明眞心: 묘하게 밝은 참마음) 속의 사물인 걸 알지 못한다. 비유하자면 깨끗하고 맑은 백천 개의 바다를 버린 채 오직 거품 하나만을 전체 조류라고 지목해서 대양 전체로 인정하는 것과 같다. 결국 너희들은 바로 미혹한 가운데 미혹한 사람이니, 마치 내가 손을 드리운 것과 똑같아서 차이가 없다. 그래서 여래는 너희들을 '가엾은 사람'이라고 설하는 것이다."

晦昧爲空. 空晦暗中結暗爲色. 色雜妄想想相爲身. 聚緣內搖. 趣外奔逸. 昏擾擾相以爲心性. 一迷爲心決定惑爲色身之內. 不知色身外洎山河虛空大地咸是妙明眞心中物. 譬如澄淸百千大海棄之惟認一浮漚體. 目爲全潮. 窮盡瀛渤. 汝等卽是迷中倍人. 如我垂手等無差別. 如來說爲可憐愍者.

통의 여래께서 일체 모든 법이 오직 마음이 나타난 것일 뿐이라고 설한다 해도 아마도 해당 기틀은 깨닫기 어렵기 때문에 미혹과 전도의 이유를 근원까지 추구함으로써 미혹과 깨달음이 동일한 근원임을 제시한 것이고 '오직 마음뿐'인 종지로써 전도된 망심과 망견을 타파한 것이다. 아마도 일체 모든 법 및 이 몸과 마음이 이미 마음이 나타난 것일 뿐임을 굴리고 계교한 것이라면, 그렇다면 어째서 미혹했는가? 그러므로 미망迷妄의 이유를 추구함으로써 그 이유를 밝힌 것이다.

원래 일진법계一眞法界 여래장의 청정 진심은 본래 몸과 마음과 세계의 모습이 없다. 다만 진정계眞淨界 중의 일념이 망령되게 움직이는 바람에 자각하지 못하는 무명無明을 이루었으니, 이 무명이 진심을 덮어 가려서 마침내 신령하고 밝고 텅 트이고 사무친(靈明廓徹) 진공眞空이 변하여 완고하고 무지無知한 허공이 되었기 때문에 '회매가 공이 되었다'고 한 것이다. 이 완공頑空에 의지해서 무명이 응결하여 사대四大[247]의 환색幻色으로 변성變成하기 때문에 '어둠을 결성하여 색色이 되고'라고 말한 것이다.

진심이 이미 미혹하면 즉각 구르면서 본래 갖춰진 지혜 광명이 망견으로 변하고, 이 망견이 저 환색幻色을 대하는데, 서로 상대함이 오래되면 사대의 적은 부분과 망견의 화합을 움켜쥐어서 오온의 몸과 마음으로 삼기 때문에 '색이 망상과 섞여서 상념의 모습(想相)이 몸(身)이 되고'라고 한 것이니, 이 허망한 몸을 집착하다 마침내 본래 갖춰진

---

247 불교에서 주장하는 물질의 구성요소로, 지地, 수水, 화火, 풍風의 4종류를 가리킨다. '대大' 또는 '대종大種'은 산스크리트어 mahā-bhūta의 한역어이다.

참 성품(眞性)을 잃은 것이다. 단지 반연이 쌓여서(聚緣) 안이 요동하면서 혼미하게 흔들리는 모습을 인정하는 것을 자기의 심성心性으로 삼으니, 이것이 소위 본성의 마음이 참(眞)을 잃은 것이다.

이미 광대한 진심을 한 번 미혹해서 보잘 것 없는 환망幻妄의 몸에 거처한 것을 결정적으로 미혹해서 색신色身의 안에 있다고 여기고, 그 결과 이 색신과 그 밖의 산하와 허공, 대지가 다 묘명진심妙明眞心 속에 나타난 사물인 것을 알지 못한다. 비유하자면 큰 바다를 버린 채 오직 거품 하나만을 인정할 뿐이니, 이것이 이미 미혹이다. 그리고 하나의 거품을 전체 조류라고 지목하는 것은 다시 더욱더 미혹하는 것이다. '그러므로 너희들은 미혹한 가운데 미혹한 사람'이라 한 이것이 바로 전도의 상태이니, 마치 내가 손을 드리운 것과 똑같아서 차이가 없다. 그래서 여래는 '가엾은 사람'이라고 설하는 것이다.

(다) 망견의 변론으로 행온을 타파해서 칠식에 체體가 없음을 밝힌 것을 두 가지로 나눔

㉮ 망견을 타파함을 다섯 가지로 나눔

A. 먼저 분별을 따져 타파함으로써 망견에 체體가 없음을 네 가지로 나눔

A) 망견을 드러냄

부처님께서 자비로 베푸신 깊은 가르침을 들은 아난은 눈물을 흘리면서 합장한 채 부처님께 말씀드렸다.

"제가 비록 부처님의 이러한 묘음妙音을 들어서 묘하게 밝은 마음(妙明心)이 원래 원만하게 항상 머무는 심지心地임을 깨달았지만, 그러나 제가 부처님이 현재 설하시는 법음法音을 깨달은 것도 현재의 반연하는 마음이며, 진실로 우러러보는 것도 한갓 이 반연하는 마음을 얻었을 뿐이라서 감히 본원本元의 심지心地라고 인정하지는 못하겠습니다. 원하옵건대 부처님께서는 연민으로 원음圓音[248]을 펼치셔서 저희들의 의문의 뿌리를 뽑아내어 무상도無上道[249]로 돌아가게 하소서.”

阿難承佛悲救深誨. 垂泣义手而白佛言. 我雖承佛如是妙音. 悟妙明心元所圓滿常住心地. 而我悟佛現說法音現以緣心允所瞻仰. 徒獲此心. 未敢認爲本元心地. 願佛哀愍. 宣示圓音. 拔我疑根. 歸無上道.

통의 이 이하에서는 두 번째 전도를 밝히고 있다. 아난은 예전에 커다란 망상으로 전도된 마음을 인정해서 마음으로 삼았다. 지금은 여태껏 들어보지 못했던 묘하게 밝고 광대한 참마음(妙明廣大眞心)이란 부처님의 가르침을 받았기 때문에 감격하여 눈물을 흘렸지만, 그러나 부처님의 묘음妙音을 듣고서 이 묘한 마음이 원래 원만圓滿한 것임을 깨달았다. 그렇다면 법음法音을 들었기 때문에 반연의 마음으로 깨달은 것이지 직접 증명한 것은 아니다. 따라서 감히 자기의 본원심지本元心地라고 인정하지 못했기 때문에 의문의 뿌리를 뽑아달라고 청한 것이다. 고인古人은 스스로의 마음(自心)을 철저히 믿어서 곧바로 의심하지 못하는 곳에 도달하고서야 비로소 실다운 증득으로

---

248 모든 중생이 제각기 능력이나 소질에 따라 이해하는 원만한 부처의 가르침을 말한다.

249 ①가장 뛰어난 가르침, 최고의 가르침. ②위없는 바르고 원만한 부처의 깨달음, 부처가 체득한 최상의 깨달음을 말한다.

여겼다. 그러나 아난의 깨우침은 다만 소리의 분별을 인因한 것으로서, 바로 육진을 반연한 마음인 생멸의 마음이기 때문에 의근意根에 속한다. 앞에서 말했던 "반연을 인정하다가 참(眞)을 잃었다"가 바로 이에 해당한다.

B) 허망한 반연이 실답지 않음을 가려냄
부처님이 아난에게 말씀하셨다.

"너희들이 오히려 반연하는 마음으로 법을 들으니, 이 법도 역시 반연이라서 법의 성품을 얻지 못하느니라. 가령 어떤 사람이 손으로 달을 가리켜서 다른 사람에게 보인다면, 그 사람은 손가락을 통해 달을 보아야 한다. 그러나 손가락을 보면서 달의 체體라고 여긴다면, 이 사람이 어찌 달만 잃어버린 것이리오. 또한 그 손가락도 잃는 것이다. 왜냐하면 가리킨 손가락으로 밝은 달을 삼았기 때문이니, 어찌 손가락만을 잃어버린 것이라 하겠는가. 또한 밝음과 어둠도 알아채지 못한 것이니라. 왜냐하면 손가락의 체體로 밝은 달의 성품을 삼아서 밝음의 성품과 어둠의 성품을 요달하지 못했기 때문이니, 너희들도 이와 마찬가지니라.

만약 내가 설한 법음을 분별하는 것으로 너의 마음을 삼는다면, 이 마음 스스로가 응당 분별의 음성을 여의고도 분별의 성품이 있어야 한다. 비유하자면 나그네는 여관에 투숙해서 잠시 머물렀다 떠나므로 끝내 항상 머물지 못하지만, 여관의 주인은 도무지 떠나는 일이 없어서 여관 주인이라 칭하듯이, 이것 역시 마찬가지이다.

佛告阿難. 汝等尚以緣心聽法. 此法亦緣非得法性. 如人以手指月示
人. 彼人因指當應看月. 若復觀指以爲月體. 此人豈唯亡失月輪. 亦
亡其指. 何以故. 以所標指爲明月故. 豈唯亡指. 亦復不識明之與暗.
何以故. 卽以指體爲月明性明暗二性無所了故. 汝亦如是. 若以分別
我說法音爲汝心者. 此心自應離分別音有分別性. 譬如有客寄宿旅
亭暫止便去終不常住. 而掌亭人都無所去名爲亭主. 此亦如是.

C) 근根과 식識이 둘 다 허망함을 제시함

만약 너의 마음이 참되다면 가는 일이 없을 터인데, 어찌 음성을 여읜다
고 해서 분별의 성품까지 없겠는가?(이하에서는 전前육식에 체가 없음을
드러내고 있다.)

　그렇다면 어찌 음성을 분별하는 마음뿐이겠는가? 내 얼굴을 분별하
는 것도 온갖 색상色相을 여의고는 분별의 성품이 없을 것이다.(아래에
서는 팔식이 참되지 않음을 함께 드러내고 있다.)

　이렇게 나아가서 분별이 전혀 없게 되면 색色도 아니고 공空도 아니리
니, 구사리拘舍離 등은 이를 매昧하여서 명제冥諦[250]라 하였다.

若眞汝心則無所去. 云何離聲無分別性(下暎前六識無體). 斯則豈唯
聲分別心. 分別我容離諸色相無分別性. (下帶顯八識非眞)如是乃至
分別都無非色非空拘舍離等昧爲冥諦.

---

250 상캬 학파에서 설하는, 물질의 근원인 자성(自性, 산스크리트어 prakṛti)을 말한다.

D) 돌아갈 수 있으면 참(眞)이 아님을 제시함

이처럼 온갖 법연法緣을 여의고서 분별의 성품이 없다면, 네 마음의
성품이 돌아갈(還) 바가 있는 것이므로 어찌 상주불변하는 주인이
되겠는가?"

離諸法緣無分別性. 則汝心性各有所還. 云何爲主.

통의 여기서는 두 번째 근본을 밝히고 있기 때문에 견정見精을
빌려 칠식의 체體 없음을 타파함으로써 식정識精이 열반의
체體가 됨을 드러내고 있다. 칠식은 곧 의식의 뿌리이기 때문에 분별의
성품이 된다. 다만 육식의 분별에 의탁해서 그 작용이 드러나기 때문
에 통틀어 팔식의 견분見分에 속하며, 안과 밖으로 반연하므로 또한
반연의 마음(緣心)이라고도 한다. 이제 현전의 육진을 여의면 체體가
없으니, 이 때문에 육진의 반연으로 타파함을 잡은 것이다. 세존께서
고하셨다.

너희들이 만약 반연하는 마음으로 법을 들으면 이 법도 역시 반연된
생멸의 마음에 속할 뿐이라서 말을 여읜 법체法體를 얻은 것이 아니다.
그러나 내가 설한 법은 손가락으로 달을 가리켜 사람에게 보인 것과
같으므로 손가락이 달은 아니다. 손가락을 여의어야 비로소 달을
알아챌 수 있다. 만약 손가락이 달에 해당한다고 하면, 달과 손가락의
두 체體가 모두 밝음과 어둠의 두 성품을 잃어서 요달할 바가 없다.
만약 법음을 분별하는 것으로 너의 마음을 삼는다면, 이 마음 스스로
가 응당 음성을 여의고도 체體가 있어야 한다. 비유하자면 나그네는

여관에 투숙했다가 떠나지만 여관 주인은 항상 머무는 것과 같다. 만약 이 분별이 과연 너의 참마음(眞心)이라면 응당 항상 머물러야 하는데, 어찌 음성을 여의면 체體가 없는가?

이처럼 이 마음만 체體가 없는 것이 아니라, 나의 얼굴을 분별하는 것도 온갖 색상을 여의는 것도 역시 체體가 없다. 그렇다면 육식의 분별하는 마음은 체가 없다는 것이 총체적으로 드러난다. 육식은 이 칠식에 의지해서 분별이 있으니, 지금 분별에 체體가 없다고 했다면 바로 이 식識의 허망함을 드러내는 것이다. 분별은 참(眞)이 아닐 뿐 아니라 설사 분별이 전혀 없더라도 색色도 아니고 공空도 아니다.

칠식 안의 반연은 밖의 다섯 티끌(五塵)을 여의기 때문에 색色이 아니고, 안을 집착해 '나'로 삼기 때문에 공空이 아니다. 이것이 바로 팔식이 혼매昏昧한 체體로서 오히려 진심이 아닌데도 구사리 등은 이를 매昧하여서 명제冥諦라 하였다. 이것도 오히려 참(眞)이 아닌데 하물며 분별로 티끌(塵)을 반연하는 것이겠는가? 티끌을 반연해 분별 하는 놈은 바로 칠식으로서 뜻(意)의 뿌리가 되기 때문에 분별이 있는 것이다. 만약 외부의 티끌을 여의어서 반연함이 없으면 곧 안으로 팔식을 반연해서 자기 내부의 나(自內我)로 삼기 때문에 외도는 이를 계교하여 신아神我[251]로 삼았고, 이를 세워서 명초冥初[252]의 주체(主諦: 주재)로 삼아 항상하다고 계교하고 이에 의지해 25가지 법을 낳는다.

---

251 산스크리트어로는 puruṣa. 상캬 학파에서 설하는 이십오제二十五諦의 하나로, 순수 정신을 말한다. 이 신아가 물질의 근원인 자성(自性, 산스크리트어 prakṛti)을 관조하면, 자성의 평형 상태가 깨어져 현상 세계가 전개된다고 한다.

252 ①우주가 발생한 시초. ②명제冥諦와 같다.

구사리는 외도의 이름이다. 칠식의 타파를 인해 팔식을 대동하여 드러내는 것을 집착 대상의 나로 삼지만 역시 참(眞)이 아니다. 만약 법의 반연을 여의어서 분별하는 성품이 없다면, 너의 심성도 각기 돌려보낼 바가 있을 테니 어떻게 주인(主)이 되겠는가?

이는 앞부분을 총결總結하여 뒷부분을 일으키는 것인데, 그 의도는 '돌려보내지 못하는 놈'이 주인이 되어서 바로 진심을 드러내는 데 있을 뿐이다.

B. 잠시 견정見精을 빌려서 티끌의 반연을 가려냄을 두 가지로 나눔

A) 청함

아난이 부처님께 말씀드렸다.

"만약 제 마음의 성품이 각기 돌려보낼 바가 있다면, 여래께서 말씀하신 묘명원심(妙明元心: 묘하게 밝은 근본 마음)은 어째서 돌려보냄(還)이 없습니까? 오로지 불쌍히 여기셔서 저희들을 위해 말씀해주소서."

阿難言. 若我心性各有所還. 則如來說妙明元心云何無還. 惟垂哀愍爲我宣說.

B) 답함을 세 가지로 나눔

(A) 견정見精을 세움

부처님이 아난에게 말씀하셨다.

"네가 나를 보면 견정見精이 명원明元한데, 이 봄은 비록 묘정명심(妙精明心: 묘하고 정밀하고 밝은 마음)은 아니지만 두 번째 달(第二月)과

같지 달그림자는 아니니라. 너는 자세히 들을지니, 이제 너에게 돌려보낼 곳이 없음(無所還地)을 보여주리라.

佛告阿難. 且汝見我見精明元. 此見雖非妙精明心. 如第二月非是月影. 汝應諦聽. 今當示汝無所還地.

(B) 티끌의 반연을 가려냄

아난아, 이 대강당은 동쪽이 환히 열려 있어서 해가 하늘에 떠오르면 밝게 빛나고, 한밤중에 달이 없고(黑月) 구름과 안개가 자욱하면 어둡다. 문으로는 통함을 보고, 담장 사이로는 막힘을 보고, 분별하는 곳에서는 반연을 보고, 완허(頑虛: 허공) 속은 두루 공성空性이며, 흙먼지의 현상은 수많은 티끌이 얽힌 것이고, 맑게 개서 안개가 걷히면 청명함을 본다.

아난아, 너는 이 변화하는 모습을 다 살펴보았으니, 내가 이제 각각의 모습을 본래 인因한 곳으로 돌려보내겠다. 무엇이 본래의 인(本因)인가? 아난아, 이 갖가지 변화에서 밝음은 해로 돌려보내겠다. 왜냐하면 해가 없으면 밝지 못하기 때문이다. 밝음의 인因은 해에 속하므로 해에 돌려보내고, 어둠은 흑월黑月에 돌려보내고, 통함은 문에 돌려보내고, 막힘은 담장에 돌려보내고, 반연은 분별에 돌려보내고, 완허는 공空에 돌려보내고, 흙먼지는 티끌에 돌려보내고, 청명함은 개인 곳에 돌려보낸다면, 온갖 세간의 일체 모든 것이 이런 유類를 벗어나지 못할 것이다. 그럼 네가 이 여덟 가지를 보는 견정見精의 밝은 성품은 어디로 돌려보내고 싶으냐? 왜냐하면 만약 밝음으로 돌려보내면 밝지 않을 때는 어둠을 보지 못해야 하기 때문이다. 비록 밝음과 어둠 등으로 갖가지 차별이 있어도 그것을 봄(見)은 차별이 없다.

阿難. 此大講堂洞開東方. 日輪升天則有明曜. 中夜黑月雲霧晦暝則復昏暗. 戶牖之隙則復見通. 牆宇之間則復觀壅. 分別之處則復見緣. 頑虛之中徧是空性. 鬱坲之象則紆昏塵. 澄霽斂氛又觀清淨. 阿難. 汝咸看此諸變化相. 吾今各還本所因處. 云何本因. 阿難. 此諸變化. 明還日輪. 何以故. 無日不明明因屬日是故還日. 暗還黑月. 通還戶牖. 壅還牆宇. 緣還分別. 頑虛還空. 鬱坲還塵. 清明還霽. 則諸世間一切所有不出斯類. 汝見八種見精明性當欲誰還. 何以故. 若還於明. 則不明時無復見暗. 雖明暗等種種差別見無差別.

(C) 봄(見)의 성품을 제시함

돌려보낼 수 있는 것들은 자연히 네가 아니지만, 네가 돌려보내지 못하는 것은 네가 아니고 무엇이겠는가? 그렇다면 네 마음이 본래 묘하고 밝고 청정했지만, 네 스스로 미혹해서 근본을 잃고 윤회에 빠진 채 생사 속에서 항상 떴다 잠겼다 하고 있으니, 이 때문에 여래가 가련하고 불쌍하다고 부르는 것이니라."

諸可還者自然非汝. 不汝還者非汝而誰. 則知汝心本妙明淨. 汝自迷悶喪本受輪. 於生死中常被漂溺. 是故如來名可憐愍.

통의 아난은 '돌려보낼 수 있는 놈'은 주인이 아니라는 설법을 들었기 때문에 '돌려보내지 못하는 진심'을 청했고, 이 진심을 밝히기 어렵기 때문에 세존께서는 잠시 견정을 빌려서 타파한 것이다. 봄(見)이 티끌의 반연 속에 섞여 있더라도 팔식의 정명精明의 체體는 티끌의 반연에 속하지 않기 때문에 "견정見精의 명원明元"이라고 말한 것이다. 이 견정의 명원은 비록 참(眞)이 아니라도 근원(元)에서 진여眞如의 변한 바(所變)와 관계되어 참(眞)에 깊이 다가갔기 때문에 마치 두 번째 달이 달의 체體를 여의지 않은 것과 같을 뿐 물속의 그림자는 아니다. 만약 이 견정을 돌려보내지 못한다는 것을 깨달으면 진심을 완전히 깨달을 수 있다.

앞에서 "반연을 인정하다 참(眞)을 잃었다"라고 말했기 때문에 티끌의 반연을 잡아서 돌려보내지 못하는 곳(地)을 가려내 보인 것이며, 만약 온갖 반연이 청정을 다했다면 참 성품(眞性)이 저절로 드러난다. 또 반연된 바를 본 것은 밝음, 어둠, 통함, 막힘, 반연, 허공(空), 티끌, 개임의 여덟 가지 반연에 불과할 뿐이며, 이 여덟 가지 반연은 모두 돌려보낼 바가 있다. 네가 이 여덟 가지를 보는 견정見精의 밝은 성품은 응당 어디로 돌려보내야 하는가? 돌려보낼 수 있는 모든 것은 너의 진심이 아님이 저절로 분명하다. 허나 돌려보내지 못하는 것이 어찌 너의 참 성품이 아니고 무엇이겠는가? 그렇다면 참 성품이 너에게 존재해서 본래 스스로 묘하고 밝지만(本自妙明), 이제 스스로 미혹하여 깨닫지 못한 채 본래 갖춰진 것을 상실하여 생사를 받고 있으니, 이 때문에 여래의 설법에서 가련하고 불쌍하다고 한 것이다.

C. 봄(見)의 성품이 반연을 여읨으로써 견정을 드러냄을 보이는 것을 네 가지로
  나눔

A) 돌려보내지 못함을 청함

아난이 말씀드렸다.

"제가 비록 이 보는 성품(見性)이 돌려보냄이 없다는 건 알아챘지만,
어떻게 해야 그것이 저의 참 성품임을 알 수 있습니까?"

阿難言. 我雖識此見性無還. 云何得知是我眞性.

통의 아난의 생각은 '나는 이미 이 돌려보내지 못하는 성품을 알았
다. 다만 이 성품이 어떻게 바로 나의 참 성품(眞性)인지를
모르겠다.'고 하는 것이니, 이는 깨달음을 드러낸 것이 아니라 깨닫지
못한 마음을 올바로 진술한 것이다. 대체로 이 봄(見)이 타파되었다
해도 팔식의 정광精光이 오근五根에 응해 경계를 요달하는 것이니,
이 때문에 잠시 견정을 빌려 주主로 삼아서 밖으로 티끌의 반연을
가려냄으로써 타파한 것이다. 만약 티끌이 없어지면 이 봄(見)도 소멸
한다. 그래서 먼저 봄(見)의 양量을 닦아내고 반연의 티끌을 가려낸
후에 타파한 것이다.

B) 봄(見)의 양을 정함

부처님이 아난에게 말씀하셨다.

"내가 이제 너에게 묻겠다. 너는 아직 무루無漏의 청정淸淨은 얻지
못했지만 부처의 신령한 힘을 받아서 초선천初禪天[253]을 보는 데는

걸림이 없고, 아나율阿那律[254]은 염부제閻浮提를 마치 손바닥 안의 암마라과를 보듯이 보고, 보살들은 백천百千의 세계를 보며, 시방의 여래는 미진수의 청정 국토를 샅샅이 다 보지 않음이 없지만, 중생은 환히 보아도 분촌分寸[255]을 넘지 못한다.

佛告阿難. 吾今問汝. 今汝未得無漏淸淨. 承佛神力見於初禪得無障礙. 而阿那律見閻浮提如觀掌中庵摩羅果. 諸菩薩等見百千界. 十方如來窮盡微塵淸淨國土無所不矚. 衆生洞視不過分寸.

C) 티끌의 반연을 가려냄

아난아, 내가 너와 함께 사천왕이 거주하는 궁전을 보았고, 그 사이에 있는 물과 육지와 허공을 두루 살피면서 다녔는데, 비록 어둡고 밝은 갖가지 형상들이 있지만 전부 면전面前의 티끌을 분별하다 남겨진 장애물이니, 너는 응당 여기서 자自와 타他를 분별해보아라.

　이제 내가 너에게 봄(見) 속에서 무엇이 나의 체(我體)이고 무엇이 물상物像인지 가려내주겠다.

───────────────

253 사선천四禪天의 하나. 욕계欲界 육천六天 위에 있는 색계色界 사선천四禪天 가운데 첫 선천禪天이다. 범중천梵衆天·범보천梵輔天·대범천大梵天을 초선삼천初禪三天이라 한다.

254 산스크리트어 aniruddha의 음사로 십대제자十大弟子의 한 사람이다. 붓다의 사촌 동생으로, 붓다가 깨달음을 성취한 후 고향에 왔을 때, 아난阿難·난타難陀 등과 함께 출가하였다. 통찰력이 깊어 천안제일天眼第一이라 일컫는다.

255 ①길이를 재는 단위. 분은 한 자(尺)의 100분의 1, 촌은 한 자의 10분의 1에 해당되는 길이. ②일분과 일촌. 근소함 또는 아주 작음을 비유한다.

아난아, 네가 보는 시력을 다하여 해와 달을 본다고 해도 사물일 뿐이지 네가 아니며, 칠금산七金山[256]에 이르기까지 두루두루 자세히 살펴서 갖가지 빛이 있다 해도 사물일 뿐이지 네가 아니며, 점점 더 들어가서 구름이 둥둥 뜨고, 새가 날아가고, 바람이 불고, 먼지가 일어나는 광경과 나무와 산천山川과 풀과 사람과 축생을 관찰하더라도 다 사물이지 네가 아니니라.

阿難. 且吾與汝觀四天王所住宮殿. 中間徧覽水陸空行. 雖有昏明種種形像. 無非前塵分別留礙. 汝應於此分別自他. 今吾將汝擇於見中. 誰是我體誰爲物象. 阿難. 極汝見源. 從日月宮. 是物非汝. 至七金山周徧諦觀. 雖種種光亦物非汝. 漸漸更觀雲騰鳥飛風動塵起樹木山川草芥人畜咸物非汝.

D) 견정見精을 제시함

아난아, 이처럼 멀든 가깝든 온갖 사물의 성품에 비록 다양한 차이가 있어도 똑같이 너의 견정見精으로 청정하게 보는 것이라면, 갖가지 사물의 종류는 스스로 차별이 있을지언정 모든 성품에는 차이가 없으니, 이 정밀하고 묘하고 밝음이 진실로 너의 보는 성품이니라.

阿難. 是諸近遠諸有物性雖復差殊. 同汝見精淸淨所矚. 則諸物類自有差別. 見性無殊. 此精妙明誠汝見性.

---

256 금金·은銀·폐류리吠琉璃·파지가頗胝迦의 네 보석으로 된 수미산須彌山과 쇠로 된 철위산鐵圍山의 중간에 있는, 금金으로 된 일곱 개의 산을 말한다.

통의 여기서는 견정의 명원明元을 올바로 제시하고 있다. 봄(見)은 바로 팔식의 정광精光으로서 오진五塵을 반영해 경계를 요달하기 때문에 이름하여 '티끌을 반연한 봄(見)'이라 한다. 만약 최초로 경계를 비출 때라면 곧 현량現量이라 이름하는데, 바로 팔식의 정명精明의 체體에 속한다. 만약 두 번째 염念으로 마음의 분별을 일으킨다면 비량比量이라 이름하는데 의식意識에 속한다. 앞에서 여덟 가지 돌려보냄을 잡아서 타파한 것은 바로 티끌을 반연한 분별의 봄(見)을 타파한 것이라서 오히려 비량에 속한다. 지금은 현량을 잡아서 견정을 드러냈기 때문에 과科에서는 "해량(楷量: 올바른 양)으로 타파했다"라고 하였다. 그리고 성문, 보살과 부처, 중생이 비록 범부와 성인으로 각기 구별되고 경계를 비추는 작용도 광대함과 협소함으로 똑같지 않지만, 모두 팔식의 현량인 견정에 속하는 것이다. 비록 천지와 허공과 만물이 섞여서 진열되어 있더라도 한 번 보아서 환히 비추면 사물은 달라도 봄(見)은 다르지 않다는 것을 충분히 알 수 있다. 이 다르지 않는 봄(見)이 사물과 섞이지 않은 것이 '이 정밀하고 묘하고 밝음이 진실로 너의 보는 성품'이라 한 것이다. 만약 이 성품을 안다면 초월해서 참 성품(眞性)을 깨달을 수 있다.

D. 견정이 사물이라고 전변해 계교함을 타파한 것을 두 가지로 나눔
A) 굴리고 계교함을 타파함
만약 봄(見)이 사물이라면 너도 나의 봄을 볼 수 있을 것이다. 만약 똑같이 보는 것으로 '나의 봄을 본다'고 칭한다면, 내가 보지 못할 때는 어찌하여 내가 보지 못하는 곳을 보지 못하느냐? 만약 '보지

못함'을 보았다면 자연히 저 '보지 못하는 모습'이 아니며, 만약 '내가 보지 못하는 곳(地)'을 보지 못했다면 자연히 사물이 아니니 어찌 네가 아니겠는가?

또 그리고 네가 지금 사물을 볼 때 네가 이미 사물을 보았고 사물 또한 너를 보아서 체성體性이 어지럽게 섞였다면 너와 나, 그리고 온갖 세간이 제대로 성립될 수 없을 것이다.

若見是物則汝亦可見吾之見. 若同見者名爲見吾. 吾不見時何不見吾不見之處. 若見不見自然非彼不見之相. 若不見吾不見之地自然非物. 云何非汝. 又則汝今見物之時. 汝旣見物. 物亦見汝. 體性紛雜. 則汝與我幷諸世間不成安立.

B) 참다운 봄(眞見)을 제시함

아난아, 네가 '볼' 때에 이는 너의 봄이지 나의 봄이 아니니, '보는 성품(見性)'이 두루하다면 네가 아니고 누구이겠는가. 그런데 어찌하여 너의 참 성품을 스스로 의심해서 성품이 너에게 참되지 않은 양 나에게 진실을 구하는 것인가?"

阿難. 若汝見時是汝非我. 見性周徧非汝而誰. 云何自疑汝之眞性性汝不眞取我求實.

 여기서는 전변하여 계교함을 타파하고 있다. 앞에서 만물을 가리켜 견정을 제시했는데, 이로 인해 아난이 정말로 봄(見)을

사물로 인정할까 걱정했기 때문에 특별히 이렇게 제시하고 있다:

만물은 바로 보이는 경계이다. 허나 사물을 보는 견정이 어찌 사물이 겠는가? 만약 봄(見)이 하나의 사물이라면 너와 나의 봄(見)도 모두 사물이니, 너도 나의 봄(見)을 볼 수 있을 것이다. 만약 잘못 집착해서 동일한 사물을 똑같이 보는 것이 바로 나의 봄(見)을 보는 것이라고 여긴다면, 내가 사물을 여읠 때 너는 어찌하여 내가 보지 못하는 곳을 보지 못하는가? 설사 내가 보지 못한 곳을 네가 능히 볼 수 있다고 인정한다 해도 이는 단지 너의 망견이 저절로 그러한 것이지 나(彼)의 보지 못한 모습은 아니다. 피彼 자는 부처님이 스스로를 가리킨 것이지만 나(我) 자로 간주한다.

만약 내가 보지 못하는 곳(地)을 보지 못하면, 너와 나의 봄(見)이 다 사물이 아님을 충분히 알 것이다. 즉 이 사물을 여읜 봄(見)이 어찌 너의 보는 성품이 아니겠는가? 만약 반드시 봄(見)이 사물이라 집착한다면, 사물은 다 봄(見)이 있어서 피차 서로 보기 때문에 사람과 사물이 구분되지 않아 성립할 수가 없다. 이 사물을 여읜 봄(見)이 바로 견분見分을 회통해서 식정識精에 돌아가니, 이를 알면 점점 참 성품(眞性)을 볼 수 있다.

그래서 특별히 보는 성품을 가리켜 돌아감을 "네가 사물을 볼 때는 너의 봄(見)이지 나를 관여하지 않았다"고 하였다. 즉 네가 사물을 봄(見)이 원만하고 두루한 것이니 어찌 너의 참 성품이 아니고 무엇이겠는가? 또 너의 보는 성품이 원만히 밝아서 명백한데(圓明了了), 어찌하여 스스로 의심하면서 깨닫지 못하는가? 이 성품은 너에게 본래 갖춰져 있어서 참(眞)이라 여기지도 못하는데, 도리어 내 말을 취해서 실답게 여긴다면 어찌 잘못이 아니겠는가?

E. 견량見量을 올바로 타파해서 진심을 드러냄을 두 가지로 나눔

A) 양量을 세움

아난이 부처님에게 말씀드렸다.

"세존이시여, 이 보는 성품이 반드시 나이고 다른 것이 아니라면, 제가 여래와 더불어 사천왕[257]의 수승한 보배 궁전을 관찰하면서 일월궁 日月宮에 거처할 때는 이 봄(見)이 두루 원만해서 사바娑婆[258]의 나라를 다 보았지만, 정사精舍[259]에 돌아오면 다만 가람伽藍[260]만 보이고 마음 맑히는 선방 안에서는 처마만 보입니다.

세존이시여, 이 봄(見)이 이러해서 그 체體가 본래 한 세계에 두루하

---

257 사왕천을 말한다. 불교의 육욕천六欲天 중 첫 번째 하늘로, 수미산須彌山의 중턱에 위치하고 있다. 동서남북 사방에 각각 지국천持國天, 광목천廣目天, 증장 천增長天, 다문천多聞天 또는 대비다문천大悲多聞天의 네 개의 하늘이 있으며, 각각의 하늘은 천왕이 다스린다.

258 산스크리트 Saha에서 유래한 것으로, 음역하여 사하沙訶·색가素訶라 하고, 의역 하여 감인토堪忍土·인토忍土라고 한다. 석가모니 부처님이 교화하는 경토境土를 말한다. 따라서 부처님이 섭화하는 경토인 삼천대천세계가 모두 사바세계이다.

259 산스크리트어 비하라(vihāra, 僧院)의 한역漢譯으로, 승려들이 모여 사는 곳을 말한다. 안거를 지내기 위한 실질적인 목적에 의해 생겨났으나 시대가 흐르면서 종교의례를 집행하는 성소聖所로서 성격이 변화하였다. 즉 정사는 승려들의 공동주거지이자 법회 등을 집회하는 장소로 사용되었다.

260 승려가 모여서 불도를 수행하는 청정한 장소를 의미하며, 사원의 건물을 총칭해 서 가람이라고 한다. 산스크리트어 saṃghārāma의 약자이다. 고대 사원의 탑, 금당(불전), 강당, 중문, 남대문, 회랑, 종루(고루), 경장 등의 주요 당탑의 배치를 가람배치라고 하며, 거기에는 몇 가지 형식이 있었다고 지적된다.

다가 지금 방 안에서는 하나의 방에만 가득하니, 이 봄이 큰 것을
줄여서 작아진 겁니까, 아니면 담장과 지붕에 막혀서 단절된 겁니까?
저는 지금 그 이치를 알지 못하겠으니, 바라옵건대 큰 자비를 내려서
저희를 위해 펼쳐보이소서."

阿難白佛言世尊. 若此見性必我非餘. 我與如來觀四天王勝藏寶殿.
居日月宮. 此見周圓徧娑婆國. 退歸精舍祇見伽藍. 清心戶堂但瞻簷
廡. 世尊. 此見如是. 其體本來周徧一界. 今在室中唯滿一室. 爲復此
見縮大爲小. 爲當牆宇夾令斷絶. 我今不知斯義所在. 願垂弘慈爲我
敷演.

B) 올바로 타파함
부처님이 아난에게 말씀하셨다.

"일체 세간의 크고 작은 안팎의 모든 사업事業은 저마다 면전의
티끌에 속하니, 봄(見)에 펴지거나 줄어듦이 있다고 말하지 말아야
한다. 비유하자면 모난 그릇 속에서 모난 허공을 보는 것과 같다.
내가 다시 너에게 묻겠다. 이 모난 그릇 속에서 보이는 허공이 고정된
모남이냐, 아니면 고정 되지 않은 모남이냐? 만약 고정된 모남이라면
따로 둥근 그릇 속에 두더라도 허공은 응당 둥글지 않아야 하고, 만약
고정 되지 않은 것이라면 모난 그릇 속에 두더라도 모난 허공은 없어야
한다.

네가 '그 이치를 알지 못하겠다'고 한 말의 본질적인 뜻이 이와 같거늘,
어찌 '펴지거나 줄어듦'이 있으리오.

아난아, 만약 사람들에게 모남이나 둥긂(方圓)이 없게 하고자 한다면, 단지 그릇의 모남만 없애야 한다. 허공 자체는 모남이 없으니, 허공의 모난 모습의 소재를 없애야 한다는 말은 하지 말아야 한다.

만약 너의 질문대로 방에 들어갔을 때 봄(見)을 줄여서 작게 했다면, 해를 쳐다볼 때 너는 어떻게 봄(見)을 늘려서 해와 동등하게 했느냐? 만약 담과 지붕에 막혀서 봄(見)이 단절된 것이라면, 작은 구멍을 뚫었을 때는 어찌하여 이은 자취가 없느냐? 이 뜻은 그렇지가 않느니라.

佛告阿難. 一切世間大小內外諸所事業各屬前塵. 不應說言見有舒縮. 譬如方器中見方空. 吾復問汝. 此方器中所見方空. 爲復定方. 爲不定方. 若定方者別安圓器空應不圓. 若不定者在方器中應無方空. 汝言不知斯義所在. 義性如是云何爲在. 阿難. 若復欲令入無方圓. 但除器方. 空體無方. 不應說言更除虛空方相所在. 若如汝問. 入室之時縮見令小. 仰觀日時汝豈挽見齊於日面. 若築牆宇能夾見斷. 穿爲小竇寧無續迹. 是義不然.

④ 참(眞)을 드러냄

일체 중생이 무시이래로 자기를 사물이라 미혹해서 본심을 잃고 사물에 굴려지니, 이 때문에 그 가운데서 크다고 보고 작다고 보는 것이다. 만약 사물을 능히 굴릴 수 있다면 여래와 똑같아진다. 즉 마음이 원만하고 밝아서 도량을 움직이지 않고도 하나의 터럭 끝에서 시방의 국토를 두루 다 포함하여 받아들일 수 있느니라.”

一切衆生從無始來. 迷己爲物. 失於本心. 爲物所轉. 故於是中觀大
觀小. 若能轉物則同如來. 身心圓明不動道場. 於一毛端徧能含受十
方國土.

통의 여기서는 견량見量을 올바로 타파해 제거하고 있다. 진심의
미혹으로 인해 아뢰야식을 이루니, 이 아뢰야식에는 세 가지
분수(分)가 갖춰져 있다. 첫째는 자증분自證分이고, 둘째는 견분見分이
고, 셋째는 상분相分이다. 무명의 힘의 응결이 오래 지속되면 마침내
완고한 무지無知의 허공을 이루어서 사대四大의 환색幻色을 이루고,
이로 인해 망견이 있어서 사대를 잡아 중생을 이루기 때문에 근根,
신身, 기器, 계界의 일체 만물이 이를 말미암아 일어난다.

이제 허망함을 타파해서 참(眞)을 드러내려 하기 때문에 먼저 반연된
상분相分을 가려내 제거하고, 잠시 봄(見)의 성품이 반연을 여의었음을
드러내서 티끌의 반연을 이미 소멸시켰기 때문에 능히 봄(能見)도
사라지니, 이것이 소위 망견을 회통해서 견정에 돌아가는 것이다.
이제 견분이 이미 소멸했으므로 견정 홀로 존재한다.

그리하여 팔식에서 이 식識의 현량現量을 아직 타파하지 못해서
비록 근根, 신身, 기器, 계界를 능히 원만히 나타내더라도 오히려 양量의
한계를 간직하여 법계를 원만히 비출 수 없기 때문에 안과 밖, 크고
작음의 간격이 있어서 편협하고 단절된 봄(見)일 것으로 의심하는
것이다. 만약 이 양(量: 현량)이 일단 타파되면 근根과 경계가 모두
없어지면서 원만한 광명이 시방을 두루 비춘다.

아난이 질문한 뜻은 경문에서 알 수 있지만, 다만 견량見量을 타파하

는 설명은 종전에는 발휘하지 않았다. 정말로 이렇지가 않다면, 어떻게 이 봄(見)이 일단 타파되는 즉시 하나의 터럭에서 시방의 국토를 능히 포함해 받아들일 수 있겠는가? 세존께서 답하신 뜻에서 기器를 잡아 타파한 것은 이 원만하고 밝고 묘한 마음(圓明妙心)이 지금 미혹 속에 있으면서 근根, 신身, 기器, 계界의 국한된 장애를 받고 있기 때문이다.

만약 안으로 몸과 마음을 능히 벗어나고 밖으로 세계를 버릴 수 있다면 원만하고 밝고 묘한 체(圓明妙體)가 당장 현전하니, 이 때문에 기器의 모남(方)만 제거해도 공空의 체體는 본래 모남(方)과 둥긂(圓)이 없다. 허공의 모난 모습을 없애지 않는 것은 고덕古德이 소위 "참(眞)을 구하려 애쓰지 말고 오로지 봄(見)을 쉬어야 한다"라고 말한 것이다. 만약 견량이 일단 소멸하면 상분相分도 단박에 없어지니, 이것이 소위 "만약 능히 사물을 굴리면 즉각 여래와 똑같아져서 몸과 마음이 원명圓明해지므로 도량을 움직이지 않고도 하나의 터럭 끝에서 시방의 국토를 능히 두루 포함해 받아들일 수 있다"라고 하는 것이다.

애초에 일심一心의 진여眞如를 미혹했기 때문에 허망한 모습으로 전변했는데, 이제 허망한 모습을 굴려서 일심으로 돌아가기 때문에 즉각 여래와 똑같아진다. 이처럼 깊이 관찰해야 바야흐로 여래 설법의 오묘함을 보니, 깨달음으로부터 미혹에 이르기까지, 미세함(細)으로부터 조잡함(麤)에 이르기까지 법(法爾)에는 삼세三細[261]와 육추六

---

261 『기신론』에서 설하는, 무명無明에 의해 움직이는 마음의 세 가지 미세한 모습을 말한다. ①무명업상無明業相: 무명에 의해 최초로 마음이 움직이지만 아직 주관과 객관의 구별이 없는 상태. ②능견상能見相: 마음의 움직임에 의해 일어나는 인식 주관. ③경계상境界相: 인식 주관의 작용으로 나타나는 객관.

麤[262]의 모습이 있다. 이제 허망함을 타파해 참(眞)을 드러내매 반드시 조잡함으로부터 미세함에 이르러야 점점 진제眞際[263]에 도달한다. 논하는 글은 분명하기 때문에 논하는 글로 경문을 조사하면 한 터럭도 어긋나지 않아서 잘못된 담론이 아니니, 지혜로운 자는 깊이 살펴보기 바란다.

앞서 '부처님께서 자비로 베푸신 깊은 가르침을 들은 아난은……' 이래로 망견의 변론으로 견분見分을 타파해 제7식 행온을 멸했으며, 이를 통해 봄(見)을 나눈 참된 이치를 드러내서 두 번째 전도를 완전히 밝혔다.

(라) 견정見精을 부정해서 식온을 타파하고 제 팔식을 멸해서 올바른 수행의 길을 정확히 가리킴을 세 가지로 나눔

㉮ 아집我執을 타파해 일진一眞을 드러냄을 세 가지로 나눔

A. 적합한 기연이 계교를 내다

아난이 부처님께 말씀드렸다.

----

262 『기신론』에서 설하는, 무명으로 일어난 인식 주관이 대상에 대해 일으키는 여섯 가지 거친 작용. ①지상智相: 대상에 대해 차별을 일으키는 지혜의 작용. ②상속상相續相: 대상을 차별함으로써 괴로움이나 즐거움이 끊이지 않는 상태. ③집취상執取相: 괴로움이나 즐거움이 주관의 작용임을 알지 못하고 실재하는 대상으로 잘못 생각하여 집착함. ④계명자상計名字相: 실재하는 것으로 잘못 생각하여 집착하는 그 대상에 이름을 부여하고, 그 이름에 집착하여 여러 가지 번뇌를 일으킴. ⑤기업상起業相: 이름에 집착하여 여러 가지 그릇된 행위를 일으킴. ⑥업계고상業繫苦相: 그릇된 행위에 얽매여 괴로움의 과보를 받는 것.

263 ①진실의 극치, 곧 깨달음의 경지를 뜻함. ②모든 현상의 있는 그대로의 참모습. 차별을 떠난, 있는 그대로의 모습을 말함.

"세존이시여, 만약 이 견정見精이 필경 나의 묘한 성품(妙性)이라면, 지금 이 묘한 성품이 내 앞에 현전하고(색色에 즉함이 '나'라고 계교함) 봄(見)이 필경 나의 참(眞)일진대 지금 나의 몸과 마음은 어떤 물건입니까?(색을 여읨이 나라고 계교함) 그리고 지금의 몸과 마음은 분별하매 실다움이 있지만, 저 봄(見)은 분별이 없어서 나의 몸과는 다릅니다. ('나'는 크고 색은 작아서 색이 내 속에 있다고 계교함)

만약 (봄이) 정말로 내 마음이라서 나로 하여금 보게 한다면, 보는 성품이 진실한 나이지 몸은 내가 아닙니다. 그럼 여래께서 먼저 힐난하신 '사물이 능히 나를 보리라'는 말씀과 무엇이 다릅니까?(색은 크고 나는 작아서 내가 색 속에 있다고 계교함) 부디 대자비를 내려서 아직 깨닫지 못한 저희들을 개발開發해 주소서."

阿難白佛言. 世尊. 若此見精必我妙性. 今此妙性現在我前. (計卽色是我)見必我眞. 我今身心復是何物. (計離色是我) 而今身心分別有實. 彼見無別分辯我身(計我大色小色在我中) 若實我心令我今見. 見性實我而身非我. 何殊如來先所難言物能見我. (計色大我小我在色中) 唯垂大慈開發未悟.

통의 여기서는 팔식의 자증분을 타파하고 있으니, 아집我執을 잠잠히 타파함으로써 일진一眞을 드러내고 있다. 칠식은 한결같이 이 팔식의 체體를 집착해서 '자기 안의 나(自內我)'로 삼으니, 그래서 이승은 이 식을 계교하여 열반의 진아眞我로 삼고 외도는 이 식을 집착해서 신아神我로 삼기 때문에 '내가 시방에 두루한다' 등으로 말한다. 이 때문에 "아타나식阿陀那識[264]은 매우 깊고 미세한데/ 습기習氣의 종자種子가 폭포와 같은 흐름을 이루니/ 내가 범속하고 어리석은 이에게 펼쳐 보이지 않는 것은/ 그들이 분별해서 '나'라고 집착할까 걱정해서이다"라고 한 것이니, 이 식을 세존께서 한결같이 가볍게 이야기하지 않으신 것은 바로 이 때문이다.

아난이 부처님께서 가르치신 "만약 능히 사물을 굴리면 즉각 여래와 똑같아진다"를 듣고는 마침내 사물을 집착함이 봄(見)이라는 의심을 일으키고 그 속에서 내가 본다고(我見) 잠잠히 계교했기에 청하게 된 것이다. 그 뜻은 외도가 집착하는 '나'를 타파하는 데 있으니, 외도는 이 식識을 집착하여 신아로 삼고 이승은 온蘊에 집착해 바로 '나'를 여의기 때문에 모름지기 대신 타파한 것이다. 말은 비록 드러나지 않았지만 의미상으로는 실제로 포함되어 있다. 그래서 "만약 이 견정見精이 필경 나의 묘한 성품(妙性)이라면, 지금 이 묘한 성품이 내 앞에 현전한다"라고 말한 것이니, 차(此: 이)라는 글자는 앞에서 굴려지는 사물을 가리킨 것이다.

생각건대 "만약 능히 사물을 굴리면 즉각 여래와 똑같아진다"고 했는데, 그렇다면 일체 만물을 현전함이 모두 나의 견정이니, 이는 '색色에 즉함이 나이다'라고 잠잠히 계교하는 것이다. "봄(見)이 필경

---

264 아타나阿陀那는 산스크리트어 ādāna의 음사로 집지執持라고 번역하고, 식識은 산스크리트어 vijñāna의 번역으로, 곧 집지식執持識이다. ① 현장玄奘 계통의 법상종法相宗에서는, 아뢰야식阿賴耶識이 종자種子와 육근六根을 유지한다고 하여 아뢰야식의 별명으로 한다. ② 진제眞諦 계통의 섭론종攝論宗에서는, 말나식末那識이 아뢰야식을 자아라고 오인하여 집착한다고 하여 말나식의 별명으로 한다.

나의 참(眞)일진대 지금 나의 몸과 마음은 어떤 물건입니까?"라는
말은 생각건대 '만약 이 만물이 필경 나의 참된 봄(眞見)이라면 저
사물은 이미 나일 터인데 나의 지금 몸과 마음은 다시 어떤 물건인가?'
라는 뜻이니, 이는 색을 여읨이 나라고 잠잠히 계교하는 것이다. 그리고
"지금의 몸과 마음은 분별해서 실다움이 있지만, 저 봄(見)은 분별이
없어서 나의 몸과는 다릅니다"는 생각건대 '만약 사물이 나라면 몸과
마음은 '나'가 아닐 터인데 하물며 지금의 몸과 마음이 실제로 분별이
있겠는가? 저 사물이 이미 나라면 어째서 나의 몸을 능히 분별하지
못하는가?'라는 뜻이니, 이는 '나'는 크고 색은 작아서 색이 내 속에
있다고 잠잠히 계교하는 것이다.

 "만약 (봄이) 정말로 내 마음이라서 나로 하여금 보게 한다면" 등은
생각건대 '저 사물이 실제로 내 마음이라서 나로 하여금 보게 한다면,
저 보는 성품(見性)이 실제로 나이지 몸과 마음은 나가 아니다. 그렇다
면 여래께서 먼저 힐난하신 사물이 능히 나를 보리라는 말씀과 무엇
이 다른가?'라는 뜻이니, 이는 색은 크고 나는 작아서 내가 색 속에
있다고 잠잠히 계교하는 것이다. 총체적으로 외부 사물을 '나'라고
계교하는 것이니, 이는 사물을 굴린다는 한마디로부터 계교해서 일어
났기 때문에 세존께서는 다음 경문에서 사물에 나아가 봄(見)을 가려내
고 있으니 사물에 즉해서 타파함을 잡은 것이다. 앞에서 '만약 봄(見)이
사물이라면'은 대체로 아난이 봄(見)을 인정해서 사물을 지은(作物)
것인데, 지금은 만물을 봄(見)이라고 계교하여 인정하기 때문에 똑같
지가 않다.

B. 세존께서 자세히 타파하는 것을 두 가지로 나눔

A) 사물에 즉해서 봄(見)을 타파함

부처님이 아난에게 말씀하셨다.

"지금 '봄(見)이 네 앞에 있다'고 하는 너의 말은 진실이 아니다. 만약 정말로 네 앞에 있어서 네가 진실로 보는 자라면, 이 견정見精은 방위나 처소(方所)가 있는 것이므로 가리켜 보일 수 있을 것이다.

지금 너와 함께 기타림에 앉아서 숲과 냇물과 전당殿堂을 두루 살펴보고 있는데, 위로는 해와 달에 이르고 앞에는 갠지스 강을 대하고 있다. 네가 지금 나의 사자좌 앞에서 손을 들어서 가리켜 보아라. 이 갖가지 모습에서 그늘진 것은 숲이고, 밝은 것은 해이고, 막힌 것은 벽이고, 통한 것은 허공이니, 이렇게 나아가 풀과 나무, 실오라기와 터럭에 이르기까지 크고 작음이 비록 다르지만 형상 있는 것은 무엇이든 다 가리킬 수 있을 것이다. 만약 봄(見)이 현재 네 앞에 반드시 있다면, 네가 손으로 확실히 가리켜 보아라. 무엇이 봄(見)인가?

아난아, 반드시 알아야 하나니, 만약 허공이 봄(見)이라면 (허공은) 이미 봄을 이루었을 테니 무엇이 허공이겠느냐? 만약 사물이 봄이라면 이미 봄을 이루었을 테니 무엇이 사물이겠느냐? 너는 미세하게 만상萬象을 쪼개어 정명精明하고 정묘淨妙한 봄의 근원(見元)을 분석해 나에게 가리켜 보임으로서 저 온갖 사물처럼 분명하여 의혹이 없게 하라."

아난이 부처님께 말씀드렸다.

"제가 지금 이 중각重閣의 강당에서 멀리는 갠지스 강까지, 위로는 해와 달까지 보는데, 손을 들어 가리키는 것과 눈으로 살펴서 가리키는 것이 다 사물이지 '보는' 자는 없습니다.

세존이시여, 부처님께서 말씀하셨듯이, 저는 유루有漏[265]로서 처음 배우는 성문聲聞에 지나지 않으며, 나아가 설사 보살이라도 만물의 상像 앞에서 정견精見을 쪼개내서 일체 사물을 여의고 따로 자성自性이 있게 할 수는 없습니다."

부처님께서 말씀하셨다.

"그렇고 그렇다."

佛告阿難. 今汝所言見在汝前是義非實. 若實汝前汝實見者. 則此見精旣有方所非無指示. 且今與汝坐祇陀林. 徧觀林渠. 及與殿堂. 上至日月. 前對恒河. 汝今於我師子座前. 擧手指陳是種種相. 陰者是林. 明者是日. 礙者是壁. 通者是空. 如是乃至草樹纖毫. 大小雖殊. 但可有形. 無不指著. 若必其見現在汝前. 汝應以手確實指陳. 何者是見. 阿難當知若空是見旣已成見何者是空. 若物是見旣已是見何者爲物. 汝可微細披剝萬象. 析出精明淨妙見元. 指陳示我. 同彼諸物分明無惑. 阿難言. 我今於此重閣講堂. 遠洎恒河. 上觀日月擧手所指. 縱目所觀. 指皆是物. 無是見者. 世尊. 如佛所說. 況我有漏初學聲聞. 乃至菩薩. 亦不能於萬物象前剖出精見. 離一切物別有自性. 佛言. 如是如是.

---

265 번뇌가 있음을 뜻하는 말로, 산스크리트어 사스라바sâsrava를 번역한 말이다. 번뇌가 없는 무루無漏에 상대되는 말이다. 여기서 누루는 누설漏泄이란 말로 번뇌를 의미한다.

통의 세존께서 아난으로 하여금 사물에 나아가 봄(見)을 가려내게 함으로써 사물이 견정이 아님을 드러내고 있다. 그래서 먼저 질책하시면서 "봄(見)이 네 앞에 있다고 하는 너의 말은 그렇지 않다. 만약 사물을 현전함이 정말로 너의 견정이라면, 사물은 저마다 방위와 처소가 있으므로 너의 견정도 반드시 방위와 처소가 있어서 가리켜 보일 수 있을 것이다"라고 말씀하셨다. 그래서 이 현재의 기타림에 앉아서 갖가지 온갖 사물을 두루 살펴보게 하고 있는데, 형태가 있는 것 하나하나에서 무엇이 봄(見)인지 가리켜 보이고 만상萬象을 쪼개어 정명精明을 분석해 나에게 가리켜 보임으로서 명확히 의혹이 없게 하라고 하셨다.

이는 사물에 즉해 나를 변별한 것이다. 아난은 가르침의 취지를 깨닫고서 "성문만이 아니라 보살의 큰 지혜로도 만물의 상象 앞에서 정견精見을 쪼개내어 일체 사물을 여의고 따로 자성自性이 있게 할 수는 없습니다"라고 했으며, 부처님께서도 "그렇고 그렇다"고 말씀하셔서 아난의 대답이 거짓이 아님을 인정한 것이다.

B) 사물에 즉해서 봄이 아님(非見)을 타파함

그리고는 다시 아난에게 말씀하셨다.

"네가 말했듯이, 견정見精이 일체 사물을 여의고 따로 자성이 있지 않다면, 네가 가리킨 사물 중에는 '보는' 자가 없다.

이제 다시 너에게 말하노니, 너와 여래가 기타림에 앉아서 숲과 동산에서부터 해와 달에 이르기까지 갖가지 다양한 물상物象을 보았다. 그러나 필경 네가 가리킨 걸 받아들일 견정見精이 없다면, 네가 다시 이 사물들 중에 무엇이 봄(見)이 아닌지 밝혀 보거라."

아난이 말했다.

"제가 실제로 이 기타림을 두루 살펴보았지만 이 가운데 어느 것이 봄(見)이 아닌지 모르겠습니다. 왜 그렇습니까? 만약 나무가 봄이 아니라면 어떻게 나무를 보겠으며, 만약 나무가 바로 봄이라면 어떻게 다시 나무라 말하겠습니까? 이렇게 나아가서 허공이 봄이 아니라면 어떻게 허공을 보겠으며, 허공이 바로 봄이라면 어떻게 다시 허공이라 말하겠습니까? 그래서 제가 다시 생각해보건대, 이 만상 속에서 미세하게 밝혀보니(發明) 봄 아닌 것이 없습니다."

부처님께서 말씀하셨다.

"그렇고 그렇다."

그때 대중들 중에서 무학無學[266]이 아닌 자는 부처님의 이 말씀을 듣자 정신이 아득해지면서 그 이치의 처음과 끝을 알지 못해서 한동안 간직하던 것을 잃은 것처럼 어쩔 줄 몰랐다.

여래께서는 그들의 영혼과 생각이 혼란스럽다는 걸 알자 연민의 마음이 일어나서 아난과 대중들을 위로하였다.

"선남자들이여, 무상無上의 법왕法王은 진실을 말하고, 있는 그대로 설하고, 속이지 않고, 거짓말 하지 않아서 말가리末伽梨의 네 가지 '죽지 않는다'는 혼란스런 궤변과는 같지 않으니, 너희들은 깊이 사유하

---

[266] 산스크리트어는 aśaikṣa로, 극과極果라는 뜻이다. 성문사과聲聞四果의 최후의 자리로 아라한阿羅漢을 뜻한다. 아라한은 성문의 최후 이상의 세계이므로 여기에 이르면 모든 것을 다 배웠으므로 다시 더 배울 법이 없으므로 무학 또는 무학과無學果라 한다.

면서 부질없이 애달파하지 말라."

佛復告阿難. 如汝所言無有見精離一切物別有自性. 則汝所指是物
之中無是見者. 今復告汝. 汝與如來坐祇陀林. 更觀林苑. 乃至日月.
種種象殊. 必無見精受汝所指. 汝又發明此諸物中何者非見. 阿難言.
我實徧見此祇陀林. 不知是中何者非見. 何以故. 若樹非見云何見
樹. 若樹卽見復云何樹. 如是乃至若空非見云何見空. 若空卽見復云
何空. 我又思惟. 是萬象中微細發明無非見者. 佛言. 如是如是. 於是
大衆非無學者聞佛此言茫然不知是義終始. 一時惶悚失其所守. 如來
知其魂慮變慴. 心生憐愍. 安慰阿難及諸大衆. 諸善男子. 無上法王.
是眞實語. 如所如說不誑不妄. 非末伽黎四種不死矯亂論議. 汝諦思
惟. 無忝哀慕.

○**통의** 아난이 사물이 견정이 된다고 인정했기 때문에 세존께서 사물
에 나아가 가리켜 보이라고 명했는데, 지금 가리켜 가려내질
못하고 있으니 이미 사물이 봄(見)이 아니란 것을 알았음이 분명하다.
이에 세존께서 사물에 즉해 무엇이 봄(見)이 아닌지 가리키게 하자,
아난은 말씀의 취지를 깨닫고서 "제가 다시 생각해보건대, 이 만상
속에서 미세하게 밝혀보니(發明) 봄 아닌 것이 없습니다"라고 대답하였
으며, 부처님께서는 "그렇고 그렇다"고 하시면서 인가하셨다.

문: 아난이 사물이 봄(見)이 된다고 인정하자 세존께서는 사물에
나아가 가리켜 보이라고 명하셨으며, 아난이 이미 사물이 봄(見)이
아님을 알자 세존께서는 이미 인정하셨습니다. 또 아난에게 명해서

사물에 즉해 무엇이 봄(見)이 아닌지 가리켜 보이라고 하자, 아난도 일체 사물이 봄(見) 아님이 없다고 하고 부처님께서도 그 대답을 인가하신 것은 무엇 때문입니까?

답: 부처님의 뜻은 단적으로 일진一眞을 곧바로 가리켜서 옳고 그름의 모습이 없음을 요달하는 데 있다. 아난과 대중은 이를 깨닫지 못하고 옳고 그름의 테두리 속으로 떨어졌기 때문에 망연히 알지 못하고 그 지킬 바를 잃었으니, 이 지경이 되면 명근命根[267]을 끊어버리는 것이다. 여래께서는 그들의 영혼과 생각이 혼란스럽다는 것을 알았기 때문에 연민으로 위로하면서 잠시 그들을 풀어놓았다.

그러고 나서 고하기를 "법왕法王이 설한 것은 진실한 말이라서 외도와는 같지 않다"고 하셨으니, 말가리末伽梨 등의 네 가지 '죽지 않는다'는 혼란스런 궤변은, 말하자면 지혜와 답변을 교란시켜서 일정한 도리가 없는 것이다. 세존께서도 외도의 주장을 인정하지 않으면서 '나의 법은 진실의 뜻에 근거하고 있으니 너희들은 부질없이 애달파하지 말라'고 하셨다. 이는 세존께서 말가리의 네 가지 '죽지 않는다'는 혼란스런 궤변이 잘못되었다고 스스로 가리키신 것이니, 앞서의 아집을 타파한 것을 충분히 알았음이 분명하다.

C. 문수가 참(眞)을 드러냄

그때 문수사리법왕자文殊師利法王子가 사부四部 대중 속에서 그들을 가엾이 여기고 있다가, 자리에서 일어나 부처님 발에 큰절을 한 후

---

267 근根은 작용·능력을 뜻하며, 개체를 유지시키는 생명력, 생명을 지속시키는 힘, 수명을 뜻한다.

공경히 합장한 채 부처님께 말씀드렸다.

"세존이시여, 이 대중들은 여래께서 밝혀주신 정견精見과 색공色空 두 가지의 시是와 비시非是의 뜻을 깨닫지 못하고 있습니다.

세존이시여, 이 눈앞의 반연인 색공色空 등의 물상이 만약 봄(見)이라면 응당 가리킬 바가 있어야 하고, 만약 봄(見)이 아니라면 응당 볼 바가 없어야 합니다. 지금 이 이치의 귀결처를 알지 못해서 놀랐을 뿐이지 옛날의 선근善根²⁶⁸이 가벼워진 것은 아닙니다.

오로지 바라노니 여래께서는 대자비로 밝혀주소서. 이 모든 물상과 이 견정見精이 원래 어떤 물건(物)이기에 그 가운데 시是와 비시非是가 없습니까?"

부처님이 문수보살과 대중들에게 말씀하셨다.

"시방의 여래와 대보살이 스스로 머무는 삼마지三摩地에서는 봄(見)과 봄의 반연과 새기는 모습(所想相)은 마치 허공 꽃과 같아서 본래 있는 것이 아니다. 이 봄(見)과 반연이 원래 보리의 묘하고 청정하고 밝은 체(妙淨明體)이거늘 어찌 그 가운데 시是와 비시非是가 있겠는가?

문수야, 내가 지금 너에게 묻겠다. 네가 그대로 문수인데, 다시 문수에게 시문수(是文殊: 문수이다)나 비문수(非文殊: 문수가 아니다)라고 할 것이 있겠느냐?"

"그렇습니다, 세존이시여. 제가 진짜 문수이므로 '시문수'라 할 것이 없습니다. 왜냐하면 '시문수'가 있으면 ('비문수'가 생겨서) 문수가 둘이 되기 때문입니다. 그러나 저는 오늘 문수가 없다는 것이 아니라, 그 가운데 진실로 시是와 비非의 두 모습이 없다는 겁니다."

---

268 청정한 행위를 할 근성. 온갖 선善을 낳는 근본. 좋은 과보를 받을 착한 행위.

부처님이 말씀하셨다.

"이 봄(見)의 묘명(妙明: 묘한 밝음)과 온갖 허공과 티끌도 역시 마찬가지다. 본래 묘명한 무상보리無上菩提의 청정하고 원만한 참마음(淨圓眞心)이지만 허망하게 색공과 견문見聞이 되었다. 마치 두 번째 달(第二月)과 같으니, 무엇을 시월(是月: 달이다)이라 하고 무엇을 비월(非月: 달이 아니다)이라 하겠는가? 문수야, 단지 하나의 달(一月) 만 참될 뿐이지 중간에는 스스로 '시월'도 없고 '비월'도 없다.

따라서 네가 지금 견見과 진塵을 살펴서 갖가지 밝힌 것을 이름하여 망상妄想이라 하나니, 그 속에서는 시是와 비시非是를 벗어날 수 없다. 하지만 이는 다 정진묘각명성精眞妙覺明性을 말미암기 때문에 너희들로 하여금 '가리킨다'와 '가리키지 않는다'를 벗어날 수 있게 하는 것이다."

是時文殊師利法王子愍諸四衆. 在大衆中卽從座起. 頂禮佛足. 合掌恭敬而白佛言. 世尊. 此諸大衆不悟如來發明二種精見色空是非是義. 世尊. 若此前緣色空等象. 若是見者應有所指. 若非見者應無所矚. 而今不知是義所歸. 故有驚怖. 非是疇昔善根輕鮮. 惟願如來大慈發明此諸物象與此見精元是何物. 於其中間無是非是. 佛告文殊及諸大衆. 十方如來及大菩薩. 於其自住三摩地中. 見與見緣幷所想相. 如虛空華本無所有. 此見及緣元是菩提妙淨明體. 云何於中有是非是. 文殊. 吾今問汝. 如汝文殊. 更有文殊. 是文殊者. 爲無文殊. 如是世尊. 我眞文殊. 無是文殊. 何以故. 若有是者則二文殊. 然我今日非無文殊. 於中實無是非二相. 佛言. 此見妙明與諸空塵亦復如

是. 本是妙明無上菩提淨圓眞心. 妄爲色空及與聞見. 如第二月. 誰
爲是月. 又誰非月. 文殊. 但一月眞. 中間自無是月非月. 是以汝今觀
見與塵種種發明. 名爲妄想. 不能於中出是非是. 由是眞精妙覺明性
故能令汝出指非指.

통의 아난과 대중이 견정의 옳고 그른 뜻을 깨닫지 못했기 때문에
문수가 특별히 가르침을 청한 것이다. 지혜를 미혹해서 식識이
되었기 때문에 망견에는 근根, 신身, 기器, 계界 일체 만물의 갖가지
차별이 있는데, 이는 오직 식識이 변하여 나타난 것일 뿐이다. 만약
식을 굴려서 지혜를 이룬다면(轉識成智) 일체 만물이 당장 소멸해
없어진다. 경전에서도 "모습(相)을 얻음은 식識이고, 모습을 얻지 못함
은 지혜(智)이다"라고 했으니, 오직 전변轉變의 사이에 존재할 뿐이다.

'일진一眞'의 체體가 전부 변해서 아뢰야식이 되니, 이 때문에 근根,
신身, 기器, 계界가 이를 말미암아 일어난다. 만약 안으로 몸과 마음을
벗어나고 밖으로 세계를 유실遺失하면, 즉각 이 식을 갈무리한 근원(識
藏元)이 여래장 일진법계一眞法界가 항상 머무는 진심眞心이니, 다시
무슨 옳고 그른 모습이 있겠는가? 식識의 망견에 의지하기 때문에
옳고 그름이 있는 것이다. 만약 큰 지혜(大智)로 비추면 피차彼此와
시비是非의 모습이 없음을 요달한다.

이는 큰 지혜가 아니면 능히 확연하지 않기 때문에 문수를 빌려서
'사물과 견정이 어째서 시是와 비시非是가 없습니까?' 하고 가르침을
청한 것이다. 이에 여래께서는 대정大定에 의거해서 대답하기를 "시방
의 여래와 대보살이 스스로 머무는 삼마지三摩地 속에서 지혜로 관찰하

면, 봄(見)과 봄의 반연과 새기는 모습(所想相)은 마치 허공 꽃과 같아서 본래 있는 것이 아니다. 이 봄(見)과 반연이 원래 보리의 묘하고 청정하고 밝은 체(妙淨明體)이거늘 어찌 시是와 비시非是가 있겠는가?"라고 하셨으니, 이는 다만 일진一眞을 제시해서 별개의 법이 없음을 요달하는 것이라서 가르침(開示)을 지극히 다했다고 말할 수 있다. 이 때문에 문수가 스스로 '하나의 진짜 문수일 뿐'이라 말한 것이니, 어찌 시是와 비非의 두 모습이 있겠는가?

부처님의 말씀은 이로써 충분히 아나니, 바로 "이 봄(見)의 묘명妙明과 온갖 허공과 티끌도 본래 묘명한 무상보리無上菩提의 청정하고 원만한 참마음(淨圓眞心)이지만 허망하게 색공과 견문見聞이 되었다. 마치 두 번째 달(第二月)과 같으니, 만약 하나의 달(一月)이 참임을 요달해 안다면 저절로 옳고 그른 모습이 없다'고 하신 것이다. 앞에서 망견을 타파할 때는 바로 견정을 잡아서 타파했기 때문에 "이 봄(見)이 비록 묘하고 정명精明하지는 않더라도 두 번째 달과 같아서 달그림자는 아니다"라고 했는데, 지금 견정을 타파하게 되면 "오직 하나의 달이 참(眞)일 뿐 다시 두 번째 달은 없는" 것이다.

여기서 여래의 설법이 거친 데서부터 미세한 데로 점점 이끌면서 참(眞)으로 돌아감을 명백히 볼 수 있다. 만약 망상으로 관찰하면 옳고 그름의 밖으로 벗어나질 못하겠지만, 그러나 묘각명성妙覺明性으로 관찰하기 때문에 너희들로 하여금 '가리킨다'와 '가리키지 않는다'를 벗어날 수 있게 하였으니, 이렇게 되면 일진一眞의 성품이 여기서 드러난다.

이상 아집을 타파함으로써 하나의 참(一眞)을 드러냄을 마친다.

㉔자증自證을 타파함으로써 하나의 참(一眞)을 드러냄을 네 가지로 나눔

A. 적합한 기연이 계교를 내다

아난이 부처님께 말씀드렸다.

"세존이시여, 진실로 법왕께서 말씀하신 것처럼 각연覺緣이 시방세계에 두루하면서 맑은 상태로 항상 머물고(湛然常住) 성품도 생멸하지 않는다면, 옛날 사비가라 범지梵志[269]가 이야기한 '명제冥諦'와 몸에 재를 바르는 등의 외도들이 설명하는 '진아眞我가 시방에 충만하다'와는 무슨 차별이 있습니까?

세존께서도 일찍이 능가산楞伽山에서 대혜大慧 등을 위해 이 이치를 펼쳐 보이실 때에 '저 외도들은 항상 자연自然을 설하지만 내가 설하는 인연因緣은 그들의 경계가 아니다'라고 하셨습니다.

제가 지금 이를 살펴보건대, 각성覺性은 저절로 그러해서(自然) 생겨나지도 않고 소멸하지도 않습니다. 일체의 허망한 전도顚倒를 영원히 여의었기 때문에 인연도 아니고 외도들의 자연도 아닌 듯하니, 어떻게 열어 보여야(開示) 온갖 삿됨에 들어가지 않고 진실한 마음의 묘각명성妙覺明性을 얻을 수 있겠습니까?"

阿難白佛言. 世尊. 誠如法王所說覺緣徧十方界. 湛然常住. 性非生滅. 與先梵志娑毗迦羅所談冥諦. 及投灰等諸外道種說有眞我徧滿十方. 有何差別. 世尊亦曾於楞伽山爲大慧等敷演斯義. 彼外道等常

---

269 산스크리트어는 brāhmaṇa로, 범梵은 청정을 뜻한다. 바라문婆羅門을 일컫는다. 바라문은 청정한 수행을 하고 범천梵天에 태어나기를 지향하는 자이므로 이와 같이 말한다.

說自然. 我說因緣非彼境界. 我今觀此覺性自然. 非生非滅. 遠離一
切虛妄顛倒. 似非因緣與彼自然. 云何開示不入羣邪. 獲眞實心妙覺
明性.

자증自證을 타파하려 하기 때문에 아난이 자연自然을 잡아서
질문한 것이다. '자연'은 말하자면 스스로의 체體가 본래 그러
해서 인연을 빌리지 않는 것이다. 진여가 미혹에 있어도 스스로의
성품(自性)이 증명할 수 있지만, 외도는 이를 몰라서 자연이라 계교하
기 때문에 아난이 이를 빌려서 어려움을 질문한 것이다.

　질문에 두 가지 의의가 있다. 첫째, 앞서 세존에게 각연覺緣이 시방계
에 두루하다는 가르침을 받았기 때문에 외도가 설한 '진아眞我가 시방
에 두루한다'는 모습과 동일하다고 의심한 것이다. 둘째, 각성覺性이
스스로 그러해서(自然) 면전의 티끌에 속하지 않는다면, 묘한 성품의
천연天然이 저 외도가 설한 자연과 어떻게 다른가?

B. 세존께서 자세히 타파함을 두 가지로 나눔
A) 자연自然을 타파함
부처님이 아난에게 말씀하셨다.

　"내가 지금 이런 방편을 열어 보여서 너에게 진실을 말했는데도
너는 아직도 깨닫지 못하고 '자연'이라 의심하는구나.

　아난아, 필경 자연이라면 저절로(自) 밝고 밝아서 자연의 체體가
있어야 한다. 너는 이 묘하게 밝은 봄(妙明見) 속에서 무엇을 '저절로'로
삼는지 살펴보거라. 이 봄(見)이 밝음을 '저절로'로 삼는가, 어둠을

'저절로'로 삼는가, 허공을 '저절로'로 삼는가, 막힘을 '저절로'로 삼는가?

아난아, 만약 밝음을 '저절로'로 삼는다면 응당 어둠을 보지 못해야 하고, 만약 허공을 자체自體로 삼는다면 응당 막힘을 보지 못해야 한다. 이렇게 나아가 온갖 어둠 등의 모습을 '저절로'로 삼는다면, 밝을 때에는 보는 성품이 단멸斷滅할 것이니, 어찌 밝음을 볼 수 있겠는가?"

아난이 말했다.

"필경 이 묘하게 보는 성품이 자연이 아니라면, 저는 이제 인연소생所生이라고 밝히겠습니다. 하지만 마음이 아직 분명치 못해서 여래께 여쭈나니, 이 이치가 어찌해야 인연의 성품과 합하겠습니까?"

佛告阿難. 我今如是開示方便. 眞實告汝. 汝猶未悟. 惑爲自然. 阿難. 若必自然自須甄明有自然體. 汝且觀此妙明見中. 以何爲自. 此見爲復以明爲自. 以暗爲自. 以空爲自. 以塞爲自. 阿難. 若明爲自應不見暗. 若復以空爲自體者應不見塞. 如是乃至諸暗等相以爲自者. 則於明時見性斷滅. 云何見明. 阿難言. 必此妙見性非自然. 我今發明是因緣生. 心猶未明. 咨詢如來. 是義云何合因緣性.

B) 인연을 타파함

부처님이 말씀하셨다.

"네가 인연이라 말했으니 내가 다시 묻겠다. 네가 지금 봄(見)을 인因하여 보는 성품이 현전하는데, 이 봄은 밝음을 인하여 보게 되는 것인가, 어둠을 인하여 보게 되는 것인가, 허공을 인하여 보게 되는 것인가, 막힘을 인하여 보게 되는 것인가?

아난아, 만약 밝음을 인하여 보게 된다면 응당 어둠을 보지 못해야 하며, 어둠을 인하여 보게 된다면 응당 밝음을 보지 못해야 한다. 이런 식으로 나아가 허공을 인하거나 막힘을 인하는 것도 밝음이나 어둠의 경우와 같다.

다시 아난아, 이 봄(見)은 또 밝음을 반연(緣)해 보게 되는가, 어둠을 반연해 보게 되는가, 허공을 반연하여 보게 되는가, 막힘을 반연하여 보게 되는가?

아난아, 만약 허공을 반연하여 보게 된다면 응당 막힘을 보지 못해야 하고, 막힘을 반연하여 보게 된다면 응당 허공을 보지 못해야 한다. 이런 식으로 나아가 밝음을 반연하고 어둠을 반연하는 것도 허공과 막힘의 경우와 같다.

佛言. 汝言因緣. 吾復問汝. 汝今因見見性現前. 此見爲復因明有見. 因暗有見. 因空有見. 因塞有見. 阿難. 若因明有應不見暗. 如因暗有 應不見明. 如是乃至因空因塞同於明暗. 復次阿難. 此見又復緣明有 見. 緣暗有見. 緣空有見. 緣塞有見. 阿難. 若緣空有應不見塞. 若緣 塞有應不見空. 如是乃至緣明緣暗同於空塞.

C. 정각精覺을 정확히 제시함

반드시 알아야 하나니, 이러한 정각묘명精覺妙明은 인因도 아니고 연緣도 아니며, 자연도 아니고 자연 아님도 아니며, 비非와 불비不非도 없고 시是와 비시非是도 없는지라 일체 모습을 여의면서 일체 법에 즉卽해 있다.

너는 지금 어찌하여 그 가운데 마음을 두어서 온갖 세간의 희론戱論[270]과 명상名相으로 분별을 일삼느냐? 이는 마치 손바닥으로 허공을 어루만지는 것과 같아서 스스로 수고로움만 더할 뿐 허공이 어찌 너의 뜻대로 잡히겠느냐?"

當知如是精覺妙明. 非因非緣. 亦非自然. 非不自然. 無非不非. 無是非是. 離一切相. 卽一切法. 汝今云何於中揹心. 以諸世間戱論名相而得分別. 如以手掌撮摩虛空祇益自勞. 虛空云何隨汝執捉.

D. 허망한 계교를 거듭 물리침

아난이 부처님께 말씀드렸다.

"세존이시여, 필경 묘한 깨달음의 성품(妙覺性)이 인因도 아니고 연緣도 아니라면, 세존께서는 어째서 항상 비구들에게 '보는 성품은 네 가지 연緣을 갖추니 이른바 허공을 인하고, 밝음을 인하고, 마음을 인하고, 눈을 인하는 것이다'라고 설하셨습니까? 이 뜻이 무엇인지요?"

부처님께서 말씀하셨다.

---

270 산스크리트어는 prapañca이다. ①대상을 분별하여 언어로 표현함. 대상을 차별하여 거기에 이름이나 의미를 부여하다. ②허구적인 관념을 실재하는 대상으로 간주하는 마음 작용. 마음속으로 실재하지 않는 형상을 지어내다. ③허망한 언어.

"아난아, 내가 설한 세간의 온갖 인연의 모습은 제일의第一義[271]가
아니니라.

阿難白佛言. 世尊. 必妙覺性非因非緣. 世尊云何常與比丘宣說見性
具四種緣. 所謂因空因明因心因眼. 是義云何. 佛言阿難. 我說世間
諸因緣相非第一義.

통의 아난이 이른바 각성의 자연을 집착하자 세존께서 경계를 잡아
타파했으니, 저절로 체體가 없음을 드러냈다면 자연에 속하지
않음이 분명하다. 다시 인연으로 생겨난다고 계교를 굴리게 되면,
세존께서는 경계에 즉해서 인연에 속하지 않는다고 타파한다. 대체로
이 묘한 성품이 연생(緣生: 반연으로 생겨남)을 빌리지도 않고 경계를
인하여 있지도 않기 때문에 곧바로 정각精覺을 제시한 것이다.
그래서 "반드시 알아야 하나니, 이러한 정각묘명精覺妙明은 일체의
인연과 자연에 속하지 않고 옳고 그름의 밖으로 초월한지라 일체
모습을 여의면서 일체 법에 즉卽해 있다. 명자와 언어의 길이 끊어졌고
마음 가는 곳이 소멸했는데(言語道斷 心行處滅), 어찌하여 그 가운데
마음을 두어 온갖 세간의 희론戲論과 명상名相으로 분별을 일삼느냐?
이는 마치 손바닥으로 허공을 어루만지는 것과 같아서 스스로 수고로
움만 더할 뿐 허공이 어찌 너의 뜻대로 잡히겠느냐?"라고 하신 것이다.
이는 일진一眞인 각성을 곧바로 제시해 여지가 없음을 요달한 것이

---

271 산스크리트어는 paramārtha이다. ①가장 뛰어난 이치, 궁극적인 이치. ②근본
뜻. ③모든 현상의 있는 그대로의 참모습. ④열반.

다. 이렇게 가르쳐 보여도 아난이 여전히 깨닫지 못한 채 평소에 설한 인연을 잡아서 의심을 하자, 이는 명자나 언어의 습기를 바로 잡는 문제이기 때문에 세존께서는 '제일의第一義가 아니다'라고 대답하신 것이다.

이상 허망한 계교를 타파함으로써 일진一眞을 드러냄을 마친다.

㉰견정을 타파함으로써 시각始覺을 제시함을 세 가지로 나눔

A. 허망한 계교를 따져서 타파함

아난아, 내가 다시 너에게 묻겠다. 세간 사람들은 '내가 능히 본다'고 하는데, 무엇이 봄(見)이고 무엇이 보지 못함(不見)인가?"

아난이 대답했다.

"세상 사람은 해나 달, 등불의 빛을 인하여 갖가지 모습을 보는 것을 '본다'고 부르는데, 만약 이 세 가지 빛이 없으면 능히 보지 못합니다."

"아난아, 만약 밝음이 없을 때 '보지 못한다'고 하면 응당 어둠도 보지 못해야 한다. 그러나 필경 어둠을 본다면, 이는 단지 밝음이 없는 것일 뿐이니 어찌 '봄(見)'이 없겠는가?

아난아, 만약 어두울 때 밝음을 보지 못했기 때문에 '보지 못한다'고 한다면, 지금 밝을 때에 어두운 모습을 보지 못하는 것도 도리어 '보지 못한다'고 해야 하니, 이 두 모습(밝은 모습과 어두운 모습)을 다 '보지 못한다'고 칭해야 하리라.

이 두 모습이 스스로 서로가 서로를 빼앗을지언정 너의 보는 성품은 그 가운데서 잠시도 없지 않으니, 그렇다면 둘 다 '본다'고 해야지

어찌 '보지 못한다'고 하겠는가?

阿難. 吾復問汝. 諸世間人說我能見. 云何名見. 云何不見. 阿難言. 世人因於日月燈光見種種相名之爲見. 若復無此三種光明則不能見. 阿難. 若無明時名不見者應不見暗. 若必見暗此但無明云何無見. 阿難. 若在暗時不見明故名爲不見. 今在明時不見暗相還名不見. 如是二相俱名不見. 若復二相自相陵奪. 非汝見性於中暫無. 如是則知二俱名見. 云何不見.

B. 시각始覺을 정확히 제시함을 두 가지로 나눔

A) 연緣을 가려냄

그러므로 아난아, 네가 지금 반드시 알아야 하나니, 밝음을 볼 때에도 봄(見)은 밝음이 아니며, 어둠을 볼 때도 봄은 어둠이 아니며, 허공을 볼 때에도 봄은 허공이 아니며, 막힘을 볼 때에도 봄은 막힘이 아니니라.

是故阿難. 汝今當知見明之時見非是明. 見暗之時見非是暗. 見空之時見非是空. 見塞之時見非是塞.

B) 정확히 제시함

이 네 가지 이치가 성취되었으니, 너는 응당 봄(見)을 볼 때에 그 보는 것은 봄이 아님을 알아야 한다. 봄은 오히려 봄을 여의어서 봄이 능히 미치질 못하는데, 어떻게 다시 인연이나 자연, 화합을 이루는 모습을 설하겠는가?

是故阿難. 汝今當知見明之時見非是明. 見暗之時見非是暗. 見空之時見非是空. 見塞之時見非是塞.

C. 질책으로 맺으면서 수행을 권유함

너희들 성문이 열등하고 무식無識해서 청정실상淸淨實相을 통달하질 못한 탓에 내가 지금 너희를 가르친 것이니, 응당 잘 사유해서 묘한 보리의 길에서 나태하지 말라."

汝等聲聞. 狹劣無識. 不能通達淸淨實相. 吾今誨汝. 當善思惟. 無得疲怠妙菩提路.

통의 여기서는 견정을 타파함으로써 시각始覺[272]을 드러낸다. 오로지 봄(見)을 밝힌 이래로 잠시 견정을 빌려서 먼저 티끌을 반연하는 분별의 봄(見)을 타파하고, 다음엔 견분見分을 타파함으로써 견정을 드러내었다. 견분과 상분相分을 두 가지로 나누지만 본래는 동일체同一體로서 원래 식정識精에 의거해 나타난 것이다. 그래서 사물과 봄(見)이 섞여서 분간하기 어렵기 때문에 봄(見)을 사물이라 인정하기도 하고, 사물을 봄(見)이라 집착하기도 해서 갖가지 외도의 망견을 일으킨 것이다.

세존께서는 사물에 즉해 그 옳고 그름을 따졌는데, 지금 이미 견정을

---

272 시각이란 심체가 무명의 연緣을 따라 움직여 망념(不覺)을 일으키지만, 본각의 훈습의 힘에 의하여 차츰 각의 작용이 있으며 구경究竟에 이르러 다시 본각과 같아지는 것이니, 이를 시각이라 한다. 시각과 본각은 서로 의존한다.

타파하게 되어서 오직 하나의 진정眞精일 뿐 다시 별개의 사물이 없음을 드러내서 옳고 그름 밖으로 초월하였다. 아난도 일체의 자연과 인연의 의심을 이미 해결했으니, 이것이 바로 견분見分을 소멸해서 식정識精으로 돌아가는 것이다. 다만 이 견정이 오히려 미망迷妄에 속해 있고 바로 이 무명無明을 이름하여 식온이라 하기 때문에 두 번째 달과 같은 것이다. 만약 이것을 타파하지 못하면 본각의 진심과 계합하기 어렵기 때문에 이 일절一節은 견정을 타파함으로써 시각의 지혜를 보인 것이다.

또 식정을 타파하려고 세존께서는 오히려 봄(見)과 보지 못함(不見)으로 심사를 하였는데, 봄(見)으로는 반연을 대對함으로써 변론하고, 보지 못함(不見)으로는 반연을 여읨으로써 변론하였다. 그 뜻인즉 이 견정이 경계를 인하여 있지도 않고 연생緣生을 빌리지도 않은 오직 하나의 정진精眞일 뿐이라서 진심眞心에 절실히 다가감을 드러낸 것이다. 그러므로 이 식을 일단 타파하면 오온이 단박에 텅 비는데, 이를 이름하여 시각의 지혜라 한다.

부처님께서는 아난과 세상 사람이 모두 다 '내가 능히 본다'고 말하는 것을 살폈기 때문에 '무엇을 봄(見)이라 하고 무엇을 보지 못함이라 하는가?'라고 물으신 것이다. 아난이 밝음과 어둠을 인해서 봄(見)이 있다고 대답하자, 세존께서는 이를 타파하면서 '만약 봄(見)이 밝음과 어둠을 인해서 있다면, 밝음이 사라질 때 어둠을 보고 어둠이 사라질 때 밝음을 본다. 이 밝음과 어둠은 스스로 가고 옴이 있는 것이지 너의 보는 성품은 잠시도 없지 않다. 그러므로 밝음과 어둠, 통함과 막힘은 스스로 현전의 경계이지만, 이 견정은 경계를 인하여 있지도

않고 연생緣生을 빌리지도 않는 오직 하나의 정견精見일 뿐이다'라고
하셨다.

그렇다면 현전의 경계를 이미 여의어서 견정이 홀로 드러남은 오히
려 무명에 속하기 때문에 이를 타파하면서 "너는 응당 봄(見)을 볼
때에 그 보는 것은 봄이 아님을 알아야 한다. 봄은 오히려 봄을 여의어서
봄이 능히 미치질 못하는데, 어떻게 다시 인연이나 자연, 화합의 모습을
설하겠는가?"라고 하셨으니, 이는 식정識精을 올바로 타파한 것이다.
'봄(見)을 볼 때에 그 보는 것은 봄이 아님'은 말하자면 진견眞見으로
견정을 볼 때인데 진견은 견정이 아니다. 또 '견정이 진심(眞)에 절실히
다가감'은 오히려 여읜 것이니, 어찌 너의 망견으로 능히 이 진견에
미칠 수 있겠는가? 그래서 "봄은 오히려 봄을 여의어서 봄이 능히
미치질 못한다"라고 한 것이니, 이 구절을 아는 것이 바로 견정을
정확히 타파하는 것임이 분명하다.

이 허망함을 여읜 진견眞見이 바로 청정실상淸淨實相의 진심인데,
너희들은 좁고 열등해서 통달하지 못할 뿐이다. 이것이 바로 그 이름을
시각의 지혜라 하는 것이니, 시각의 공功이 있어서 본각이 드러나기
때문에 이는 사마타의 길을 올바로 제시한 것이다. "내가 지금 너희를
가르친 것이니, 응당 잘 사유해서 나태하지 말고 잘 닦아 나가야
한다." 처음 묘한 사마타를 여쭈었을 때부터 지금에 이르기까지는
오온의 몸과 마음을 통틀어 타파함으로써 인공人空을 드러냈기 때문에
觀관의 명칭을 결론으로 가리킨 것이다. 이는 바로 아집我執[273]에 속한

273 ① 나에 대한 집착, 자아自我에 대한 집착, 나에 변하지 않는 고유한 실체가
    있다는 집착, 자아自我에 변하지 않고 항상 독자적으로 존속하는 실체가 있다는

것으로서 이름하여 단공但空[274]이라 하는데, 법집法執[275]이 여전히 존재하기 때문에 다음 경문의 사례에서는 두 종류의 세계를 타파함으로써 법집을 타파하였다.

이상 오온과 팔식을 타파함으로써 인공人空을 밝힘을 마쳤다.

나) 두 종류의 세계가 본래 공함을 사례를 들어 타파함으로써 법공法空을 밝힌 것을 두 가지로 나눔

(가) 적합한 기연이 신청함

아난이 부처님께 말씀드렸다.

"세존이시여, 가령 불세존께선 저희들을 위해 인연과 자연과 온갖 화합의 모습과 화합하지 않는 모습을 설하셨지만, 저희 마음은 오히려 열리지 않았습니다. 이제 다시 '봄(見)을 보는 것은 봄이 아니다'는 말씀을 들으니 더욱 더 헷갈리고 답답합니다. 엎드려 바라건대, 큰 자비로 대지혜의 눈을 베풀어서 저희들의 깨닫는 마음의 밝고 청정함(覺心明淨)을 열어 보이소서."

말을 마친 아난이 슬피 울면서 큰절을 하고는 성스러운 가르침을 받들고자 하였다.

阿難白佛言. 世尊. 如佛世尊爲我等輩宣說因緣及與自然諸和合相

집착. ②자신의 생각이나 소견에 대한 집착 등을 말한다.

274 여러 인연의 일시적인 화합으로 존재하는 현상을 주시하지 못하고 오직 공空에만 치우치는 것을 말한다.

275 ①차별 현상에 대한 집착. ②모든 현상에 불변하는 실체가 있다는 집착, 현상을 구성하는 요소를 불변하는 실체로 간주하는 집착을 말한다.

與不和合心猶未開. 而今更聞見見非見重增迷悶. 伏願弘慈施大慧目. 開示我等覺心明淨. 作是語已悲淚頂禮. 承受聖旨.

통의　이제 법집을 타파하는 시초이다. 아난이 앞에서 인연과 자연을 들었지만 여전히 화합과 화합하지 않음을 밝히지 못했기 때문에 "오히려 마음이 열리지 않았다"고 하였으니, 앞서 오온을 설한 것이 인연과 자연에 속하지 않은 것이다. 다만 가명假名을 타파해도 실다운 법은 오히려 존재해서 본래 공空함을 요달하지 못했으니, 이 때문에 마음이 오히려 열리지 않은 것이다. 그러다가 지금 오온을 보는 봄(見)도 봄(見)이 아니라고 들었기 때문에 더욱 더 헛갈리고 답답한 것이니, 바로 이승二乘의 아집이 비록 공하더라도 법집은 아직 잊지 못해서 여전히 망견으로 몸과 마음의 세계를 두기 때문에 각심覺心이 청정하지 않은 것이다. 그래서 거듭 가르침을 청한 것이다.

　이하의 답은 그 뜻이 오온의 실답지 않음을 총체적으로 드러내서 세계의 본래 공함을 예를 들어 드러내고 있다.

(나) 세존께서 설법을 허락함을 두 가지로 나눔

㉠**설법을 허락하면서 경청하라고 훈계함**

이때 세존께서 아난과 대중들을 불쌍히 여겨서 대다라니와 온갖 삼마제의 묘한 수행 길을 펼쳐 보이고자 아난에게 말씀하셨다.

　"네가 비록 기억은 잘 하지만 그저 많이 듣기만(多聞) 해서 사마타의 미묘하고 은밀한 관조觀照에 대해서는 마음이 아직 요달하지 못했다. 너는 이제 자세히 들을지니, 내가 널 위해 분별하고 열어 보여서 장래의 유루有漏 중생들도 보리의 열매를 얻게 하겠다.

爾時世尊憐愍阿難及諸大衆. 將欲敷演大陀羅尼諸三摩提妙修行路.
告阿難言. 汝雖強記但益多聞. 於奢摩他微密觀照心猶未了. 汝今諦
聽. 吾當爲汝分別開示. 亦令將來諸有漏者獲菩提果.

㉃두 가지 허망함을 올바로 제시한 것을 두 가지로 나눔

A. 총체적으로 제시함

아난아, 일체 중생이 세간을 윤회하는 것은 두 가지 전도顚倒된 분별
의 견망見妄을 말미암아 견망을 일으킨 그 자리(當處)에서 발생한
그 업(當業)이 윤회하는 것이다. 무엇이 두 가지 전도된 견해인가?
첫째는 중생의 별업망견別業妄見이고, 둘째는 중생의 동분망견同分妄
見이다.

阿難. 一切衆生輪迴世間. 由二顚倒分別見妄當處發生當業輪轉. 云
何二見. 一者衆生別業妄見. 二者衆生同分妄見.

B. 개별적으로 제시함을 세 가지로 나눔

A) 별업망견

무엇을 별업망견이라 칭하는가? 아난아, 가령 세상 사람이 눈에 적생
(赤眚: 붉은 눈병)[276]이 있으면 밤에 등불을 볼 때도 따로 둥근 그림자가

---

276 눈이 벌겋게 충혈되면서 흐릿해지는 병이다.

생기면서 다섯 가지 빛깔이 중첩된다. 어떻게 생각하느냐? 이 밤에 등불을 밝혔을 때 나타난 둥근 빛이 등불의 빛깔인가 봄(見)의 빛깔 인가?

아난아, 만약 등불의 빛깔이라면 눈병이 없는 사람은 어찌해서 똑같이 보지 못하고 이 둥근 그림자를 오직 눈병 있는 사람만 보는가? 만약 봄(見)의 빛깔이라면, 봄이 이미 빛깔을 이루었을 경우 저 눈병 걸린 사람이 둥근 그림자를 보는 것은 뭐라고 부르겠느냐?

다시 아난아, 이 둥근 그림자가 등불을 여의고 있는 것이라면, 응당 곁에 있는 병풍, 휘장, 탁자, 좌석을 볼 때도 둥근 그림자가 있어야 한다. 또 봄(見)을 여의고 따로 있다면 응당 눈이 본 것이 아닌데, 어찌하여 눈병 걸린 사람의 눈에만 둥근 그림자가 보이는 것인가?

그러므로 반드시 알아야 하나니, 빛깔은 실제로 등불에 있고, 봄(見) 의 병은 그림자가 된 것이다. 그림자와 그것을 봄(見)은 둘 다 눈병이지 만, 눈병을 봄은 병이 아니다. 그렇다면 끝내 '이것은 등불이다', '이것은 봄(見)이다'라고 말하지 말아야 하며, 이를 근거로 '등불이 아니다', '봄(見)이 아니다'라고 말하지도 말아야 한다.

마치 두 번째 달이 달 자체도 아니고 그림자도 아닌 것과 같다. 왜냐하면 두 번째 달을 보는 것은 눈을 눌러서 이루어진 것이므로 지혜 있는 자들은 이 누른 근원根元을 '달이다, 달이 아니다' 하거나 '봄(見)이나 보이지 않음(非見)을 여의었다'고 말하지 않는다.

이것도 마찬가지로 눈병으로 이루어진 것인데, 지금 무엇을 가지고 '등불이다', '봄(見)이다'라고 칭할 것이며, 어찌 '등불이 아니다', '봄(見)이 아니다'라고 분별할 수 있겠는가?

云何名爲別業妄見. 阿難. 如世間人目有赤眚. 夜見燈光別有圓影五色重疊. 於意云何. 此夜燈明所現圓光爲是燈色. 爲當見色. 阿難. 此若燈色. 則非眚人何不同見而此圓影唯眚之觀. 若是見色. 見已成色則彼眚人見圓影者名爲何等. 復次阿難. 若此圓影離燈別有. 則合傍觀屛帳几筵有圓影出. 離見別有應非眼矚. 云何眚人目見圓影. 是故當知色實在燈. 見病爲影. 影見俱眚. 見眚非病. 終不應言是燈是見. 於是中有非燈非見. 如第二月非體非影. 何以故. 第二之觀捏所成故. 諸有智者不應說言此捏根元是形非形離見非見. 此亦如是目眚所成. 今欲名誰是燈是見. 何況分別非燈非見.

B) 동분망견

무엇을 동분망견同分妄見이라 하는가? 아난아, 이 염부제閻浮提에는 큰 바다의 물을 제외하고 그 중간에 평탄한 육지 3천주三千洲가 있다. 정중앙의 큰 대륙(大洲)을 동쪽과 서쪽으로 나누어 헤아려보면 큰 나라가 2천3백 개가 있다. 그 나머지 작은 대륙(小洲)에는 온갖 바다에 있는데, 그 사이에 3백 개의 나라가 있기도 하고, 한 개나 두 개의 나라가 있기도 하고, 나아가 3십 개, 4십 개, 5십 개의 나라가 있기도 하다.

아난아, 이 가운데 있는 하나의 작은 대륙에 딱 두 개의 나라만 있는데, 그중 한쪽 나라의 사람들만이 악연惡緣을 함께 느낀다면 그 땅에 사는 중생은 모두 일체의 상서롭지 못한 경계를 본다. 가령 두 개의 해를 보기도 하거나 두 개의 달을 보기도 하는데, 그중에서 더 나아가 햇무리, 달무리, 월식, 일식, 해의 귀걸이, 혜성, 유성, 등무지

개, 결무지개, 홍虹, 예蜺 등 갖가지 나쁜 모습을 보는데, 단지 이 나라 중생만 보고 저 나라 중생은 본래 보지도 못하고 듣지도 못한다.

云何名爲同分妄見. 阿難. 此閻浮提除大海水中間平陸有三千洲. 正中大洲東西括量大國凡有二千三百. 其餘小洲在諸海中. 其間或有三兩百國. 或一或二至於三十四十五十. 阿難. 若復此中有一小洲祇有兩國. 唯一國人同感惡緣. 則彼小洲當土衆生覩諸一切不祥境界. 或見二日. 或見兩月. 其中乃至暈適珊玦彗孛飛流負耳虹蜺. 種種惡相. 但此國見. 彼國衆生本所不見亦復不聞.

C) 나아가고 물러서면서 종합적으로 밝힘을 세 가지로 나눔

(A) 별업別業에 나아가 동분同分을 예로 함

아난아, 내가 지금 널 위해 이 두 가지 일(별업망견과 동분망견)로써 나아가고 물러서면서 종합적으로 밝히겠다.

　아난아, 저 중생들이 별업망견으로 등불 주위에 나타난 둥근 그림자를 보는데, 비록 흡사한 경계를 나타내지만 끝내 둥근 그림자로 보는 것은 눈병으로 이루어진 것이다. 눈병은 봄(見)의 피로로 생긴 것이지 빛깔로 이루어진 것이 아니다. 그러나 눈병을 보는 자는 끝내 봄의 허물이 없다.

　예컨대 네가 오늘 산과 강, 국토와 온갖 중생을 눈(目)으로 살펴보는 것은 모두 무시이래로 봄(見)의 병으로 이루어진 것이다. 봄(見)과 봄의 반연(見緣)이 흡사 현전의 경계 같지만, 원래 나의 각명覺明이 반연된 것을 보는 눈병이니, 각명覺明으로 보면 곧 눈병이지만 본각명

심本覺明心으로 반연을 깨달으면 눈병이 아니다. 깨달음은 눈병을 깨달은 것이지만 깨달음(覺)은 눈병 속에 있지 않다. 이는 실로 봄을 보는(見見) 것이니, 어찌 격문각지見聞覺知라 칭하겠는가?

그러므로 네가 지금 나와 너, 그리고 온갖 세간의 열 가지 중생을 보는 것이 모두 봄(見)의 눈병이지 눈병을 보는 것은 아니다. 저 봄의 정진(精眞: 참된 정수)은 그 성품이 눈병이 아니기 때문에 봄(見)이라 이름하지도 않는다.

阿難. 吾今爲汝以此二事進退合明. 阿難. 如彼衆生別業妄見矚燈光中所現圓影. 雖似前境. 終彼見者目眚所成. 眚卽見勞非色所造. 然見眚者終無見咎. 例汝今日以目觀見山河國土及諸衆生. 皆是無始見病所成. 見與見緣似現前境. 元我覺明見所緣眚. 覺見卽眚. 本覺明心覺緣非眚. 覺所覺眚. 覺非眚中. 此實見見. 云何復名覺聞知見. 是故汝今見我及汝. 幷諸世間十類衆生. 皆卽見眚非見眚者. 彼見眞精性非眚者故不名見.

(B) 동분에서 물러나 별업을 예로 듦

아난아, 저 중생의 동분망견을 저 허망하게 보는 별업別業의 한 사람과 비교하면,

阿難. 如彼衆生同分妄見例彼妄見別業一人.

(C) 나아가고 물러서면서 종합적으로 밝힘

눈병이 난 한 사람은 저 하나의 나라와 같고, 그가 보는 둥근 그림자가 눈병으로 허망하게 생기는 것과 이 온갖 동분同分에서 보이는 상서롭지 못함이 동견同見의 업 중 장악瘴惡으로 일어나는 것은 모두 무시이래로 봄(見)의 망령됨으로 생긴 것이다.

예컨대 염부제의 3천주와 네 개의 큰 바다와 사바세계와 시방의 온갖 유루국有漏國과 모든 중생은 똑같이 이 각명覺明의 번뇌 없는 묘한 마음(無漏妙心)이 견문각지見聞覺知하는 허망하게 병든 연緣과 화합해서 허망하게 생겨나고 화합해서 허망하게 죽는 것이다.

一病目人同彼一國彼見圓影眚妄所生. 此衆同分所見不祥同見業中瘴惡所起. 俱是無始見妄所生. 例閻浮提三千洲中兼四大海娑婆世界幷洎十方諸有漏國及諸衆生. 同是覺明無漏妙心見聞覺知虛妄病緣和合妄生和合妄死.

이상 법공을 드러냄을 마친다.

다) 본각이 반연을 여읨으로써 진여가 속박에서 벗어남을 제시함을 드러냄
만약 온갖 화합의 연緣과 불화합의 연을 멀리 여읠 수 있다면, 온갖 생사의 인因을 소멸하고 보리의 생멸하지 않는 성품을 원만히 해서 청정한 본심인 본각本覺이 항상 머물 것이다.

若能遠離諸和合緣及不和合. 則復滅除諸生死因. 圓滿菩提不生滅

性. 清淨本心本覺常住.

通의 여기서는 오온의 사례로 세계를 타파함으로써 법집을 타파하고 있다. 법집을 타파하기 위해서 "대다라니와 온갖 삼마제의 묘한 수행 길을 펼쳐 보이고자"라고 하셨는데, 다라니는 한역하면 총지摠持이다. 앞서 맺는 말씀에서 "묘한 보리의 길에서 나태하지 말라"고 권유한 것은 인공人空[277]을 단선적으로 제시할 뿐 법공法空[278]을 드러내지 못해서 오히려 단공但空에 속하고 있다.

그래서 법집을 아직 잊지 못하고 있기 때문에 지금 원융圓融한 공관空觀의 체體를 제시하기 위해 하나를 들어서 셋을 즉하고 셋을 말해서 하나를 즉하기 때문에 온갖 삼마제라고 말한 것이다. 이제 법집을 일단 타파해서 공여래장空如來藏의 체體가 단박에 드러나고, 또 이 공여래장이 바로 원융의 공체空體로서 만유萬有를 총체적으로 회통하고 일심一心을 원융해 돌아가기 때문에 '총지삼매'라고 말하는 것이다.

이것이 '온갖 삼마제의 묘한 수행 길'이 되기 때문에 그 뜻(義)은 진공眞空이 바로 가假에 즉한 공空이지 단공但空이 아님을 드러낸 것이다. 그래서 부처님께서는 아난이 기억력이 좋고 많이 듣기만(多聞)했을 뿐 사마타의 미묘하고 은밀한 관조觀照에 대해서는 마음이 아직

277 ①인간은 오온五蘊의 일시적인 화합에 지나지 않으므로 거기에 불변하는 실체가 없다. ②분별하는 인식 주관의 작용이 끊어진 상태를 말한다.
278 ①모든 현상은 여러 인연의 일시적인 화합에 지나지 않으므로 거기에 불변하는 실체가 없다. 현상을 구성하는 요소에 불변하는 실체가 없다. ②인식 주관에 형성된 현상에 대한 분별이 끊어진 상태를 말한다.

열리지 않았다고 질책한 것이며, 본래 인연과 자연의 지취旨趣가 아님을 깨닫지 못해서 가假에 즉한 공空을 요달하지 못한 것을 올바로 지적했기 때문에 지금 거듭 가르쳐 보인 것이다.

그러나 법집은 단적으로 안으로는 오온의 몸과 마음, 밖으로는 산하대지와 허공세계에 이르기까지 두 종류의 실다운 법일 뿐이다. 앞에서 "너의 몸과 마음, 밖으로는 허공, 산하대지에 이르기까지 모두 묘명진정묘심妙明眞精妙心 속에 나타난 사물이다"라고 했는데, 비유컨대 백천百千 개의 큰 바다를 버린 채 하나의 물거품만 인정해서 전체 조류潮流라고 지목하면 이는 전도顚倒가 된다.

이제 두 가지 허망함을 타파하려 하기 때문에 먼저 아난에게 일체중생이 세간을 윤회하는 것은 두 가지 전도로 인한 분별로 허망함을 보기 때문이라고 고하셨다. 그리고 이 두 가지 허망함은 일진계一眞界 속의 당처當處로부터 발생하고, 이미 이 허망한 미혹이 생겨나면 반드시 허망한 업이 있으니, 소위 움직이는 즉시 고통이 있기 때문에 당면한 업이 유전流轉할 뿐이다.

무엇이 두 가지 망견인가? 첫째는 별업망견이고 둘째는 동분망견이다. 별업別業은 바로 중생의 정보正報로서 각각 오온의 몸과 마음이니, 이는 각자의 개별적인 업(別業)이 감응한 것이다. 동분同分은 바로 중생의 의보依報의 세계이니, 이는 대중의 똑같은 업(同業)이 감응한 것이다. 이 두 가지 허망함은 본래 있지 않으니, 진실로 참되고 청정하고 묘하고 밝은 마음(眞淨妙明心) 속의 일념이 허망하게 움직여서 무명이 있으므로 마침내 진심을 변화시켜 아뢰야식이 되기 때문에 견분見分과 상분相分이 있는 것이다.

견見은 허망한 마음이고 상相은 허망한 경계이니, 마음과 경계가 대대對待해서 미혹을 일으켜 업을 지어 생사를 윤회하니 실로 두 가지 허망함의 허물이다. 소위 봄(見)과 봄의 반연과 새기는 모습(所想相)이 마치 허공 속의 꽃과 같아서 본래 있는 것이 아니기 때문에 진심은 훌륭한 눈과 같고 망심은 눈병과 같은 것이다. 오온의 몸과 마음은 마치 등불 위의 둥근 그림자와 같고, 사대四大의 산하는 마치 허공 속의 어지러운 꽃과 같다. 만약 눈병을 요달하면 두 가지 허망함은 본래 공하니, 이 때문에 눈병을 잡아서 타파한 것이다.

무엇을 이름하여 별업망견이라 하는가? '별업'은 바로 중생의 정보正報로서 각각 오온의 몸과 마음이니, 요컨대 오온이 본래 공해서 원래 봄(見)의 허망함에 의거해 있음을 드러낸 것이다. 마치 눈병 있는 눈으로 밤에 등불을 볼 때 다섯 가지 빛깔의 둥근 그림자를 보는 것과 같다. 훌륭한 눈의 등불은 진심을 총체적으로 비유하고, 눈병은 망견을 비유하고, 그림자는 오온을 비유하기 때문에 등불에 즉하거나 등불을 여의어서 변론한 것이다. 본래 있는 바(所有)가 없으니 어찌 옳고 그름을 논할 수 있겠는가?

빛깔이 실제로 등불에 존재함은 허망함이 참(眞)을 여의지 않음을 비유한 것이고, 봄(見)의 병이 그림자가 되는 것은 미혹을 인해서 허망함이 있음을 비유한 것이고, 그림자와 봄(見) 둘 다 눈병이 된 것은 마음과 경계 모두 미혹함을 비유한 것이며, 미혹을 자각해서 미혹이 소멸하기 때문에 봄의 눈병은 병이 아니다. 또 두 번째 달과 같다는 비유로 옳고 그름의 모습이 없음을 요달한 것을 충분히 알 수 있다. 진실로 두 번째 달이 눈을 날조해 이루어졌음을 안다면 그림자를 보는 것도 눈병의 허물임을 알 것이니, 또 어찌 등불에 대해 옳고 그름의 허망한 계교를 일으키겠는가? 이를 요달해서 오온이 본래 공하다는 것을 충분히 안다면 인연과 자연의 의심도 해결할 수 있다.

무엇을 이름하여 동분망견이라 하는가? '동분'은 바로 시방의 중생이 똑같이 감응하는 의보依報의 세계이다. 세계가 있는 것이 아니라 원래 봄(見)의 허망함에 의거해 생겨난 것임을 드러내고자 하기 때문에 남염부제南閻浮提의 크고 작은 많은 나라의 재난과 상서로움은 일치하지 않는 것이 분명하다. 다만 한쪽 나라의 사람이 똑같이 악연惡緣을 느낀다면 한쪽 나라 사람은 똑같이 상서롭지 못함을 본다. 저 악惡이 없는 자는 본래 보고 듣지 못하니, 이로써 알 수 있는 것은 예토穢土의 중생은 바로 악업으로 감응하는 바이지만 정토淨土 속에 있는 사람은 본래 보지 못할 뿐이라는 점이다. 이른바 '큰 불이 탈 때도 나의 이 땅은 편안하다'는 것이라서 본래 더러움과 악이 있음을 보지 못하는 것이다.

내가 지금 이 두 가지 일을 나아가고 물러서면서 종합적으로 밝히니, 말하자면 별업에 나아감으로써 동분을 예로 들고 동분에 물러남으로써 별업을 예로 드는 것이다. 오온이 본래 공함은 깨닫기 쉽고 세계가 있지 않음은 밝히기 어렵기 때문에 두 가지 일을 빌려 나아가고 물러서면서 종합적으로 밝혔을 뿐이다. 즉 저 중생의 개별적 업으로 허망하게 보는(別業妄見) 오온의 몸과 마음은 마치 등불의 빛에 나타난 둥근 그림자를 보는 것과 같은데, 그러나 그림자가 비록 있는 듯하나 필경에는 눈병으로 이루어진 것이라서 등燈에 본래 있는 것이 아니다. 만약 이 '눈병'을 안다면 봄의 병(見病)은 없다.

이 사례를 통해 네가 산하대지와 온갖 중생을 살펴보면 모두 비롯함 없는 무명無明의 봄(見)의 병으로 이루어졌을 뿐이다. 봄(見)과 봄의 반연(見緣)이 흡사 현전의 경계 같지만 본래 실다운 존재(實有)가 아니니, 원래 내 각명覺明의 무명이기 때문에 망견으로 반연한 눈병이 있을 뿐이다. 그렇다면 깨닫든(覺) 보든 모두 눈병에 즉한 것이며, 본각명심本覺明心이 온갖 연緣을 깨달아 마친 것이라면 눈병이 아니다. 그러나 그 깨달은 바를 깨달음은 이 진각眞覺을 눈병으로 흐린 것이니, 진각이 어찌 망각妄覺 속에 떨어지겠는가? 그래서 "깨달음이 눈병으로 흐리지 않으니, 이것이 정말로 봄을 봄이다"라고 한 것이다.

아난이 앞에서 "지금 봄을 본다고 들으니 더욱 더 헷갈리고 답답합니다"라고 말했기 때문에 부처님께서 "깨달음은 눈병을 깨달은 것이지만, 깨달음(覺)은 눈병 속에 있지 않다"고 함으로써 봄을 본다(見見)는 의심을 해석했다. 이렇게 증명이 이루어지면, 앞의 봄(見)은 바로 진각眞覺이고 나중의 봄(見)은 눈병이 된다. 눈병은 망견으로 바로 무명의 식정識精을 가리킨다. 이것은 여래께서 스스로 해석하여 경문에 분명히 드러나 있으므로 다른 해석이 필요치 않다. 그리고 식정識精이 바로 봄(見)의 정精이라 하니, 참 지혜로 관觀해도 오히려 눈병의 허망함인데, 어찌 견문각지見聞覺知로 미칠 수 있겠는가? 이것이 소위 봄(見)도 오히려 봄을 여의고 있어서 봄이 미칠 수 없다는 것이다.

반드시 알아야 하나니, 일진계一眞界 속에서는 부처도 본래 없으니, 네가 지금 부처도 있고 중생도 있다고 보는 것은 모두 망견의 눈병이지 봄(見)의 눈병이 아닌 것이다. 저 묘견妙見의 참되고 정밀한(眞精)

성품이 눈병이 아님은 온갖 허망함을 멀리 여의기 때문이라서 봄(見)이라 이름하지 않을 뿐이다. 이상 별업에 나아가 동분을 예로 들어서 종합해 관찰하면 세계가 본래 공함을 알 수 있다. 그러므로 또 동분에 물러나서 별업을 예로 들면 곧 이 중생의 동분망견이 저 별업망견한 사람을 예로 드는 것이니, 하나의 병든 눈을 가진 사람에게 보이는 둥근 그림자는 바로 눈병의 허망함으로 이루어진 것이다.

예컨대 저 하나의 나라에 보이는 상서롭지 못함은 똑같이 악업이 일으킨 것이지만, 그러나 이 나라의 경계는 모두 비롯함 없는 봄(見)의 허망함이 낳은 것이다. 이 하나의 나라를 예로 삼아서 염부제와 시방의 온갖 유루국有漏國과 모든 중생에 이르기까지 똑같이 각명覺明의 번뇌 없는 묘한 마음(無漏妙心)이 견문각지見聞覺知하는, 말하자면 무명을 인해 이 무루묘심을 미혹한 나머지 견문각지의 허망하게 병든 연緣인 근根과 경계가 망령되게 화합해서 허망하게 생겨나고 허망하게 죽을 뿐이다. 이런 식으로 관찰하면, 오온의 몸과 마음과 밖으로 허공, 산하대지가 당장 소멸해서 전혀 기댈 곳이 없다. 그러므로 두 종류의 세계를 예로 들어 타파함으로써 법공을 드러냄을 알 것이다.

두 가지 집착이 이미 타파되면 시각始覺에 공功이 있어서 본각이 바로 드러난다. 총체적으로 결론을 내리면, 본각이 연緣을 여읨으로써 진여眞如가 속박에서 벗어남을 제시하니, 이 때문에 "만약 온갖 화합의 연緣과 불화합의 연을 멀리 여읠 수 있다면, 다시 온갖 생사의 인因을 소멸하고 보리의 생멸하지 않는 성품을 원만히 해서 청정한 본심인 본각本覺이 항상 머물 것이다"라고 한 것이다.

종전에 마음을 따져 봄(見)을 변별한 이래로 다양하게 가르침을

보여서 허망함을 타파하고 참(眞)을 드러냈는데, 여기에 이르러서는
두 가지 집착을 타파해서 곧바로 본각의 진심을 드러냈다. 그러나
이것도 오히려 화합식和合識²⁷⁹을 타파함으로써 본각을 드러낸 것이지
일심一心의 근원을 극極한 것은 아니다. 뒤이어 시각과 본각이 화합하
는 계교를 타파해야 비로소 여래장 성품(藏性)을 회통해서 돌아갈
것이다.

　이상 '본각이 연緣을 여읨으로써 진여가 속박에서 벗어남을 제시함'
을 드러내었다.

**라) 자취를 불식시키고 현묘함(玄)에 들어감으로써 진여眞如의 절대絶待를 드러냄을
　두 가지로 나눔**
(가) 세존께서 특별히 제시함
아난아, 네가 비록 본각묘명本覺妙明의 성품이 인연도 아니고 자연의
성품도 아님은 먼저 깨달았지만, 그러나 아직도 이러한 깨달음의 근원
(覺元)이 화합으로 생긴 것도 아니고 불화합도 아님은 밝히지 못했다.

阿難. 汝雖先悟本覺妙明性非因緣非自然性. 而猶未明如是覺元非
和合生及不和合.

(나) 허망한 계교를 거듭 불식시킴을 두 가지로 나눔
㉮ 화합을 타파함
아난아, 내가 이제 다시 현전한 육진으로 너에게 묻겠다. 너는 지금도

---

279 진眞·망妄이 융합되어 있는 아뢰야식阿賴耶識을 말한다.

오히려 일체 세간의 망상이 화합한 온갖 인연의 성품을 갖고서 보리심의 증득도 화합으로 일어난다고 스스로 의심하고 있구나. 그렇다면 너의 지금 묘하고 청정한 견정(妙淨見精)이 밝음과 화합했는가, 어둠과 화합했는가, 통함과 화합했는가, 막힘과 화합했는가?

만약 밝음과 화합한 것이라면 네가 밝음을 살펴볼 때 당장 밝음이 현전할 텐데, 어느 곳에 봄(見)이 섞여 있는가? 봄의 모습(相)은 변별할 수 있으리니, 섞였다면 어떤 형상形像인가?

만약 밝음이 봄(見)이 아니라면 어떻게 밝음을 보며, 만약 밝음이 곧 봄이라면 어떻게 봄을 보겠는가? 만약 반드시 봄이 원만하다면 어느 곳에 밝음이 화합할 것이며, 만약 밝음이 원만하다면 봄도 화합하지 못한다.

봄(見)은 반드시 밝음과는 다르므로 서로 화합(和)했다면 저 성품의 밝음이란 명자名字는 잃을 것이고, 섞임으로써 밝음의 성품을 잃었다면 밝음과 화합한다는 건 옳지 않다. 저 어둠과 통함과 온갖 막힘도 마찬가지다.

다음에 아난아, 지금 너의 묘하고 청정한 견정見精은 밝음과 합한 것인가, 어둠과 합한 것인가, 통함과 합한 것인가, 막힘과 합한 것인가?

만약 밝음과 합한 것이라면 어두울 때는 밝은 모습이 이미 사라졌고, 이 봄(見)도 온갖 어둠과 화합하지 않았을 터인데, 어떻게 어둠을 보겠는가? 만약 어둠을 볼 때 어둠과 화합하지 않았다면, 밝음과 화합한 것도 응당 밝음을 본 것이 아니다. 이미 밝음을 보지 못했다면 어찌 밝음과 화합한다고 하겠으며 또 밝음이 어둠이 아니란 걸 알겠는가? 저 어둠과 통함과 온갖 막힘도 이와 마찬가지다."

阿難. 吾今復以前塵問汝. 汝今猶以一切世間妄想和合諸因緣性而
自疑惑. 證菩提心和合起者. 則汝今者妙淨見精爲與明和. 爲與暗和.
爲與通和. 爲與塞和. 若明和者. 且汝觀明. 當明現前何處雜見. 見相
可辯雜何形像. 若非見者云何見明. 若卽見者云何見見. 必見圓滿何
處和明. 若明圓滿不合見和. 見必異明. 雜則失彼性明名字. 雜失明
性和明非義. 彼暗與通及諸羣塞亦復如是. 復次阿難. 又汝今者妙淨
見精爲與明合. 爲與暗合. 爲與通合. 爲與塞合. 若明合者. 至於暗時
明相已滅. 此見卽不與諸暗合云何見暗. 若見暗時. 不與暗合. 與明
合者應非見明. 旣不見明. 云何明合了明非暗. 彼暗與通及諸羣塞亦
復如是.

㉯ 불화합을 타파함

아난이 부처님께 말씀드렸다.

"세존이시여, 저의 생각으로는 이 묘각의 근원이 온갖 반연된 티끌
(緣塵)과 마음의 염려念慮와 화합하지 않습니다."

부처님이 말씀하셨다.

"네가 지금 또 각覺은 화합이 아니라고 하니, 내가 다시 너에게
묻겠다. 이 묘한 견정見精이 화합하지 않는 것이라면, 밝음과 화합하지
않았는가, 어둠과 화합하지 않았는가, 통함과 화합하지 않았는가,
막힘과 화합하지 않았는가?

만약 밝음과 화합하지 않았다면 봄(見)과 밝음이 반드시 경계선이
있어야 할 것이다. 네가 자세히 살펴보거라. 어디까지가 밝음이고,
어디까지가 봄(見)인가? 봄이 존재하고 밝음이 존재한다면, 어디부터

경계선을 삼아야 하는가?

아난아, 만약 밝음의 경계(明際) 속에서 필경 봄(見)이 없다면, 봄과 밝음이 서로 미치질 못해서 저절로 그 밝은 모습(明相)의 소재를 알지 못하리니, 어찌 경계선이 이루어지겠는가?

저 어둠과 통함과 온갖 막힘도 이와 마찬가지다.

다시 묘한 견정見精이 화합하지 않은 것이라면, 밝음과 화합하지 않았는가, 어둠과 화합하지 않았는가, 통함과 화합하지 않았는가, 막힘과 화합하지 않았는가?

만약 밝음과 화합하지 않았다면, 봄(見)과 밝음의 성품이 서로 어긋나는 것이 마치 귀와 밝음이 끝내 서로 접촉하지 않는 것과 같아서 봄(見)이 밝은 모습의 소재를 알지 못할 것이니, 어찌 화합과 화합하지 않는 이치를 밝힐 수 있겠는가?

저 어둠과 통함과 온갖 막힘도 이와 마찬가지다.

阿難白佛言. 世尊. 如我思惟. 此妙覺元與諸緣塵及心念慮非和合耶. 佛言. 汝今又言覺非和合. 吾復問汝. 此妙見精非和合者. 爲非明和. 爲非暗和. 爲非通和. 爲非塞和. 若非明和. 則見與明必有邊畔. 汝且諦觀何處是明. 何處是見. 在見在明自何爲畔. 阿難. 若明際中必無見者則不相及. 自不知其明相所在畔云何成. 彼暗與通及諸羣塞亦復如是. 又妙見精非和合者. 爲非明合. 爲非暗合. 爲非通合. 爲非塞合. 若非明合. 則見與明性相乖角. 如耳與明了不相觸. 見且不知明相所在云何甄明合非合理. 彼暗與通及諸羣塞亦復如是.

앞에서 이미 '시각始覺에 공功이 있어서 본각本覺이 바로 드러
난다'고 가르쳐 보였다. 이는 소위 보리심의 생겨남과 생멸심
의 소멸함도 오히려 생멸에 속한다고 말하는 것이니, 까닭인즉 대대對
待가 있기 때문이다. 아난은 앞서 화합의 뜻을 밝히지 못했다. 나아가
시각으로 본각에 합한 것을 이름하여 구경각究竟覺이라 한 것은 말하자
면 본각의 진심 역시 화합을 인因하여 일어난다는 것이다. 이 때문에
여기서는 허망한 계교를 거듭 물리침으로써 진심이 상대相待를 끊어
관觀과 지혜가 모두 소멸함을 드러냈으며, 그런 후에야 비로소 일심一
心에 묘하게 계합할 수 있기 때문에 과科의 명칭을 '자취를 불식시켜
현묘함에 들어간다'고 하였다.

이로써 알 수 있는 것은 여기서 말하는 화합은 바로 진심에 나아가
시각을 가려내는 것이기 때문에 앞서 화합식和合識을 타파하여 허망한
계교를 가려낸 것과는 같지 않다는 점이다. 이것은 아난이 앞에서
"마음도 오히려 밝히지 못했다"고 말한 것을 인했기 때문에 질문을
기다리지 않고 아난에게 "네가 비록 본각묘명本覺妙明의 성품이 인연도
아니고 자연의 성품도 아님은 먼저 깨달았지만, 그러나 아직도 이러한
깨달음의 근원(覺元)이 화합으로 생긴 것도 아니고 불화합도 아님은
밝히지 못했다"고 고한 것이다. '화합으로 생긴 것도 아님'은 말하자면
천연天然의 묘한 성품은 수행을 인하여 생겨나지도 않고 화합을 인하여
생겨나지도 않는 것이다. '불화합도 아님'은 말하자면 체體가 허망한
반연을 끊어서 온갖 반연과 화합하지 않으면서도 반연을 여읜 적이
없는 것이다.

그러나 각체覺體는 밝고 청정해서 마음을 조처하기 어렵기 때문에

현전한 육진의 망상을 빌려서 밝힌 것이다. 그래서 "내가 이제 다시
현전한 육진으로 너에게 묻겠다. 너는 지금도 오히려 일체 세간의
망상이 화합한 온갖 인연의 성품을 갖고서"는 팔식의 체體를 화합식이
라 칭함을 가리키고, "보리심의 증득도 화합으로 일어난다고 스스로
의심하고 있구나"는 말하자면 네가 오히려 망상을 일찍 익혔기 때문
에 보리의 각심覺心도 화합으로부터 일어난다고 허망하게 생각하는
것이다.

　"그렇다면 너는 지금 묘하고 청정한 견정(妙淨見精)으로 추궁하건대
면전의 반연인 밝음, 어둠, 통함, 막힘 중 어느 것과 화합했는가?"에서
화和라는 말은 물과 젖이 섞이는 것과 같고 합合이란 말은 상자와
상자 뚜껑이 합하는 것과 같으니, '화和'는 섞여서 나뉘지 않는다는
뜻이다. 그리고 '네가 밝음을 살펴볼 때 어느 곳에 봄(見)이 섞여
있는가?' 이하는 여의거나 즉卽하면서 타파한 것이다. '만약 밝음이
봄(見)이 아니라면'에서 밝음이 이미 봄(見)이 아니라면 봄(見)에 해당
하지 않음이 분명하니, 이를 여의는 것은 불가능하다. '만약 밝음이
곧 봄이라면'에서 밝음은 이미 봄(見)을 이루었으므로 다시 봄(見)에
해당하지는 않으니, 이를 즉卽하는 것은 불가능하다. 그러므로 '어떻게
봄을 보겠는가?' 이하는 동일함과 차이로 타파한 것이다.

　만약 봄(見)이 동일하다면 봄(見)은 이미 원만하니 또 어느 곳에서
밝음과 화합할 것인가? 만약 밝음이 동일하다면 밝음은 이미 원만하므
로 응당 다시 봄(見)과 화합하지 못한다. 생각건대 두 사물이 서로
섞여야 비로소 '화和'라고 칭할 수 있을 뿐이니, 이 동일함은 불가능
하다.

'만약 봄(見)은 반드시 밝음과는 다르므로 서로 화和했다면'에서는 섞여서 나뉘지 않으므로 봄(見)이든 밝음(明)이든 둘 다 잃은 것이니, 어찌 다시 봄(見)과 밝음이라 말할 수 있겠는가? 이것의 차이는 불가능하다. 이미 섞여서 밝음의 성품을 잃었으면서도 밝음과 화和한다고 말하는 건 옳지 않은 뜻이다. 밝음이 이미 화和가 아니라면, 어둠과 통함과 막힘도 준거해서 알 수 있다.

다시 너의 지금 묘하고 청정한 견정見精은 밝음, 어둠, 통함, 막힘과 어떻게 합한 것인가? 만약 밝음과 합한 것이라면 밝음이 소멸했을 때는 응당 어둠을 보지 못해야 하니, 봄(見)이 밝음을 따라 소멸했기 때문이다. 만약 어둠과 합한 것이라면 어둠이 물러날 때는 저절로 밝음을 보지 못해야 하니, 봄(見)이 어둠을 따라 물러났기 때문이다. 이런 식으로 밝음을 요달했다면 어둠과 통함, 막힘도 준거해서 알 수 있을 것이다.

아난은 화합의 뜻이 잘못이란 가르침을 이미 들었기 때문에 다시 계교를 굴려서 "저의 생각으로는 이 묘각의 근원이 온갖 반연된 티끌(緣塵)과 마음의 염려念慮와 화합하지 않습니다"라고 말했다. 세존께서는 이를 타파하면서 말씀하시길 '만약 밝음과 화합하지 않았다면 봄(見)과 밝음은 각자 경계선이 있어야 할 것이고, 만약 밝음과 합하지 않았다면 봄(見)과 밝음 양쪽이 서로 괴리되어서 서로 미치질 못하니, 어찌 그 합함과 합하지 못함을 알겠는가? 이렇게 추론하다 보면 묘하고 청정한 견정見精과 온갖 티끌의 반연을 충분히 알 것이다.

만약 화합과 불화합을 말한다면 모두 이루어지지 않는다. 견정도 오히려 옳고 그름 밖으로 벗어났거늘 하물며 묘각妙覺의 진심이 어찌 옳고 그름의 화합으로 계교할 수 있겠는가? 진실로 생멸과 불생멸이 화합해서 팔식을 이루기 때문에 지금 화합식和合識을 타파하면 온갖 허망함이 이미 다해서 시각이 본각과 합해지는데, 그러면 관觀과 지혜가 모두 소멸하고 옳고 그름의 정情이 잊혀가면서 진여眞如의 절대絶待가 드러난다. 이렇게 되면 적멸寂滅의 일심一心이 바로 여기서 보인다.

　이상 생멸문을 잡아 참(眞)과 허망을 결택決擇함으로써 본각의 진심을 드러냄을 마친다.

② 불생불멸不生不滅을 잡아 허망함을 회통해 참(眞)으로 돌아감으로써 진공眞空의 여래장성如來藏性을 드러냄을 두 가지로 나눔

가. 일심을 곧바로 가리킴(直指一心)

아난아, 너는 오히려 일체의 부질없는 티끌(浮塵)인 온갖 환화幻化의 모습이 당처當處에서 출생하여 처소에 따라 멸진滅盡함을 밝히지 못하고 있다. 그리하여 이 환망幻妄을 모습(相)이라 칭하지만 그 성품은 참으로 묘각명체妙覺明體이다.

　이렇게 나아가 오음五陰, 육입六入, 십이처十二處, 십팔계十八界에 이르기까지 인연이 화합하면 허망하게 생겨나고 인연이 흩어지면 허망하게 소멸한다. 그러나 이 생멸과 거래去來가 본래의 여래장인 항상 머물면서 묘하게 밝고 움직이지 않으면서 두루 원만한(常住妙明不動周圓) 묘한 진여의 성품(妙眞如性)임을 능히 알지 못한 채 성품의 진상(眞常: 참됨과 영원함) 속에서 거래와 미오迷悟와 생사를 구하려 하니 끝내 얻을 수 없는 것이다.

阿難. 汝猶未明一切浮塵諸幻化相當處出生隨處滅盡. 幻妄稱相. 其性眞爲妙覺明體. 如是乃至五陰六入從十二處至十八界. 因緣和合虛妄有生. 因緣別離虛妄名滅. 殊不能知生滅去來本如來藏常住妙明不動周圓妙眞如性. 性眞常中. 求於去來迷悟生死了無所得.

통의 여기서는 일심의 참 근원인 불생불멸의 여래장성如來藏性이 만법을 원용해 회통함을 곧바로 가리키고 있다. 이 일심을 미혹하기 때문에 불생불멸과 생멸이 화합해서 아뢰야식을 이루고, 아뢰야식은 견분見分과 상분相分을 전변해 일으켜서 색色과 마음 두 가지 법이 된다. 그리하여 안으로는 오온의 중생을 이루고 밖으로는 허공의 세계까지 미쳐서 온갖 반연된 법이 다 그 속에 나타나는데, 진실로 중생의 불각不覺을 말미암아 반연을 인정하다 참(眞)을 잃기 때문에 윤회전생을 받는 것이다.

아난이 대비大悲로 음실婬室에 일부러 타락한 이유를 나타내 보인 것은 전적으로 오온의 몸과 마음을 허망하게 인정한 잘못이란 것을 인因했기 때문이니, 그래서 세존에게 시방의 여래가 보리를 성취하게 된 묘한 사마타와 삼마와 선나의 최초 방편을 가르쳐 달라고 특별히 청한 것이다. 그러자 세존께서는 가장 먼저 오온을 타파해서 심목心目이 허물이 됨을 가리켰으니, 이는 처음에 '마음을 따져서 봄(見)을 변별함' 이래로 망심과 망견을 총체적으로 타파했을 뿐이다.

그렇다면 마음의 봄(見)은 바로 팔식의 견분見分이고 온갖 반연(緣)은 바로 팔식의 상분相分이니, 이것이 근본무명이 된다. 이 무명을 말미암아 '온갖 모습이 본래 공함'을 요달하지 못하기 때문에 이제까지 티끌의 반연이 실유實有가 아니고 망견이 본래 없음을 점차적으로 가려낸 것이다. 그리하여 봄(見: 견분)과 상(相: 상분)을 소멸해서 식정識精으로 돌아가고, 식정을 타파해서 시각始覺으로 돌아가며, 시각을 회통해서 일심에 돌아가니 공여래장空如來藏의 체體가 여기서 드러난다.

그리고 이전에 허망함을 타파해서 드러낸 공은 단공但空이라 칭할 뿐이니, 이는 공空일 뿐 능히 있지(能有) 못하기 때문에 진공眞空이 아니다. 이제 오온, 근根, 진塵, 식識, 계界 및 칠대七大가 본래 여래장의 묘한 진여眞如의 성품임을 회통하니, 이는 유有에 즉한 공空으로서 실상實相의 진공이라 칭한다. 바야흐로 대승의 원만하고 융화하고 비어 있고 갈무리하는(圓融空藏) 체體를 다했으니, 이는 이승二乘이 알 바가 아니기 때문에 세존께서 특별히 아난에게 "너는 오히려 일체의 부질없는 티끌(浮塵)인 온갖 환화幻化의 모습이 당처當處에서 출생하여 처소에 따라 멸진滅盡함을 밝히지 못하고 있다"고 고하신 것이다.

만약 연생緣生이 환幻과 같아서 본래 저절로 무생無生임을 요달한다면, 단지 환망幻妄을 모습(相)이라 칭할 뿐 그 성품은 참되어서 묘각명체妙覺明體가 된다. 이렇게 되면 법마다 온전히 참(眞)이니 어찌 한 법이라도 허망한 모습이 있겠는가? 그렇다면 오음五陰, 육입六入, 십이처十二處, 십팔계十八界에 이르기까지 온갖 허망한 모습은 단지 인연이 화합하면 허망하게 생겨남이 있고 인연이 흩어지면 허망하게 소멸한다고 칭한다는 것을 알 것이다. 너희들은 단지 생멸의 허망한 모습만을 볼 뿐 이 생멸과 거래去來가 본래의 여래장인 '항상 머물면서 묘하게 밝고 움직이지 않으면서 두루 원만한(常住妙明不動周圓)' 묘한 진여의 성품(妙眞如性)임을 능히 알지 못하고 있다.

그러나 여래장의 성품을 요달해 알면 다시 무슨 생멸과 거래의 환망幻妄이 있겠는가? 만약 망상으로 관찰한다면 생사와 거래의 모습이 있는 듯하지만, 올바른 지혜로 관찰하면 성품의 진상(眞常: 참됨과 영원함) 속에서 거래와 미오迷悟와 생사를 구한다 한들 끝내 얻을 수 없는 것이다. 이렇게 일심의 참 근원을 특별히 제시하니, 앞에서부터 허망함을 타파해 드러낸 것은 여기서 그 묘함이 극에 이른다. 다음 경문에서는 오온과 삼과三科와 칠대七大를 하나하나 회통하여 여래장 성품에 돌아감으로서 진공의 체體를 다하고 있다.

이상 일심을 곧바로 가리킴을 마친다.

나. 만법을 단박에 원융함을 세 가지로 나눔

가) 삼과三科를 회통함으로써 사事에 즉하고 이理에 즉함을 드러냄을 네 가지로 나눔

(가) 오음五陰을 회통함

㉮ 색음色陰을 회통함

아난아, 어찌하여 오음이 본래의 여래장인 묘한 진여의 성품인가?

아난아, 비유하자면 어떤 사람이 청정한 눈으로 맑게 갠 허공을 보면 오직 하나의 맑은 허공일 뿐이라서 멀리까지 아무것도 없지만, 그 사람이 까닭 없이 눈동자를 움직이지 않고 똑바로 쳐다보다가 피로가 일어나면 허공에서 따로 미친 꽃(狂華)이나 온갖 광란狂亂의 그릇된 모습을 보는 것과 같나니, 색음色陰도 이와 마찬가지란 걸 반드시 알아야 한다.

아난아, 이 온갖 미친 꽃은 허공에서 온 것도 아니고 눈에서 나온 것도 아니다.

이처럼 아난아, 만약 허공에서 온 것이라면 이미 허공에서 나왔으니 도로 허공으로 들어가야 하는데, 만약 들어가고 나옴(出入)이 있다면 이미 허공이 아니다. 또 허공이 만약 허공이 아니라면 미친 꽃의 일어나고 사라짐을 저절로 용납하지 않을 것이니, 마치 아난의 몸에 아난을 용납하지 못하는 것과 같다.

만약 눈에서 나온 것이라면 이미 눈에서 나왔으니 도로 눈으로 들어가야 한다. 즉 미친 꽃의 성품이 눈에서 나왔기 때문에 응당 봄(見)이 있어야 하며, 만약 봄이 있다면 나가면서 이미 허공의 미친 꽃이 되었다가 돌아오면서는 응당 눈을 보아야 할 것이다. 만약 봄이 없다면 나가면서 이미 허공을 가렸다가 돌아오면서는 응당 눈을 가려야 할 것이다. 또 미친 꽃을 볼 때 눈에 응당 가림이 없거늘 어찌하여 맑은 허공을 볼 때를 청명한 눈(淸明眼)이라 부르는가?

그러므로 반드시 알아야 하나니, 색음은 허망해서 본래 인연도 아니고 자연의 성품도 아니다.

阿難云何五陰本如來藏妙眞如性. 阿難. 譬如有人以淸淨目觀晴明空. 唯一晴虛迥無所有. 其人無故不動目睛瞪以發勞. 則於虛空別見狂華. 復有一切狂亂非相. 色陰當知亦復如是. 阿難. 是諸狂華非從空來非. 從目出. 如是阿難. 若空來者. 旣從空來還從空入. 若有出入卽非虛空. 空若非空自不容其華相起滅. 如阿難體不容阿難. 若目出者. 旣從目出還從目入. 卽此華性從目出故當合有見. 若有見者. 去

旣華空旋合見眼. 若無見者. 出旣翳空旋當翳眼. 又見華時目應無翳
云何晴空號淸明眼. 是故當知色陰虛妄本非因緣非自然性.

통의 여기서는 색음을 회통하고 있다. 청정한 눈은 참 지혜(眞智)를
비유하고, 밝게 갠 허공은 참 이치(眞理)를 비유하고, 눈을
똑바로 뜨고 보는 것은 무명을 비유하고, 피로는 망견을 비유하고,
미친 꽃은 허망한 모습을 비유하니, 바로 색음이다. 허공을 보는 눈을
잡아서 체體가 없음을 변별하고 있으니, 만약 미친 꽃이 허공으로부터
도 오지 않고 눈으로부터도 나오지 않음을 요달한다면, 색음이 본래
있는 바가 없어서 완전히 하나의 허망일 뿐임을 알 것이다.

㉯ 수음受陰을 회통함

아난아, 비유하자면 어떤 사람이 손발이 편안하고 온갖 뼈마디가 조화
로우면 홀연히 생生을 잊는 듯해서 성품에 어긋나거나 순종함이 없지
만, 그 사람이 까닭 없이 두 손바닥을 허공에서 서로 비비면 두 손에서
껄끄럽거나 미끄럽거나 차거나 뜨거운 온갖 모습(相)이 허망하게 생겨
나는 것과 같으니, 수음受陰도 이와 마찬가지란 걸 반드시 알아야
한다.

아난아, 이 온갖 환촉幻觸은 허공에서 온 것도 아니고 손바닥에서
나온 것도 아니다.

이처럼 아난아, 만약 허공에서 온 것이라면 이미 능히 손바닥을
접촉하는데 어찌해서 몸은 접촉하지 못하느냐? 허공이 (손바닥을)
선택하여 와서 접촉한 것은 아닐 것이다. 만약 손바닥으로부터 나왔다

면 응당 두 손바닥이 합쳐지길 기다리지 말아야 한다. 또 손바닥에서 나왔으므로 두 손바닥이 합칠 때 손바닥이 알았다면 두 손바닥이 떨어졌을 때는 즉시 접촉이 들어가면서 팔과 손목과 골수가 응당 들어갈 때의 종적을 각지覺知해야 할 것이다. 반드시 깨닫는 마음(覺心)이 있어서 들어감을 알고 나옴을 안다면, 스스로 한 물건이 몸속을 왕래하는 것이니 어찌 손바닥이 합쳐지길 기다렸다 아는 것을 '접촉'이란 중요한 명칭으로 삼느냐?

그러므로 반드시 알아야 하나니, 수음은 허망해서 본래 인연도 아니고 자연의 성품도 아니다.

阿難. 譬如有人手足宴安百骸調適. 忽如忘生性無違順. 其人無故以二手掌於空相摩. 於二手中妄生澁滑冷熱諸相. 受陰當知亦復如是. 阿難. 是諸幻觸不從空來. 不從掌出. 如是阿難. 若空來者. 旣能觸掌何不觸身. 不應虛空. 選擇來觸. 若從掌出應非待合. 又掌出故合則掌知離則觸入. 臂腕骨髓應亦覺知入時蹤跡. 必有覺心知出知入. 自有一物身中往來何待合知要名爲觸. 是故當知受陰虛妄本非因緣非自然性.

통의 여기서는 수음을 회통하고 있다. 안락하고 적합해서 본래 온갖 수(受: 감각)를 어기거나 순종함이 없다. 두 손이 서로 마찰하면 차고 더운 감촉이 나타난다. 허공과 손바닥을 잡아서 허공으로부터 오지도 않았고 손바닥으로부터 나오지도 않았음을 변별하니, 감촉의 느낌에 체體가 없으므로 수음이 본래 있는 바가 없어서 완전히 하나의 허망일 뿐임을 충분히 알 것이다.

㉣상음想陰을 회통함

아난아, 비유하자면 어떤 사람이 신 매실을 이야기하면 입안에서 침이 생기고 절벽을 밟을 걸 생각하면 발바닥이 저려오는 것과 같으니, 상음想陰도 이와 마찬가지란 걸 반드시 알아야 한다.

　아난아, 이런 '시다'는 말은 매실로부터 생기는 것도 아니고 입으로부터 들어간 것도 아니다.

　이처럼 아난아, 만약 매실에서 생긴 것이라면 매실 스스로 말해야 하거늘 어찌 사람이 말하길 기다리겠는가? 만약 입으로부터 들어왔다면 저절로 입이 들어야 하거늘 어찌 귀가 듣기를 기다려야 하는가? 만약 귀만 들어야 한다면, 이 침이 어찌 귓속에서 나오지는 않는 것인가? 절벽을 밟는 걸 새기는(想) 것도 앞의 설명과 같다.

　그러므로 반드시 알아야 하나니, 상음은 허망해서 본래 인연도 아니고 자연의 성품도 아니다.

阿難. 譬如有人談說酢梅口中水出. 思蹋懸崖足心酸澁. 想陰當知亦復如是. 阿難. 如是酢說不從梅生. 非從口入. 如是阿難. 若梅生者. 梅合自談何待人說. 若從口入. 自合口聞何須待耳. 若獨耳聞. 此水何不耳中而出. 想蹋懸崖與說相類. 是故當知想陰虛妄本非因緣非自然性.

通義 여기서는 상음을 회통하고 있다. 신 매실을 이야기하면 입에서 침이 나오고 절벽을 밟을 것을 생각하면 발바닥이 저려오는 것은 망상의 상황을 진술한 것이다. 매실과 입을 잡아서 상음에 체體가 없음을 변별하니, 이렇게 시다고 말하면 응당 '이렇게 입에서 침이 나온다'고 말해야 한다. 그러나 입에서 침이 나오는 것은 매실을 말했기 때문에 나오는 것이다. 만약 입에서 침이 나오는 것이 매실로부터 생겼다면 매실 스스로 말해야 하니, 그렇다면 침은 매실에 있지 입에 있는 것이 아니다. 만약 입에서 나오는 것이 또한 매실 이야기를 들었기 때문에 나오는 것이라면 응당 입이 들어야지 귀가 듣기를 기다리지 않아야 한다. 만약 단지 귀가 매실 이야기를 들었기 때문에 침이 나오는 것이라면, 이 침은 응당 귀로부터 나와야지 입으로부터 나오지 말아야 한다. 절벽을 밟는 것도 유사한 종류이니, 이런 식으로 추궁하면 상념에 실체가 없으므로 상음에 본래 있는 바가 없어서 완전히 하나의 허망일 뿐임을 충분히 알 것이다.

㉢ 행음行陰을 회통함

아난아, 비유하자면 사나운 흐름(暴流)의 물결이 앞과 뒤가 서로 뛰어넘지 않고 이어져서 흐르는 것과 같으니, 행음行陰도 이와 마찬가지란 걸 반드시 알아야 한다.

아난아, 이런 흐름의 성품은 허공을 인因해서 생긴 것도 아니고, 물을 인해서 생긴 것도 아니고, 물의 성품도 아니고, 허공과 물을 여의지도 않았다.

이처럼 아난아, 만약 허공을 인해서 생긴 것이라면 온갖 시방의 다함없는 허공이 다함없는 흐름을 이루어서 세계가 자연히 모두 물에 잠길 것이다. 만약 물을 인해서 생긴 것이라면 이 사나운 흐름의 성품은 응당 물이 아니니 능유能有와 소유所有의 모습이 지금 반드시 존재해야 한다. 만약 물에 즉卽한 성품이라면 맑을 때는 물의 체體가 아니어야 할 것이다. 만약 허공과 물을 여의었다고 하면, 허공은 물에서 벗어나지 않고 물에서 벗어나면 흐름도 없다.

  그러므로 반드시 알아야 하나니, 행음은 허망해서 본래 인연도 아니고 자연의 성품도 아니다.

阿難. 譬如暴流波浪相續. 前際後際不相踰越. 行陰當知亦復如是. 阿難. 如是流性不因空生. 不因水有. 亦非水性. 非離空水. 如是阿難. 若因空生. 則諸十方無盡虛空成無盡流世界自然俱受淪溺. 若因水有. 則此暴流性應非水. 有所有相今應現在. 若卽水性. 則澄清時應非水體. 若離空水. 空非有外水外無流. 是故當知行陰虛妄本非因緣非自然性.

통의 여기서는 행음을 회통하고 있다. 사나운 흐름이 서로 이어지는 것은 행음의 모습을 비유하고 있다. 여기서는 네 가지 법을 잡아서 체體가 없음을 변별하는데, 소위 허공을 인함, 물을 인함, 물에 즉한 성품, 허공과 물을 여읨이다. 생각건대 이 흐름이 만약 허공을 인해서 생겼다면 시방의 허공이 다함없는 흐름을 이룰 것이다. 그렇다면 허공이 두루한 곳에서는 흐름도 역시 두루 가득해서 일체의 세계가 다 잠길 것이니, 어찌 이치에 맞다고 하겠는가?

만약 물을 인해서 생겼다면 이 흐름의 성품은 응당 물 밖에 있어야 하니, 까닭인즉 물의 소유所有이기 때문이다. 만약 소유의 모습이 있다면 지금 응당 물을 그쳐야만 흐름의 성품을 가리킬 수 있다. 만약 흐름이 물의 성품이라면 '흐름'은 물이라도 '맑음'은 물이 아니어야 한다. 만약 허공과 물을 여의었다고 하면 허공은 물에서 벗어나지 않았고 물에서 벗어나면 흐름도 없다. 이렇게 추궁하다 보면, 이 천류遷流의 행음이 결국 어디에 있겠는가? 완전히 하나의 허망일 뿐임을 충분히 알 것이다.

㈕식음識陰을 회통함

아난아, 비유하자면 어떤 사람이 빈가병頻伽瓶[280]을 가져다 두 구멍을 막고 그 속에 허공을 가득 담아서 천 리 먼 길의 다른 나라에 가서 사용하는 것과 같으니, 식음識陰도 이와 마찬가지란 걸 반드시 알아야 한다.

아난아, 이처럼 (병 안의) 허공은 저쪽에서 온 것도 아니고 이쪽에서 들어간 것도 아니다.

이처럼 아난아, 만약 저쪽에서 왔다면 본래의 병 속에 이미 허공을 담아갔으므로 본래의 병이 있던 곳에서는 허공이 줄어들어야 한다. 만약 이쪽에서 들어갔다면 구멍을 열고 병을 기울이면 허공이 나오는 것이 보여야 하리라.

그러므로 반드시 알아야 하나니, 식음은 허망해서 본래 인연도 아니

---

280 병 모양이 가릉빈가새와 같음으로 이같이 이른 것이다. 공空의 거래와 식識의 생멸이 없음을 비유한 것이다.

고 자연의 성품도 아니다.

阿難. 譬如有人取頻伽瓶塞其兩孔滿中擎空. 千里遠行用餉他國. 識
陰當知亦復如是. 阿難. 如是虛空非彼方來. 非此方入. 如是阿難. 若
彼方來. 則本瓶中旣貯空去. 於本瓶地應少虛空. 若此方入. 開孔倒
瓶應見空出. 是故當知識陰虛妄本非因緣非自然性.

통의 여기서는 식음을 회통하고 있다. 병은 중음신中陰身[281]을 비유
하고, 허공은 식識을 비유하고, 두 구멍은 보고 들음을 비유한
다. 사람이 죽으면 보고 들음이 끊어지기 때문에 막힘을 비유하며,
식識은 업에 끌리기 때문에 다른 나라에 가는 것을 비유한다. 만약
식識을 집착함이 몸을 따라 오고가는 것이라면, 이곳에서 식識이 멸하
면 저곳에 가서 생겨난다. 가령 병에 이곳의 허공을 담아서 멀리
다른 나라에 보낸다면, 본래의 병이 있던 곳에서는 허공이 줄어들어야
하고 그곳에서 병을 기울이면 응당 허공이 나오는 것이 보여야 한다.
그러므로 허공이 움직이지 않으면 식識도 거래去來가 없음을 알므로
식識이 생사와 거래를 따른다고 계교하는 것은 허망하니, 까닭인즉

---

[281] 사람이 죽은 뒤 다음생의 몸을 받아 날 때까지의 영혼의 상태를 중음이라
하며, 그때의 몸을 중음신이라 한다. 중유中有·중온中蘊이라고도 한다. 죽는
순간(死有)부터 다음의 생을 받기(生有)까지의 존재(有)와 비존재(無)의 중간적
상태로서 『능가경』·『구사론』 등에서 윤회의 과정을 설명하기 위해 사용한
개념이다. 사람이 죽은 뒤 49일 동안은 중음의 상태로 있다가 다음 생의 몸을
받게 된다는 설에서 발전하여 사후 7일마다 독경을 하며 명복을 빌고, 7번째가
되는 49일째에 천도재를 올리는 불교의례가 생겨났다.

식識의 체體가 본래 공함을 요달하지 못했기 때문이다. 아! 여래께서 묘하게 변별하고 추궁해서 그 이치를 상세히 파헤치니, 총체적으로는 오음이 본래 하나의 허망일 뿐 실체가 전혀 없다는 것을 드러냈다. 만약 오온이 원래 없다는 것을 안다면 진공眞空의 여래장 성품이 드러난다. 삼과三科와 칠대七大도 하나하나가 다 마찬가지다.

대불정여래밀인수증요의제보살만행수능엄경통의

大佛頂如來密因修證了義諸菩薩萬行首楞嚴經通議

(나) 육입六入을 회통함

㉮ 안입眼入을 회통함

다시 아난아, 어찌하여 육입[282]이 본래 여래장 묘진여성妙眞如性인가?
아난아, 저 눈망울이 오래도록 직시하고 있으면 피로가 일어나는데,
이 눈과 피로가 똑같이 보리의 오랜 직시로 인해 피로를 일으킨 모습(瞪
發勞相)이니라. 밝음과 어둠 두 가지의 허망한 티끌로 인해 봄(見)을
발하고 그 가운데 거居하면서 이 티끌의 상(塵象)을 흡수하는 것을
이름하여 봄의 성품(見性)이라 하는데, 이 봄(見)이 저 밝음과 어둠의
두 티끌을 여의면 필경에는 체體가 없다.

이처럼 아난아, 반드시 알아야 하나니, 이 봄(見)은 밝음이나 어둠에
서 오는 것도 아니고, 안근眼根에서 나오는 것도 아니고, 허공(空)에서

---

282 산스크리트어는 ṣaḍ-āyatana로, 대상을 감각하거나 의식하는 안眼·이耳·비鼻·
설舌·신身·의意의 육근六根, 또는 그 작용. 육처六處와 같다.

생기는 것도 아니다. 왜 그런가? 만약 밝음으로부터 왔다면 어두울 때는 즉각 따라서 소멸해서 어둠을 보지 않아야 하고, 만약 어둠으로부터 왔다면 밝을 때는 즉각 따라서 소멸해서 밝음을 보지 못해야 한다. 만약 안근으로부터 생겨났다면 필경 밝음과 어둠이 없으리니, 이러한 견정見精은 본래 스스로의 성품(自性)이 없을 것이다. 만약 허공에서 나왔다면 앞에서 티끌의 상(塵象)을 보았으니 돌아올 때는 반드시 안근을 보아야 한다. 또 허공 스스로가 본 것이니, 너의 안입眼入과 무슨 상관이겠는가? 그러므로 반드시 알아야 하나니, 안입은 허망해서 본래 인연도 아니고 자연의 성품도 아니니라.

復次阿難. 云何六入本如來藏妙眞如性. 阿難. 卽彼目睛瞪發勞者. 兼目與勞同是菩提瞪發勞相. 因於明暗二種妄塵. 發見居中. 吸此塵象. 名爲見性. 此見離彼明暗二塵畢竟無體. 如是阿難. 當知是見非明暗來. 非於根出. 不於空生. 何以故. 若從明來暗卽隨滅. 應非見暗. 若從暗來明卽隨滅. 應無見明. 若從根生必無明暗. 如是見精本無自性. 若於空出前矚塵象歸當見根. 又空自觀何關汝入. 是故當知眼入虛妄. 本非因緣非自然性.

통의 여기서는 육입이 본래 여래장임을 총체적으로 따지고 있다. 해설하는 사람은 대체로 육입을 육근으로 여기는데, 말하자면 근根이 바로 육진六塵[283]이 들어가는 곳이라는 뜻이다. 그러나 경문의

---

283 심성을 더럽히는 육식六識의 대상계對象界로서 색色·성聲·향香·미味·촉觸·법法의 육경六境을 말한다. 이 육경은 육근을 통하여 몸속에 들어가서 우리들의

뜻을 자세히 살펴보면 그렇지 않다. 견정과 듣는 성품 등을 분명히 말하고 있으니, 어찌 부진근浮塵根으로 헤아릴 수 있겠는가? 경전에서는 "근원(元)은 하나의 정명(一精明)이고, 이것이 나뉘어서 여섯 가지 화합(六和合)을 이룬다"고 하였다. 이 중에서 특별히 견문각지(見聞覺知: 보고 듣고 느끼고 앎)를 말한 것은 대체로 최초로 나뉜 여섯 가지 맑음(六湛)의 근원을 추론한 것이다.

생각건대 여래장 성품은 오직 하나뿐인 견고하고 비밀스런 몸(堅密身)으로서 능(能: 주관)과 소(所: 객관)가 전혀 없어서 근본적으로 들어갈(入) 수가 없다. 진실로 한 생각(一念)의 허망한 움직임을 말미암아 마침내 무명無明을 일으켜서 이 진심眞心을 미혹하여 팔식이 되는데 이른바 식정원명識精元明이다. 이 식識에는 자증분, 견분, 상분의 삼분三分[284]이 갖춰졌는데, 봄(見分)과 모습(相分)이 서로 상대하게 되면 티끌의 모습(塵相)을 흡수하는(吸習) 가운데 장식藏識[285]으로 돌아간다. '흡수'하기 때문에 이름하여 들어감(入)이라 하고, 견문각지를 발하여 일으키므로 여섯 가지 작용의 근원(元)인 담연湛淵의 체體가 된다.

이로 인해 나뉘자 여섯 가지 수용하는 근(受用根)이 이에 의거해 성립하고, 이렇게 해서 마침내 육진이 들어가게(入) 되었을 뿐이지

정심淨心을 더럽히고, 진성眞性을 덮어 흐리게 하므로 진塵이라 한다.

284 ①상분相分은 인식 대상. 인식 주관에 드러난 대상, ②견분見分은 대상을 인식하는 주관, ③자증분自證分은 인식 주관과 인식 대상에 의한 자신의 인식 작용을 확인하는 부분을 말한다.

285 유식설唯識說의 제8아뢰야식의 다른 이름이다.

부진근을 말한 것이 아니다. 즉 "저 눈이 오래도록 직시하고 있으면 피로가 일어나는데, 이 눈과 피로가 똑같이 보리의 오랜 직시로 인해 피로를 일으킨 모습(瞪發勞相)이니라"는 근根과 식識이 동일한 근원임을 말한 것이다. '눈'은 근根으로서 청정하고, 사대四大는 곧 무명의 껍질로서 상분相分에 속해 육근의 근원(元)이 된다. '피로'는 견분見分을 가리키는데 칠식의 근원이 된다.

'보리의 오랜 직시로 인해 피로를 일으킴'은 말하자면 모습을 낳는 무명으로 곧 자증분自證分이다. 그 뜻인즉 모습(相)과 봄(見)이 똑같이 하나의 자증自證임을 드러내면 근根과 식識이 똑같이 하나의 식정원명識精元明의 체體라는 것이다. 다만 무명의 훈습薰習을 인해 견문각지를 발하는 것을 여섯 가지 작용의 근원(元)으로 삼을 뿐이다. 그리하여 '오래 직시함'은 무명을 비유하고 '피로'는 모습(相分)과 봄(見分)을 비유해서 똑같이 '보리의 오랜 직시로 인해 피로를 일으킨 모습임'을 알겠다.

그렇다면 무명의 힘을 말미암아 진여를 훈습하기 때문에 팔식의 자증분, 견분, 상분의 삼분三分이 있을 뿐이다. 이렇게 추론하여 만약 삼분에 체體가 없어서 원래 하나의 진심이란 것을 요달한다면, 근根, 진진塵, 식識의 세 가지가 완전히 자성自性이 없기 때문에 인연이나 자연에 속하지 않고 다 본래의 여래장인 묘진여성妙眞如性이다.

㉴ 이입耳入을 회통함

아난아, 비유하자면 어떤 사람이 두 손가락으로 급히 귀를 막으면, 이근耳根이 피로하기 때문에 머릿속에서 소리가 나는데, 이 귀와 피로가 똑같이 보리의 오랜 직시로 인해 피로를 일으킨 모습(瞪發勞相)이니라. 움직임과 고요함이란 두 가지 허망한 티끌을 인해서 들음을 발하여 그 가운데 거居하면서 이 티끌의 상(塵象)을 흡수하는 것을 이름하여 청문聽聞의 성품이라 하는데, 이 청문(聞)이 저 움직임과 고요함의 두 티끌을 여의면 필경에는 체體가 없다.

이처럼 아난아, 반드시 알아야 하나니, 이 들음(聞)은 움직임이나 고요함에서 오는 것도 아니고, 이근耳根에서 나오는 것도 아니고, 허공(空)에서 생기는 것도 아니다. 왜 그런가? 만약 고요함으로부터 왔다면 움직일 때는 즉각 따라서 소멸해서 움직임을 듣지 않아야 하고, 만약 움직임으로부터 왔다면 고요할 때는 즉각 따라서 소멸해서 고요함을 깨닫지 못해야 한다. 만약 이근으로부터 생겨났다면 필경 움직임과 고요함이 없으리니, 이러한 들음의 체體는 본래 스스로의 성품(自性)이 없을 것이다. 만약 허공에서 나왔다면 들음이 있어 성품을 이루었으므로 허공이 아닐 것이며, 또 허공 스스로가 들은 것이니 너의 이입耳入과 무슨 상관이겠는가? 그러므로 반드시 알아야 하나니, 이입은 허망해서 본래 인연도 아니고 자연의 성품도 아니니라.

阿難. 譬如有人以兩手指急塞其耳. 耳根勞故頭中作聲. 兼耳與勞同是菩提瞪發勞相. 因於動靜二種妄塵. 發聞居中. 吸此塵象. 名聽聞性. 此聞離彼動靜二塵畢竟無體. 如是阿難. 當知是聞非動靜來. 非於根出. 不於空生. 何以故. 若從靜來動卽隨滅. 應非聞動. 若從動來. 靜卽隨滅. 應無覺靜. 若從根生必無動靜. 如是聞體本無自性. 若於空出有聞成性卽非虛空. 又空自聞何關汝入. 是故當知耳入虛

妄. 本非因緣非自然性.

여기서는 이입耳入을 회통하고 있다. '청문聽聞의 성품'은 이름
하여 들음의 성품(聞性)이다. 비입鼻入을 가려내고, 자성이
없는 본래의 여래장임을 변별한다.

㉔비입鼻入을 회통함

아난아, 비유하자면 어떤 사람이 급히 그 코를 누르다가 오래 눌러서
피로해지면, 코 안에서 차가운 접촉(冷觸)이 있게 되고 이 촉각을
인해서 통하고 막히고 허虛하고 실實하고 나아가 온갖 향기와 냄새의
기운까지 분별하는데, 이 코와 피로가 똑같이 보리의 오랜 직시로
인해 피로를 일으킨 모습(瞪發勞相)이니라. 통함과 막힘이란 두 가지
허망한 티끌을 인해서 들음을 발하여 그 가운데 거居하면서 이 티끌의
상(塵象)을 흡수하는 것을 이름하여 후문(齅聞: 냄새를 맡음)의 성품이
라 하는데, 이 후문이 저 통함과 막힘의 두 티끌을 여의면 필경에는
체體가 없다.

반드시 알아야 하나니, 이 맡음(聞: 후문)은 통함이나 막힘에서 오는
것도 아니고, 비근鼻根에서 나오는 것도 아니고, 허공(空)에서 생기는
것도 아니다. 왜 그런가? 만약 통함으로부터 왔다면 막힐 때는 맡음(聞)
이 소멸하니 어찌 막힘을 알겠는가? 만약 막힘을 인하여 통함이 있다면
맡음(聞)이 없는데, 어떻게 향기와 냄새 등의 촉각을 발명發明할 수
있겠는가? 만약 비근으로부터 생겨났다면 필경 통함과 막힘이 없으리
니, 이러한 맡음의 기틀(機)은 본래 스스로의 성품(自性)이 없을 것이

다. 만약 허공에서 나왔다면 이 맡음이 스스로 너의 코를 돌이켜 냄새 맡아야 해서 허공 스스로가 맡는 것이니, 너의 비입鼻入과 무슨 상관이 겠는가? 그러므로 반드시 알아야 하나니, 비입은 허망해서 본래 인연도 아니고 자연의 성품도 아니니라.

阿難. 譬如有人急畜其鼻. 畜久成勞. 則於鼻中聞有冷觸. 因觸分別 通塞虛實. 如是乃至諸香臭氣. 兼鼻與勞同是菩提瞪發勞相. 因於通 塞二種妄塵. 發聞居中. 吸此塵象. 名齅聞性. 此聞離彼通塞二塵畢 竟無體. 當知是聞. 非通塞來. 非於根出. 不於空生. 何以故. 若從通 來塞則聞滅. 云何知塞. 如因塞有通則無聞. 云何發明香臭等觸. 若 從根生必無通塞. 如是聞機本無自性. 若從空出是聞自當迴齅汝鼻. 空自有聞何關汝入. 是故當知鼻入虛妄. 本非因緣非自然性.

통의 여기서는 비입을 회통하고 있다. 맡음의 성품(聞性)이라 말하고 맡음의 기틀(聞機)이라 말한 뜻은 귀의 경우와 똑같다. 귀에 있으면 청문聽聞이라 말하고, 코에 있으면 후문齅聞이라 말하니, 실체(體)는 같으나 작용(用)이 다를 뿐이다. 이른바 성품 속에서는 서로 알고 작용 속에서는 서로 등진다는 말이다.

㈜설입舌入을 회통함

아난아, 비유하자면 어떤 사람이 혀로 입술을 핥다가 오래 핥아서 피로하게 하면, 병이 난 사람일 경우에는 쓴맛이 있고 병 없는 사람일 경우에는 약간 달콤한 촉감이 있을 것이다. 이 쓰고 달콤함을 말미암아

이 혀(舌根)가 드러나고, 핥지 않을(不動) 때는 담담한 성품(淡性)이 항상 존재하는데, 이 혀와 피로가 똑같이 보리의 오랜 직시로 인해 피로를 일으킨 모습(瞪發勞相)이니라. 쓰고 달콤함과 담담함이란 두 가지 허망한 티끌을 인해서 앎을 발하여 그 가운데서 거居하면서 이 티끌의 상(塵象)을 흡수하는 것을 이름하여 맛을 아는(知味) 성품이라 하는데, 이 맛을 아는 성품은 저 쓰고 달콤함과 담담함의 두 티끌을 여의면 필경에는 체體가 없다.

이처럼 아난아, 반드시 알아야 하나니, 이런 쓰거나 담담함을 맛보아 아는 것은 쓰고 달콤함에서 온 것도 아니고 담담함을 인하여 있는 것도 아니며, 또 설근舌根에서 나오는 것도 아니고, 허공(쏬)에서 생기는 것도 아니다. 왜 그런가? 만약 쓰고 달콤함으로부터 왔다면 담담할 때는 앎(知)이 소멸하니 어찌 담담함을 알겠는가? 만약 담담함으로부터 왔다면 달콤할 때는 앎이 없어지니 어찌 쓰고 달콤한 두 모습을 알겠는가? 만약 설근으로부터 생겨났다면 필경 달콤하고 담담하고 쓰다는 티끌(味塵)이 없으리니, 이 맛을 아는 설근(知味根)은 본래 스스로의 성품(自性)이 없을 것이다. 만약 허공에서 나왔다면 허공 스스로 맛보아서 네 입으로 아는 것이 아니고, 또 허공 스스로 아는 것이 너의 설입舌入과 무슨 상관이겠는가? 그러므로 반드시 알아야 하나니, 설입은 허망해서 본래 인연도 아니고 자연의 성품도 아니니라.

阿難. 譬如有人以舌舐吻. 熟甜令勞. 其人若病則有苦味. 無病之人微有甜觸. 由甜與苦顯此舌根不動之時淡性常在. 兼舌與勞同是菩提

瞪發勞相. 因甜苦淡二種妄塵. 發知居中. 吸此塵象. 名知味性. 此知
味性. 離彼甜苦及淡二塵畢竟無體. 如是阿難. 當知如是嘗苦淡知.
非甜苦來. 非因淡有. 又非根出. 不於空生. 何以故. 若甜苦來淡則知
滅. 云何知淡. 若從淡出甜卽知亡. 復云何知甜苦二相. 若從舌生必
無甜淡及與苦塵. 斯知味根本無自性. 若於空出虛空自味非汝口知.
又空自知何關汝入. 是故當知舌入虛妄. 本非因緣非自然性.

통의 여기서는 설입을 회통하고 있다. 혀로 사물을 핥는 것을 지舐
라 한다. 문吻은 입술이다. 맛을 아는 성품이라 말하고 또
맛을 아는 설근이라 말하니, 그렇다면 근根과 성품은 하나의 근원이다.

㉙신입身入을 회통함

아난아, 비유하자면 어떤 사람이 하나의 차가운 손으로 뜨거운 손을
접촉할 때 차가운 세력이 많으면 뜨거운 손이 차가워지고 뜨거운 공功이
우세하면 차가운 손이 뜨거워진다. 이처럼 두 손이 합쳐서 느끼는
촉감 때문에 두 손이 떨어질 때의 앎이 드러나는데, 이 세력의 교섭이
이루어지는 것은 피로의 촉감 때문이니, 이 몸과 피로가 똑같이 보리의
오랜 직시로 인해 피로를 일으킨 모습(瞪發勞相)이니라. (두 손을)
떼고 합하는 두 가지 허망한 티끌을 인해서 촉각을 발하여 그 가운데서
거居하면서 이 티끌의 상(塵象)을 흡수하는 것을 이름하여 지각知覺의
성품이라 하는데, 이 지각의 체體는 저 떼고 합하거나(離合) 어기거나
순응하는(違順) 두 티끌을 여의면 필경에는 체體가 없다.
　이처럼 아난아, 반드시 알아야 하나니, 이 촉각은 떼고 합하는(離合)

데서 온 것도 아니고 어기거나 순응하는(違順) 데서 있는 것도 아니며, 신근身根에서 나오는 것도 아니고, 또 허공(空)에서 생기는 것도 아니다. 왜 그런가? 만약 합칠 때 오는 것이라면 떼면 이미 소멸했어야 하니, 어찌 떼는 걸 지각하겠는가? 어기고 순응하는 두 모습도 마찬가지다. 만약 신근으로부터 왔다면 필경 떼고 합하고 어기고 순응하는 네 가지 모습이 없을 것이니, 그렇다면 네 몸이 아는 것은 원래 스스로의 성품이 없을 것이다. 필경 허공에서 나왔다고 한다면, 허공 스스로 지각하는 것이니 너의 신입身入과 무슨 상관이겠는가? 그러므로 반드시 알아야 하나니, 신입은 허망해서 본래 인연도 아니고 자연의 성품도 아니니라.

阿難. 譬如有人以一冷手觸於熱手. 若冷勢多熱者從冷. 若熱功勝冷者成熱. 如是以此合覺之觸顯於離知. 涉勢若成因於勞觸. 兼身與勞同是菩提瞪發勞相. 因於離合二種妄塵. 發覺居中. 吸此塵象. 名知覺性. 此知覺體. 離彼離合違順二塵畢竟無體. 如是阿難. 當知是覺. 非離合來. 非違順有. 不於根出. 又非空生. 何以故. 若合時來離當已滅. 云何覺離. 違順二相亦復如是. 若從根出必無離合違順四相. 則汝身知元無自性. 必於空出空自知覺何關汝入. 是故當知身入虛妄. 本非因緣非自然性.

 여기서는 신입을 회통하고 있다. 몸에서 느끼는 것을 이름하여 각지覺知의 성품이라 한다.

㉖ 의입意入을 회통함

아난아, 비유하자면 어떤 사람이 피로해서 나른하면 잠을 자고, 깊이 잠을 자고 나면 깨어나고, 티끌을 살펴보면 기억하고, 기억을 잃으면 잊어버리니, 이는 전도顚倒된 생주이멸生住異滅이다. 흡수해 익히는 가운데 (장식藏識으로 혹은 의근으로) 돌아가서 서로를 넘어서지 않는 것을 의지근意知根이라 칭하니, 이 뜻(意)과 피로가 똑같이 보리의 오랜 직시로 인해 피로를 일으킨 모습(瞪發勞相)이니라. 생겨나고 소멸하는(生滅) 두 가지 허망한 티끌을 인해 앎을 모아서 그 가운데 거居하면서 내진內塵을 흡수하여 보고 들음이 흐름을 거스르는데, 흐름이 미치지 못하는 땅(地)을 이름하여 각지覺知의 성품이라 한다. 이 각지의 성품은 저 자고 깸(寤寐), 생겨나고 소멸함(生滅)의 두 티끌을 여의면 필경에는 체體가 없다.

이처럼 아난아, 반드시 알아야 하나니, 이러한 각지覺知의 근根은 자고 깸에서 오는 것도 아니고, 생겨나고 소멸함에서 있는 것도 아니고, 근根에서 나오는 것도 아니고, 또 허공(空)에서 생기는 것도 아니다. 왜 그런가? 만약 잠깨는 데서 나왔다면 잠들 때는 따라서 소멸할 테니, 무엇으로 잠에 들겠는가? 필경 생겨날 때 있다면 소멸할 때는 곧 없는 것과 같으니, 무엇으로 하여금 소멸을 받게 하겠는가? 만약 소멸함으로부터 있다면 생겨날 때는 곧 소멸이 없으니, 무엇이 생겨남을 알겠는가? 만약 근根에서 나왔다면 자고 깸의 두 가지 모습은 몸을 따라 개합開合을 하니, 이 두 가지 체體를 여의고는 이 각지覺知란 것이 허공의 꽃과 똑같아서 필경에는 성품이 없다. 만약 허공에서 나왔다면 스스로 허공이 아는 것이니, 너의 의입意入과 무슨 상관이겠

는가? 그러므로 반드시 알아야 하나니, 의입은 허망해서 본래 인연도
아니고 자연의 성품도 아니니라.

阿難. 譬如有人勞倦則眠. 睡熟便寤. 覽塵斯憶. 失憶爲忘. 是其顚倒
生住異滅. 吸習中歸. 不相踰越. 稱意知根. 兼意與勞同是菩提瞪發
勞相. 因於生滅二種妄塵. 集知居中. 吸撮內塵. 見聞逆流流不及地
名覺知性. 此覺知性離彼寤寐生滅二塵畢竟無體. 如是阿難. 當知如
是覺知之根. 非寤寐來. 非生滅有. 不於根出. 亦非空生. 何以故. 若
從寤來寐卽隨滅. 將何爲寐. 必生時有滅卽同無. 令誰受滅. 若從滅
有生卽滅無. 誰知生者. 若從根出寤寐二相隨身開合. 離斯二體此覺
知者同於知華畢竟無性. 若從空生自是空知何關汝入. 是故當知意
入虛妄. 本非因緣非自然性.

통의 여기서는 의입을 회통하고 있다. 잠이 들면 잊어버리고, 깨어
나면 기억하는데, 『장자莊子』에서는 잠 잘 때는 꿈을 꾸고
깨어 있을 때는 형체가 열려 있기 때문에 개합開合이라고 하였다.
기억하면 생겨나고 잊으면 소멸하며, 생겨나는 법이 잠시 머무는
것을 머묾(住)이라 말하고, 머묾이 오래 유지되지 않는 것을 달라짐(異)
이라 하니, 말하자면 이 생주이멸生住異滅을 흡수해서 내부의 법진法塵
이 되는 것이다.

앞에서 가리킨 귀를 막고서 소리가 있는 것, 급히 코를 눌러서
차가운 촉감이 있는 것, 혀로 입술을 핥아서 쓰고 달콤함이 있는
것, 손을 서로 비벼서 차고 따뜻함이 있는 것과 비교하면, 티끌이

외부에서 오지 않았음을 알 것이다. 뜻(意)은 근根, 진塵, 식識 세 가지가 오직 식識의 변화일 뿐임을 드러내며, 또 뜻은 생멸을 흡수해서 티끌이 되는데 어찌 실다운 법이 있겠는가?

말하자면 보고 들음 등의 오근五根은 외부로 가서 흐름에 순응하여 오진五塵의 경계를 반연하는데, 지금은 외부로 반연하지 않고 단지 내부로 오진五塵을 반연하여 그림자가 낙사落謝[286]하면서 그림자가 생멸하여 멈추지 않기 때문에 '흐름을 거스른다'고 말한 것이다. 생멸하는 법진法塵은 단지 의지意地로 돌아갈 뿐이고, 팔식의 본체本體는 보고 들음으로 미칠 바가 아니기 때문에 '흐름이 미치지 못하는 땅(地)을 이름하여 지각의 성품이다'라고 한 것이다. 육근을 통합해 거두기 때문에 단지 견문각지見聞覺知라고 말했을 뿐이지 하나하나 허망함을 변론하면 체體가 없어서 모두가 본래의 여래장이다.

(다) 십이처十二處를 회통함
㉮ 빛깔의 처소(色處)를 회통함

다시 아난아, 어찌하여 십이처가 본래 여래장인 묘진여성妙眞如性인가?

아난아, 너는 이 기타림의 나무숲과 샘물과 연못들을 바라보면서 어떻게 생각하느냐? 이런 것들은 빛깔(色)이 눈의 봄(眼見)을 낸 것인가, 아니면 눈이 빛깔의 모습(色相)을 낸 것인가?

---

286 산스크리트어는 abhyatīta로, 현재의 법法이 그 작용을 그치고 과거로 사라지는 것이다. 일체一切의 유위법은 매 찰나마다 과거로 낙사하는데, 이것을 찰나멸刹那滅이라고 한다.

아난아, 만약 안근이 빛깔의 모습을 낸 것이라면, 허공을 볼 때는 빛깔의 모습이 아니라서 빛깔의 성품이 소멸할 것이고, 소멸하면 일체를 드러내어 발함(顯發)이 도무지 없을 것이다. 빛깔의 모습이 이미 없다면 무엇으로 허공의 성질을 밝히겠는가? 허공도 마찬가지다. 만약 색진(色塵: 빛깔의 티끌)이 눈의 봄(眼見)을 낸 것이라면, 허공을 볼 때는 빛깔이 아니라서 봄(見)이 곧 소멸한 것이며, 소멸하면 도무지 없는 것이니 무엇으로 허공과 빛깔을 밝히겠는가?

그러므로 반드시 알아야 하나니, 봄(見)과 빛깔(色)과 허공(空)이 모두 처소가 없다. 빛깔과 봄(見)에 즉한 두 처소가 허망하여 본래 인연도 아니고 자연의 성품도 아니니라.

復次阿難. 云何十二處本如來藏妙眞如性. 阿難. 汝且觀此祇陀樹林及諸泉池. 於意云何. 此等爲是色生眼見. 眼生色相. 阿難. 若復眼根生色相者. 見空非色色性應銷. 銷則顯發一切都無. 色相旣無誰明空質. 空亦如是. 若復色塵生眼見者. 觀空非色見卽銷亡. 亡則都無誰明空色. 是故當知見與色空俱無處所. 卽色與見二處虛妄. 本非因緣非自然性.

통의 여기서는 십이처를 총체적으로 따지고 있다. 처음엔 색진色塵, 즉 빛깔의 티끌을 잡아 안근眼根을 상대함으로써 근(根: 육근)과 진(塵: 육진) 십이처의 허망함을 드러내고 있다. 해설자는 십이처가 빛깔(色)에서 올바로 타파되고 있다고 말하며, 경문에서는 빛깔과 봄(見)에 즉한 두 처소가 허망함을 분명히 말하고 있으니,

어찌 한쪽의 처소에만 있겠는가? 이제 모두 체體가 없으면 본래의 여래장이다.

㉔ 소리의 처소(聲處)를 회통함

아난아, 너는 다시 이 기타원祗陀園 안에서 식사 때가 되면 북을 치고 대중이 모이면 종을 쳐서 종소리와 북소리가 앞뒤로 이어지는 것을 듣는다. 어떻게 생각하느냐? 이런 것들은 소리가 귓가에 오는 것이냐, 아니면 귀가 소리 나는 곳에 가는 것이냐?

아난아, 만약 이 소리가 귓가에 왔다면, 마치 내가 실라벌 성에서 걸식할 때는 기타림에 내가 없는 것처럼 이 소리가 필경 아난의 귓가에 왔다면 목련과 가섭도 응당 함께 듣지 못해야 할 터인데, 어찌하여 그중 1천2백5십 명의 사문이 종소리를 한 번 듣고는 함께 식당에 오는 것인가?

만약 너의 귀가 저 소리 나는 곳에 갔다면, 마치 내가 기타림 속에 돌아가 머물 때는 실라벌 성에 내가 없는 것처럼 네가 북소리를 들을 때 그 귀가 이미 북 치는 곳에 갔다면, 종소리가 일제히 날 때는 응당 함께 듣지 못해야 할 터인데, 하물며 그중 코끼리·말·소·양의 갖가지 음향音響을 들음이랴. 만약 오고가는 것이 없다면 다시 들음도 없다.

그러므로 반드시 알아야 하나니, 들음(聽)과 소리가 모두 처소가 없어서 들음(聽)과 소리에 즉한 두 처소가 허망하여 본래 인연도 아니고 자연의 성품도 아니니라.

阿難. 汝更聽此祗陀園中. 食辦擊鼓. 衆集撞鐘. 鐘鼓音聲前後相續.

於意云何. 此等爲是聲來耳邊. 耳往聲處. 阿難. 若復此聲來於耳邊.
如我乞食室羅筏城. 在祇陀林則無有我. 此聲必來阿難耳處. 目連迦
葉應不俱聞. 何況其中一千二百五十沙門. 一聞鐘聲同來食處. 若復
汝耳往彼聲邊. 如我歸住祇陀林中. 在室羅城則無有我. 汝聞鼓聲其
耳已往擊鼓之處. 鐘聲齊出應不俱聞. 何況其中象馬牛羊種種音響.
若無來往亦復無聞. 是故當知聽與音聲俱無處所. 卽聽與聲二處虛
妄. 本非因緣非自然性.

통의 여기서는 소리의 처소를 회통하고 있다. 소리는 귓가에 오지
않고, 귀는 소리 나는 곳에 가지 않으니, 그렇다면 소리와
들음의 성품 둘 다 적연寂然한데도 허망하게 분별을 낳는 것이다.
둘 다 허망하여 체體가 없으면 본래의 여래장이다.

㉣ 향내의 처소를 회통함

아난아, 너는 또 이 향로 속의 전단향梅檀香[287]을 맡아 보거라. 이 전단향
한 자루만 피우면 실라벌 성 40리 안에서 동시에 향내를 맡는다. 어떻게
생각하느냐? 이 향내가 전단 나무에서 나는가, 너의 코에서 나는가,
허공에서 나는가?

아난아, 만약 이 향내가 너의 코에서 나왔다면, 코에서 나온 것이라
칭하므로 응당 코에서 나와야 한다. 그러나 코는 전단이 아니니, 어찌
콧속에 전단의 향내가 있겠는가? 또 네가 향내를 맡는다고 칭한다면

---

287 전단의 목재나 뿌리를 분말로 한 향을 말한다.

응당 코로 들어가야 할 것이니, 콧속에서 나온 향내를 맡는다고 말함은 옳지 않다.

만약 향내가 허공에서 나왔다면, 허공의 성품은 항상하므로 향내도 항상 존재해야 하는데, 어찌 향로 속에서 이 마른 전단 나무를 태워야만 하는가? 만약 향내가 전단 나무에서 나온다면, 이 향내의 성질이 태워서 연기가 되었으니, 코로 냄새를 맡으면 응당 연기가 코로 들어가야 할 터인데, 그 연기는 허공으로 날아가 멀리 퍼지지 않았는데도 어찌하여 40리 안에서는 향내를 이미 맡았는가?

그러므로 반드시 알아야 하나니, 향내와 코와 냄새 맡는 것은 모두 처소가 없어서 냄새 맡음(齅)과 향내에 즉한 두 처소도 허망하여 본래 인연도 아니고 자연의 성품도 아니니라.

阿難. 汝又齅此鑪中栴檀. 此香若復然於一銖. 室羅筏城四十里內同時聞氣. 於意云何. 此香爲復生栴檀木. 生於汝鼻. 爲生於空. 阿難. 若復此香生於汝鼻. 稱鼻所生當從鼻出. 鼻非栴檀云何鼻中有栴檀氣. 稱汝聞香. 當於鼻入. 鼻中出香說聞非義. 若生於空空性常恆香應常在. 何藉鑪中蒸此枯木. 若生於木則此香質因蒸成煙. 若鼻得聞合蒙煙氣. 其煙騰空未及遙遠. 四十里內云何已聞. 是故當知香鼻與聞俱無處所. 卽齅與香二處虛妄. 本非因緣非自然性.

통의 여기서는 향내의 처소를 회통하고 있다. 향내는 고정된 존재가 없고, 냄새 맡는 근根도 본래 공空하니, 둘 다 체體가 없으면 본래의 여래장이다.

㉑ 맛의 처소를 회통함

아난아, 너는 늘 하루 두 번 대중 속으로 발우를 가지고 다니는데, 그렇게 다니다가 소락酥酪[288]이나 제호醍醐[289]를 만나면 뛰어난 맛(上味)이라 말한다. 어떻게 생각하는가? 이 맛이 허공에서 생기는 것인가, 혀에서 생기는 것인가, 음식에서 생기는 것인가?

아난아, 이 맛이 너의 혀에서 생긴다면, 너의 입 속에 혀는 단지 하나뿐이니 그 혀가 그때 이미 소酥의 맛이 되었다면 흑석밀黑石蜜을 먹더라도 응당 맛이 바뀌지 않아야 한다. 만약 맛이 바뀌지 않는다면 맛을 안다고 칭할 수 없고, 만약 변하고 바뀌는 것이라면 혀는 여러 개가 아닌데 어떻게 여러 가지 맛을 하나의 혀로 알겠는가?

만약 음식에서 맛이 생긴다면, 음식은 식(識: 알음알이)이 있지 않은데 어떻게 스스로 알겠는가? 또 음식 스스로 안다면 남이 먹는 것과 똑같은 것이니, 너와 무슨 관계가 있어서 맛을 안다고 칭하겠는가?

만약 허공에서 생긴다면 네가 허공을 씹어보아라. 어떤 맛이던가? 필경 그 허공이 짠맛을 낸다면, 이미 너의 혀를 짜게 했으므로 너의 얼굴도 짜게 할 것이다. 그렇다면 이 세계의 사람들은 바다의 물고기처럼 늘 짠맛을 받기 때문에 결코 싱거운 맛을 알지 못할 것이다. 만약 싱거운 맛을 알아차리지 못하면 짠맛도 지각하지 못해서 필경 아는 바가 없을 텐데, 어떻게 맛을 안다고 칭하겠는가?

---

288 소酥는 산스크리트어 ghṛta의 역어로 우유를 가공한 식품이며, 낙酪은 산스크리트어(팔리어) dadhi의 역어로 우유를 발효시킨 음료이다.

289 산스크리트어 maṇḍa의 역어로 우유를 가공한 식품 가운데 가장 맛이 좋은 최상품이다. 주로 최상·불성·열반 등을 비유한다.

그러므로 반드시 알아야 하나니, 맛과 혀와 맛보는(嘗) 것은 모두 처소가 없어서 맛봄(嘗)과 맛에 즉한 두 가지도 모두 허망하여 본래 인연도 아니고 자연의 성품도 아니니라.

阿難. 汝常二時衆中持鉢. 其間或遇酥酪醍醐名爲上味. 於意云何. 此味爲復生於空中. 生於舌中. 爲生食中. 阿難. 若復此味生於汝舌. 在汝口中祇有一舌. 其舌爾時已成酥味. 遇黑石蜜應不推移. 若不變移不名知味. 若變移者舌非多體云何多味一舌之知. 若生於食. 食非有識. 云何自知. 又食自知卽同他食. 何預於汝名味之知. 若生於空 汝噉虛空當作何味. 必其虛空若作鹹味. 旣鹹汝舌亦鹹汝面. 則此界 人同於海魚. 旣常受鹹了不知淡. 若不識淡亦不覺鹹. 必無所知云何 名味. 是故當知味舌與嘗俱無處所. 卽嘗與味二俱虛妄. 本非因緣非 自然性.

통의 여기서는 맛의 처소를 회통하고 있다. 맛을 잡아서 변론하고 있는데, 맛이 만약 혀에서 생긴다면 하나의 혀로 여러 가지 맛을 알 수 없으며, 맛이 음식에서 생긴다면 음식 스스로 맛을 알므로 혀와는 관계가 없으며, 맛이 허공에서 생긴다면 근根과 진塵이 간여함 이 없는데 어찌 맛을 안다고 칭하겠는가? 그리하여 두 가지 모두 체體가 없음을 안다면 본래의 여래장이다.

㉮ 촉觸의 처소를 회통함

아난아, 너는 항상 새벽에 손으로 머리를 어루만진다. 어떻게 생각하는

가? 이렇게 만져서 아는 것은 무엇이 능촉能觸이 되느냐? 능촉이
손에 있는가, 아니면 능촉이 머리에 있는가? 만약 능촉이 손에 있다면
머리는 앎(즉 촉감)이 없을 텐데 어째서 촉감을 이루는가? 만약 능촉이
머리에 있다면 손은 쓸모가 없을 텐데 어째서 촉감이라 칭하는가?
만약 머리와 손 각각에 있다면, 너 아난은 응당 몸이 두 개여야 한다.
만약 머리와 손이 하나의 촉觸에서 생긴 것이라면 손과 머리는 응당
하나의 체(一體)가 되어야 하고, 만약 손과 머리가 하나의 체體라면
촉觸이 이루어지지 않을 것이다. 만약 머리와 손이 두 개의 체體라면,
촉觸은 어디에 존재하는가? 능촉에 있다면 소촉所觸에는 없을 것이고,
소촉에 있다면 능촉에는 없을 것이다. 응당 허공이 너와 더불어 촉觸을
이루지는 않을 것이다.

그러므로 반드시 알아야 하나니, 각촉覺觸과 몸은 모두 처소가 없어
서 몸과 촉觸에 즉한 두 가지도 모두 허망하여 본래 인연도 아니고
자연의 성품도 아니니라.

阿難. 汝常晨朝以手摩頭. 於意云何. 此摩所知誰爲能觸. 能爲在手.
爲復在頭. 若在於手頭則無知. 云何成觸. 若在於頭手則無用. 云何
名觸. 若各各有則汝阿難應有二身. 若頭與手一觸所生. 則手與頭當
爲一體. 若一體者觸則無成. 若二體者觸誰爲在. 在能非所. 在所非
能. 不應虛空與汝成觸. 是故當知覺觸與身俱無處所. 卽身與觸二俱
虛妄. 本非因緣非自然性.

통의 여기서는 촉觸의 처소를 회통하고 있다. 촉을 잡아서 변론하는 데, 손으로 머리를 만지면 몸의 촉이 된다. 만약 촉이 손에 있다면 머리는 응당 알지 못해야 하고, 만약 촉이 머리에 있다면 손의 촉을 기다리지 않을 것이다. 만약 머리와 손 모두에 촉이 있다면, 두 가지 앎이 있으므로 응당 두 개의 몸이 있어야 한다. 만약 머리와 손이 하나라면 촉을 이루지 못할 것이고, 머리와 손이 두 개의 체體라면 촉은 정해져 있지 않은 것이다. 그리하여 각촉覺觸과 몸은 모두 처소가 없어서 둘 다 허망함을 아는 것이니, 이렇게 스스로의 손으로 몸을 접촉하기 때문에 하나의 체體나 두 개의 체體로써 변론하지만, 필경에 체體가 없다면 본래의 여래장이다.

㈐ 법의 처소를 회통함

아난아, 네가 항상 뜻(意) 속에서 반연된 선, 악, 무기無記의 세 가지 성품이 법칙을 생성하니, 그렇다면 이 법이 마음에 즉해서 생겨난 것인가, 아니면 마음을 여의고서 방향과 처소가 따로 있는가?

아난아, 만약 마음에 즉한 것이라면 법은 티끌이 아니라서(법이 이미 마음이라면 티끌이 아니다) 마음의 소연(所緣: 반연 대상)이 아니니 어떻게 처소를 이루겠는가? 만약 마음을 여의고 따로 방향과 처소가 있다면, 법 스스로의 성품(自性)은 앎인가 앎이 아닌가? 법이 앎이라면 마음이라 칭하겠지만, 법이 너와는 다르고 티끌이 아니라면 다른 사람의 심량心量과 같을 것이다(만약 앎이 있는데도 또 너와 다르다면 너의 법진法塵이 아니라서 응당 다른 사람의 심량과 같을 것이다). 법이 바로(即) 너이고 바로 마음이라면(가령 앎이 있어도 바로 너의 티끌이라야 비로소 바로 너의 마음이다), 어찌하여 너의 마음이 다시 너에게서 둘이 되는가? (너와는 다르고) 법이 앎이 아니라면, 이 티끌은 이미 빛깔, 소리, 향내, 맛, 여읨과 합함(離合), 차가움과 따뜻함(冷煖) 및 허공의 모습이 아니니, 어디에 존재한단 말인가? 이제 색色과 공空으로도 모두 표시할 수 없으니 응당 인간 세상도 아니어야 하고 다시 허공 밖에 있지도 않아야 한다. (설사 허공 밖이라고 계교한다 해도) 마음이 반연하지 않는다면 처소가 무엇으로부터 성립하겠는가?

　그러므로 반드시 알아야 하나니, 법칙과 마음은 모두 처소가 없는지라 뜻(意)과 법 둘 다 허망해서 본래 인연도 아니고 자연의 성품도 아니다.

阿難. 汝常意中所緣善惡無記三性生成法則. 此法爲復卽心所生. 爲當離心別有方所. 阿難. 若卽心者法則非塵. (蓋法已是心則非塵矣旣) 非心所緣. 云何成處. 若離於心別有方所. 則法自性爲知非知. 知則名心. 異汝非塵同他心量. (若有知而又異汝則非汝之法塵應同他心量矣) 卽汝卽心(若有知而卽汝之塵乃卽汝之心矣) 云何汝心更二於汝. 若(異汝而)非知者此塵旣非色聲香味. 離合冷煖及虛空相當於何在. 今於色空都無表示. 不應人間更有空外(縱計空外則)心非所緣. 處從誰立. 是故當知法則與心俱無處所. 則意與法二俱虛妄. 本非因緣非自然性.

　여기서는 법의 처소를 회통하고 있다. 법진法塵을 잡아서 변론하는데, 뜻(意) 속에서 반연된 선, 악, 무기無記의 세 가지 성품이 법칙을 생성하는 것을 이름하여 법진이라 한다. 이 법진은 오직 뜻의 식(意識)이 변한 것이기 때문에 마음에 즉하거나 마음을 여의어서 추구하는 것이다. 만약 이 법진이 마음에 즉해서 있다면, 법이 곧 마음이라서 티끌이 아니다. 이미 법진이 아니라면 네 마음이 반연된 티끌이 아니니, 어떻게 처소를 이루겠는가? 따라서 마음에 즉해서 있다고 하는 말은 허망하다.

만약 이 법진이 마음을 여의고서 있다면 반드시 따로 방향과 처소가 있어야 한다. 만약 방향과 처소가 있다면 법 스스로의 성품(自性)은 앎이 있는 것인가, 아니면 앎이 없는 것인가? 만약 앎이 있다면 티끌이 아니라서 응당 너의 마음이라 칭해야 한다. 만약 앎이 있는데도 또 너와 다르다면 너의 법진法塵이 아니라서 응당 다른 사람의 심량과 같을 것이다. 그리고 너와 다른데도 또 앎이 있다고 말한다면, 바로(卽) 너의 티끌이고 바로 너의 마음이기 때문에 "바로 너이고 바로 마음이다"라고 말한 것이니, 그렇다면 어찌하여 너의 마음이 다시 너에게 둘이 되는가? 따라서 너와 다른데도 앎이 있다고 말하는 것은 잘못이다. 만약 너와 다른데도 앎이 아닌 것이 너의 법진이 될 것이라면, 이 티끌은 이미 빛깔, 소리, 향내, 맛, 여읨과 합함(離合), 차가움과 따뜻함(冷煖)의 실다운 법이 아니고 또 허공과도 같지 않으니, 필경 어디에 존재한단 말인가? 따라서 마음을 여의고서 앎이 아니라고 말하는 것은 거짓이다.

지금 색色과 공空에서 구하는 것은 모두 표시할 수 없으며, 인간이 다시 허공 밖에 있다고 하지 않아야 너의 법진이 된다. 이는 오진五塵 외에 따로 법진이 있음을 비유한 것이다. 설사 법 밖에 법이 있다고 인정한다 해도 네 마음이 반연된 경계는 아니니, 처소가 어디로부터 성립하겠는가? 이렇게 살펴볼 때 도무지 실체實體가 없어서 일체가 총체적으로 비(非: 부정, 아님)라면 공여래장의 뜻이 여기서 드러난다.

(라) 십팔계十八界를 회통함

㉮ 안식계眼識界를 회통함

다시 아난아, 어찌하여 십팔계가 본래의 여래장인 묘진여妙眞如의 성품인가?

아난아, 가령 네가 밝힌 것처럼 눈과 빛깔이 반연이 되어서 안식眼識을 낳는다면, 이 안식이 눈을 인해 생겨난 것이라 해서 눈을 계界²⁹⁰로 삼겠는가, 아니면 빛깔(色)을 인해 생겨난 것이라 해서 빛깔을 계界로 삼겠는가?

아난아, 만약 안식이 눈을 인해서 생겼다면, 빛깔과 허공이 없을 경우엔 분별할 수 없을 것이니, 설사 너의 식識이 있은들 무슨 용도가 있겠는가? 또 너의 봄(見)은 청색, 황색, 적색, 백색이 아니면 표시할 수 없는데, 무엇으로부터 계界를 세우겠는가?

만약 안식이 빛깔을 인해 생겼다면, 공空하여 빛깔이 없을 때는 너의 안식도 응당 소멸해야 하거늘, 어째서 허공의 성품이란 걸 식별해 아는가?

---

290 산스크리트어는 dhātu로, 다음과 같은 여러 가지 의미가 있다. ① 층層·성분·기초·요소 등의 의미로서, 구체적으로는 18계界를 가리킨다. ② 종류·종족·영역 등의 의미로서, 욕계欲界·색계色界·무색계無色界의 삼계三界라는 말에서 '계界'는 이 경우의 의미이다. ③ 본질·본성·자성自性 또는 어떤 현상을 나타내는 인因이나 종자種子 등의 의미로도 쓰인다.

만약 빛깔이 변할 때 너도 그 빛깔의 모습(色相)이 변하는 걸 식별한다면, 너의 식識은 변천하지 않은 것인데 무엇으로부터 계界가 성립하겠는가? (만약 빛깔로부터) 변한 것이라면 (식識도 또한) 변해서 계의 모습(界相)이 저절로 없고, 변하지 않는 것이라면 항상한 것이다. 이미 빛깔로부터 생겨났다면 허공의 소재를 응당 식별해 알지 못해야 한다. 만약 두 가지(안근과 색진)가 겸해서 눈과 빛깔이 함께 낳았다면, 합할 경우 중간(中)을 여의고 여일 경우 양쪽이 합해서 체體의 성품이 섞여 혼란할 터이니, 어떻게 계界를 이루겠는가?

그러므로 반드시 알아야 하나니, 눈과 빛깔이 반연이 되어서 낳는다고 하지만 눈과 식識과 계界의 세 처소가 모두 없으니, 그렇다면 눈과 빛깔(色)과 색계色界의 세 가지는 본래 인연도 아니고 자연의 성품도 아니다.

復次阿難. 云何十八界本如來藏妙眞如性. 阿難. 如汝所明眼色爲緣生於眼識. 此識爲復因眼所生以眼爲界. 因色所生以色爲界. 阿難. 若因眼生旣無色空無可分別. 縱有汝識欲將何用. 汝見又非靑黃赤白. 無所表示. 從何立界. 若因色生空無色時汝識應滅云何識知是虛空性. 若色變時汝亦識其色相遷變. 汝識不遷界從何立. (若)從(色)變則(識亦)變界相自無. 不變則恆. 旣從色生應不識知虛空所在. 若兼二種眼色共生. 合則中離. 離則兩合. 體性雜亂云何成界. 是故當知眼色爲緣生眼識界三處都無. 則眼與色及色界三. 本非因緣非自然性.

통의 여기서는 십팔계를 따져서 회통하고 있다. 육근과 육진이 화합하고 육식이 그 가운데서 생겨나기 때문에 육근과 육진에 나아가서 육식의 체體 없음을 변론하고 있으니, 앞뒤로 법의 요체를 변론하여 무생無生의 이치를 드러내고 있다. 중론中論에서는 이렇게 말한다.

"온갖 법은 자기(自)로부터 생겨나지도 않고
또한 타자他者로부터 생겨나지도 않고
자自와 타他가 함께 원인이 되어 생겨나지도 않고
원인(因) 없이 생겨나지도 않으니
그러므로 무생(無生: 생겨남이 없음)이라 설하는 것이다."

육근으로부터 생겨나면 자기로부터 생겨나는 것이고, 빛깔(色: 육진의 하나)로부터 생겨나면 타자로부터 생겨나는 것이고, 육근과 육진이 합하여 생겨나면 함께 원인이 되어서 생겨나는 것이고, 허공으로부터 생겨나면 원인 없이 생겨나는 것이다. 이 네 가지 생겨나는 법이 앞뒤 사이에서 나오지만 총체적으로는 무생無生의 이치를 드러내고 있으니, 이른바 생겨나거나 소멸하지 않는 성품이 바로 여래장인 것이다.

㉚ 이식계耳識界를 회통함

아난아, 또 네가 밝힌 것처럼 귀와 소리가 반연이 되어서 이식耳識을 낳는다면, 이 이식이 귀를 인해 생겨난 것이라 해서 귀를 계界로 삼겠는가, 아니면 소리(聲)를 인해 생겨난 것이라 해서 소리를 계界로 삼겠는가?

아난아, 만약 이식이 귀를 인해서 생겼다면, 움직임과 고요함의 두 모습이 이미 현전現前하지 않으면 이근이 앎을 이루지 못해서 필경 아는 바가 없을 것이며(이미 아는 바의 경계가 없다면 또한 능히 아는 근根도 없다), 앎도 오히려 이루지 못하거늘 이식이 어찌 형상의 모습이 있겠는가?(앎의 근根도 오히려 이루지 못하거늘 소생所生의 식識이 어찌 형상의 모습을 짓겠는가?) 만약 귀로 듣는 걸 취한다면 움직임과 고요함이 없기 때문에 들음(聞)이 이루어지지 않는데(들음의 성품도 오히려 이루어지지 않는다), 어찌 귀의 형상이 색진色塵이나 촉진觸塵과 섞인다 해서 식계識界라 칭할 수 있겠으며(이미 움직임과 고요함이 없다면 역시 이근도 없다), 그렇다면 이식계가 다시 무엇으로부터 성립하겠는가?

만약 이식이 소리를 인해 생겼다면, 이식은 소리를 인해 있는 것이다. 그렇다면 들음(聞)과는 상관이 없는 것이니, 상관이 없다면 소리의 모습이 존재하는 곳도 없을 것이다. 이식이 소리로부터 생겨나고(만약 이 식이 과연 소리로부터 생겨난다면) 소리는 들음(聞)을 인해 소리의 모습(聲相)이 있음을 인정한다면(그렇다면 식識이 이미 듣게 된 것이다), 들음은 응당 식識을 들어야 한다(소리를 듣는 것이 아니다). 듣지 못하면 계界가 아니고 들으면 소리와 똑같아서 식識이 이미 듣게 된 것이니, 무엇이 식識을 듣는 걸 알겠는가? 만약 앎이 없다면 끝내 풀이나 나무와 같아서 응당 소리와 들음이 섞여 중간의 계界를 이루지 못하리니(근根과 진塵이 이미 섞였다면 중간의 계界는 이루어지지 않는다), 계界에 중간의 지위가 없으면 안과 밖의 모습이 다시 무엇으로부터 이루어지겠는가?

　그러므로 반드시 알아야 하나니, 귀와 소리가 반연이 되어서 낳는다고 하지만 귀와 식識과 계界의 세 처소가 모두 없으니, 그렇다면 귀와 소리와 성계聲界의 세 가지는 본래 인연도 아니고 자연의 성품도 아니다.

阿難. 又汝所明耳聲爲緣生於耳識. 此識爲復因耳所生以耳爲界. 因聲所生以聲爲界. 阿難. 若因耳生. 動靜二相旣不現前根不成知. 必無所知. (旣無所知之境亦無能知之根)知尙無成識何形貌. (知根尙且無成所生之識作何形貌)若取耳聞. 無動靜故聞無所成. (聞性尙且無成)云何耳形雜色觸塵名爲識界. (旣無動靜又無耳根)則耳識界復從誰立. 若生於聲. 識因聲有則不關聞. 無聞則亡聲相所在. 識從聲生(若此識果從聲生)許聲因聞而有聲相(是則識已被聞)聞應聞識(不是聞聲矣)不聞非界. 聞則同聲. 識已被聞誰知聞識. 若無知者終如草木. 不應聲聞雜成中界. (根塵旣雜則中界不成)界無中位則內外相復從何成. 是故當知耳聲爲緣生耳識界三處都無. 則耳與聲又聲界三. 本非因緣非自然性.

　통의　여기서는 이식계耳識界를 회통하고 있다. 귀는 소리의 티끌(聲塵)을 듣기 때문에 움직임과 고요함을 잡아서 변론한 것이다. "만약 (이식이) 귀를 인해서 생겼다면" 이하는 근根을 잡아서 변론한 것이다. 만약 이식이 다시 귀를 인해 생겼다면 어찌 움직임과 고요함을 빌리겠는가? 만약 움직임과 고요함이 없다면 근根은 앎을 이루지 못해서 필경 아는 바의 경계도 없고 또한 능히 아는 근根도 없으리니,

앎의 근(知根)도 오히려 이루어지지 못하거늘 소생所生의 식識이 어찌 형상의 모습을 짓겠는가?

만약 귀로 듣는 것을 취해 근根으로 삼는다면, 움직임과 고요함이 없을 때면 들음(聞) 또한 이루어지지 않고 들음의 성품도 오히려 이루어지지 않거늘, 어찌 귀의 형상이 색진色塵이나 촉진觸塵과 섞인다 해서 문득 이식계耳識界가 될 수 있겠는가? 이미 움직임과 고요함이 없고 또한 이근도 없다면, 이식계가 다시 무엇으로부터 성립하겠는가? 따라서 귀를 인해 이식이 생겨난다고 계교하는 것은 거짓이다.

"만약 (이식이) 소리를 인해 생겼다면" 이하는 경계를 잡아서 변론한 것이다. 만약 이식이 소리를 인해 생겼다면, 이 이식은 소리를 인해 있는 것이다. 이미 소리를 인해 있다면 너의 듣는 성품(聞性)과는 상관없는 것이다. 만약 들음이 이미 소리라면, 들음이 있으면 문득 소리가 있고 들음이 없으면 소리의 모습이 존재하는 곳도 없을 것이다. 만약 과연 이식이 소리로부터 생겨나고 또 이 소리가 들음(聞)을 인해 소리의 모습(聲相)이 있음을 인정한다면, 그렇다면 식識은 이미 듣게 된 것이다. 식識이 이미 듣게 되면, 소리를 들음은 응당 식識을 듣는 것이어야 하지 소리를 듣는 것이 아니다.

만약 식識을 듣지 못하면 또한 소리의 계(聲界)가 아니고, 만약 식識을 들음이라면 식識은 이미 소리와 똑같다. 식識이 소리와 똑같다면 이미 소리를 듣게 된 것이니, 무엇이 또 식識을 듣는 것을 알겠는가? 만약 앎이 없는 것이라면 끝내 풀이나 나무와 같다. 따라서 소리를 인해 식識이 생겨난다고 계교하는 것은 거짓이다. 응당 소리의 티끌(聲塵)과 들음의 근根이 함께 처소에 섞여 중간의 계界를 이루지 못하리니,

이는 함께 생겨난다고 함을 타파한 것이다. 반복해서 추론하건대, 근根과 진진塵이 체體가 없으니 식계識界가 결국 무엇으로부터 이루어지겠는가? 식계가 이미 공空하다면 본래의 여래장이다.

㉙ 비식계鼻識界를 회통함

아난아, 또 네가 밝힌 것처럼 코와 냄새가 반연이 되어서 비식鼻識을 낳는다면, 이 비식이 코를 인해 생겨난 것이라 해서 코를 계界로 삼겠는가, 아니면 냄새(香)를 인해 생겨난 것이라 해서 냄새를 계界로 삼겠는가?

아난아, 만약 비식이 코를 인해서 생겼다면, 네 마음에서는 무엇을 코라 여기겠는가? 살로 된 한 쌍의 손톱 모습을 취하겠는가, 아니면 냄새 맡고 아는 동요動搖하는 성품이라 취하겠는가. 만약 살을 취한다면, 살의 성질이 바로 몸(身)이고 몸이 아는 것은 곧 촉감이니, 몸이라 이름 붙이면 코가 아니고 촉감이라 이름 붙이면 바로 티끌이니(촉감은 바로 몸의 티끌[身塵]이라서 비식이라 이름 붙이지 않는다), 코도 오히려 이름이 없거늘 어떻게 비식계鼻識界가 성립하겠는가? 만약 냄새 맡고 아는 걸 취한다면(만약 앎의 성품을 코로 삼는다면), 또 네 마음에서는 무엇을 앎이라 여기겠는가? 살을 앎이라 여기면, 살의 앎은 원래 촉감이지 코가 아니다. 허공을 앎이라 여기면, 허공 스스로 아는 것이라서 살은 응당 지각(覺)하지 못하리니, 그렇다면 마땅히 허공이 너이지 네 몸은 앎이 아니라서 오늘날의 '아난'은 응당 존재하는 바가 없을 것이다(앎의 성품도 오히려 없거늘 무엇을 가지고 코로 삼겠으며, 비근鼻根도 오히려 없거늘 또 무엇으로부터 비식을 낳겠는가). 냄새를 앎이라 여긴다면 앎 스스로 냄새에 속하니, 너와 무슨 상관이 있겠는가?

만약 향내와 악취의 기운이 필경 너의 코에서 생긴다면, 저 향내와 악취라는 두 가지 흘러나오는 기운은 이란伊蘭[291]과 전단 나무에서 생긴 것이 아니다. 이란과 전단 나무 두 가지 사물이 없을 때 네 스스로 코를 맡아보라. 향내가 나는가, 아니면 악취가 나는가? 악취라면 향내가 아니고 향내라면 악취가 아니다. 만약 향내와 악취를 함께 맡을 수 있다면, 너 한 사람에게 응당 두 개의 코가 있어야 한다. 나에게 도道를 물을 때도 두 명의 아난이 있을 것이니 어느 것이 너의 실체인가? 만약 코가 하나라면 향내와 악취의 두 가지가 없어서 악취가 향내가 되고 향내가 다시 악취가 되는지라 두 가지 성품이 있지 않으니(향내도 오히려 체體가 없다), 그렇다면 비식계가 무엇으로부터 성립하겠는가?

만약 비식이 냄새를 인해 생겼다면, 비식은 냄새를 인해 있는 것이다(냄새가 바로 식識이다). 마치 눈이 다른 것은 볼 수 있어도 자기 눈은 바라볼 수 없는 것처럼 비식은 냄새를 인하여 있기 때문에 응당 냄새를 알지 못한다. 안다면 냄새에서 생긴 것이 아니고, 알지 못한다면 식識이 아니다(만약 냄새를 알지 못하면 곧 비식이 아니다). 냄새가 앎으로 있지 않으면 냄새의 세계인 향계香界가 성립하지 못하고, 비식이 냄새를 알지 못하면 그로 인한 비식계인즉 냄새로부터 건립된 것이 아니다. 이미 중간(의 식識)이 없다면 안과 밖(근根의 경계)도 이루지 못해서 저 온갖 냄새 맡는 성품이 필경 허망하리라.

그러므로 반드시 알아야 하나니, 코와 냄새가 반연이 되어서 낳는다

---

291 산스크리트어 eraṇḍa의 음사로, 아주까리와 비슷한 일년생 풀이다. 줄기와 잎에 독이 있고 나쁜 냄새가 난다.

고 하지만 코와 식識과 계界의 세 처소가 모두 없으니, 그렇다면 코와 냄새와 향계香界의 세 가지는 본래 인연도 아니고 자연의 성품도 아니다.

阿難. 又汝所明鼻香爲緣生於鼻識. 此識爲復因鼻所生以鼻爲界. 因香所生以香爲界. 阿難. 若因鼻生則汝心中以何爲鼻. 爲取肉形雙爪之相. 爲取齅知動搖之性. 若取肉形. 肉質乃身身知卽觸. 名身非鼻名觸卽塵. (觸卽身塵不名鼻識)鼻尚無名. 云何立界. 若取齅知. (若以知性爲鼻)又汝心中以何爲知. 以肉爲知. 則肉之知元觸非鼻. 以空爲知. 空則自知肉應非覺. 如是則應虛空是汝汝身非知. 今日阿難應無所在. (知性尚無將何爲鼻鼻根尚無又從何而生識耶)以香爲知. 知自屬香何預於汝. 若香臭氣必生汝鼻. 則彼香臭二種流氣不生伊蘭及栴檀木. 二物不來汝自齅鼻爲香爲臭. 臭則非香. 香應非臭. 若香臭二俱能聞者則汝一人應有兩鼻. 對我問道有二阿難. 誰爲汝體. 若鼻是一香臭無二. 臭旣爲香香復成臭. 二性不有(香尚無體)界從誰立. 若因香生. 識因香有. (香卽是識)如眼有見不能觀眼. 因香有故應不知香. 知卽非生. 不知非識. (若不知香卽非鼻識)香非知有香界不成. 識不知香因界則非從香建立. 旣無中間(之識)不成內外. (根境)彼諸聞性畢竟虛妄. 是故當知鼻香爲緣生鼻識界三處都無. 則鼻與香及香界三. 本非因緣非自然性.

통의 여기서는 비식계를 회통하고 있다. 식계識界를 변론하는 글은 모두 근根과 진塵을 잡고 있는데, 오직 이 한 단락에만 냄새 맡고 아는 성품이 있다. 이는 코의 형상에서부터 냄새 맡고 아는 성품까지 겸해서 쌍雙으로 체體가 없음을 변론한 것이다. 말하자면 비식이 코를 인해 생겼다고 한다면 먼저 무엇을 코라 여기는지 살펴야 하는데, 살로 된 모습을 취하겠는가, 아니면 냄새 맡고 아는 성품을 취하겠는가. 만약 살을 취한다면, 살의 성질이 바로 몸(身)이다. 만약 몸이 냄새를 알아서 몸이라 이름 붙이면 코가 아니고, 촉감이라 이름 붙이면 바로 몸의 티끌(身塵)이라서 코도 오히려 이름이 없거늘 어떻게 비식계鼻識界가 성립하겠는가?

따라서 비식이 살인 코로부터 생겨난다고 계교하는 것은 거짓이다. 만약 냄새 맡고 아는 성품을 취해서 코로 삼는다면, 또 네 마음에서는 무엇을 앎이라 여기겠는가? 만약 살을 앎이라 여기면, 살의 앎은 원래 몸의 촉감이지 비식鼻識이 아니다. 만약 허공을 앎이라 여기면 허공이 너이고, 네 몸이 앎이 아니라면 '아난'은 응당 존재하는 바가 없을 것이다. 그렇다면 앎의 성품도 오히려 없거늘 무엇을 가지고 코로 삼겠는가? 따라서 앎을 코라고 계교하는 것은 거짓이다. 만약 냄새를 앎이라 여긴다면 앎 스스로 냄새에 속하니, 너와 무슨 상관이 있겠는가?

만약 향내와 악취의 기운이 필경 너의 코에서 생긴다면, 향내와 악취가 이란伊蘭과 전단 나무에서 생긴 것이 아니다. 이란과 전단 나무 두 가지 사물이 없을 때 네 스스로 코를 맡아보라. 향내가 나는가, 아니면 악취가 나는가? 향내와 악취를 일제히 맡을 수 있다면 두 개의 코가 있는 것이고, 만약 코가 하나라면 향내와 악취의 두 가지가 없어서 악취가 향내가 되고 향내가 다시 악취가 되는지라 두 가지 성품이 있지 않으니, 그렇다면 향내도 오히려 체體가 없거늘 앎이 무엇으로부터 성립하겠는가? 또 앎도 오히려 체體가 없거늘 비식이 무엇으로부터 생겨나겠는가? 따라서 냄새가 앎이 된다고 계교하는 것은 거짓이다.

"만약 (비식이) 냄새를 인해 생겼다면" 이하는 경계를 잡아서 변론한 것이다. 만약 비식이 냄새를 인해 생겼다면, 이 식識 또한 냄새를 인해 있는 것이라서 냄새가 바로 식識이다. 마치 눈이 눈을 바라볼 수 없는 것처럼 이미 냄새를 인하여 있다면, 식識이 이미 냄새라서 응당 냄새를 다시 알지 못한다. 만약 식이 이미 알고 있다면 냄새로부터 생긴 것이 아니고, 만약 냄새를 알지 못한다면 비식이 아니다. 만약 냄새가 앎을 기다리지 않고 있다면 향계香界가 성립하지 못하고, 만약 비식이 냄새를 알지 못하면 그로 인한 비식계인즉 냄새로부터 건립된 것이 아니다. 따라서 냄새로부터 비식이 생긴다고 계교하는 것은 거짓이다. 이미 중간이 없다면 안과 밖도 이루지 못해서 냄새를 맡는 식識이 필경 허망할 것이다. 그리하여 코와 식識과 계界의 세 처소가 모두 없어서 식識이 스스로 체體가 없으니, 무생無生의 이치가 여기서 드러난다.

㉐ 설식계舌識界를 회통함

아난아, 또 네가 밝힌 것처럼 혀와 맛이 반연이 되어서 설식舌識을 낳는다면, 이 설식이 혀를 인해 생겨난 것이라 해서 혀를 계界로 삼겠는가, 아니면 맛(味)을 인해 생겨난 것이라 해서 맛을 계界로 삼겠는가?

아난아, 만약 설식이 혀를 인해서 생겼다면, 온갖 세간에 있는 설탕,

매실, 황련黃連²⁹², 소금(石鹽), 세신細辛²⁹³, 생강, 계피가 모두 맛이
없을 것이다. 너 스스로 혀를 맛보아라. 달던가 아니면 쓰던가? 만약
혀의 성품이 쓰다면 누가 혀를 맛본 것인가? 혀 스스로는 맛보지
못할 것이니, 무엇이 지각知覺을 한 것인가? 혀의 성품이 쓰지 않다면
맛 스스로 생겨나지는 않을 것이니, 어떻게 설식계를 성립하겠는가?

　만약 맛을 인해 생겼다면 설식이 스스로 맛이 된다. 그러면 설근舌根
과 똑같아서 응당 스스로 맛보지 못할 것이니, 어떻게 '이 맛이다'
혹은 '이 맛이 아니다'라고 식별해 알 수 있겠는가? 또 일체의 맛이
한 물건에서 생긴 것이 아니니, 맛이 많이 생겼다면 식識도 응당 체體가
많을 것이다. 식識의 체體가 하나이고 그 체體가 필경 맛에서 생겼다면,
짜고 싱겁고 달고 매운 맛과 화합과 구생俱生²⁹⁴ 등 온갖 변이變異하는
모습이 똑같이 한맛이 되어서 응당 분별이 없어야 할 것이다. 분별이
이미 없다면 식識이라 이름 붙이지 못할 것이니, 어떻게 다시 설미식계
舌味識界라고 이름 붙일 수 있겠는가? 응당 허공이 너의 심식心識을
낸 것은 아니다. 혀와 맛이 화합하면(根과 塵이 공생함) 그 가운데
즉해서 원래 자성自性이 없으니, 어찌 설식계가 생기겠는가?

---

292 중국 원산이며 생약용으로 한국·일본·중국 등지에서 재배하기도 한다. 산지의
　수림 그늘의 습진 땅에서 자란다. 땅속줄기는 굵고 옆으로 뻗으며 많은 수염뿌리
　가 나고 줄기 끝에 뿌리잎 4~5개가 나며 길이 10~27cm이다. 잎은 세 장의
　작은 잎이 나온 겹잎으로, 작은 잎은 약간 굳고 톱니가 날카로우며 광택이
　난다.
293 세신은 뿌리가 가늘고 맛이 매우 맵기 때문에 붙여진 이름이다. 이 약은 특이한
　냄새가 있고 혀를 약간 마비시키며 맛은 맵고 성질은 따뜻하다.
294 ① 함께 일어남. ② 구생기俱生起의 준말.

그러므로 반드시 알아야 하나니, 혀와 맛이 반연이 되어서 낳는다고
하지만 혀와 식識과 계界의 세 처소가 모두 없으니, 그렇다면 혀와
맛과 설계舌界의 세 가지는 본래 인연도 아니고 자연의 성품도 아니다.

阿難. 又汝所明舌味爲緣生於舌識. 此識爲復因舌所生以舌爲界. 因
味所生以味爲界. 阿難. 若因舌生. 則諸世間甘蔗烏梅黃連石鹽細辛
薑桂都無有味. 汝自嘗舌爲甜爲苦. 若舌性苦誰來嘗舌. 舌不自嘗孰
爲知覺. 舌性非苦. 味自不生. 云何立界. 若因味生. 識自爲味. 同於
舌根應不自嘗. 云何識知是味非味. 又一切味非一物生. 味旣多生識
應多體. 識體若一體必味生. 鹹淡甘辛和合俱生諸變異相同爲一味
應無分別. 分別旣無則不名識. 云何復名舌味識界. 不應虛空生汝心
識. 舌味和合(根塵共生)卽於是中元無自性云何界生. 是故當知舌味
爲緣生舌識界三處都無. 則舌與味及舌界三. 本非因緣非自然性.

통의 여기서는 설식계를 회통하고 있다. "만약 (설식이) 혀를 인해
서 생겼다면" 이하는 근根을 잡아서 변론한 것이니, 이 식識이
만약 혀를 인해서 생겼다면 어찌 온갖 맛을 빌려서 드러내겠는가?
만약 온갖 맛이 없다면 응당 스스로 혀를 맛보아야 하는데, (그 맛이)
달던가 아니면 쓰던가? 만약 혀가 맛을 이룬다면 누가 혀를 맛본
것인가? 혀 스스로는 맛보지 못할 것이니, 무엇이 지각知覺을 한 것인
가? 혀의 성품이 쓰지 않다면 맛 스스로 생겨나지는 않을 것이다.
따라서 혀로부터 식識이 생겨난다고 계교하는 것은 거짓이다.
    "만약 맛을 인해[295] 생겼다면" 이하는 경계를 잡아서 변론한 것이다.

이 식識이 만약 맛을 인해 생겨났다면, 식識이 스스로 맛이 된다. 그러면 설근舌根과 똑같아서 혀 스스로 맛보지 못할 것이니, 어떻게 '이 맛이다' 혹은 '이 맛이 아니다'라고 식별해 알 수 있겠는가? 또 맛이 한 물건이 아니라면 식識도 응당 체體가 많을 것이고, 만약 식識의 체體가 하나이고 그 체體가 맛에서 생겼다면, 식識은 하나라도 맛은 다양한지라 통틀어 한맛이 되어서 응당 분별이 없어야 할 것이다. 분별이 이미 없다면 어찌 설식이라 이름 붙이겠는가? 따라서 맛으로부터 식識이 생겨난다고 계교하는 것은 거짓이다.

근根과 진塵이 체體가 없다고 해서 응당 허공이 너의 심식心識을 낸 것은 아니다. 만약 혀와 맛이 화합해서 공생共生하면 그 가운데 즉해서 원래 자성自性이 없다. 근根으로부터 자생自生이 생겨나고, 맛으로부터 타생他生이 생겨나고, 화합으로 공생共生하고, 공空으로부터 무인생無因生이 생겨난다. 전후로 모두 이 뜻에 근거해서 무생無生을 드러내지만, 이 단락의 글만이 가장 잘 드러나서 미세하게 추궁하면 세 처소가 모두 없다. 이렇게 스스로의 체體가 전혀 없다면 본래의 여래장이다.

(바)신식계身識界를 회통함

아난아, 또 네가 밝힌 것처럼 몸과 접촉이 반연이 되어서 신식身識을 낳는다면, 이 신식이 몸을 인해 생겨난 것이라 해서 몸을 계界로 삼겠는가, 아니면 접촉을 인해 생겨난 것이라 해서 접촉을 계界로 삼겠는가?

---

295 원문의 동同은 인因의 오기誤記로 보인다.

아난아, 만약 신식이 몸을 인해서 생겼다면, 필경 합함(合)과 여읨(離)의 두 가지를 지각해 관찰하는 반연이 없을 것이니, 몸이 무엇을 식별하겠는가? 만약 신식이 접촉을 인해 생겼다면 필경 너의 몸은 없을 테니, 몸 아닌 어느 것이 합하고 여읨을 알겠는가?

아난아, 사물은 접촉해(觸) 아는 것이 아니라(사물은 접촉을 인하지 않아도 앎이 있다) 몸이 알아서 접촉이 있으니(몸은 앎이 있음을 인해서 즉각 접촉이 있다), 몸을 아는 것이 바로 접촉이고(몸이 알면 즉각 접촉을 인해 드러난다) 접촉을 아는 것이 바로 몸이니(접촉을 알면 즉각 몸을 인해 드러나니, 그렇다면 몸과 접촉이 서로 여의지 않는 것이다), 접촉에 즉함은 몸이 아니고(만약 접촉에 즉하면 몸이 아니다) 몸에 즉함은 접촉이 아니다(만약 몸에 즉하면 접촉이 아니다).

몸과 접촉의 두 모습은 원래 처소가 없다. 몸에 합하면 바로 몸 자체의 성품이 되고(접촉이 만약 몸과 합하면 바로 몸 자체가 되어서 접촉에 이른다), 몸을 여의면 바로 허공과 동등한 모습이다(접촉이 만약 몸을 여의면 바로 허공이다). 안과 밖이 이루어지지 못하는데 중간이 어떻게 성립하겠는가? 중간이 성립하지 못하면 안과 밖의 성품도 공空하니, 그렇다면 너의 식識 생긴들 무엇으로부터 계界를 건립하겠는가?

그러므로 반드시 알아야 하나니, 몸과 접촉이 반연이 되어서 낳는다고 하지만 몸과 식識과 계界의 세 처소가 모두 없으니, 그렇다면 몸과 접촉과 신계身界의 세 가지는 본래 인연도 아니고 자연의 성품도 아니다.

阿難. 又汝所明身觸爲緣生於身識. 此識爲復因身所生以身爲界. 因觸所生以觸爲界. 阿難. 若因身生. 必無合離二覺觀緣身何所識. 若因觸生. 必無汝身誰有非身和合離者. 阿難. 物不觸知. (物不因觸而有知)身知有觸. (身因有知而卽有觸)知身卽觸(身知卽因觸而顯)知觸卽身. (知觸卽因身而顯是則身觸不相離也)卽觸非身(若卽觸則非身矣)卽身非觸. (若卽身則非觸矣)身觸二相元無處所. 合身卽爲身自體性. (觸若合身卽爲身自體而至觸矣)離身卽是虛空等相. (觸若離身卽是虛空)內外不成中云何立. 中不復立內外性空. 則汝識生從誰立界. 是故當知身觸爲緣生身識界三處都無. 則身與觸及身界三. 本非因緣非自然性.

여기서는 신식계를 회통하고 있다. "만약 신식이 몸을 인해서 생겼다면" 이하는 근根을 잡아서 변론한 것이다. 이 신식이 만약 몸으로부터 생겼다면 필경 합함(合)과 여읨(離)의 두 가지 반연이 없을 것이니, 그렇다면 몸이 무엇을 식별하겠는가? 이 신식은 몸으로부터 생겨난 것이 아니다. "만약 신식이 접촉을 인해 생겼다면" 이하는 경계를 잡아서 변론한 것이다. 이 신식이 만약 촉진觸塵을 인해서 생겼다면, 그렇다면 단지 접촉이 있는 것이지 몸은 없을 테니, 어찌 몸이 아니면서도 합하고 여읨을 아는 자가 있겠는가?

또 사물은 접촉을 인해서 앎이 있지 않으며, 몸은 앎이 있음을 인해서 즉각 접촉이 있다. 몸을 알면 접촉을 인해 드러나고, 접촉을 알면 즉각 몸을 인해 드러나니, 그렇다면 몸과 접촉이 서로 여의지 않는 것이다. 만약 접촉에 즉하면 몸이 아니고, 만약 몸에 즉하면 접촉이 아니니, 그렇다면 몸과 접촉의 두 모습은 원래 처소가 없다.

만약 접촉이 몸에 합하면 바로 몸 자체가 되어서 접촉이 아니다. 만약 접촉이 몸을 여의면 바로 허공의 모습이다. 안과 밖의 성품이 공空하면 식識이 무엇으로부터 계계界를 건립하겠는가? 일체가 성품이 없으므로 무생無生의 이치가 드러난다.

㉺ 의식계意識界를 회통함

아난아, 또 네가 밝힌 것처럼 뜻과 법이 반연이 되어서 의식意識을 낳는다면, 이 의식이 뜻을 인해 생겨난 것이라 해서 뜻을 계계界로 삼겠는가, 아니면 법을 인해 생겨난 것이라 해서 법을 계계界로 삼겠는가?

아난아, 만약 의식이 뜻을 인해 생겼다면, 너의 뜻 속에 반드시 생각하는 바가 있어야 네 뜻을 발명發明할 것이다. 만약 앞에 나타난 법이 없으면 뜻이 생길 바가 없고, 반연을 여의면 형상이 없을 테니, 의식이 무엇을 갖고 작용하겠는가?

또 너의 식심識心이 온갖 사량思量 및 요별了別하는 성품과 더불어 같은 것인가 아니면 다른 것인가? 뜻과 같다면 뜻에 즉했는데 어떻게 생기겠으며, 뜻과 다르다면 같지가 않으니 응당 식별하는 바가 없을 것이다. 만약 식별하는 바가 없다면 어떻게 뜻이 생기겠는가? 만약 식별하는 바가 있다면 어떻게 뜻을 식별하겠는가? 오직 같다거나 다르다는 두 성품이 이루어지지 못하면, 어떻게 계계界를 성립하겠는가?

만약 의식이 법을 인해 생겼다면, 세간의 온갖 법은 오진五塵을 여의지 않으니, 너는 빛깔의 법(色法), 온갖 소리의 법(聲法), 냄새의 법(香法), 맛의 법(味法), 접촉의 법(觸法)을 살펴보라. 그 모양새가 분명해서 오근五根을 상대하므로 의근意根이 거둘 수 있는 것이 아니다.

너의 의식이 결정코 법에 의거해 생겨난다면, 지금 네가 자세히 살펴보라. 법이란 법이 무슨 모양인가? 만약 색色과 공空, 움직임과 고요함, 통함과 막힘, 합함과 여윔, 생겨남과 소멸함을 여의어서 이 온갖 모습을 초월하면 끝내 얻을 바가 없다. 생겨나면 색色과 공空의 온갖 법 등이 생겨나고, 소멸하면 색과 공의 온갖 법 등이 소멸한다. 인할 바가 이미 없는데, 인하여 생긴 식識이 무슨 형상을 짓겠는가? 형상이 있지 않다면 계界가 어떻게 생기겠는가?

그러므로 반드시 알아야 하나니, 뜻과 법이 반연이 되어서 낳는다고 하지만 뜻(意)과 식識과 계界의 세 처소가 모두 없으니, 그렇다면 뜻과 법과 의계意界의 세 가지는 본래 인연도 아니고 자연의 성품도 아니다."

阿難. 又汝所明意法爲緣生於意識. 此識爲復因意所生以意爲界. 因法所生以法爲界. 阿難. 若因意生. 於汝意中必有所思發明汝意. 若無前法意無所生. 離緣無形識將何用. 又汝識心與諸思量兼了別性爲同爲異. 同意卽意云何所生. 異意不同應無所識. 若無所識云何意生. 若有所識云何識意. 唯同與異二性無成界云何立. 若因法生. 世間諸法不離五塵. 汝觀色法及諸聲法香法味法及與觸法. 相狀分明. 以對五根. 非意所攝. 汝識決定依於法生. 今汝諦觀法法何狀. 若離色空動靜通塞合離生滅. 越此諸相終無所得. 生則色空諸法等生. 滅則色空諸法等滅. 所因旣無. 因生有識作何形相. 相狀不有界云何生. 是故當知意法爲緣生意識界三處都無. 則意與法及意界三. 本非因緣非自然性.

통의 여기서는 의식계를 회통하고 있다. 의근이 법진法塵을 잡아서 의식에 체體가 없음을 변론하고 있다. 말하자면 의식이 의근으로부터 생겼다면, 그럼 의근 속에 반드시 생각하는 바의 법진이 있어야 비로소 너의 의근을 발명發明할 것이다. 만약 법진이 없으면 의근도 오히려 없어서 필경 생겨날 식識이 없고, 만약 반연한 바의 법진을 여의면 의근도 또한 형상이 없을 테니, 설사 너의 의식이 있은들 무엇을 갖고 작용하겠는가? 분별이 가능하지 않기 때문이다. 이는 근根과 진塵이 이미 없다면 식識도 체體가 없음을 잡은 것이다.

이 아래로는 같고 다름(同異)을 잡아서 근根과 식識을 변론한 것이다. 또 '너의 식심'은 의식을 가리키고, '온갖 사량과 더불어'는 칠식의 의근을 가리킨다. 이 둘은 요별了別의 성품을 겸하고 있다. 이 식識과 근根이 같은 것인가 아니면 다른 것인가? 뜻과 같다면 바로 단지 근根일 뿐이니, 어떻게 소생所生의 식識이 되겠는가? 만약 의근과 다르다면 뜻과 같지가 않아서 응당 소지所知의 식識이 없을 터이니, 어떻게 의근이 낳는 식識을 설명하겠는가? 만약 뜻과 다르고 또 앎의 식(知識)이 있다면 바로 의근이라 이름 붙이니, 어떻게 의근으로서 다시 의근을 식별하겠는가? 또 같다거나 다르다는 두 가지가 허망해서 오히려 체體의 성품이 없는데 계界가 어떻게 성립하겠는가? 따라서 근根으로부터 식識이 생겨난다고 계교하는 것은 거짓이다.

이 아래로는 티끌(塵)을 잡아서 변론한 것이다. 이 의식이 만약 법진을 인해 생겼다면, 그렇다면 세간의 온갖 법은 오진五塵을 여의지 않고 분명히 오근五根을 상대하므로 모두 모습의 형상(相狀)이 있어서 의근意根이 거둘 수 있는 것이 아니다. 이제 너는 법진의 법이 무슨 모습의 형상을 짓는지 자세히 살펴보라. 법진은 바로 오진이 낙사落謝한 그림자이기 때문에 오진을 잡아서 체體 없음을 대하여 변론한 것이다. 오진은 바로 색色과 공空, 움직임과 고요함, 통함과 막힘, 합함과 여읨, 생겨남과 소멸함이다. 이 온갖 모습을 초월하면 끝내 얻을 바가 없다. 그렇다면 생겨남은 온갖 법 등이 생겨나는 것이고, 소멸함은 단지 온갖 법 등이 소멸하는 것이다. 인因할 바의 법이 이미 없다면, 인하여 생긴 식識이 무슨 형상을 짓겠는가? 따라서 티끌(塵)로부터 식識이 생겨난다고 계교하는 것은 거짓이다. 근根과 진塵이 이미 공하다면 식계識界가 어찌 있겠는가? 그렇다면 당장에 무생無生인 여래장 성품이 드러난다.

1권에서 아난이 묘한 사마타를 여쭌 이래로 여기까지 왔다. 처음에는 허망함을 타파해서 참(眞)을 드러내고 다음에는 허망함을 회통해 참(眞)으로 돌아가니, 드러난 이理가 얕은 데서부터 깊은 데까지 이른다. 총체적으로는 사시四時에 설해진 가르침에 해당되는데, 처음에 마음을 따져 봄(見)을 변론함으로써 신견身見을 타파한 것은 아함阿含의 교의이고, 견분見分의 식정識精을 타파한 것은 방등方等의 교의이고, 오온의 삼과三科[296]가 여래장 성품으로 회통해 돌아가고 근根, 진塵, 식識, 계界가 하나하나 본래 공空함은 반야般若의 교의이며, 본래의 여래장인 묘진여妙眞如의 성품인즉 법法마다 온전히 참(眞)이라서 통틀어 실상實相에 돌아가는 것은 법화法華의 종교終敎의 뜻이다. 만약 아래 경문처럼 칠대七大가 두루해서 하나하나 원융하고 법계에

---

296 모든 현상을 세 가지로 분류한 오온五蘊·십이처十二處·십팔계十八界를 말한다.

두루한다면, 화엄華嚴의 이사무애理事無礙 법계를 이끌어 돌아간(引歸) 것이다.

총체적으로 삼제三諦가 원융한 공여래장空如來藏 성품을 공관空觀의 체體로 삼으니, 소위 여래의 묘장엄해妙莊嚴海를 원융·회통해서 들어가는 것이다. 이것이 전체적인 길(通途)의 큰 종지이다. 이치를 살펴서 추론하건대, 어찌 때(時)에 국한될 수 있겠는가?

이상 삼과를 회통해서 사事에 즉하고 이理에 즉함을 드러내는 것을 마친다.

나) 칠대七大를 회통해서 사事와 이理가 걸림 없음을 드러내는 것을 다섯 가지로 나눔

(가) 적합한 기연이 의문을 물음

아난이 부처님께 말씀드렸다.

"세존이시여, 여래께서는 늘 화합의 인연을 설하시면서 '일체 세간의 갖가지 변화가 다 사대四大의 화합을 인해 발명發明했다'고 하셨는데, 어찌하여 여래께서는 인연과 자연 둘 다 배척하시는 겁니까? 제가 지금 이 뜻이 어떤 것인지를 모르겠으니, 바라옵건대 불쌍히 여기셔서 중생들에게 중도中道의 요의了義와 희론戲論이 없는 법을 열어 보여주소서."

阿難白佛言. 世尊. 如來常說和合因緣. 一切世間種種變化皆因四大和合發明. 云何如來因緣自然二俱排擯. 我今不知斯義所屬. 惟垂哀愍開示衆生中道了義無戲論法.

통의 여래께서 한결같이 열어 보이심이 이치가 지극하고 정情을 잊었다고 할 수 있는데도 아난은 오히려 상견常見[297]에 집착해 인연과 자연을 이야기하면서 의심하고 있으니, 아난의 우매함이 어찌하여 이 지경에 이르렀는가? 대체로 이치(理)가 아직 극진하지 못하기 때문에 의문이 해결되지 못하는 것이니, 그래서 여전히 아직 깨닫지 못했음을 제시할 뿐이다. 그리하여 중도의 뜻으로 질문을 했지만, 이 판석判釋은 공여래장에 속하는 것으로 소위 하나가 공하면 일체가 공해서 가假도 없고 중中도 없고 불공不空도 없는 것이다.

(나) 설법을 허락하고 경청할 것을 훈계함

이때 세존께서 아난에게 말씀하셨다.

"너는 앞에서 성문과 연각의 갖가지 소승법을 싫어해 여의고 무상無上의 보리를 발심해서 부지런히 구했다. 그래서 내가 지금 널 위해 제일의제第一義諦[298]를 열어 보였거늘, 어찌하여 다시 세간의 희론과 망상의 인연을 갖고서 스스로 얽매이는 것이냐? 네가 비록 다문多聞이라고는 하지만 마치 약을 찾는 사람이 진짜 약이 앞에 나타났는데도 능히 분별하지 못하는 것과 같으니, 이 때문에 여래가 정말로 불쌍하다고 말하는 것이다.

---

297 세계나 모든 존재, 또는 우리의 자아가 실재로 끊임없이 존재한다고 생각하는 그릇된 견해를 말한다.

298 산스크리트어는 paramārtha-satya. 제諦는 진리를 뜻한다. ①분별이 끊어진 상태에서, 있는 그대로 파악된 진리, 분별이 끊어진 후에 확연히 드러나는 진리, 직관으로 체득한 진리. ②가장 뛰어난 진리, 궁극적인 진리, 가장 깊고 묘한 진리.

너는 이제 자세히 들어라. 내가 마땅히 널 위하여 분별해서 열어 보이겠다. 또 미래에 대승을 닦으려는 자들이 실상實相을 통달하게 하겠다."

아난은 묵묵히 부처님의 성스러운 종지를 받았다.

爾時世尊告阿難言. 汝先厭離聲聞緣覺諸小乘法. 發心勤求無上菩提. 故我今時爲汝開示第一義諦. 如何復將世問戲論妄想因緣而自纏繞. 汝雖多聞. 如說藥人眞藥現前不能分別. 如來說爲眞可憐愍. 汝今諦聽. 吾當爲汝分別開示. 亦令當來修大乘者通達實相. 阿難默然承佛聖旨.

통의 부처님이 아난을 소승을 염리厭離하고 대법大法을 부지런히 구한다고 여겨서 이미 제일의제第一義諦를 열어 보였는데도 오히려 스스로 망상에 얽매인다고 했으니, 진실로 한결같은 다문多聞으로 오랫동안 명자나 언어를 집착했기 때문에 참된 수행을 하지 못한 것이다. 마치 약을 찾는 사람이 진짜 약이 앞에 나타났는데도 능히 분별하지 못하는 것과 같다.

(다) 허망한 계교를 총체적으로 냄
"아난아, 네가 말한 대로 사대의 화합이 세간의 갖가지 변화를 발명한다.

아난아, 저 대大의 성품 자체가 화합이 아니라면 온갖 대大와 능히 섞여 어울리질 못하는 것이 마치 허공이 온갖 빛깔과 어울리지 못하는 것과 같다.

만약 화합하는 것이라면 변화와 똑같은지라 처음과 끝이 서로 이루면서 생멸이 상속하니, 태어나고 죽고 죽고 태어나면서 나고 나고 죽고 죽는 것이 마치 불 바퀴가 도는 것 같아서 휴식이 없다.

阿難. 如汝所言四大和合發明世間種種變化. 阿難若彼大性體非和合則不能與諸大雜和. 猶如虛空不和諸色. 若和合者同於變化. 始終相成生滅相續. 生死死生生生死死如旋火輪未有休息.

(라) 하나의 근원을 특별히 제시함

아난아, 마치 물이 얼음이 되고 얼음이 다시 물이 되는 것과 같다.

阿難. 如水成冰冰還成水.

통의 이것은 총체적으로 묻고 대답한 뜻이다. 아난은 사대의 화합이 세간의 갖가지 변화를 발명했다고 집착했기 때문에 성진(性眞: 성품의 참됨)의 원융하고 두루한 이치(理)를 통달하지 못하고 허망하게 화합을 계교하였다. 그래서 부처님께서 말씀하시길 "대大의 성품이 화합이 아니라면 온갖 대大와 능히 섞이질 못하는 것이 마치 허공이 온갖 빛깔과 어울리지 못하는 것과 같다. 만약 화합하는 것이라면 변화와 똑같은지라 생멸이 상속해서 나고 나고 죽고 죽는 것이 휴식이 없다"고 하셨다. 그렇다면 화합과 비화합을 말할 수 없는 것이니, 만약 참과 허망함이 동일한 바탕(眞妄一體)임을 요달해서 물이 얼음이 되고 얼음이 다시 물이 된다면, 일체의 허망한 계교가 당장 탈락하면서 정情을 잊으리라.

(마) 대大의 성품을 두루 제시함을 일곱 가지로 나눔
㉮ 지대地大를 제시함

네가 땅의 성품을 살펴보아라. 거친 건 대지가 되고 미세한 건 미진微塵이 되는데, 급기야 인허진隣虛塵²⁹⁹은 저 극미極微³⁰⁰인 색변제상色邊際相을 일곱 등분으로 쪼개서 이루어진다. 이 인허진을 다시 쪼개면 바로 실제 허공(空)의 성품이다.

아난아, 만약 이 인허진을 쪼개서 허공이 된다면, 허공이 색상色相을 낸다는 걸 반드시 알아야 한다. 너는 지금 '화합함을 말미암기 때문에 세간의 온갖 변화하는 모습을 낸다'고 말했으니, 네가 이 하나의 인허진이 몇 개의 허공이 화합해서 이루어졌는지 살펴보라. 응당 인허진이 화합하여 인허진을 이루지는 않았을 것이다. 또 인허진이 쪼개져서 허공이 되었다면, 몇 개의 색상이 화합하여 허공을 이루었는가? 만약 색상에 화합할 때는 색상과 화합하므로 허공이 아니며, 만약 허공에 화합할 때는 허공과 화합하므로 색상이 아니다. 색色은 그래도 쪼갤 수가 있지만, 허공이 어찌 화합하겠는가?

---

299 허공에 가깝다는 뜻이다.

300 산스크리트어는 paramāṇu. 더 이상 나눌 수 없는, 시각 대상의 최소 단위. 7극미를 미진微塵이라 하고, 7미진을 금진金塵, 7금진을 수진水塵, 7수진을 토모진兎毛塵, 7토모진을 양모진羊毛塵, 7양모진을 우모진牛毛塵, 7우모진을 극유진隙遊塵이라 한다. 금진金塵·수진水塵은 금이나 물속의 틈을 통과할 정도로 미세하다는 뜻이다.

네가 원래 알지 못했구나! 여래장 가운데 성품이 색色인 진공眞空과 성품이 공空인 진색眞色이 청정하고 본연本然해서 법계에 두루하는데, 중생의 마음에 따라 아는 바의 양量에 감응해서 업에 따라 발현發現한 다. 세간이 무지無知해서 인연이나 자연의 성품으로 미혹하지만, 모두 식심識心의 분별과 계교이다. 다만 언설言說이 있을 뿐 도무지 실다운 이치는 없다.

汝觀地性. 麤爲大地. 細爲微塵. 至鄰虛塵析彼極微色邊際相七分所 成. 更析鄰虛卽實空性. 阿難. 若此鄰虛析成虛空. 當知虛空出生色 相. 汝今問言由和合故出生世間諸變化相. 汝且觀此一鄰虛塵. 用幾 虛空和合而有. 不應鄰虛合成鄰虛. 又鄰虛塵析入空者. 用幾色相合 成虛空. 若色合時合色非空. 若空合時合空非色. 色猶可析空云何合. 汝元不知如來藏中性色眞空性空眞色. 淸淨本然周徧法界. 隨衆生 心應所知量. 循業發現. 世間無知惑爲因緣及自然性. 皆是識心分別 計度. 但有言說都無實義.

통의 여기서는 지대地大의 두루함을 제시하고 있다. 그 뜻인즉 체體의 공함을 잡아서 성품의 참됨(性眞)을 제시하고 있다. 또 이 지대는 바로 미진이 쌓여서 이루어진 것이다. 따라서 미진을 쪼개어 인허진에 이르고, 인허진을 쪼개어 허공을 이루니, 이로 말미암 아 허공이 색상을 내므로 지대의 체體가 본래 공함을 알겠다. 만약 화합해서 대지를 이룬다고 말한다면, 이 인허진은 몇 개의 허공이 화합해서 이루어졌는가? 인허진의 극미極微는 바로 지대의 시초이다.

만약 인허진을 쪼개서 허공이 된다면, 응당 몇 개의 색상이 화합해서 허공을 이루는가? 만약 색상에 합하면 허공이 아니고, 만약 허공에 합하면 색상이 아니다. 색상은 쪼갤 수 있어도 허공은 합할 수 없으니, 이 사대의 화합으로 발명한다고 계교한 것은 거짓이다. 이 지대의 체體를 너는 원래 알지 못했다. 즉 여래장 속에서 업을 따라 발현하지 본래 화합으로 이루어진 것이 아니다. 만약 업을 따라 발현함을 요달한다면, 성품의 참됨(性眞)이 두루하다는 뜻이 드러난다.

④ 화대火大를 제시함

아난아, 불의 성질은 무아無我라서 온갖 연緣에 의탁한다. 너는 성안에서 아직 식사를 하지 않은 집을 보아라. 밥을 지으려고 불을 피우려 할 때는 손에 양수(陽燧: 火鏡)[301]를 들고 태양 앞에서 불을 구한다.

아난아, 화합이라 칭하는 것은 나와 너, 그리고 1천2백5십 명의 비구가 지금 하나의 대중이 된 것과 같다. 대중은 누구나 하나이지만, 그 근본을 따져보면 저마다 출신이 있어서 다 생겨난 씨족과 명자(名字: 이름)가 있다. 마치 사리불은 브라만(婆羅門) 종족이고 우루빈나는 크샤트리아(迦葉波) 종족이고 나아가 아난은 고타마(瞿曇) 종성種姓인 것과 같다.

아난아, 만약 이 불의 성품이 화합으로 인해 있다면, 저 손으로 화경火鏡을 들고 햇빛에서 불을 구할 때 이 불이 화경에서 나오느냐, 쑥에서 나오느냐, 태양에서 나오느냐?

---

301 햇빛을 모아서 불을 일으키는 돋보기를 말한다.

아난아, 만약 태양에서 나왔다면, 네 손 안의 쑥을 스스로 능히
태울 수 있어서 쑥의 출처인 숲과 나무도 다 타버려야 한다. 만약
화경 속에서 나왔다면, 저절로 화경에서 나와 쑥을 능히 태우는데
화경은 어찌하여 녹지 않느냐? 네 손으로 들고 있는데도 오히려 뜨거운
모습이 없으니, 어찌 녹을 리가 있겠는가? 만약 쑥에서 나왔다면,
어찌하여 태양과 화경의 광명이 서로 접한 뒤에야 불이 생기느냐?

너는 또 자세히 보아라. 화경은 사람 손에 들려 있고, 태양은 하늘로부
터 오며, 쑥은 본래 땅에서 나오는데, 불은 어느 곳으로부터 이곳까지
거쳐 왔느냐? 태양과 화경은 서로 멀리 있어서 화和하지도 않고 합合하
지도 않으며, 화광火光도 좇아온 곳 없이 저절로 있는 것도 아니다.

네가 오히려 알지 못하는구나. 여래장 속에서 성품이 불인 진공眞空
과 성품이 공인 진화眞火가 청정하고 본연本然해서 법계에 두루한데,
중생의 마음을 따르면서 아는 바의 양(所知量)에 감응한다.

아난아, 반드시 알아야 하나니, 세상 사람이 한 곳에서 화경을 들면
한 곳에서 불이 생기고 온 법계에서 들면 온 세간에 불이 일어난다.
온 세간에 불이 일어난다면 어찌 방향과 처소가 있겠는가?

업을 따라 발현하는 것을 세간이 무지해서 인연과 자연의 성품이라
미혹하니, 모두 식심識心의 분별과 계교로서 오로지 언설만 있을 뿐
도무지 실다운 이치가 없다.

阿難. 火性無我寄於諸緣. 汝觀城中未食之家欲炊爨時. 手執陽燧日
前求火. 阿難. 名和合者如我與汝一千二百五十比丘今爲一衆. 衆誰
爲一. 詰其根本各各有身. 皆有所生氏族名字. 如舍利弗婆羅門種.

優樓頻螺迦葉波種. 乃至阿難瞿曇種姓. 阿難. 若此火性因和合有.
彼手執鏡於日求火. 此火爲從鏡中而出. 爲從艾出. 爲於日來. 阿難.
若日來者. 自能燒汝手中之艾來處林木皆應受焚. 若鏡中出. 自能於
鏡出然於艾鏡何不鎔. 紆汝手執尚無熱相. 云何融泮. 若生於艾. 何
藉日鏡光明相接然後火生. 汝又諦觀鏡因手執. 日從天來. 艾本地生.
火從何方遊歷於此. 日鏡相遠非和非合. 不應火光無從自有. 汝猶不
知如來藏中性火眞空性空眞火. 淸淨本然周徧法界. 隨衆生心. 應所
知量. 阿難. 當知世人一處執鏡一處火生. 徧法界執滿世間起. 起徧
世間寧有方所. 循業發現. 世間無知惑爲因緣及自然性. 皆是識心分
別計度. 但有言說都無實義.

통의 여기서는 화대의 두루함을 제시하고 있다. 손으로 화경을
들고 햇빛을 모아 불을 구했을 때 이 불을 자세히 살펴보라.
태양으로부터 오지도 않았고, 화경에서 나오지도 않았고, 쑥에서 생긴
것도 아니다. 또 좇아온 곳 없이 저절로 있는 것도 아니라면 화합이
아님이 분명하다. 그러나 네가 오히려 이를 알지 못하고 있다. 즉
여래장 속에서 법계에 두루하면서 성품이 불인 진공이 본연하고 두루
하기 때문에 한 곳에서 불을 구하면 한 곳에서 불이 생기고 온 법계에서
구하면 온 세간에 불이 일어나니, 업에 따라 발현하는 이치를 충분히
알 수 있다.

㉰ 수대水大를 제시함

아난아, 물의 성품은 정해지지 않아서 흐르고 쉬는 것이 일정하지

않다. 가령 실라벌 성[302]의 가비라[303] 신선과 작가라 신선, 그리고 발두마, 가살타 등의 온갖 대환사大幻師가 대음정大陰精[304]을 구해서 환약幻藥에 쓰려고 할 때 이 온갖 환사들은 보름날 밤(白月畫)에 방저(方諸: 오방석五方石)를 들고 달 속의 물을 받는다. 이 물이 구슬에서 나온 것이냐, 허공 속에서 저절로 있는 것이냐, 달에서 온 것이냐?

아난아, 만약 달에서 왔다면 오히려 먼 곳에서 구슬로 하여금 물이 나오게 할 수 있었으니, 지나온 숲과 나무가 다 물을 유출해야 할 것이다. 물을 유출한다면 어찌 구슬에서 나오길 기다릴 것이며, 흐르지 않는다면 물이 달에서 내려오지 않았음이 분명하다. 만약 구슬에서 나왔다면 이 구슬 속에서 항상 물이 흘러야 하리니, 어찌 한밤중인 보름날 달밤을 기다렸다가 받아야 하느냐? 만약 허공에서 생겼다면 허공의 생김새는 끝이 없으므로 물도 응당 변제邊際가 없어서 인간계로부터 천상계에 이르기까지 똑같이 물에 잠길 터이니, 어찌 물과 육지와 허공의 행行이 있겠는가?

너는 다시 자세히 보아라. 달은 하늘에 떠 있고, 구슬은 사람 손에 들려 있고, 구슬의 물을 받는 소반은 본래 사람이 마련한 것이니, 물이 어느 방향으로부터 여기로 흘러 들어왔느냐? 달과 구슬은 서로 멀어서 화합이 아니며, 물의 정精도 좇아온 곳 없이 저절로 있는 것도

---

302 산스크리트어 śrāvastī의 음사. 사위성舍衛城과 같다. 지금의 네팔 남서쪽에 인접해 있던 코살라국kosala國의 도읍지이며, 이 성의 남쪽에 기수급고독원祇樹給孤獨園이 있다. 흔히 이 성을 나라 이름으로 일컫기도 한다.

303 다음에 나오는 세 명의 선인과 함께 모두 외도로서 환술에 능하다.

304 음정은 음액陰液을 말한다. 정精·혈·진액 등 체액을 두루 일컫는 말. 체액은 음陰에 속한다는 뜻에서 붙인 이름이다.

아니다.

네가 오히려 알지 못하는구나. 여래장 속에서 성품이 물인 진공眞空과 성품이 공인 진수眞水가 청정하고 본연本然해서 법계에 두루한데, 중생의 마음을 따르면서 아는 바의 양(所知量)에 감응한다. 한 곳에서 구슬을 들면 한 곳에서 물이 나오고 온 법계에서 들면 온 법계에 가득 물이 생긴다. 물이 온 세간에 생긴다면 어찌 방향과 처소가 있겠는가?

업을 따라 발현하는 것을 세간이 무지해서 인연과 자연의 성품이라 미혹하니, 모두 식심識心의 분별과 계교로서 오로지 언설만 있을 뿐 도무지 실다운 이치가 없다.

阿難. 水性不定流息無恒. 如室羅城迦毗羅仙斫迦羅仙及鉢頭摩訶薩多等諸大幻師. 求大陰精用和幻藥. 是諸師等於白月畫手執方諸承月中水. 此水爲復從珠中出. 空中自有. 爲從月來. 阿難. 若從月來. 尙能遠方令珠出水所經林木皆應吐流. 流則何待方珠所出. 不流明水非從月降. 若從珠出. 則此珠中常應流水. 何待中宵承白月畫. 若從空生. 空生無邊水當無際. 從人洎天皆同滔溺. 云何復有水陸空行. 汝更諦觀月從天陟. 珠因手持. 承珠水盤本人敷設. 水從何方流注於此. 月珠相遠非和非合. 不應水精無從自有. 汝尙不知如來藏中性水眞空性空眞水. 淸淨本然周徧法界. 隨衆生心應所知量. 一處執珠一處水出. 徧法界執滿法界生. 生滿世間寧有方所. 循業發現. 世間無知惑爲因緣及自然性. 皆是識心分別計度. 但有言說都無實義.

통의   여기서는 수대의 두루함을 제시하고 있다. 방저方諸[305]는 수정水精 구슬이다. 단지 환사幻師가 방저로 물을 구함을 관찰할 뿐이니, 이 물은 구슬로부터 나오지도 않았고, 달로부터 나오지도 않았고, 허공으로부터 나오지도 않았고, 또 좇아온 곳 없이 저절로 있는 것도 아니다. 그러나 너는 오히려 이를 알지 못하고 있다. 즉 여래장 속에서 성품이 물인 진공이 본연하고 두루해서 원래 화합이 아니니, 온 법계에서 구하여 온 법계에 물이 생긴다면 업에 따라 발현함을 알 수 있다.

㉖ 풍대風大를 제시함

아난아, 바람의 성품은 체體가 없어서 움직임과 고요함이 일정하지 않다. 네가 가사를 여미면서 대중 속으로 들어갈 때 가사 자락이 펄럭여서 옆 사람에게 미치면, 미풍微風이 그의 얼굴을 스친다. 이 바람이 가사 자락에서 나왔느냐, 허공에서 발했느냐, 저 인간의 얼굴에서 생겼느냐?

아난아, 이 바람이 만약 가사 자락에서 나왔다면, 너도 바람을 걸쳤으므로 그 가사가 날아가 네 몸에서 떨어져야 할 것이다. 내가 지금 법을 설하는 회상에서 가사를 걸치고 있는데, 너는 살펴보거라, 내 가사 어디에 바람이 있느냐? 응당 가사 속에는 바람을 숨긴 곳이 있지 않다. 만약 허공에서 생겼다면, 너의 가사가 움직이지 않을 때는 어찌하여 바람의 불지 않느냐? 허공의 성품은 항상 머물므로 바람도

---

305 방저수는 밝은 달을 향向하여 조가비로 뜬 물을 말한다. 눈을 밝게 하고 마음을 안정시키며, 어린아이의 열과 갈증을 푸는 약藥으로 쓰인다.

응당 항상 생겨야 하나니, 만약 바람이 없을 때면 허공도 응당 소멸해야 한다. 바람이 소멸하는 것은 볼 수 있지만, 허공의 소멸은 어떤 모양인가? 만약 생겨나고 소멸함이 있다면 허공이라 이름붙이지 못할 터이니, 허공이라 이름을 붙인다면 (생멸이 없는 것인데) 어떻게 (생멸이 있는) 바람이 나오겠는가? 만약 바람이 저 사람의 얼굴에서 저절로 생겨났다면, 저 얼굴에서 생겼으니 응당 너에게 불어야 할 터인데, 네가 스스로 가사를 여미면 어찌하여 거꾸로 부는 것인가?

너는 자세히 살펴보거라. 가사를 여미는 것은 너에게 있고, 얼굴은 저 사람에게 있고, 허공은 고요해서 유동流動하지 않는데, 바람은 어느 곳으로부터 불어서 이곳에 왔는가? 바람과 허공은 성품이 서로 달라서 화합이 아니며, 응당 바람의 성품이 좇아온 곳 없이 저절로 있는 것도 아니다.

네가 완연히 알지 못하는구나. 여래장 속에서 성품이 바람인 진공眞空과 성품이 공인 진풍眞風이 청정하고 본연本然해서 법계에 두루한데, 중생의 마음을 따르면서 아는 바의 양(所知量)에 감응한다.

아난아, 가령 너 한 사람이 가사를 미미하게 움직이면 미풍이 일어나고, 온 법계에서 불면 온 국토에 가득 바람이 생긴다. 바람이 세간에 두루한다면 어찌 방향과 처소가 있겠는가?

업을 따라 발현하는 것을 세간이 무지해서 인연과 자연의 성품이라 미혹하니, 모두 식심識心의 분별과 계교로서 오로지 언설만 있을 뿐 도무지 실다운 이치가 없다.

阿難. 風性無體動靜不當. 汝常整衣入於大衆. 僧伽梨角動及傍人則

有微風拂彼人面. 此風爲復出袈裟角. 發於虛空. 生彼人面. 阿難.
此風若復出袈裟角汝乃披風. 其衣飛搖應離汝體. 我今說法會中垂
衣. 汝看我衣風何所在. 不應衣中有藏風地. 若生虛空. 汝衣不動何
因無拂. 空性常住風應常生. 若無風時虛空當滅. 滅風可見. 滅空何
狀. 若有生滅不名虛空. 名爲虛空云何風出. 若風自生被拂之面. 從
彼面生當應拂汝. 自汝整衣云何倒拂. 汝審諦觀整衣在汝. 面屬彼人.
虛空寂然不參流動. 風自誰方鼓動來此. 風空性隔非和非合. 不應風
性無從自有. 汝宛不知如來藏中性風眞空性空眞風. 淸淨本然周徧
法界. 隨衆生心應所知量. 阿難. 如汝一人微動服衣有微風出. 徧法
界拂滿國土生. 周徧世間寧有方所. 循業發現. 世間無知惑爲因緣及
自然性. 皆是識心分別計度. 但有言說都無實義.

> **통의** 여기서는 풍대의 두루함을 제시하고 있다. 바람의 체體는
> 말하기 어렵기 때문에 가사를 여미는 것을 빌려서 바람이
> 있는데, 저 사람의 얼굴에 부는 것으로써 성품의 공함을 변론하고
> 있다. 이 온 듯(如來)한 묘한 변론은 가장 사유할 만하다. 가사를
> 여미게 되면 미풍이 저 사람의 얼굴에 부는데, 이 바람은 가사에서
> 나오는 건가, 허공에서 발하는 건가, 저 사람의 얼굴에서 생겨나는
> 건가? 만약 가사에서 나온다면, 너는 바람의 옷을 걸쳤으므로 마땅히
> 날리면서 가야 한다. 어찌 내 옷 속에 바람을 숨긴 곳이 있겠는가?
> 만약 허공에서 생겼다면, 허공의 성품은 항상 머물므로 바람도 늘
> 생겨나고, 바람이 소멸하면 허공도 소멸해야 한다. 그러나 생겨나고
> 소멸함이 있다면 허공이 아니다.

만약 바람이 저절로 생겼다면 얼굴에 붙게 될 텐데, 이미 얼굴로부터 생겨났다면 너에게 불어야 할 텐데 어찌하여 저 사람에게 거꾸로 부는 것인가? 세 경우에 다 체體가 없으니 어찌 화합을 이루겠는가? 네가 완연히 알지 못하는구나. 여래장 속에서 성품이 바람인 진공眞空이 본연本然해서 두루하니, 어찌 방향과 처소가 있겠는가? 업을 따라 발현하는 것일 뿐 식심識心의 계교가 아니란 것을 알 수 있다.

㈒ 공대空大를 제시함

아난아, 허공의 성품은 형체가 없어서 색色으로 인해 드러난다. 가령 강과 멀리 떨어진 실라벌 성에 사는 모든 크샤트리아 종족 및 브라만, 바이샤, 수드라, 빈라타, 전다라 등이 안락한 거처를 새로 지으려고 우물을 파서 물을 찾는데, 흙을 한 자 파내면 그 속에 한 자의 허공이 있다. 이렇게 나아가 흙을 1장丈 파내면 그 속에 다시 1장의 허공이 생긴다. 허공의 깊고 얕음이 흙을 얼마나 파내느냐에 따르니, 이 허공은 흙이 나왔기 때문에 있는 것이냐, 파기 때문에 있는 것이냐, 이유 없이 저절로 생긴 것이냐?

아난아, 만약 이 허공이 원인 없이 저절로 생겼다면, 흙을 파기 전에는 어찌하여 막힌 상태로 오직 땅만 보일 뿐 멀리 통해 있지 않느냐? 만약 허공이 흙으로 인해 나왔다면, 흙을 팔 때는 응당 허공이 들어가는 게 보여야 한다. 만약 흙이 먼저 나왔는데도 허공이 들어가지 않았다면, 어찌 허공이 흙으로 인해 나오겠는가? 만약 나오고 들어감이 없다면 허공과 흙이 원래 다른 원인이 없어야 하니, 다름이 없다면 같을 것인데 흙이 나올 때 허공은 어찌하여 나오지 않는 것인가? 만약 허공이 파기 때문에 나왔다면, 팔 적에 허공만 나오고 흙은 나오지 않아야 한다. 그러나 허공이 파기 때문에 나오는 것이 아니라면, 팔 적에 저절로 흙이 나오는데 어찌하여 허공이 보이느냐?

너는 자세히 살피고 자세히 살펴서 관찰하라. 팔 때는 사람 손을 따라 이리저리 운전運轉하고, 흙은 땅으로 인해 옮겨지는데, 이런 허공은 무엇을 인해 나오느냐? 팜(鑿)과 허공은 허虛와 실實이라서 서로 작용하지 않으므로 화합이 아니고, 또 허공이 좇아온 곳 없이 저절로 나온 것도 아니다. 만약 이 허공의 성품이 원만하고 두루해서 본래 동요動搖하지 않는다면, 반드시 알아야 하나니, 현전現前한 지地, 수水, 화火, 풍風까지 균등하게 오대五大라 칭하는 것이 성품이 참되고 원융해서 다 여래장이라 본래 생멸이 없다.

아난아, 네 마음이 혼미하여 사대가 원래 여래장임을 깨닫지 못하고 있구나. 허공을 살펴보거라. 나오는 것이냐, 들어가는 것이냐, 나오고 들어가는 것이 아니냐? 네가 온전히 알지 못하는구나. 여래장 속에서 성품이 각覺인 진공眞空과 성품이 공인 진각眞覺이 청정하고 본연本然해서 법계에 두루한데, 중생의 마음을 따르면서 아는 바의 양(所知量)에 감응한다.

아난아, 가령 하나의 우물이 비어 있으면(쑈) 허공이 하나의 우물에서 생기듯이, 시방의 허공도 또한 마찬가지다. 시방에 원만圓滿하니 어찌 방향과 처소가 있겠는가?

업을 따라 발현하는 것을 세간이 무지해서 인연과 자연의 성품이라 미혹하니, 모두 식심識心의 분별과 계교로서 오로지 언설만 있을 뿐 도무지 실다운 이치가 없다.

阿難. 空性無形因色顯發. 如室羅城去河遙處. 諸刹利種及婆羅門毗舍首陀兼頗羅墮旃陀羅等. 新立安居鑿井求水. 出土一尺於中則有一尺虛空. 如是乃至出土一丈中間還得一丈虛空. 虛空淺深隨出多少. 此空爲當因土所出. 因鑿所有. 無因自生. 阿難. 若復此空無因自生. 未鑿土前何不無礙. 唯見大地迥無通達. 若因土出. 則土出時應見空入. 若土先出無空入者. 云何虛空因土而出. 若無出入. 則應空土元無異因. 無異則同. 則土出時空何不出. 若因鑿出則鑿出空應非出土. 不因鑿出鑿自出土云何見空. 汝更審諦諦審諦觀. 鑿從人手隨方運轉. 土因地移. 如是虛空因何所出. 鑿空虛實不相爲用. 非和非合. 不應虛空無從自出. 若此虛空性圓周徧本不動搖. 當知現前地水火風均名五大. 性眞圓融皆如來藏本無生滅. 阿難. 汝心昏迷不悟四大元如來藏. 當觀虛空爲出爲入爲非出入. 汝全不知如來藏中性覺眞空性空眞覺. 清淨本然周徧法界. 隨衆生心應所如量. 阿難. 如一井空空生一井. 十方虛空亦復如是. 圓滿十方寧有方所. 循業發現. 世間無知惑爲因緣及自然性. 皆是識心分別計度. 但有言說都無實義.

통의 여기서는 공대의 두루함을 제시하고 있다. 허공은 색을 인하여 드러나고 공은 색의 체體이기 때문에 임시로 우물을 파서 발명發明한 것이다. 허공은 대지를 융관融貫[306]하지만 단지 색의 장애를 볼 뿐 공을 보지 못하니, 우물을 팠기 때문에 공을 냈다면 허공이 두루하지 못한 데 처했음을 안다. 이 때문에 "비유하자면 마치 허공이

---

306 완전히 원용하게 관통하다.

일체의 색과 비색非色의 처소에 두루 이른 것과 같다"고 하였다.

이제 우물을 팠을 때의 공을 살펴보건대, 흙을 인해 나온 것도 아니고, 파는 것을 인해 나온 것도 아니며, 또한 원인이 없는 것도 아니다. 만약 이 허공의 성품이 원만하고 두루함을 요달했다면 현전現前한 지地, 수水, 화火, 풍風까지 균등하게 오대五大라 칭하는 것이 성품이 참되고 원융해서 본래 여래장이라 업에 따라 발현하니, 어찌 인연과 자연을 가지고 헤아리겠는가?

이 허공과 앞서의 사대가 다 팔식의 상분相分이다.

⑭ 견대見大를 제시함

아난아, 견각見覺은 앎이 없어서 색色과 공空을 인하여 있다. 가령 네가 지금 기타의 숲에 있으면서 아침엔 밝고 저녁엔 어두운데, 설사 한밤중에 있더라도 백월白月[307]이면 빛나고 흑월黑月[308]이면 어두워진다. 그렇다면 밝음과 어두움 등은 봄(見)을 인해 분석하는 것이다. 이 봄은 다시 밝음과 어둠의 모습 및 허공과 더불어 동일한 체體인가 동일한 체가 아닌가? 혹은 같으면서 같지 않은가, 혹은 다르면서 다르지 않은가?

아난아, 이 봄이 밝음과 어두움과 더불어, 아울러 허공과 더불어 원래 동일한 체라면 밝음과 어둠의 두 가지 체體가 없어져서 어두울 때 밝음이 없고 밝을 때 어둠이 없을 것이다. 만약 봄이 어둠과 더불어 일체라면 밝을 때는 봄이 없어져야 하며, 봄이 필경 밝음과 일체라면

---

307 밝은 달. 음력 초하루부터 보름까지 뜨는 말을 말한다.
308 음력으로 15일 이후의 달을 말한다.

어두울 때는 봄이 당연히 소멸해야 하니, 소멸하면 어떻게 밝음을 보고 어둠을 보겠는가? 만약 밝음과 어둠은 다르지만 봄은 생멸이 없다면 일체가 어떻게 성립하겠는가?

만약 이 견정見精이 어둠과 더불어 밝음과 더불어 일체가 아니라면, 네가 밝음과 어둠, 그리고 허공을 여의고서 견원見元을 분석해보라. 어떤 형상이 되는가? 밝음을 여의고 어둠을 여의고 그리고 허공을 여읜다면, 이 견원見元은 거북 털이나 토끼 뿔과 똑같다. 밝음, 어둠, 허공의 세 가지 일과 모두 다르다면, 무엇으로부터 봄(見)을 성립하겠는가? 밝음과 어둠이 서로 배치하는데 어떻게 '혹은 똑같다'고 하겠으며, 세 가지를 여의면 원래 없는데 어떻게 '혹은 다르다'고 하겠는가? 허공을 나누고 봄(見)을 나누는데 본래 변제邊際가 없거늘 어떻게 똑같지 않다고 하겠는가? 어둠을 보고 밝음을 보아도 성품이 변천하지 않거늘 어떻게 다르다고 하겠는가?

너는 다시 자세히 살펴보고 미세하게 살펴보라. 자세히 살피고 살펴보면, 밝음은 태양으로부터 오고, 어둠은 흑월黑月을 따르고, 통함은 허공에 속하고, 막힘은 대지로 돌아가나니, 그렇다면 견정은 무엇을 인해 나오는 것인가? 봄은 각覺하고 공은 완고해서 화합하지 않으니, 견정도 좇아온 곳 없이 저절로 나온 것도 아니다. 이 보고 듣고 아는 성품이 원만하고 두루해서 본래 동요하지 않는다면, 반드시 알아야 하나니, 가없고 움직이지 않는 허공과 동요하는 땅, 물, 불, 바람을 균등하게 이름하여 육대六大라 하느니라. 성품이 참되고 원융하여 모두 여래장이라 본래 생멸이 없다.

아난아, 너의 성품이 침륜沈淪해서 너의 보고 듣고 깨닫고 아는(見聞

覺知)가 본래 여래장임을 알지 못하니라. 너는 응당 이 보고 듣고 깨닫고 앎을 관찰하여라. 생겨나는가, 소멸하는가, 똑같은가, 다른가, 생겨나지도 소멸하지도 않는가, 똑같지도 다르지도 않은가. 너는 일찍이 여래장 속 성견性見인 각명覺明과 각정覺精인 명견明見이 청정하고 본래 그러하여 법계에 두루하면서 중생의 마음을 따르고 아는 바의 양量에 감응함을 안 적이 없구나. 마치 하나의 견근見根인 봄이 법계에 두루한 것처럼, 청각, 후각, 미각, 촉각의 각촉覺觸하고 각지覺知하는 묘한 덕이 환히 밝아서 법계에 두루하고 시방에 원만하니, 어찌 방향이나 처소가 있겠는가? 업에 따라 발현할 뿐인데, 세간이 무지해서 인연이라 하기도 하고 자연의 성품이라 하기도 한다. 그러나 모두가 식심識心으로 분별해서 헤아리는 것이라서 단지 언설만 있을 뿐 도무지 실다운 뜻(實義)이 없다.

阿難. 見覺無知因色空有. 如汝今者在祇陀林朝明夕昏. 設居中宵白月則光黑月便暗. 則明暗等因見分析. 此見爲復與明暗相幷太虛空爲同一體. 爲非一體. 或同非同. 或異非異. 阿難. 此見若復與明與暗及與虛空元一體者. 則明與暗二體相亡. 暗時無明明時無暗. 若與暗一明則見亡. 必一於明暗時當滅. 滅則云何見明見暗. 若明暗殊見無生滅一云何成. 若此見精與暗與明非一體者. 汝離明暗及與虛空. 分析見元作何形相. 離明離暗及離虛空. 是見元同龜毛兔角. 明暗虛空三事俱異從何立見. 明暗相背云何或同. 離三元無云何或異. 分空分見本無邊畔云何非同. 見暗見明性非遷改云何非異. 汝更細審微細審詳審諦審觀明從太陽. 暗隨黑月. 通屬虛空. 壅歸大地. 如是見精

因何所出. 見覺空頑非和非合. 不應見精無從自出. 若見聞知性圓周
徧本不動搖. 當知無邊不動虛空幷其動搖地水火風均名六大. 性眞
圓融皆如來藏本無生滅. 阿難. 汝性沈淪不悟汝之見聞覺知本如來
藏. 汝當觀此見聞覺知爲生爲滅. 爲同爲異. 爲非生滅. 爲非同異.
汝曾不知如來藏中性見覺明覺精明見. 淸淨本然周徧法界. 隨衆生
心應所知量. 如一見根見周法界. 聽齅嘗觸覺觸覺知妙德瑩然徧周
法界. 圓滿十虛寧有方所. 循業發現. 世間無知惑爲因緣及自然性.
皆是識心分別計度. 但有言說都無實義.

여기서는 견대見大의 두루함을 제시하고 있다. 견대는 바로
팔식의 견분見分으로 견정見精이라 칭하기도 한다. 무지無知
라 함은 이 견원見元이 묘하게 밝은 지혜 광명(妙明之智光)이라 본래
대대(對待: 상대)가 없거늘 이제 미혹해서 허망하게 보게 된 것이다.
색과 공의 허망한 경계를 대함으로 인해 마침내 형상으로 똑똑히
구별하지만, 본래 아는 바(所知)가 없기 때문에 밝음과 어둠과 허공을
잡아서 동일성(同)과 차이성(異)을 가지고 타파한 것이다.

만약 동일하다면 이미 밝음과 일체라서 어둠에 이르지 못하고,
필경 어둠과 일체라 해도 밝음에 이르지 못하니, 양쪽이 서로 이르지
못하면 밝음과 어둠을 쌍雙으로 볼 수 없는 것이다. 만약 다르다면
허공과 밝음과 어둠을 여읜 그 밖에서 따로 이 봄의 형상을 구하는
것이라서 얻을 수 없으니, 이 세 곳과 다르다면 무엇으로부터 봄을
세우겠는가? 또한 밝음과 어둠이 서로 배치해서 '혹은 동일하다'고
말하기도 어렵고, 세 가지를 여의어 체體가 없어서 '혹은 다르다'고

말하기도 어렵고, 허공과 봄을 나누지 못해서 '동일하지 않다'고 말하기도 어렵고, 밝음과 어둠이 변천해도 성품이 바뀌지 않아서 '다르지 않다'고 말하기도 어려우니, 하물며 봄은 앎이 있고 공은 완고하여 앎이 없어서 화합하지 못함이랴. 또한 좇아온 곳 없이 저절로 있는 것도 아니니, 필경 체體가 없다면 봄의 성품은 본래 공空하다. 만약 보고 듣고 아는 성품이 원만하고 두루해서 본래 동요하지 않는다면, 허공과 그 사대의 성품도 참되고 원융하여 모두 여래장이라 생겨나지도 않고 소멸하지도 않는 성품이다. 너는 일찍이 여래장 속 성견性見인 각명覺明이 본래 그러하고 두루하지만 다만 중생의 심량心量을 따르고 업을 따라 발현할 뿐임을 안 적이 없으니, 어찌 인연이나 자연이라고 계교할 수 있단 말인가.

㉚식대識大를 제시함

아난아, 식識의 성품은 근원이 없어서 여섯 가지 근根과 진塵을 인해 허망하게 나온다. 네가 지금 이 회상의 거룩한 대중을 두루 살필 때 눈을 써서 죽 둘러보는데, 그 눈이 두루 보는 것은 단지 거울과 같을 뿐이라서 따로 분석하는 것은 없다. 그러나 너의 식識은 그 속에서 차례로 지목하며 '이분은 문수보살'이고, 이분은 '부루나 존자'이고, '이분은 목건련 존자'이고, '이분은 수보리 존자'이고, '이분은 사리불 존자'라고 한다. 이 식의 요지(了知: 명료히 앎)는 봄(見)에서 생겨났느냐, 모습(相)에서 생겨났느냐, 허공에서 생겨났느냐, 원인 없이 갑자기 나왔느냐?

아난아, 만약 네 식의 성품이 봄에서 생긴다면 마치 밝음과 어둠

및 색과 공이 없는 것과 같으니, 이 네 가지가 필경 없다면 원래 너의 봄도 없는 것이다. 봄의 성품도 오히려 없거늘 무엇으로부터 식을 발하겠는가? 만약 네 식의 성품이 모습(相)에서 생기고 봄으로부터 생기지 않았다면, 이미 밝음도 보지 못하고 또한 어둠도 보지 못하는 것이다. 밝음과 어둠을 보지 못하면 곧 색과 공도 없는 것이니, 저 모습도 오히려 없거늘 식이 무엇으로부터 발하겠는가? 만약 식의 성품이 허공에서 생겼다면 모습도 아니고 봄도 아니다. 봄이 아니라면 분별이 없어서 저절로 밝음, 어둠, 색, 허공을 능히 알지 못하며, 모습이 아니라면 반연을 소멸해서 보고 듣고 깨닫고 아는 것이 안립할 곳이 없다. 이 두 가지(봄과 모습)가 아닌데 있다면, 공空일 때는 없는 것이나 다름없고 있다(有)고 해도 사물과는 같지 않으니, 설사 너의 식을 발한들 어떻게 분별을 하려 하느냐? 만약 원인 없이 갑자기 나왔다면, 어찌하여 한낮에는 따로 밝은 달을 식별하지 못하는가?

너는 다시 자세하고 미세하게 살펴라. 봄은 네 눈에 의탁하고 모습은 앞 경계에 속하니, 모습을 지을 수 있으면 유有를 이루고 모습이 없으면 무無를 이룬다. 이런 식識의 연緣은 무엇을 인해 나온 것인가? 식은 움직이고 봄은 맑아서 화합하지 않으니, 문청聞聽과 각지覺知도 마찬가지다. 식의 연도 좇아온 곳 없이 저절로 나온 것도 아니다. 만약 이 식심識心이 본래 좇아온 바가 없다면, 반드시 알아야 하나니, 명료히 분별하는 견문각지見聞覺知가 원만하고 고요히 맑아서 성품이 좇아온 바가 없다. 아울러 저 허공과 땅, 물, 불, 바람과 함께 균등히 칠대七大라 칭하니, 성품이 참되고 원융해서 모두 여래장이라 본래 생멸이 없다.

아난아, 네 마음이 조잡하고 들떠서 견문見聞과 발명發明과 요지了知

가 본래 여래장임을 깨닫지 못하고 있다. 너는 응당 이 육처六處의
식심을 관찰해 보아라. 같으냐, 다르냐? 공空이냐, 유有이냐? 같지도
않고 다르지도 않으냐? 공도 아니고 유도 아니냐? 너는 원래 알지
못했느니라. 여래장 가운데 성품의 식(性識)인 명지明知와 각명覺明인
진식眞識이 묘각妙覺[309]의 담연湛然함으로써 법계를 두루하며 시방의
허공을 머금고 뱉으니, 어찌 방향이나 처소가 있겠는가? 업을 따라
발현하지만, 세간은 무지해서 인연과 자연의 성품이라 미혹하는데,
모두가 식심으로 분별하고 계교한 것이라서 단지 언설만 있을 뿐 도무지
실다운 뜻(實義)이 없다."

阿難. 識性無源因於六種根塵妄出. 汝今徧觀此會聖衆用目循歷. 其
目周視但如鏡中無別分析. 汝識於中次第標指. 此是文殊此富樓那
此目犍連此須菩提此舍利弗. 此識了知爲生於見. 爲生於相. 爲生虛
空. 爲無所因突然而出. 阿難. 若汝識性生於見中. 如無明暗及與色
空四種必無元無汝見. 見性尚無從何發識. 若汝識性生於相中不從見
生. 旣不見明亦不見暗. 明暗不矚卽無色空. 彼相尚無識從何發. 若
生於空非相非見. 非見無辯自不能知明暗色空. 非相滅緣見聞覺知
無處安立. 處此二非. 空則同無有非同物. 縱發汝識欲何分別. 若無
所因突然而出. 何不日中別識明月. 汝更細詳微細詳審. 見託汝睛.
相推前境. 可狀成有. 不相成無. 如是識緣因何所出. 識動見澄非和
非合. 聞聽覺知亦復如是. 不應識緣無從自出. 若此識心本無所從.

<hr>

309 미묘하고 심오한 깨달음. 보살의 52위의 맨 뒷자리. 곧 보살 수행 최후의
   자리로 번뇌를 끊고 지혜가 원만하게 갖추어진 자리를 말한다.

當知了別見聞覺知圓滿湛然性非從所. 兼彼虛空地水火風均名七大.
性眞圓融皆如來藏本無生滅. 阿難. 汝心麤浮不悟見聞發明了知本
如來藏. 汝應觀此六處識心爲同爲異. 爲空爲有. 爲非同異. 爲非空
有. 汝元不知如來藏中性識明知覺明眞識. 妙覺湛然徧周法界. 含吐
十虛寧有方所. 循業發現. 世間無知惑爲因緣及自然性. 皆是識心分
別計度. 但有言說都無實義.

통의 여기서는 식대의 두루함을 제시하고 있다. 식識의 성품은
근원이 없어서 여섯 가지 근根과 진塵을 인해 허망하게 나오니,
이 때문에 견분見分과 상분相分을 잡아서 타파하였다. 팔식이 견분을
빌리고 칠식이 근根이 되어 상분을 가까이 함으로써 경계를 삼는데,
이 두 가지 분별을 여의고는 식의 성품이 본래 공하기 때문에 '식이
무엇으로부터 발하겠는가?'라고 말한 것이다.

만약 식의 성품이 허공에서 생겼다면 모습도 아니고 봄도 아니다.
만약 봄이 아니라면 흐릿해서 분별이 없으며, 만약 모습이 아니라면
앞의 반연을 없애서 보고 듣고 깨닫고 아는 것이 안립할 곳이 없다.
만약 공空이라 말하면 없는 것이나 다름없고, 만약 있다(有)고 말하면
또한 사물과는 같지 않으며, 또한 원인 없이 갑자기 나온 것도 아니다.

만약 이 식심識心이 본래 좇아온 바가 없다면, 명료히 분별하는
견문각지見聞覺知가 모두 본래 좇아온 바가 없음을 알 것이다. 아울러
저 허공과 땅, 물, 불, 바람과 함께 균등히 칠대七大라 칭하니, 성품이
참되고 원융해서 모두 여래장이라 본래 생멸이 없다.

너는 원래 알지 못했느니라. 여래장 가운데 성품의 식(性識)인 명지明

知와 각명覺明인 진식眞識이 묘각妙覺의 담연湛然함으로써 법계를 두루
하며 시방의 허공을 머금고 뱉는데, 업을 따라 발현하는 것이라서
허망한 마음으로 계교하여 알 수 있는 것이 아니다.

지금까지 불생불멸不生不滅을 잡아서 허망함을 회통해 참(眞)으로
돌아감으로써 진공眞空의 갈무리하는 성품(藏性)을 드러내었다.

이상 삼과三科와 칠대七大를 통틀어 "허망함을 회통하여 참(眞)으로
돌아감으로써 진공眞空의 여래장 성품을 드러낸다"고 하지만, 그 드러
난 이치 역시 문중門中마다 똑같지 않다.

생각건대 화엄법계를 관觀하는 문중門中에는 네 구절의 뜻이 있다.
첫째는 색을 회통하여 공으로 돌아가는(會色歸空) 것이고, 둘째는
공이 바로 색임(空卽是色)을 밝히는 것이고, 셋째는 공과 색에 걸림이
없는(空色無礙) 것이고, 넷째는 완전히 소멸하여 의탁함이 없는(泯絶無
寄) 것이다.

지금 이 경문에서 삼과가 모두 여래장 성품으로 회통해 돌아가는데,
이는 바로 화엄법계관의 네 가지 중 첫 구절인 '색을 회통하여 공으로
돌아가는(會色歸空)' 것에 해당하며, 논論 속의 여실한 공(如實空)의
이치에 해당한다.

지금 칠대를 논한 경문은 하나하나가 다 "성품의 참됨(性眞)이 원융
해서 업을 따라 발현한" 것이니, 바로 화엄법계관의 둘째 구절인 '공이
바로 색임(空卽是色)을 밝히는' 것과 셋째 구절인 '공과 색에 걸림이
없는(空色無礙)' 이치에 해당하고, 논論 속의 '여실한 불공(如實不空)'의
뜻에 해당된다. 논論에서 '여실한 불공'이라 함은 말하자면 일체의
경계가 다 그 속에 나타나면서 나감도 없고 들어감도 없으며 잃음도

없고 무너짐도 없는 것이다.

지금 불공不空에 대한 논의를 이 경전의 공여래장의 체體에 거두어들이고 있는데, 이는 그 이치가 종교終教[310]와 정렬한 능가楞伽[311] 등의 경전을 논한 것이다. 그러나 이 경전은 성품의 바다로 이끌어 돌아가면서 원융도 대동하여 드러내고 있으니, 그 이치가 화엄의 원교圓教[312]에 해당한다. 그러므로 저 불공不空이 이 경전의 공여래장에 들어온 것은 그 뜻(義)이 진공眞空과 묘유妙有가 원융무애圓融無礙한 공空을 나타내기 위한 것이지 일체 마음 경계의 모습을 멀리 여읜 공이 아니다. 이 공여래장의 체體는 바로 화엄의 이법계理法界門에 해당하니, 네 구절로 통틀어 거두어들였고 열 가지 문門으로 가지런히 회통하였다.

---

310 화엄종의 교판敎判에서 대립이나 차별을 떠난 본성과 그 본성이 그릇된 인연을 만나 일으키는 차별 현상을 설하는 『능가경』·『기신론』의 가르침을 말한다.

311 능가산에서 대혜大慧와 세존이 질문하고 응답하는 형식을 취하고 있는데, 일관된 사상의 전개가 아니라 대승의 여러 가르침의 요지를 두루 모은 듯하여 경 전체의 흐름이 불연속적이다. 먼저 식識·삼자성三自性·이무아二無我에 대해 설하고, 여래장如來藏과 아뢰야식阿賴耶識을 동일시하여 청정한 여래장이 과거의 행위에 의해 물들어 가는 측면이 아뢰야식이라고 한다. 또 수행을 우부소행선愚夫所行禪·관찰의선觀察義禪·반연진여선攀緣眞如禪·여래선如來禪으로 나누어 설하고, 세존은 깨달음을 성취하여 반열반般涅槃에 들 때까지 그 중간에 한 자字도 설하지 않았다는 일자불설一字不說을 선언하여 문자에 집착하지 말고 유심唯心을 체득할 것을 강조한다. 세 가지 번역이 있다.

312 ①천태종의 교판敎判에서, 세존이 체득한 깨달음을 그대로 설한, 가장 완전한 가르침. 『법화경』이 여기에 해당한다. ②화엄종의 교판에서, 원만하고 완전한 일승一乘을 설하는 『법화경』·『화엄경』의 궁극적인 가르침을 말한다.

만약 칠대의 색심色心이 두루하고 원융함을 잡으면, 이미 화엄법계
관 속 이사무애理事無礙의 열 가지 문문門 중 처음 두 문문門의 뜻(義)을
대동하여 드러낸 것이다. 참(眞)에 즉卽하기 때문에 모습(相)이 두루하
고, 모습이 두루함을 말미암기 때문에 걸림이 없다. 이렇게 보면 이
경전의 이치가 다섯 교파敎派를 거두고 있음을 충분히 알 수 있다.
즉 아래를 향해 불공여래장을 드러낸 것은 앞서 말한 화엄의 이사무애
理事無礙 법계에 해당하는 것이고, 나중의 여덟 가지 문문門의 뜻이
만약 터럭 끝에서 찰진刹塵 속 법륜을 굴리는 것을 잡는 것이라면
또한 사사무애事事無礙 법계[313]를 대동하여 드러내고 있는 것이다.

이상의 뜻에서 보면, 이 경전은 다양한 교리를 이끌어 거둠으로써
일체의 인과가 과해果海로 거두어져 돌아가기 때문에 법계를 관하든
경문을 관하든 결코 의심할 바가 없다.

---

313 화엄교학에서는 법계를 아래와 같은 사법계事法界·이법계理法界·이사무애법계
理事無礙法界·사사무애법계事事無礙法界의 4종으로 나누었는데, 이를 사법계四
法界 또는 사법계관四法界觀이라 한다. 1. 사법계事法界: 현실의 미혹의 세계이다.
우주는 차별이 있는 현상 세계라는 세계관이다. 2. 이법계理法界: 진실에 대한
깨달음의 세계이다. 우주의 모든 사물은 진리가 현현顯現된 것이라는 세계관이
다. 3. 이사무애법계理事無礙法界: 이상으로서의 깨달음의 세계가 현실의 미혹의
세계와 떨어져서는 존재할 수 없는, 즉 번뇌즉보리煩惱卽菩提, 현실즉이상現實卽
理想의 세계이다. 모든 현상과 진리는 일체불이一體不二의 관계에 있다는 세계관
이다. 4. 사사무애법계事事無礙法界: 현실의 각 존재가 서로 원융상즉圓融相卽한
연기관계緣起關係에 있는 세계이다. 현상계는 서로 교류하여, 1개와 여러 개가
한없이 관계하고 있다는 세계관이다.
사법계四法界 중 특히 제4의 사사무애법계事事無礙法界는 화엄교학의 특징을
보여주는 것으로, 일반적으로는 중중무진重重無盡의 법계연기法界緣起 또는 법
계무진연기法界無盡緣起라고도 불린다.

다) 근기가 적합한 자들이 깨닫고서 게송을 설해 정情을 늘어놓다

이때 아난과 대중들은 부처님 여래께서 미묘하게 열어보이심(開示: 법문을 말함)을 받자 몸과 마음이 탁 트이고 걸림이 없어지면서 이 모든 대중들이 저마다 마음이 시방에 두루한 걸 스스로 알았다. 그래서 시방 허공 보기를 마치 손 안에 지닌 나뭇잎을 보듯 하자 일체 세간에 있는 모든 사물도 다 보리菩提의 묘명원심妙明元心에 즉卽했고, 심정心精이 두루하고 원만해서 시방을 감싸고 있었다.

부모가 낳아주신 몸을 돌이켜 보니 마치 저 시방 허공 속에 날리는 하나의 미진微塵이 있는 듯 없는 듯 하는 것과 같고, 맑고 거대한 바다에 흘러 다니는 하나의 물거품이 생겼다 꺼졌다 하되 자취가 없는 것과 같다. (이제) 명료하게 스스로 알아서 본래의 묘한 마음이 항상 머물면서 소멸하지 않음을 터득하였다. 그리하여 부처님께 예배하고 합장해서 미증유未曾有[314]를 얻고는 여래 앞에서 게송을 설해 부처님을 찬탄하였다.

爾時阿難及諸大衆. 蒙佛如來微妙開示. 身心蕩然得無罣礙. 是諸大衆. 各各自知心徧十方. 見十方空如觀手中所持葉物. 一切世間諸所有物. 皆卽菩提妙明元心. 心精徧圓含裹十方. 反觀父母所生之身猶彼十方虛空之中吹一微塵若存若亡. 如湛巨海流一浮漚起滅無從. 了然自知獲本妙心常住不滅. 禮佛合掌得未曾有. 於如來前說偈讚佛.

---

314 '일찍이 있지 않았던 일'이라는 뜻으로, 처음 벌어진 일이라 유례를 찾을 수 없는 놀라운 사건이나 일을 묘사하는 데 사용되는 고사성어이다. 『능엄경』 등의 불교 경전에서 유래하였다.

통의 여기서는 근기가 적합한 자들이 깨닫고 있다. 아난과 대중은 처음엔 작은 몸만을 인정해서 마음이 몸 안에 있다고 여겼지만, 이제 여래의 미묘한 열어 보이심(開示)을 받자 저마다 마음이 시방에 두루한 것을 스스로 알았다. 예전엔 허공을 크다고 여겼지만, 지금은 묘한 마음(妙心)이 광대함을 깨달았기 때문에 시방 허공을 마치 손 안에 든 나뭇잎처럼 볼 뿐이다. 예전엔 눈앞의 사물들이 장애가 되어서 오직 마음이 나타난 것일 뿐임을 요달하지 못했지만, 지금은 일체 사물이 다 묘명진심에 즉했고, 이 마음이 두루해서 시방을 감싸고 있음을 요달했다. 예전엔 다만 부모가 낳아주신 몸만을 실답다고 여겨서 애착하고 그리워했지만, 지금 이 몸을 돌이켜 보니 마치 시방 허공 속 하나의 티끌과 같고, 맑고 거대한 바다에 떠 있는 물거품 하나가 생겼다 꺼졌다 하되 자취가 없어서 끝내 얻을 수 없는 것과 같다. 예전엔 참(眞)을 미혹하고 단지 망상을 집착하느라 생멸을 마음으로 여겼지만, 지금은 명료히 깨닫고 스스로 알아서 본래의 묘한 마음이 항상 머물면서 소멸하지 않음을 터득하였다.

스스로 여래의 대비大悲로 열어 보이심이 아니라면, 어찌 하루아침에 이렇게까지 초월해 깨달을 수 있겠는가? 그래서 게송을 설해 정情을 늘어놓아서 부처님을 찬탄하였다.

묘담妙湛하고 총지總持이신 부동不動의 세존이시여!
수능엄왕首楞嚴王이시여, 세간에 드무십니다.

妙湛總持不動尊. 首楞嚴王世希有.

통의 첫 구절은 부처님을 찬탄하고 있다. 이는 단순히 부처의 법신을 찬탄하고 있으며, 이 구절에 삼신三身이 갖추어졌지만 반드시 구별할 필요는 없다. 청정하고 묘한 법신이 담연湛然히 일체에 감응하기 때문에 '묘담妙湛'이라 한다. 이 법신이 온갖 법의 체體가 되고 세 가지 덕이 구족했기 때문에 '총지'라고 한다. 불신佛身이 법계에 충만해서 일체 중생 앞에 널리 나타나는데, 연緣에 따라 감응함이 두루하지 않음이 없어서 항상 이 보리좌菩提座에 처하기 때문에 '부동不動'이라 한다.

하나의 체體를 들어 세 가지 몸(三身)을 갖추기 때문에 성스러움 중에서도 존귀함(聖中尊)이 되는데, 단순히 법신만을 찬탄한 까닭은 아난이 맨 처음 여래의 삼십이상만을 보고 애착하고 좋아하는 마음을 냈기 때문에 부처님을 따라 출가하고서도 부처님을 보는 것이 참되지 않고 발하는 마음도 망상이었지만, 이제 이미 열어 보이심(開示)을 받아 스스로의 마음을 묘하게 깨닫고서야 비로소 부처님의 법신을 보았기 때문에 여기서 특별히 찬탄한 것이다.

이 구절을 삼관三觀을 배정하여 해석한 것도 있으나, 만약 법신을 말한다면 갖추지 않음이 없다. 다음 구절은 법을 찬탄함이니, 아난이 처음에 묘한 사마타와 삼마와 선나를 청하자, 부처님께서 허락하시면서 "삼마제가 있으니, 그 이름을 대불정수능엄왕大佛頂首楞嚴王이라 한다"라고 하셨다. 예전부터 오로지 허망(妄)을 타파해 참(眞)을 드러냈으니, 일심의 근원을 극極함으로써 대정大定의 허공 같은 바탕(空體)을 통틀어 드러내고 삼제三諦를 원융하여 진공眞空과 총체적으로 합하였다. 이미 이 선정의 체體를 깨달았기 때문에 이 법이 세상에 드물다고 찬탄한 것이다.

나의 억겁에 걸친 뒤바뀐 상념(顚倒想)을 녹여서
아승지 겁을 거치지 않고 법신을 얻게 하셨네.

銷我億劫顚倒想. 不歷僧祇獲法身.

통의 이 두 구절은 획득한 이익을 전체적으로 진술한 것이다. 예전에 따져서 타파한 것으로서 부처님께서 질책하기를 "모두이 뒤바뀐 망상에 집착하다 진실이라 오인했기 때문이다"라고 하였지만, 지금은 모두 명료히 깨달아서 망상을 소멸시켜 지극히 청정하다. 예전엔 단지 허깨비 같고 허망한 몸과 마음을 인정했다면, 지금은이 오온에 즉한 것을 깨달아서 단박에 법신을 얻었으므로 다시 아승지겁을 거칠 필요가 없으니 바로 신속히 깨달음을 드러내고 이익을얻는 것이다. 이거야말로 소위 "미친 마음을 쉬지 못하니 쉬면 바로보리이다. 뛰어나고 청정한 밝은 마음이 본래 법계에 두루한데, 이는사람으로부터 얻는 것이 아니거늘 어찌 힘들여 애써서 요체要諦를닦고 증명할 필요가 있겠는가"라는 것이다.

바라옵건대 이제 과보를 얻어 보왕寶王이 되어서
되돌아 이와 같은 항하사 중생을 제도하고
이 깊은 마음을 갖고서 진찰塵刹을 받들리니,
이를 이름하여 부처의 은혜를 갚는다고 합니다.

願今得果成寶王. 還度如是恆沙衆. 將此深心奉塵刹. 是則名爲報
佛恩.

통의 여기서는 염원念願을 진술하고 있다. 첫 구절은 이미 법신을
깨달았다면 성불이 멀지 않으니, 이 수행에 의지하면 성스러
운 과보를 기약할 수 있다는 뜻이다. 소승은 한결같이 성불하려는
마음이 있지 않은데, 이제 스스로 자기 마음을 믿는 것이야말로 바로
위로 불과佛果를 구하는 것이다.

다음 구절은 이른바 아래로 중생을 교화하는 것이다. 소승은 한결같
이 중생을 이롭게 하는 것을 달가워하지 않는데, 지금은 마음 밖의
중생이 없다는 것을 깨달았기 때문에 항하사 중생을 제도하길 원한
것이다. 위로 (보리를) 구하고 아래로 (중생을) 교화하는 이것을
일러 깊은 마음(深心)이라 하니, 이 깊은 마음을 갖고서 많은 부처님을
받드는데, 부처님 은혜를 느꼈는데도 갚지 못한 자는 오직 이 중생을
이롭게 하는 것만으로 갚을 수 있을 뿐이다.

엎드려 청하노니, 세존께서 증명해 주소서.
오탁악세五濁惡世[315]에 맹세코 먼저 들어가
단 하나의 중생이라도 성불하지 못한다면

---

315 5가지 더러움이 가득 차 있는 세상. 5가지 더러움은, 겁탁(劫濁: 시대의 더러움),
견탁(見濁: 사상. 견해가 사악한 것), 번뇌탁(煩惱濁: 탐. 진. 치로 마음이 더러운
것), 중생탁(衆生濁: 함께 사는 이들의 몸과 마음이 더러움), 명탁(命濁: 인간의 수명이
짧아지는 것) 등이다.

끝내 열반을 취하지 않으리라.

伏請世尊爲證明. 五濁惡世誓先入. 如一衆生未成佛. 終不於此取
泥洹.

통의 여기서는 부처님의 가피로 대원大願[316]을 성취하길 청하고 있
다. 오탁악세에 들어가기 어려운데도 지금 맹세코 들어가서
여래의 가피에 의지하고 마군魔軍의 일을 거의 멀리하기 때문에 증명을
청한 것이다. 중생을 다 제도하길 서원誓願해서 바야흐로 불도佛道를
이루는 이것이 대원大願이다. 40년 이래로 소승은 한결같이 이 대원을
발하지 못한다.

대웅大雄[317]이자 대력大力이자 대자비大慈悲시여,
다시 미세한 미혹을 살펴 없애주어서
저희가 빨리 위없는 깨달음(無上覺)에 올라
시빙 세계의 대도량에 앉게 하소서.

大雄大力大慈悲. 希更審除微細惑. 令我早登無上覺. 於十方界坐
道場.

---

316 부처가 중생을 구하려고 세운 큰 서원. 대비원력大悲願力의 준말이다. 일체
　　중생을 구제하고자 하는 부처의 소망을 나타낸다.
317 대웅은 위대한 영웅, 즉 부처님을 말한다. 부처님이 커다란 깨달음의 원력으로
　　악마를 굴복시키기 때문이다.

통의 이것은 청익請益[318]이다. 아난이 비록 법신을 깨달았지만 단지 처음으로 도道를 보았을 뿐이다. 아직 남아 있는 무명의 미세한 결혹結惑은 깊고 은밀해서 끊기가 어렵다. 자기 지혜로 알 수 있는 것이 아니라 반드시 용맹과 자비의 힘에 의지해야만 비로소 타파해 없앨 수 있기 때문에 부처님께 상세히 살펴서 하나하나 타파해주길 청한 것이다. 이 미혹이 일단 다하면 성불이 멀지 않기 때문에 "재빨리 소망을 이루어 속히 보리를 증득해서 시방세계에 나타나 도량에 앉게 하소서"라고 말한 것이다.

순약다舜若多의 성품은 녹여 없앨 수 있지만
삭가라爍迦羅의 마음은 움직일(動轉) 수 없네.

舜若多性可銷亡. 爍迦羅心無動轉.

통의 이 맹세에서 물러나지 않는 것이 견고한 마음이다. '순약다'는 한역하면 허공虛空이고, '삭가라'는 한역하면 견고堅固이다. 말하자면 허공은 형상이 없어도 녹여 없앨 수 있지만, 내 원력願力의 견고한 마음은 영원히 움직일 수 없다. 대정大定의 힘이 아니라면 어찌 이런 원력이 있겠는가?

앞서 공여래장空如來藏을 연 것을 마친다.

---

318 제자가 질문을 통해 스승에게 법의 이익을 청하는 것을 말한다.

대불정여래밀인수증요의제보살만행수능엄경통의

大佛頂如來密因修證了義諸菩薩萬行首楞嚴經通議

(2) 불공여래장不空如來藏을 열어서 가관假觀의 체體를 보인 것을 세 가지로 나눔

① 적합한 기연機緣이 의문의 해결을 청함

이때 부루나미다라니자富樓那彌多羅尼子[319]가 대중 속에 있다가 즉시 자리에서 일어나 오른쪽 어깨를 벗어 메고 오른쪽 무릎을 꿇은 채 합장하고 공경하면서 부처님께 아뢰었다.

"크나큰 위덕威德의 세존께서 중생을 위해 여래의 제일의제第一義諦를 훌륭히 펼치셨습니다. 세존께서 항상 '법을 설하는 사람 중에는 제가 제일'이라 칭찬하셨으나, 지금 여래의 미묘한 법음法音을 들으니 마치 귀머거리가 백보 밖에서 모기 소리를 듣는 것 같습니다. 본래

---

319 부루나富樓那는 석존釋尊의 십대 제자十大弟子의 한 사람으로, 인도印度 교살라국 憍薩羅國 사람이다. 인도 사성四姓의 하나인 바라문婆羅門 종족 출신이며, 부처님 이 성도하여 녹야원鹿野苑에서 설법하심을 듣고 부처님께 귀의하였다. 변재辯才 가 있어 석존의 제자 가운데 설법說法 제일이라 한다.

보지도 못한 것을 어떻게 들을 수 있겠습니까? 부처님께서 비록 분명히 밝혀서 저희들로 하여금 미혹을 없애게 했지만, 지금도 여전히 이 뜻의 구경(究竟: 궁극)인 의혹 없는 경지를 자세히 모르겠습니다.

세존이시여, 아난과 같은 무리는 비록 깨달았지만 습기의 번뇌(習漏)를 아직 없애지 못했고, 저희들은 회상에서 무루無漏에 오른 자들로서 비록 온갖 번뇌(漏)는 다했어도 지금 여래께서 설하신 법음을 들으니 오히려 의혹에 얽힙니다.

爾時富樓那彌多羅尼子在大衆中卽從座起. 偏袒右肩右膝著地. 合掌恭敬而白佛言. 大威德世尊. 善爲衆生敷演如來第一義諦. 世尊常推說法人中我爲第一. 今聞如來微妙法音. 猶如聾人逾百步外聆於蚊蚋. 本所不見何況得聞. 佛雖宣明令我除惑. 今猶未詳斯義究竟無疑惑地. 世尊. 如阿難輩雖前開悟習漏未除. 我等會中登無漏者雖盡諸漏. 今聞如來所說法音尙紆疑悔.

통의　장차 불공여래장不空如來藏의 성품을 드러내려고 만자(滿慈: 부루나)가 의문을 제시해 법문을 청했으니, 생기生起의 이유를 깊이 궁구했기 때문에 홀연히 생겼다는(忽生) 의문이 있는 것이다. 여기서는 먼저 의문을 서술했으며, 아난은 다문多聞이라도 공용功用이 없기 때문에 이 가르침을 발해 깨우쳤다.

앞서의 개시(開示: 열어 보임)로 업이 다해서 법신을 명료히 깨달아 스스로의 성불을 믿는 데는 의심이 없지만, 그러나 만자는 평소에 설법 제일이라 칭찬을 듣고 아울러 개시開示도 들었는데도 오히려 의심 없는 경지에는 이르지 못했으니, 이 법이 입으로 말하고 귀로 들어서 들어갈 수 있는 것이 아님을 충분히 알겠다.

② 의정疑情을 올바로 서술한 것을 둘로 나눔

가. 참(眞)은 허망(妄)을 용납하지 못한다고 의심함

세존이시여, 만약 세간의 일체 육근, 육진, 오음, 십이처, 십팔계 등이 다 여래장으로 청정하고 본연本然하다면, 어찌하여 산하대지의 온갖 유위有爲의 모습이 홀연히 생겨나서 차례대로 변천하다가 끝났다가는 다시 시작합니까?

世尊. 若復世間一切根塵陰處界等皆如來藏淸淨本然. 云何忽生山河大地諸有爲相. 次第遷流終而復始.

나. 사대가 서로 침범한다고 의심함

또 여래께서는 '땅, 물, 불, 바람의 본성이 원융해서 법계에 두루하며 고요히 늘 머문다'고 하셨습니다. 세존이시여, 만약 땅의 성품이 두루하다면 어찌 물을 용납하겠으며, 물의 성품이 두루하다면 불이 생기지 않을 터인데, 다시 어찌하여 '물과 불의 두 성품이 함께 허공에 두루하면서도 서로 침범해 없애지(陵滅) 않는다'고 밝히셨습니까?

세존이시여, 땅의 성품은 막혀서 걸리는 것이고, 허공의 성품은 비어서 통하는 것인데, 어찌하여 둘 다 법계에 두루한다는 것입니까? 그래서 저는 이 뜻(義)이 귀착하는 곳을 알지 못하니, 바라옵건대 여래께서는 대자비를 베푸셔서 제 미혹의 구름과 여러 대중들의 의문을 걷어내 주소서."

　이렇게 말하고 나서는 오체투지五體投地하며 여래의 위없고 자비로운 가르침을 목마르게 기다렸다.

又如來說地水火風本性圓融周徧法界湛然常住世尊. 若地性徧云何容水. 水性周徧火則不生. 復云何明水火二性俱徧虛空不相陵滅. 世尊. 地性障礙. 空性虛通. 云何二俱周徧法界. 而我不知是義攸往. 惟願如來宣流大慈. 開我迷雲及諸大衆. 作是語已五體投地. 欽渴如來無上慈誨.

통의　여기서는 의문을 드러내서 질문을 하고 있다. 만자는 앞서 부처님께서 육근, 육진, 육식, 십팔계가 다 여래장의 성품으로 청정하고 본연本然하다고 설한 것을 빌미로 삼아서 '어떻게 산하대지의 온갖 유위상有爲相이 홀연히 생깁니까?'라고 물으니, 이는 세계와 중생이 생기生起하는 이유를 모르는 것이다. 또 칠대七大가 두루하고 땅, 물, 불, 바람도 일제히 법계에 두루하다는 것을 듣자 다시 '물과 불이 서로 침범하고 땅과 허공이 서로 빼앗는데, 어떻게 하나하나 두루합니까?' 하고 물으니, 이는 성품이 참되고 원융한 이치를 깨닫지 못한 것이다. 이는 철저하게 근원을 궁구하는 것을 물음이니, 여래의 일체종지一切種智[320]가 아니면 어찌 근본적인 시작(本始)의 원인을 궁구

320 ①모든 현상의 있는 그대로 평등한 모습과 차별의 모습을 두루 아는 부처의 지혜이다. ②삼지三智의 하나로, 모든 현상의 전체와 낱낱을 아는 부처의 지혜이다.

할 수 있으리오.

③ 세존께서 법을 깨우치는 것을 다섯 가지로 나눔

가. 설법을 허락하고 경청할 것을 훈계함

이때 세존께서 부루나와 대중 가운데 번뇌가 다해 배울 것이 없는(漏盡無學) 아라한들에게 말씀하셨다.

"여래가 오늘 멀리 이 회상을 위하여 승의(勝義: 뛰어난 이치) 중에서도 진승의성眞勝義性을 펼칠 것이다. 이제 너희들 중에 정성定性 성문[321]과 이공(二空: 아공과 법공)[322]을 얻지 못한 이나 상승(上乘: 대승)으로 회향하는 일체의 아라한들에게 다 일승의 적멸장지寂滅場地인 참다운 아련야阿練若[323]의 올바른 수행처를 얻게 하겠다. 너희들은 이제 삼가 들을지니, 응당 너희를 위해 설하리라."

부루나 등은 부처님의 법음法音을 흠앙하면서 잠자코 듣고 있었다.

爾時世尊告富樓那及諸會中漏盡無學諸阿羅漢. 如來今日普爲此會
宣勝義中眞勝義性. 今汝會中定性聲聞及諸一切未得二空迴向上乘
阿羅漢等. 皆獲一乘寂滅場地眞阿練若正修行處. 汝今諦聽當爲汝

---

321 정성성문은 성문으로서의 성격(性)이 고정(定)되어서 성문승, 즉 성문의 길에서 보살승, 즉 보살의 길로 들어갈 여지가 없는 수행자를 말한다.

322 ①아공我空: 인간은 오온五蘊의 일시적인 화합에 지나지 않으므로 거기에 불변하는 자아自我라는 실체가 없다. ②법공法空: 모든 현상은 여러 인연의 일시적인 화합에 지나지 않으므로 거기에 불변하는 실체가 없다.

323 산스크리트어 araṇya, 팔리어 arañña의 음사. 공한처空閑處·원리처遠離處라고 번역한다. 한적한 삼림, 마을에서 떨어져 수행자들이 머물기에 적합한 곳.

說. 富樓那等欽佛法音默然承聽.

통의 여기서는 설법을 허락하고 있다. '승의勝義 중에서도 진승의성 眞勝義性'은 성식론(成識論: 성유식론) 승의인데 네 가지가 있 다. 첫째, 세간世間 승의이니 오온, 십이처, 십팔계 등을 말한다. 둘째, 도리道理 승의이니 사제법四諦法을 말한다. 셋째, 증득證得 승의이니 이공二空의 진여眞如를 말한다. 넷째, 승의勝義 승의이니 일진법계一眞 法界를 말한다. 이 뒤로는 법계연기法界緣起[324]를 올바로 궁구하기 때문 에 '승의 중에서도 진승의성眞勝義性'을 설한 것이다.

'아련야'는 한역하면 적멸처寂滅處이다. 화엄에서는 보리의 도량을 아란야처阿蘭若處라고 설했으니, 이것이 소위 일승의 적멸도량이다. 법계의 성품을 근본 수행의 인因으로 삼기 때문에 올바른 수행처이다. 아래에서는 불공을 드러내는데, 공과 불공의 두 가지 여래장 성품은 원융圓融의 법계를 대동하기 때문에 부처님께서 설법을 허락하신 뜻에 는 귀착하는 바가 있는 것이다.

나. 허망이 참(眞)에 의거해 일어남을 제시한 것을 다섯 가지로 나눔
가) 한마음(一心)을 세워서 미혹과 깨달음의 근본으로 삼음

---

324 법계무진연기法界無盡緣起·무진연기無盡緣起라고도 한다. 화엄철학華嚴哲學의 중심사상이다. 만물이 서로 인연이 되고 있으며 상호 의존하고 있다고 하여, 전 우주의 조화와 통일을 설한다. 중생과 부처, 번뇌와 깨달음, 생사와 열반涅槃 등이 서로 대립되는 현상이 아니라 원융무애圓融無碍한 것이며, 한 사물은 개별적 인 존재가 아니라 그대로 전 우주(一卽一切, 一切卽一)라는 뜻에서 이러한 세계를 연화장세계蓮花藏世界라고 한다.

부처님께서 말씀하셨다.

"부루나야, 네 말대로 청정하고 본연하다면 어떻게 산하대지가 홀연
히 생겼겠느냐? 너는 여래께서 '성각性覺이 묘명妙明하고, 본각本覺이
명묘明妙하다'고 설하시는 걸 늘 듣지 않았느냐."

부루나가 말했다.

"네, 세존이시여. 저는 부처님께서 그런 이치를 설하시는 걸 늘
들었습니다."

佛言. 富樓那. 如汝所言淸淨本然云何忽生山河大地. 汝常不聞如來
宣說性覺妙明本覺明妙. 富樓那言. 唯然世尊. 我常聞佛宣說斯義.

나) 두 문門이 생사의 원인이 된다고 쌍雙으로 힐책함

부처님께서 말씀하셨다.

"네가 칭한 각覺이나 명明은 성품의 밝음을 칭하여 각覺이라 한
것인가(심진여문心眞如門[325]을 힐책함), 아니면 각覺이 밝지 않으니까
밝힐 각(明覺)이라 칭한 것인가(심생멸문心生滅門[326]을 힐책함)?"

佛言. 汝稱覺明. 爲復性明稱名爲覺(詰心眞如門). 爲覺不明稱爲明覺
(詰心生滅門).

---

325 중생이 본디 갖추고 있는, 분별과 대립이 소멸된 청정한 성품의 방면.

326 중생이 본디 갖추고 있는 청정한 성품이 무명無明에 의해 분별과 대립을 일으키는
방면.

통의 여기서는 허망의 근원을 양쪽에서 힐책함으로써 생기生起의 이유를 제시하고 있다. 만자는 '여래장이 이미 청정하고 본연하다면 끝내 어떤 모습도 없을 텐데, 어찌하여 청정계淸淨界 속에서 홀연히 이런 사물이 생겼습니까?' 하고 질문했다. '홀연히 생겼다'는 까닭 없이 생긴 것을 말한다. 이는 수레를 밀어서 벽을 지탱하는 질문이라서 입을 떼기가 가장 어렵다. 만약 선종의 문중이라면 그냥 방망이질 한 번이나 할喝 한 번을 써서 문득 의정疑情을 쳐부술 것이다. 지금 교리의 바다에서는 근원을 궁구하여 그 시초를 소급하지 않을 수 없기 때문에 세존께서 노파심으로 일깨워주신 것이다.

허망함이 참(眞)에 의거해 일어남을 밝히려 하기 때문에 먼저 일진법계의 근원을 세워서 미혹과 깨달음의 근본을 삼았다. 특히 평상시의 말씀인 '성각性覺이 묘명妙明하고, 본각本覺이 명묘明妙하다'는 두 마디를 꺼내서 쌍雙으로 두 문門을 열어 보임으로써 만자를 힐책한 것이다. 말하자면 '네가 칭한 각覺이란 말과 밝음(明)이란 말은 각覺의 성품이 본래 밝아서 밝음을 빌리지 않고도 밝은 것을 각覺이라 칭한 것인가?'는 진여문眞如門을 힐책한 것이고, '각覺의 성품이 밝지 않다고 함은 요컨대 밝음으로써 밝히려는 것을 칭하여 밝힐 각(明覺)이라 하는가?'는 생멸문生滅門을 힐책한 것이다. 이는 세존께서 한 쌍의 관문을 수립해서 만자가 말한 '밝히는 바(所明)' 한마디를 인용해 허망을 이루는 실마리로 여긴 것일 뿐이다.

불성佛性에는 세 가지가 있으니, 소위 정인正因과 연인緣因과 요인了因이다. 천연天然의 묘한 성품이 본래 스스로 원만히 이루어져서 공용功用을 빌리지 않기 때문에 이름하여 '정인'이라 한다. 주로 지식知識을 빌리고 연緣을 스승 삼아 개발開發해서 소위 부처의 종지種子가 연緣으로부터 일어나기 때문에 이름하여 '연인'이라 한다. 그리고 수행 이후에 깨닫기 때문에 이름하여 '요인'이라 한다.

이 중에서 '성각의 묘명'은 정인의 불성이고, '본각의 명묘'는 요인의 불성이다. 시각始覺의 공功을 빌려서 본유本有를 드러내니, 대체로 수행에 속한 후에 성취하는 것이다. 이 두 가지 불성은 총체적으로 한마음(一心)을 회통하기 때문에 쌍으로 들어서 종지의 근본을 세운 것이다.

다) 허망을 인정해서 참(眞)을 잃음

부루나가 말했다.

"만약 이 밝히지 않음을 이름하여 각覺이라 한다면 밝히는 바(所明)가 없습니다."

富樓那言. 若此不明名爲覺者則無所明.

통의 부처님의 뜻은 요컨대 만자의 소명(所明: 밝히는 바)이란 한마디를 인용해서 미망迷妄의 실마리를 깨우치는 것이다. 그러자 만자는 과연 생멸의 각覺을 인정했으니, 말하자면 만약 밝음을 빌려 이 각覺을 밝히지 않은 것이라면 단지 그 밝음만 있을 뿐이라서 밝히는 바(所明)의 각覺이 없다. 뜻인즉, 반드시 밝히는 바(所明)가 있어야만 비로소 밝히는 각(明覺)이 되는 것이다.

라) 생멸문에서는 무명無明의 불각不覺에 의거해 삼세三細를 냄

부처님께서 말씀하셨다.

　"만약 밝히는 바(所明)가 없으면 명각明覺이 없지만, 밝히는 바가 있으면 각覺이 아니다. 밝히는 바가 없으면 밝음(明)이 아니니, 무명無明은 또한 각覺의 고요하고 밝은 성품(湛明性)이 아니다(먼저 풀어놓고 빼앗음으로서 방해를 떨쳐버림). 성각性覺이 반드시 밝지만(각覺의 이치) 허망하게 명각明覺이 되었다(불각不覺의 이치). 각覺은 밝힐 바(所明)가 아니지만(업상業相) 밝음(明)을 인因하여 소所를 세웠으니(현상現相), 소所가 이미 허망하게 세워지면서 너의 허망한 능能을 낳았다(전상轉相).

佛言. 若無所明則無明覺. 有所非覺. 無所非明. 無明又非覺湛明性(先縱奪遣妨) 性覺必明(覺義) 妄爲明覺(不覺義) 覺非所明(業相) 因明立所(現相) 所旣妄立生汝妄能(轉相).

<big>통의</big>　여기서는 허망을 낳는 시초始初를 제시하고 있다. '만약 밝히는 바(所明)가 없다면 명각明覺이 없다'는 말로 풀어놓은 설명이니, '밝히는 바(所明)가 없다'는 한마디의 뜻은 말하자면 '만약 밝히는 바가 없다면 명각의 허망함이 없을 터이니, 어찌 다행이 아니겠는가?'라는 말이다. 아래에서는 그 설명을 빼앗으면서 '하지만 밝히는 바(所)가 있으면 진각眞覺이 아니고, 밝히는 바(所)가 없으면 허망한 밝음(妄明)이 아니며, 만약 근본의 밝음이 단절되어 없다면 또한 각覺의 고요하고 밝은 성품(湛明性)의 참 바탕(眞體)이 아니다'라고 말했다.

'성각이 반드시 밝다'는 말하자면 성각이 반드시 결정코 묘하고 밝아서(妙明) 다시 밝음으로써 밝힐 필요가 없으니, 이것이 바로 본연本然의 불성佛性으로서 각覺의 이치를 논한 것에 해당한다. '허망하게 명각明覺이 되었다'는 말하자면 겨우 작동해서 밝힌 바(纔動所明)의 일념一念이라면 장차 본연의 각성覺性이 묘하게 밝음(妙明)을 잃을 것이니, 불각不覺의 이치를 논한 것에 해당한다. 각覺은 밝히는 것(所明)이 아니므로 만약 밝히는 것이 있다면 무명에 속하니, 이는 삼세三細의 업상業相을 논한 것에 해당한다. 이 허망하게 밝음(妄明)이라는 무명無明을 인因해 대대對待를 끊은 진심眞心을 미혹해 덮기 때문에 마침내 대대의 소상所相을 형상화했다. 이 소所 한 글자인즉, 허공의 세계와 중생의 상相이 이미 이 소所에서 조짐이 보였다. 그래서 '밝음을 인해 소所를 세웠다'고 말한 것이니, 이는 현상現相에 해당한다.

그러나 소상所相이 이미 허망하게 세워졌다면 대대對待는 형상이기 때문에 장차 본연本然이자 적조寂照이자 묘명妙明인 지혜 광명이 굴러서 능견能見의 망견妄見이 된다. 그래서 '소所가 이미 허망하게 세워지면서 너의 허망한 능能을 낳았다'고 말한 것이니, 이는 전상轉相에 해당한다. 삼세三細의 상相이 여기서 분명히 보인다.

마) 경계境界가 연緣이 되어 육추六麤로 자라나는 것을 세 가지로 나눔
(가) 육추를 총체적으로 드러냄
같음(同)과 다름(異)이 없는 가운데 치연熾然하게 다름(異)을 이루고 (전진全眞이 허망을 일으킴을 밝힘), 그 다른 바(所異)를 다르다 해서 그 다름(異)을 인해 같음(同)이 성립하고, 같음과 다름이 발명發明해서

이로 인해 다시 같음도 없고 다름도 없음(無同無異)을 성립한다(위에서
는 총체적으로 허망의 상相을 냈고, 아래에서는 육추를 올바르게 밝힌다).

이처럼 요란하게 상대相待하면서 노(勞: 피로)를 낳고(지상智相),
노勞가 오래되면 진진塵을 발해서(상속상相續相) 스스로의 상(自相)이
혼탁하니〔집착하고 취하는 상(執取相)과 명자名字를 계교하는 상(計名字
相)〕, 이를 말미암아 진로塵勞의 번뇌를 이끌어 일으킨다〔업을 일으키는
상(起業相)과 고통에 매이는 상(繫苦相). 아래에서는 허망의 상相을 총체적
으로 매듭짓는다〕. 일으키는(起) 것이 세계가 되고, 고요한(靜) 것이
허공이 되니, 허공은 같음(同)이 되고 세계는 다름(異)이 된다. 저
같음도 없고 다름도 없음은 참된 유위법이다.

無同異中熾然成異. (明全眞起妄)異彼所異因異立同. 同異發明因此
復立無同無異. (上總出妄相下正明六麤)如是擾亂相待生勞. (智相)勞
久發塵(相續相)自相渾濁. (執取計名字相)由是引起塵勞煩惱. (起業繫
苦相下總結妄相)起爲世界. 靜成虛空. 虛空爲同. 世界爲異. 彼無同異
眞有爲法.

통의 여기서는 뒤바뀐 허망의 이유를 캐내서 육추의 상相을 드러내
고 있다. '같음(同)과 다름(異)이 없는 가운데 치연熾然하게
다름(異)을 이루고'는 말하자면 일진법계一眞法界의 항상 머무는 진심
(常住眞心)은 본래 같거나 다른 모습이 없는데, 일념이 허망하게 움직이
면 진여眞如가 연緣을 따라 생멸이 있으면서 마침내 불각不覺이 되어
아뢰야식을 이루고, 이를 말미암아 즉각 미세微細의 세 가지 상相이

있어서 육추가 이미 조짐을 보이면 세계와 중생의 갖가지 차별상이 장식藏識 가운데 환하게 나타난다는 것이다.

그렇다면 본래 같음(同)도 다름(異)도 없는데도 지금 있는 것인데, 법대로(法爾) 일제히 나타나기 때문에 '치연熾然'이라 말한 것이다. '그 다른 바(所異)를 다르다 하니' 이하 네 구절은 소所 한 글자로부터 미혹 속의 같음(同)과 다름(異)을 가려냄으로써 장차 육추의 상相을 드러낸 것이다. 소이所異는 곧 치연熾然하게 다름(異)을 이루니, 말하자면 무명은 능이能異가 되고 세계 등은 소이所異가 된다.

지금 다름(異)에 입각해서 가려낸 하나의 법이 있는데 소이所異의 세계와 같지 않으니 바로 허공이다. 소위 미망迷妄으로 허공이 있다고 하는 것이니, 세계의 갖가지 차별의 다름(異)을 인해 허공을 세워서 같음(同)이 되나 항상 '하나'이기 때문이다. 허공은 고요하고 세계는 움직이기 때문에 움직임과 고요함이 발명發明하면 또 하나의 법을 세워서 같음(同)도 없고 다름(異)도 없음이 되니 바로 중생이다. 중생에게는 색상色相이 있어서 허공과 같지 않고 지각知覺이 있어서 세계와 같지 않다. 그렇다면 미혹 가운데 삼세三細의 현상現相으로부터 허공과 세계와 중생의 다른 모습(異相)이 있으니, 소위 허공에 의거해 세계를 세우고 지각知覺은 바로 중생이다. 이 일념을 원만히 갖추기 때문에 아래 경문에서는 부처님께서 스스로 해석하셨다.

'이처럼 요란하게' 이하는 육추의 상相 을 밝힌 것이다. 말하자면 일진법계의 묘하고 원만한 마음(妙圓心) 속에서 담연湛然히 항상 적멸한데, 지금은 이미 미망迷妄으로 있는 세계와 중생의 허공 속 움직임과 고요함이 상대相待하여 요란하게 노(勞: 피로)를 낳고 노勞하면 허망하게 분별을 낳으니, 이는 육추 가운데 지상智相에 해당한다. '노勞가 오래되면 진塵을 발해서'에서 노勞가 오래되는 것은 상속상相續相에 해당한다. '스스로의 상(自相)이 혼탁하니'는 소위 스스로의 마음(自心)으로 스스로의 마음(自心)을 취하는 것이니, 집취상執取相과 계명자상計名字相에 해당한다. '이를 말미암아 진로塵勞의 번뇌를 이끌어 일으킨다'는 업을 일으켜서 고통이 반드시 따르는 것이니, 이는 기업상起業相과 계고상繫苦相에 해당한다.

대체로 움직임을 인因해 소所 한 글자를 염念하기 때문에 본연청정계本然淸淨界 속에 허망하게 산하대지가 있는 것이니, 유위有爲의 변천하는 상相은 이를 말미암아 생기生起한다. '일으키는(起) 것이 세계가 되고' 이하는 위의 미혹 가운데 같음(同)과 다름(異)의 까닭을 해석한 것이니, 말하자면 위에서 말한 '같음과 다름'이란 생기하여 움직인 것은 세계가 되고 '하나'로 고요한 것은 허공이 되는 것이다. 그렇다면 '저 같음도 없고 다름도 없음'은 참(眞)을 덮어버릴까 염려해서 즉시 가리키면서 '참된 유위법은 바로 중생'이라 말한 것이다.

이상 하나의 미망迷妄을 말미암아 마침내 삼세와 육추가 있으면서 세계와 중생이란 업과業果의 상相을 이루게 됨을 총체적으로 밝혔다. 다음 경문에서는 윤회가 끊이지 않는 이치를 제시하기 때문에 따로 세 가지 상속의 소인所因과 사대가 서로 생성하는 까닭을 설하였다.

(나) 상속相續을 따로 제시함을 세 가지로 나눔
㉮ 세계의 상속
각覺의 밝음과 허공의 어둠이 상대해서 요동搖動을 이루기 때문에

풍륜風輪이 있으면서 세계를 잡아 지닌다(執持). 허공을 인하여 요동을 낳고 밝음을 굳혀서 장애를 세우니, 저 금보金寶란 명각明覺이 굳혀져 성립한 것이기 때문에 금륜金輪이 있으면서 국토를 보호해 지닌다. 굳어진 각覺에서 금보가 이루어지고 요동치는 밝음에서 바람이 나오니, 바람과 금金이 서로 마찰하기 때문에 화광火光이 있으면서 변화의 성품이 된다. 보배의 밝음은 윤기潤氣를 내고 화광은 위로 증발하기 때문에 수륜水輪이 있으면서 시방계十方界를 내포한다. 불은 올라가고 물을 내려가면서 서로 교류해 발해서 견고함을 이루니, 젖은 것은 거대한 바다가 되고 마른 것은 육지가 된다.

이런 이치 때문에 저 큰 바다 속에서는 화광이 항상 일어나고, 저 육지 속에서는 강과 하천이 항상 흐른다. 물의 세력이 불보다 약하면 응결해서 높은 산이 되니, 이 때문에 산의 돌이 부딪치면 불꽃이 일고 녹으면 물이 되는 것이다. 흙의 세력이 물보다 약하면 땅에서 뽑혀져 초목草木이 되나니, 이 때문에 숲이 타버리면 흙이 되고 쥐어짜면 물이 된다. 허망이 교류해 발생하면서 번갈아 서로 종자가 되니, 이 인연으로 세계가 상속하고 있다.

覺明空昧相待成搖故有風輪執持世界. 因空生搖堅明立礙. 彼金寶者明覺立堅故有金輪保持國土. 堅覺寶成搖明風出. 風金相摩故有火光爲變化性. 寶明生潤火光上蒸故有水輪含十方界. 火騰水降交發立堅. 溼爲巨海乾爲洲潭. 以是義故. 彼大海中火光常起. 彼洲潭中江河常注. 水勢劣火結爲高山. 是故山石擊則成燄融則成水. 土勢劣水抽爲草木. 是故林藪遇燒成土因絞成水交妄發生遞相爲種. 以

是因緣世界相續.

통의 여기서는 세계가 상속하는 원인을 밝히고 있다. 처음의 말은 밝음(明)을 인해 소所를 세우는데, 소所 자는 현상現相에 해당하며 세계와 중생 등을 가리킨다. 요즘의 말로 세계는 바로 유식唯識이 변한 상분相分이니, 처음으로 미망을 인해 허공이 있고 허공에 의지하여 세계가 성립하기 때문에 각명覺明의 무명無明을 추궁하여 완고한 허공을 대對하므로 세계가 생기하는 근본이 된다. 허공의 어둠(晦暗) 속에서 어둠이 응결하여 색色이 되는데, 이것이 바로 색이 응결하는 시초이다.

그리고 세계는 바로 사대四大의 종자로서 바로 유가儒家가 추구하는 선천先天의 오행五行이다. 소위 무명을 말미암아 사대의 세계를 이루면 천지가 이로써 위치를 갖게 되고, 사대를 말미암아 오행으로 생성하게 되면 만물이 이로써 길러진다. 그러나 세계는 바로 우리가 거처하는 천지이지 따로 하나의 세계가 있는 건 아니다. 해설자는 단지 경전 속에 있는 문자를 잡아서 해석했을 뿐 종래로 눈앞에서 세계를 밝힌 것은 아니다. 그래서 경문을 인해 질문을 마련해 밝힌 것이니, 비단 유가와 도가의 의문을 해결했을 뿐 아니라 우리 문도門徒도 유식의 종지를 알았으므로 다행히 그 번거로움이 싫지 않았다.

문: 어떻게 풍륜風輪이 있으면서 세계를 잡아 지닙니까(執持)?

답: 경전에서 말하는 '각覺의 밝음과 허공의 어둠' 등은 말하자면 일진법계의 묘하게 밝은 참마음(妙明眞心)을 미혹해 각명覺明의 무명이 되는 것이니, 마침내 영명靈明하고 적멸한 진공眞空을 무지하고

어두운 완공頑空으로 변화시킨다. 그리하여 능能과 소所가 상대하고 밝음과 어둠이 서로 다투어서 이것이 오래되면 망상妄想을 이루니, 이 망상이 심체心體를 두드려 움직여서(鼓動) 허虛를 쌓아 기氣를 이루어 허공 속에 충만하자 마침내 바람의 상相이 있게 된다. 마치 빈 방에 바람이 생기는 것과 같고 또 부채를 부쳐서 바람을 내는 것과 같다.

망상을 쉼 없이 쌓으면서 바람의 힘이 더욱 커지기 때문에 '일체 세계가 바람의 힘으로 유지된다'고 말하는 것이다. 또 일체 세간의 경계가 다 무명의 망심妄心에 의거해야 머물러 유지될(住持) 수 있기 때문에 풍륜이 있으면서 세계를 잡아 지니는(執持) 것이니, 이것이 풍대風大의 종자이다. 〔노자는 각명覺明의 무명을 도체道體로 삼기 때문에 '심원하고 아득하니 그 가운데 정精이 있다'고 말한 것이다. 또 공空의 체體를 허무의 대도로 여겨서 이 바람의 상相을 가리켜 충기沖氣로 삼기 때문에 오롯한 기(專氣)로 부드러움을 이룬다. 또 "천지 사이는 풀무와 같도다!"라는 말은 노자의 도의 근원이다. 유가는 식신識神을 천명의 성품으로 여겨서 공대空大를 가리켜 태극으로 삼고, 이 풍대를 가리켜 혼원일기混元一氣로 삼으며, 일기一氣를 말미암는 것으로 만물을 생성하니, 이는 모두가 유식의 변화임을 모르는 것이다. 그래서 태극도太極圖[327]에서는 흑黑과 백白이 서로 참여하고 있다. 그러

---

327 송대宋代의 학자 주돈이周敦頤가 만든 도형으로, 우주의 근본과 만물의 발전하는 이치를 도해圖解로 밝힌 것이다. 우주의 근본인 태극이 음양을 낳고, 음양이 오행五行으로 분화하며, 오행의 정精이 응결하여 만물을 만든다는 원리가 원형의 그림으로 제시되어 있다.

나 백白은 곧 각성覺性이고 흑黑은 곧 무명이니, 바로 불생멸과 생멸이 화합해서 아뢰야식을 이루는 것이 만법을 낳는 시초가 된다. 이 식識에 세 가지 구분이 있는데 허공과 세계는 바로 상분相分이다.〕

문: 어찌하여 세계가 금보金寶를 체體로 삼는가?

답: 경전에서 말한 '허공을 인하여 요동을 낳고' 등은 말하자면 완공頑空의 체體를 말미암아 요동치는 망상의 바람을 낳아서 장식체藏識體 속 무지의 명각明覺에 되돌아 부는 것이다. 한 번 움직이고 한 번 고요하면서 생멸이 멈추지 않고, 서로 마찰하고 서로 융합하면서 마찰과 융합이 오래되면, 밝음의 체體가 더욱 견고해지면서 마침내 응결하여 색色이 되니, 즉각 상분相分인 무지無知의 바깥 색을 이루기 때문에 '어둠을 응결하여 색色이 된다'고 말하는 것이다.

저 '금보'란 바로 명각明覺으로 이루어진 견고함이기 때문에 보배에 있는 광명으로 견각堅覺의 성품을 얻은 것이고, 이를 말미암기 때문에 금륜이 있으면서 국토를 보호해 유지하는 것이다. 이 성품의 색色이 지대地大의 종자가 되는데, 체體를 가리켜 말했기 때문에 금보라 말한 것이다. 수미須彌 이하의 땅 밑은 금강제金剛際가 된다. 〔이는 유가에서 말하는 '한 번 음陰이고 한 번 양陽인 것을 도道라 일컫는다'를 천지를 낳는 근본으로 여기는 것이다. 이 가운데서 공空은 고요함(靜)이고 암暗은 그윽함(幽)이기 때문에 음陰이 되고, 요동치고 각명覺明이기 때문에 양陽이 된다. 그래서 '동정動靜에는 일정한 법칙이 있어서 강유剛柔가 결정된다'고 말한다. 이것은 동정을 말미암아 금륜을 이루는 것으로써 지대地大의 종자가 되니, 곧 천지가 처음 이루어지는 시초이다. 동動은 건체乾體가 되고 정靜은 곤체坤體가 되기 때문에 형이상形而

上인 것은 하늘이 되고 형이하形而下인 것은 땅이 되니, 소위 건곤이 대열(列)을 이루고 역易은 그 가운데 위치한다는 것이. 그렇다면 음양이 아직 형태를 띠지 않았어도 동정과 강유는 이미 갖춰졌으니, 소위 선천先天의 역易[328]이다.]

문: 어찌하여 화광이 변화의 성품이 되는가?

답: 경전에서 말하는 '굳어진 각覺에서 금보가 이루어지고' 등은 말하자면 앞서 굳어진 각覺의 금보가 이미 이루어짐을 말미암아 요동치는 밝음의 바람이 나왔으니, 두 가지가 상대相對하면서 한 번 강剛하고 한 번 유柔하여 서로 마찰하고 서로 융합하기 때문에 화광이 있으면서 변화의 성품이 되는 것이다. 이는 화대火大의 종자이다. 〔여기서는 역易에서 말한 강유剛柔가 서로 마찰해서 변화를 이룬 것이다. 형이상자는 하늘에 있으면서 상상象을 이루어 해(日)가 되니 바로 태양의 화정火精이고, 형이하자는 땅에 있으면서 형태(形)를 이루어 불이 되니 바로 변화의 성품이니, 말하자면 설은(生) 것이 변화해 익은(熟) 것이 되고 유有가 변화하여 무無가 되는 것이다. 그리고 후천後天의 오행에서는 손巽이 바람이 되고 물이 되기 때문에 나무를 뚫고 불을 취해서 선천先天의 성품을 얻는 것이다. 이것은 사상四象[329] 속의 해(日)이다.〕

328 여기에서 선천先天이란 인간의 작위가 개입되지 않은 본래부터 존재하던 자연의 이치를 의미한다. 소옹은 복희역이 우주 생성을 나타내는 자연의 원리를 나타내고 있으며, 인간의 작위에 의해 생겨난 것이 아니라 성인인 복희가 자연의 원리를 그대로 옮겨놓아 생겨났다고 여겼으므로 이를 선천역이라 지칭하였다. 이에 반해 통용되는 『주역』의 역학체계, 즉 문왕역文王易에 대해서는 선천역과 대비하여 후천역이라 지칭하였다.

329 『주역』의 복희팔괘伏羲八卦와 64괘가 형성되는 과정에서 음과 양이 처음 중첩되

문: 어찌하여 수륜水輪이 있으면서 시방계十方界를 내포하는가?

답: 경전에서 말하는 '보배의 밝음은 윤기潤氣를 내고' 등은 구절이 뒤바뀌었다. 응당 '화광은 위로 증발하고 보배의 밝음은 윤기潤氣를 낸다'라고 말해야 한다. 말하자면 화광이 불꽃을 위로 올리는 것을 말미암아서 굳어진 각覺의 금보를 증발하고, 금보는 불의 증발을 받기 때문에 윤기가 생기면서 물이 나오니, 이 때문에 수륜이 있으면서 시방계를 내포한다. 이 구절의 경문의 뜻은 지극히 난해해서 이해하기 어렵다.

또 금보는 지체地體가 되는데 어떻게 불이 증발하여 허공 속에서 비와 이슬의 물이 되는가? 금보는 지체地體인 수미산이 되는데 또한 금강산金剛山이라고도 한다. 대론大論에서는 "수미산은 네 가지 보배로 이루어졌으며 산 정상에는 제석천이 거처하는 33천天이 있다"고 했다. 그렇다면 상계上界는 응당 금강이 지체地體가 되어야 한다. 하물며 수미산은 형태가 마치 허리가 잘록한 장구와 같으니, 그렇다면 상계의 땅으로 하계를 덮은 것도 또한 서로 같다. 해와 달이 산허리로 운행하면서 하나의 사천하四天下를 비추므로 아득히 위를 쳐다보아도 파란색(碧色)인 것이 다 상계 보배 땅(上界寶地)의 체體이고, 그리고

___

어 이루어지는 네 가지 형상, 또는 네 가지 형상이 상징하는 자연의 네 가지 상태를 말한다. 사상이란 용어가 처음 보이는 『주역』 계사전繫辭傳에서는 '역易에 태극太極이 있다. 이것이 양의兩儀를 낳고 사상은 8괘卦를 낳는다'라고 하였다. 여기서 양의는 음양陰陽또는 천지天地를 가리키는데, 이 양의가 고정불변한 것이 아니라 변화하는 원리라는 것을 나타낸 것이 사상이다. 음양의 작용으로 생겨나는 사상은 춘春·하夏·추秋·동冬의 사시四時, 수水·화火·목木·금金의 4원소元素, 태음太陰·태양太陽·소음少陰·소양少陽 등으로 표현된다.

아래쪽의 중생을 위해 업화業火가 증발되면서 윤기를 내는 것은 바로 허공 속의 비, 이슬, 서리, 눈과 같은 종류가 다 금보에서 생겨난 물이란 것을 충분히 알 수 있다. 그렇다면 중생은 늘 금보 속에 거처하는 것이므로 금보 속에 물이 있는 것이 어찌 수륜이 시방계를 내포하는 것이 아니겠는가? (이는 바로 역경에서 소위 '형이상자는 하늘에 있으면서 상象을 이루어서 달은 태음太陰의 정精으로 성신星辰이 되고, 형이하자는 강, 하천, 호수, 바다가 흘러드는 모습이 된다'는 것이니, 이로써 사상四象을 갖춘다) 이것은 앞에서 각覺의 밝음과 허공의 어둠이 상대함으로 인해 풍대風大와 금대金大가 있는 것이니, 바람과 금金이 서로 마찰하기 때문에 화대火大가 있고, 불이 증발하고 금보가 윤기를 내기 때문에 수대水大가 있다.

그렇다면 사대를 인해 천지와 음양, 일월성신日月星辰의 사상四象이 이루어지는 것이니, 이것이 바로 역경에서 설하는 '태극이 양의兩儀를 낳고 양의가 사상을 낳아서 팔괘八卦의 체體로 삼는' 것이다. 그래서 "하늘은 높고 땅은 낮아서 건곤乾坤이 정해졌고, 높음과 낮음이 벌려 있어서 귀하고 천함이 각기 위치를 갖고, 동정動靜에는 일정한 법칙이 있어서 강유剛柔가 결정되고, 하늘에 있으면서 상象을 이루고 땅에 있으면서 형태(形)를 이루니 변화가 나타난다"라고 말하니, 이는 앞에서 천지가 생성하는 모습을 설한 후에야 바야흐로 만물의 본말本末의 말미암음을 설한 것이다. 이로써 추론컨대, 세계는 각명覺明의 유식唯識으로부터 변한 것으로 맑고 밝아서 전혀 흠이 없다. 나는 예전에 어떤 브라만 장로를 만났는데, 그는 내게 『능엄경』이 오행五行의 오묘함, 극치, 정수를 이야기하고 있다고 말했다. 그래서 깊이 생각해

추론했으니, 나의 문도門徒도 알지 않을 수 없는 것이다.

문: 어찌하여 강, 하천, 호수, 바다와 육지가 마르고 젖으면서 흘러드는 모습이 있는 것인가?

답: 경전에서 말한 '불은 올라가고 물은 내려간다' 등은 앞서 말한 건곤이 이미 이루어지고 음양이 이미 나뉘어져서 천지가 자리를 잡고, 사대의 종자를 말미암아 후천後天의 오행이 됨으로써 만물을 생성하는 것이다. 여기서는 화火와 금金이 수水를 낳고, 수水와 화火가 토土를 낳는다. 말하자면 화광이 위로 증발해서 금보의 밝음이 윤기를 내기 때문에 화광은 위로 타고, 물의 기세는 아래로 내려가 반공半空 속에서 교합交合하여 물과 불이 이미 이루어지고(水火既濟) 음과 양이 화합해서 종자를 낳는 것이다.

그리하여 물과 불이 모두 견실堅實해서 형태를 이루니, 그 본원本源의 젖는 성품은 흘러서 사대해四大海의 물이 되고, 그 본원의 불의 성품은 마침내 응결해서 땅(土)을 이룬다. 큰 것은 대륙(洲)이 되고 작은 것은 모래언덕(潭)이 되기 때문에 네 개의 큰 부주部洲에 여러 소주小洲 등이 있다. 이런 뜻 때문에 물은 치는 것을 내포하는 성품이라서 바다에서 화광이 항상 일어나고, 땅은 모母를 얻는 성품이기 때문에 대륙과 모래언덕으로 강과 하천이 항상 흘러드는 것이다. 물과 불이 바로 성품에 부합하는 물과 불이기 때문에 하늘에 있으면 상象을 이루어서 일월성신日月星辰이 있고, 땅에 있으면 형태를 이루어서 강, 하천, 호수, 바다의 네 개의 큰 부주部洲의 모습이 있기 때문에 '변화가 나타난다'고 말한 것이다.

이 '서로 교류하여 발해서 견고함을 이루는' 것은 물과 불이 서로 대적함이니, 이는 바로 물과 불이 이미 다스려진 것으로 상생相生을 말한다. 아래 경문에서는 물의 기세가 불보다 약하기 때문에 산과 돌, 초목이 있는 것이니, 이는 바로 상극相剋으로 사물을 이루는 것이다.

문: 어찌하여 산천山川의 높고 낮음이 있어서 평등치 못한 것인가?

답: 경전에서 말하는 '물의 기세가 불보다 약하다' 등은 앞서 물과 불이 이미 이루어짐으로써 기세가 서로 대적하기 때문에 대륙이 되고 바다가 된 것이다. 지금은 물과 불이 아직 이루어지지 않아서 물의 기세가 불보다 약해 세력이 서로 대적하지 않으므로 불이 위로 타다가 마침내 응결하여 높은 산과 거대한 돌이 된 것이다. 치는 것을 받아들이는 성품이기 때문에 산과 돌을 때리면 불꽃이 이루어지고, 모母를 얻는 성품이기 때문에 융합하면 물을 이룬다. 즉 오늘날 돌 속에 불이 있고, 산마루에 물이 있으며, 돌부리에 윤기 많은 부류에서 볼 수 있다. 이는 오히려 선천先天의 성품에 속하고, 불은 다만 성품이 서로 대적하지 않기 때문에 유형有形의 산과 돌을 이루는 것이다.

문: 어찌하여 초목의 종류가 있는 것인가?

답: 경전에서 말하는 '흙의 세력이 물보다 약하면' 등은 오행에서 수水와 토土가 목木을 낳는 것이다. 그 치는 것을 받아들이는 기분氣分 때문에 숲이 타게 되면 흙을 이루는 것이고, 모母를 받아들이는 기분 때문에 초목을 쥐어짜면 물을 이루는 것이다.

각覺의 밝음과 허공의 어둠, 이 두 가지 허망함을 말미암아 사대四大의 종자가 되어서 마침내 천지, 일월, 네 개의 큰 부주部洲, 강, 하천, 호수, 바다, 산천초목을 이룬다. 그리하여 하나의 기운(一氣)이 흘러

다니고, 음과 양이 서로 섞이고, 오행이 상생하고, 팔괘가 변천해 64괘까지 이르기 때문에 역경의 괘는 건곤에서 시작하여 기제(旣濟: 일이 이미 이루어짐)와 미제(未濟: 일이 아직 이루어지지 않음)로 끝난다. 그래서 "허망이 교류해 발생하면서 번갈아 서로 종자가 되니, 이 인연으로 세계가 상속하고 있다"고 말하는 것이다. 옛날 대혜大慧 선사께서 "『능엄경』에서 말한 세계의 상속은 오행을 지극히 상세하게 설명한 것이다"라고 하셨는데, 이 말씀을 들어 대중에게 제시하되 단지 자세히 분별하지 않을 뿐이다.

㉤ 중생의 상속을 밝힘

다음에 부루나야. 명망明妄은 다름 아니라 각명覺明이 허물이 된 것이니, 허망한 바(所妄)가 이미 성립되어서 밝음의 이치가 그 허망한 바를 넘어서질 못한다. 이런 인연 때문에 들음(聽)은 소리를 벗어나지 못하고 봄(見)은 빛깔을 초월하지 못해서 빛깔, 냄새, 맛, 감촉 등 여섯 가지 허망함이 성취된다. 이 나뉨을 말미암아 견문각지見聞覺知가 열리면서 동일한 업이 서로 뒤얽혀 결합하기도 하고 떨어지기도 하면서 이루어지고 변화한다.

밝음을 보매(見明) 빛깔이 발하고, 밝게 보매(明見) 상념(想)이 이루어지니, 다르게 보면 미움을 이루고 똑같이 상념하면(同想) 애정을 이룬다. 애정이 흘러서 종자가 되고 상념(想)을 용납하여 태胎가 된다. 남녀의 교접이 발생하면서 동일한 업을 빨아 당기기 때문에 인연이 있어서 갈라남羯羅藍[330]과 알포담遏蒲曇[331] 등이 생긴다. 태생胎生, 난생卵生, 화생化生, 습생濕生이 그 감응하는 바에 따르니, 난생은 오직 상념(想)으로 생겨나고, 태생은 정情을 인해 있고, 습생은 합함(合)으로써 감응하고, 화생은 여윔(離)으로써 감응한다. 정情, 상想, 합合, 리離가 번갈아 서로 변하고 바뀌면서(變易) 업을 받아 두게 되는데, 나는 걸 쫓기도 하고 가라앉는 걸 쫓기도 한다. 이런 인연 때문에 중생이 상속한다.

復次富樓那. 明妄非他覺明爲咎. 所妄旣立明理不踰. 以是因緣聽不出聲. 見不超色. 色香味觸六妄成就. 由是分開見覺聞知. 同業相纏. 合離成化. 見明色發. 明見想成. 異見成憎. 同想成愛. 流愛爲種. 納想爲胎. 交遘發生吸引同業. 故有因緣生羯羅藍遏蒲曇等. 胎卵溼化隨其所應. 卵唯想生. 胎因情有. 溼以合感. 化以離應. 情想合離更相變易. 所有受業逐其飛沈. 以是因緣衆生相續.

통의 여기서는 중생이 상속하는 원인을 밝히고 있다. '명망明妄은 다름 아니라'에서부터 '결합하기도 하고 떨어지기도 하면서 이루어지고 변화한다' 등에 이르기까지는 대체로 사생四生이 형태를 받는 원인과 몸이 고통의 근본이 됨을 말하고 있다. 청정계淸淨界 속에는 본래 중생이 없다. 다만 비롯함 없는 일념一念이 허망하게

330 산스크리트어는 kalalam, kalala. 1~7일. 즉 태아가 모태 속에서 잉태孕胎된 후의 첫 7일간의 응혈의 단계로, 가라라歌羅羅 또는 갈랄람羯剌藍이라고도 하며 의역하여 응활凝滑 또는 잡예雜穢라고도 한다.
331 산스크리트어는 arbuda. 8~14일. 즉 갈랄람의 응혈이 더 엉기기 시작하는 2번째 7일간의 단계로, 아부담阿部曇이라고도 하며 의역하여 포포胞 또는 포결皰結이라고도 한다.

움직이기 때문에 무명이 있어서 마침내 중생의 근본이 되니, 그래서 '명망明妄은 다름 아니라 각명覺明이 허물이 된 것'이라 말한 것이다.

각명은 무명을 가리킨다. 이 무명을 인해 마침내 사대의 소상所相이 형태를 이루어 사대를 흡수함으로써 몸을 삼으니, 이 때문에 참되고 밝은 이치라 해도 색신色身을 넘어설 수 없는 것이다. 다시 외부의 색色이 조성한 육진六塵을 취해서 수용受用의 경계가 되는데, 이 인연 때문에 들음(聽)은 소리를 벗어나지 못하고 봄(見)은 빛깔을 초월하지 못해서 빛깔, 냄새, 맛, 감촉 등 여섯 가지 허망한 티끌이 이미 성취되면 육진과 육근이 화합해서 육식을 발하니, 원만하고 담연한 바탕(圓湛之體)이 이로 말미암아 나뉘어져 견문각지見聞覺知가 된다. 육근과 육경과 육식의 세 가지가 화합하여 업을 지은 것이 원인이 되어서 사생의 고통스런 과보가 그에 따라 갖춰진다. 그래서 동일한 업이 서로 뒤얽혀 태생과 난생의 형태가 있고, 결합하기도 하고 떨어지기도 하면서 이루어지고 감응해 습생과 화생의 종류가 있다. 이 사생의 중생이 시초에는 일념의 무명을 인해 있는 것이다.

'밝음을 보매(見明) 빛깔이 발하고'에서부터 '알포담遏蒲曇' 등에 이르기까지는 태胎에 투입되는 상태를 말한 것이다. 육도六道에 올라가고 내려가는 것은 일정치 않지만, 여기서는 인도人道를 성취해서 말한 것이다. 말하자면 중생이 이미 허망한 업을 지어서 죽은 뒤에는 중음신中陰身을 얻으니 소위 떠도는 혼(遊魂)이다. 귀신은 색신은 없어도 오통五通이 있어서 눈은 가장 멀리까지 보는데, 애착에 물든 습기 때문에 반드시 애착하는 경계를 찾아서 지극히 멀리까지 보며 찾는다. 비록 수천 리 밖이라도 애착할 만한 경계라면 끝내 나타나기 때문에

'밝음을 보매(見明) 빛깔이 발하고'라고 말하는 것이다.

이미 그 경계를 보았다면 식신識神이 반드시 그곳으로 달려가 애착할 만한 것을 밝게 봄으로써 그 형태를 이루는 것을 상념하기 때문에 '밝게 보매(明見) 상념(想)이 이루어진다'고 말한 것이다. 반드시 남녀가 교접할 즈음에 식신識神이 지키고 있으니, 만약 본래 남자라면 어머니를 애착하고 아버지를 미워하며, 만약 본래 여자라면 아버지를 애착하고 어머니를 미워하기 때문에 '다르게 보면 미움을 이루고 똑같이 상념하면(同想) 애정을 이룬다'고 한 것이다.

그 교접의 기회를 타고 갈망하여 따르면서 애정의 액체를 흡수해 모태母胎에 흘러 들어가 형태를 받는 종자가 되기 때문에 '애정이 흘러서 종자가 된다'고 말한 것이다. 상념이 부모의 한 점 정혈精血을 잡아 그 가운데서 상념을 용납하다가 마침내 집착하여 나(我)가 되기 때문에 '상념(想)을 용납하여 태胎가 된다'고 말한 것이다. 이 태에 들어가 형태를 받는 시초가 대체로 교접으로부터 발생하는 것이다.

그리고 남녀의 변별은 또한 미움과 애착을 인하여 동일한 업을 빨아 당기면서 구별이 있는 것이다. 애착의 업은 인因이 되고 애착의 경계는 연緣이 되는데, 태胎 속에 7일간 있으면서 갈라남(羯羅藍: 한역하면 응활凝滑)이 되고, 알포담(遏蒲曇: 한역하면 포皰. 14일의 형태), 폐시(蔽尸: 한역하면 연육軟肉. 15∼21일의 형태), 건남(健南: 한역하면 견육堅肉. 22∼28일의 형태), 발라사(鉢羅奢: 한역하면 형위形位. 말하자면 육근이 비로소 갖춰진 29∼266일의 형태이다)가 된다.

앞에서는 태에 투입되는 까닭을 말했다. 만약 '태생, 난생, 화생, 습생의 사생이 일정치 않다'에 이르면, 특히 그 조성된 업을 따라 감응하니 소위 업에 합당하게(當業) 유전하는 것이다. 난생은 오직 상념(想)으로 생겨나고, 태생은 정情을 인해 있고, 습생은 합함(合)으로써 감응하고, 화생은 여읨(離)으로써 감응하니, 상념은 가볍게 거동하고 정情은 무겁고 탁하다. 상념을 말미암아 애착이 따르기 때문에 난생이 첫머리가 되고, 젖은 기운에 부합附合해서 생겨나는 것을 습생이라 하고, 전변하고 탈피해서 형태를 바꾸는 것을 화생이라 한다. 정情, 상想, 합合, 리離를 말미암기 때문에 번갈아 서로 변하고 바뀌면서 (變易) 인因을 따르고 과果에 감응하여 업을 받아 두게 되는데, 나는 것을 쫓기도 하고 가라앉는 것을 쫓기도 한다. 이런 인연 때문에 중생이 상속한다.

㉒업과業果의 상속을 밝힘

부루나야, 상념과 애착이 함께 응결했으니, 그 애착을 능히 여의지 못하면 온갖 세간에서 부모와 자손이 서로 생겨나면서 끊이지 않는다. 이런 것들은 욕망의 탐욕이 근본이 된 것이다. 탐욕과 애착이 함께 자라났으니, 탐욕을 능히 그치지 못하면 온갖 세간에서 난생, 화생, 습생, 태생이 힘의 강약을 따라 번갈아 서로 잡아먹는다. 이런 것들은 살해의 탐욕이 근본이 된 것이다. 사람이 양을 잡아먹으면, 그 양은 죽어서 사람이 되고 사람은 죽어서 양이 된다.

이렇게 나아가 10생生의 무리가 죽고 죽고 나고 나면서 서로가 서로를 잡아먹으며 악업을 함께 낳는 것이 미래제未來際가 다할 때까지이니, 이런 것들은 도적질하는 탐욕(盜貪)이 근본이 되는 것이다. '너는 내게 생명을 빚졌고, 나는 네게 빚을 갚아야 한다'고 하니, 이런

인연 때문에 백천 겁을 지나도 항상 나고 죽는데 있으며, '너는 내
마음을 사랑하고, 나는 네 색色을 어여삐 여긴다'고 하니, 이런 인연
때문에 백천 겁을 지나도 항상 속박에 얽혀 있다. 오직 살해, 도적질,
음욕의 세 가지가 근본이 될 뿐이니, 이런 인연으로 업의 과보가 상속
한다.

富樓那. 想愛同結愛不能離. 則諸世間父母子孫相生不斷. 是等則以
欲貪爲本. 貪愛同滋貪不能止. 則諸世間卵化濕胎隨力强弱遞相吞
食. 是等則以殺貪爲本. 以人食羊. 羊死爲人. 人死爲羊. 如是乃至十
生之類死死生生互來相啖. 惡業俱生窮未來際. 是等則以盜貪爲本.
汝負我命. 我還汝債. 以是因緣經百千劫常在生死. 汝愛我心. 我憐
汝色. 以是因緣經百千劫常在纏縛. 唯殺盜婬三爲根本. 以是因緣業
果相續.

통의 여기서는 업의 과보가 상속하는 원인을 밝히고 있다. '상념과
애착이 함께 응결했으니, 그 애착을 능히 여의지 못하면 부모
와 자손이 서로 생겨나면서 끊이지 않는다'고 했는데, 이는 중생이
생사를 벗어나질 못하는 까닭과 윤회의 괴로운 과보를 받는 것은
욕망의 탐욕이 근본이 됨을 말한 것이다. '탐욕과 애착이 함께 자라났으
니, 탐욕을 능히 그치지 못하면'은 말하자면 중생의 신분身分을 탐내서
피와 살을 취하는 것으로 먹이를 삼아서 자기 몸을 자양滋養하기 때문에
'함께 자라난다(同滋)'고 말한 것이다. 강한 자가 약한 자를 능멸하여
그를 취해 먹이로 삼기 때문에 '살해의 탐욕을 근본으로 삼는다'고

말한 것이다.

'사람이 양을 먹고' 등이 도적질의 탐욕이 되는 것은 본래 주어서 취하는 것이 아니라 강제로 그 생명을 죽여서 그 살을 먹기 때문에 도적질이 되는 것이다. "너는 내 마음을 사랑하고, 나는 네 색色을 어여삐 여긴다"는 욕망의 탐욕이다. 그래서 이것이 겁을 거치면서 끌어당기고 얽어매서 삼업三業이 근본이 되니, 이런 인연으로 업의 과보가 상속한다.

(다) 결론으로 허망의 모습(妄相)을 드러냄

부루나야, 이러한 세 가지 뒤바뀜(顚倒)의 상속은 모두 각명覺明의 명료하게 아는 성품(明了知性)에서 요지了知를 인해 모습을 발하고, 또 망견妄見으로부터 산과 강, 대지의 온갖 유위상有爲相이 생겨나서 차례로 변천하는 것이니, 이 허망을 인해 끝났다가는 다시 시작한다."

富樓那. 如是三種顚倒相續. 皆是覺明明了知性因了發相. 從妄見生. 山河大地諸有爲相次第遷流. 因此虛妄終而復始.

통의 여기서는 세 가지 허망의 근원(妄元)을 매듭짓고 있다. 말하자면 세 가지 뒤바뀜의 상相은 본래 있지 않은데, 다만 비롯함 없는 일념의 허망한 움직임을 인해서 무명이 있기 때문에 '각명覺明'이라 말한다. 이 무명을 말미암아 망견妄見을 낳기 때문에 '명료하게 아는 성품(明了知性)'이라 한다. 무명을 인해 소상所相을 발하니, 이는 무명으로부터 산과 강, 대지의 온갖 유위상을 낳는 것이다. 이는 처음에 말한 '밝음을 인해 소소(所)를 세우되, 다만 소소(所) 한 글자에 세 가지 상상(相)이 이미 그 속에 갖춰졌다'를 아는 것이다. 망견이 없어지지 않으면 윤회가 쉬지 않기 때문에 끝났다가 다시 시작한다.

이상 미혹을 잡아서 '허망함이 참(眞)에 의지해 일어난다'를 제시함을 마친다.

다. 본래 생멸이 없음을 두 가지로 나눔을 제시함
가) 허망을 집착해 참(眞)을 의심함

부루나가 말했다.

"만약 이 묘각妙覺의 본래 묘한 각명(本妙覺明)이 여래의 마음과 더불어 늘지도 않고 줄지도 않는데 무단히 산하대지와 온갖 유위상이 홀연히 생긴 것이라면, 여래께서 지금 묘하고 비어 있는 명각(妙空明覺)을 얻었는데 산하대지와 유위와 습기의 번뇌(習漏)가 언제 다시 생깁니까?"

富樓那言. 若此妙覺本妙覺明與如來心不增不減. 無狀忽生山河大地諸有爲相. 如來今得妙空明覺. 山河大地有爲習漏何當復生.

통의 만자(즉 부루나)는 이미 깨달음에서 미혹에 이르는 가르침(開示)을 받았다. 묘각명심妙覺明心에 의거한 미망迷妄을 인해서 산하대지가 생기자, 마침내 여래는 이미 묘하고 비어 있는 명각(妙空明覺)을 증득했는데 산하대지가 언제 다시 생기는지 의심한 것이다. 요컨대 각覺은 미혹을 낳지 않아 본래 생멸이 없는 이치를 드러내기 때문에 이 의문을 일으킨 것이다.

나) 본래 생멸이 없음을 제시함

부처님께서 부루나에게 말씀하셨다.

"비유컨대 미혹한 사람이 어느 마을에서 남쪽을 북쪽으로 미혹하는 것과 같으니, 이 미혹은 다시 미혹을 인해 있는 것인가, 아니면 깨달음을 인해 나오는 것인가?"

부루나가 대답했다.

"이 미혹한 사람은 미혹을 인하지도 않고 깨달음을 인하지도 않았습니다. 왜 그렇겠습니까? 미혹은 본래 뿌리가 없으니 어찌 미혹을 인하겠습니까? 깨달음은 미혹을 낳지 않으니 어찌 깨달음을 인하겠습니까?"

부처님께서 말씀하셨다.

"저 미혹한 사람이 바로 미혹했을 때 갑자기 어떤 깨달은 사람이 가리켜주어서 깨닫게 한다면, 부루나야, 어떻게 생각하느냐? 이 사람이 설사 미혹했다 해도 이 마을에서 다시 미혹을 일으키겠느냐?"

"아닙니다, 세존이시여."

"부루나야, 시방의 여래도 마찬가지니라. 이 미혹이 본래 근본이 없어서 그 성품이 필경 공空하니라. 예전부터 본래 미혹이 없는데도 흡사 각覺을 미혹함이 있는 듯하지만, 미혹을 각覺해서 미혹이 멸하면 각覺은 미혹을 낳지 않는다. 마치 눈병 난 사람이 허공 속의 꽃을 보다가 눈병이 없어지면 꽃도 허공에서 없어지는 것과 같다. 홀연히 어떤 어리석은 사람이 저 허공 꽃이 없어진 빈 곳에서 꽃이 다시 나기를 기다린다면, 너는 이 사람을 보고서 어리석다고 하겠는가, 아니면 지혜롭다 하겠는가?"

부루나가 대답했다.

"허공엔 원래 꽃이 없는데도 허망하게 생기고 없어짐을 보는 것이니, 꽃이 허공에서 없어짐을 본다 해도 이미 뒤바뀜(顚倒)이거늘 다시 나올 것이라 한다면, 이는 실제로 미친 어리석음이니 어찌 이런 미친 사람을 다시 어리석다고 칭하고 지혜롭다고 칭하겠습니까?"

부처님께서 말씀하셨다.

"네가 이해한 바와 같다면, 어찌 모든 부처 여래의 묘각명공妙覺明空에서 언제 다시 산하대지가 생기느냐고 묻는 것인가? 또 금광석에 정금精金이 섞여 있는데 그 금이 일단 순금이 되면 다시는 섞이지 않는 것과 같고, 또 나무가 재가 되면 다시 나무가 되지 않는 것과 같으니, 모든 부처 여래의 보리와 열반도 역시 마찬가지다.

佛告富樓那. 譬如迷人於一聚落惑南爲北. 此迷爲復因迷而有因悟而出. 富樓那言. 如是迷人亦不因迷又不因悟. 何以故迷本無根云何因迷. 悟非生迷云何因悟. 佛言. 彼之迷人正在迷時. 倐有悟人指示令悟. 富樓那於意云何. 此人縱迷. 於此聚落更生迷不. 不也世尊. 富樓那. 十方如來亦復如是. 此迷無本. 性畢竟空. 昔本無迷似有迷覺. 覺迷迷滅覺不生迷. 亦如瞖人見空中華. 瞖病若除華於空滅. 忽有愚人於彼空華所滅空地待華更生. 汝觀是人爲愚爲慧. 富樓那言. 空元無華. 妄見生滅. 見華滅空已是顚倒. 敕令更出斯實狂癡. 云何更名如是狂人爲愚爲慧. 佛言. 如汝所解. 云何問言諸佛如來妙覺明

空何當更出山河大地. 又如金鑛雜於精金. 其金一純更不成雜. 如木
成灰不重爲木. 諸佛如來菩提涅槃. 亦復如是.

(통의) 만자의 이 질문은 요컨대 미혹과 깨달음이 동일한 근원으로 본래 생멸이 없음을 드러낸 것이다. 그래서 여래께서는 연속 네 가지 비유로 답한 것이다. 방향을 미혹한 하나의 비유는 예로부터 본래 미혹하지 않아서 지금도 깨달음이 없음을 알게 한 것이다. 허공 꽃이란 하나의 비유는 진원眞元은 허망함이 없고 깨달음은 미혹을 낳지 않음을 알게 한 것이다. 금金의 비유는 각성覺性이 변하지 않는 것이고, 재의 비유는 과보의 공덕이 생겨남이 없는 것이다.

위에서는 '어찌 홀연히 생겨나는가?'를 답한 것이고, 아래에서는 사대가 서로 능멸함을 답한 것이다.

라. 이理와 사事가 걸림 없음을 드러냄

부루나야, 또 네가 질문하기를 '땅, 물, 불, 바람의 본성이 원융하여 법계에 두루하다면 물과 불의 성품이 서로 능멸하지 않는가?'라고 의심하였고, 또 '허공과 온갖 대지가 함께 법계에 두루하다면 서로가 용납하지 못한다'고 따졌는데, 부루나야, 비유하자면 허공은 그 체體가 갖가지 모습(相)은 아니지만 저 갖가지 모습이 발현되는 걸 막지 않는 것과 같다.

왜 그런가? 부루나야, 저 큰 허공은 해가 비추면 밝고, 구름이 끼면 어둡고, 바람이 불면 움직이고, 비가 개이면 맑고, 기운이 응집하면 탁하고, 흙이 쌓이면 흙비가 오고, 물이 맑으면 비치게 된다. 어떻게 생각하느냐? 이렇게 다양한 유위의 모습이 해나 바람 등등을 인해 있는 것인가, 아니면 허공으로 인해 있는 것인가?

만약 해나 구름 등등으로 인해 생긴 것이라면, 부루나야, 해가 비출 때는 이미 이 해의 밝음이라서 시방세계가 똑같이 해의 빛깔이 되어야 할 터인데, 어찌하여 허공 속에서 다시 둥근 해를 보는 것인가? 만약 허공의 밝음이라면 허공이 응당 스스로 비추어야 할 터인데, 어찌하여 한밤중이나 구름이 끼었을 때는 빛을 내지 못하는가?

반드시 알라. 이 밝음은 해도 아니고 허공도 아니며 허공이나 해와 다른 것도 아니다. 모습을 살펴보면 원래 허망해서 지적해 진술할 만한 것이 없나니, 마치 허공 꽃에 허공의 열매가 맺히길 기다리는 것과 같은데, 어찌 서로 능멸하는 이치를 따지겠는가?

성품을 관찰하면 원래 참(眞)이라서 오직 묘각명妙覺明뿐이다. 묘각명의 마음은 본래 물이나 불이 아니니, 어찌 다시 서로 용납하지 않느냐고 묻는 것인가? 참된 묘각명도 마찬가지이니, 네가 허공으로 발명發明하면 허공으로 나타나고, 땅·물·불·바람으로 각각 발명하면 땅·물·불·바람으로 각각 나타나고, 함께 발명하면 함께 나타난다.

무엇이 함께 나타나는 것인가? 부루나야, 마치 하나의 물속에 해 그림자가 나타날 때 두 사람이 똑같이 물속의 해를 보고 동쪽과 서쪽으로 각기 가면, 각자에게 있는 해도 두 사람을 따라 하나는 동쪽으로 하나는 서쪽으로 가서 애초부터 적확한 표준이 없는 것과 같다. 응당 '이 해가 하나인데 어째서 각기 가는가?', '각자의 해가 이미 둘인데 어째서 하나로 나타났는가?'라고 논란하지 못하는 것이니, 이는 완연히 허망을 굴리기에 근거로 삼을 수 없는 것이다.

富樓那. 又汝問言地水火風本性圓融周徧法界疑水火性不相陵滅. 又徵虛空及諸大地俱徧法界不合相容. 富樓那. 譬如虛空體非羣相而不拒彼諸相發揮. 所以者何. 富樓那. 彼太虛空日照則明. 雲屯則暗. 風搖則動. 霽澄則淸. 氣凝則濁. 土積成霾. 水澄成映. 於意云何. 如是殊方諸有爲相爲因彼生爲復空有. 若彼所生. 富樓那. 且日照時旣是日明. 十方世界同爲日色. 云何空中更見圓日. 若是空明空應自照. 云何中宵雲霧之時不生光耀. 當知是明非日非空不異空日. 觀相元妄無可指陳. 猶邀空華結爲空果. 云何詰其相陵滅義. 觀性元眞唯妙覺明. 妙覺明心先非水火云何復問不相容者. 眞妙覺明亦復如是. 汝以空明則有空現. 地水火風各各發明則各各現. 若俱發明則有俱現. 云何俱現. 富樓那. 如一水中現於日影. 兩人同觀水中之日東西各行則各有日隨二人去. 一東一西先無準的. 不應難言此日是一云何各行. 各日旣雙云何現一. 宛轉虛妄無可憑據.

통의 이 이하에서는 이理와 사事의 걸림 없음을 가지고 불공여래장의 성품을 제시함을 비유로 드러내고 있다. 만자는 '물과 불의 성품이 서로 능멸하지 않는가?'라고 의심하였고, 또 '허공과 대지가 본래 서로가 용납하지 못한다'고 의심했는데, 여래는 허공의 비유를 들어서 이理와 사事가 걸림 없다는 것을 드러냈기 때문에 '비유하자면 허공은 그 체體가 갖가지 모습(相)은 아니지만 저 갖가지 모습이 발현되는 것을 막지 않는 것과 같다'고 말한 것이다. 즉 묘각은 성품이 공空해서 그 체體가 온갖 허망함을 끊었지만 업에 따라 발현하는 것을 방해하지 않는다.

그리고 허공 속의 밝음과 어둠 등의 모습(相)은 본래 허공이 아니지만 허공과 다르지도 않으니, 이로써 묘각명妙覺明의 마음이 온갖 모습을 발현하는 것이 본래 묘명妙明이 아니면서도 묘명과 다르지 않음을 안다. 그렇다면 불공不空의 이치가 드러난 것이다. 모습을 관찰하면 원래 허망하고, 성품을 관찰하면 원래 참(眞)이다. 오직 하나의 묘심妙心일 뿐 원래 물과 불이 아니니, 어찌 다시 서로 용납하지 않느냐고 묻는 것인가?

대체로 참된 묘각의 마음은 광대한 업용業用을 갖추고 있다. 그래서 업을 따라 발현해서 땅·물·불·바람이 각각 발명하면 땅·물·불·바람이 각각 나타나고, 만약 함께 발명하면 일시에 함께 나타난다. 그러나 '함께 나타남'은 마치 물속의 해 그림자가 사람을 따라 동쪽과 서쪽으로 각기 가는 것과 같아서 동일하다거나 다르다는 식으로 이해할 수 없는 것이다. 이 사대가 각자 두루하다는 의심이 얼음 녹듯이 풀린 것을 알 것이다.

이상 이理와 사事가 걸림 없음을 비유로 드러냈다.

마. 미혹과 깨달음이 동일한 근원이란 것을 통해 이理와 사事가 걸림 없음을 매듭지은 것을 드러냄

부루나야! 네가 색色과 허공으로 여래장에서 서로 밀어내고 서로 빼앗으므로 여래장이 그에 따라 색과 허공이 되어서 법계에 두루한다. 그러므로 그 가운데서 바람은 움직이고 허공은 맑고 태양은 밝고 구름은 어둡나니, 중생이 미혹하여 각覺을 등지고 진(塵: 티끌)에 합하기 때문에 진로塵勞를 발하여 세간의 모습(相)이 있느니라.

나는 묘명妙明의 불생불멸로 여래장에 합하므로 여래장은 오직 묘각명妙覺明뿐으로 법계를 원만하게 비춘다. 그러므로 그 가운데서 하나가 무량이 되고 무량이 하나가 되며, 작음(小) 가운데서 큼(大)을 나타내고 큼 가운데서 작음을 나타내며, 도량에서 움직이지 않고 시방계에 두루하며, 몸이 시방의 다함없는 허공을 포함하며, 하나의 털끝에서 보왕寶王의 찰토刹土를 나타내며, 미세한 티끌(微塵) 속에 앉아서 대법륜을 굴리니라. 미진을 소멸해서 각覺에 합하기 때문에 진여眞如의 묘각명성妙覺明性을 발하는 것이다.

富樓那. 汝以色空相傾相奪於如來藏. 而如來藏隨爲色空周徧法界. 是故於中風動空澄日明雲暗. 衆生迷悶背覺合塵故發塵勞有世間相. 我以妙明不滅不生合如來藏. 而如來藏唯妙覺明圓照法界. 是故於中一爲無量. 無量爲一. 小中現大. 大中現小. 不動道場徧十方界. 身含十方無盡虛空. 於一毛端現寶王刹. 坐微塵裏轉大法輪. 滅塵合覺故發眞如妙覺明性.

통의 여기서는 이理와 사事의 걸림 없음을 매듭지어 드러내고 사事와 사事의 걸림 없음을 대동하여 드러낸다. 소위 여래장의 성품이 본래 원만하고 두루하니, 만약 색과 허공으로 밀어내고 빼앗는다면 색과 허공을 따라 법계에 두루한다. 그리고 사事가 두루하면 곧 이理도 두루하니, 다만 중생이 번뇌로 깨닫지 못해서 각覺을 등지고 티끌(塵)에 합하기 때문에 진로塵勞를 발하여 세간의 모습이 있다. 이상은 이理와 사事의 걸림 없음을 드러낸 것이다.

나는 묘명妙明의 불생불멸로 여래장에 합하므로 여래장은 오직 묘각명妙覺明뿐으로 법계를 원만하게 비추기 때문에 능히 하나(一)와 많음(多)이 서로 포함하고, 작음(小)과 큼(大)이 섭수해 들어가며, 털끝에서 찰토刹土를 나타내며, 티끌(塵) 속에서 법륜을 굴린다. 진실로 미진을 소멸해서 각覺에 합하기 때문에 진여眞如의 묘각명성妙覺明性을 발하는 것이다. 이상은 사事와 사事의 걸림 없음을 대동하여 드러낸 것이다.

이상 불공여래장의 성품을 제시함을 마친다.

(3) 공불공空不空 여래장을 열어서 중도관中道觀의 체體를 제시한 것을 네 가지로 나눔

① 차단(遮)과 비춤(照)을 잡아서 원만함(圓)을 드러낸 것을 네 가지로 나눔

가. 쌍으로 차단함(雙遮)을 잡아서 원만함을 드러냄

그리고 여래장의 본래 묘하고 둥근 마음(本妙圓心)은 마음도 아니고, 허공도 아니며, 땅도 아니고, 물도 아니며, 바람도 아니고, 불도 아니며, 눈도 아니고, 귀, 코, 혀, 몸, 뜻도 아니며, 빛깔도 아니고, 소리, 냄새, 맛, 접촉, 법도 아니며, 안식계眼識界도 아니고, 이렇게 나아가 의식계意識界도 아니다.

밝음(明)도 안 밝음(無明)도 아니고, 밝음이나 안 밝음이 다함도 아니며, 이렇게 나아가서 늙음도 아니고 죽음도 아니며, 늙고 죽음의 다함도 아니며, 고苦도 아니고, 집集도 아니고, 멸滅도 아니고, 도道도 아니며, 지智도 아니고, 얻음(得)도 아니다.

단나檀那도 아니고, 시라尸羅도 아니고, 비리야毘藜耶도 아니고,

찬제羼提도 아니고, 선나禪那도 아니고, 반랄般剌도 아니다. 바라밀다
도 아니고, 이렇게 나아가 달달아갈(怛闥阿竭: 한역하면 여래如來)도
아니고, 아라가(阿羅訶: 한역하면 응공應供)도 아니고, 삼야삼보(三耶三
菩: 한역하면 정변지正徧知)도 아니고, 대열반도 아니고, 상常도 아니고,
낙樂도 아니고, 아我도 아니고, 정淨도 아니다.

而如來藏本妙圓心. 非心非空. 非地非水非風非火. 非眼非耳鼻舌身
意. 非色非聲香味觸法. 非眼識界如是乃至非意識界. 非明無明明無
明盡如是乃至非老非死非老死盡. 非苦非集非滅非道. 非智非得. 非
檀那非尸羅非毗黎耶非羼提非禪那非般剌若. 非波羅蜜多. 如是乃
至非怛闥阿竭(此云如來)非阿羅訶(此云應供)三耶三菩.　(此云正徧知)
非大涅槃. 非常非樂非我非淨.

나. 쌍으로 비춤(雙照)을 잡아서 원만함을 드러냄
그리하여 세간도 출세간도 모두 아니기 때문에 여래장에 즉卽한 원래
밝은 마음(元明心)의 묘함은 곧(卽) 마음이고, 곧 허공이고, 곧 땅이고,
곧 물이고, 곧 바람이고, 곧 불이고, 곧 눈이고, 곧 귀, 코, 혀, 몸,
뜻이고, 곧 색, 성, 향, 미, 촉, 법이고, 곧 안식계이고, 이렇게 나아가
곧 의식계이다.
　곧 밝음과 안 밝음이고, 곧 밝음이나 안 밝음이 다함이고, 이렇게
나아가 곧 늙음이며, 곧 죽음이며, 곧 늙고 죽음의 다함이며, 곧 고苦이
며, 곧 집集이며, 곧 멸滅이며, 곧 도道이며, 곧 지智이며, 곧 얻음(得)이
며, 곧 단나며, 곧 시라며, 곧 비리야며, 곧 찬제며, 곧 선나며, 곧

반랄야며, 곧 바라밀다며, 이렇게 나아가 곧 달달아갈이며, 곧 아라가
삼야삼보이며, 곧 대열반이며, 곧 상常이며, 곧 낙樂이며, 곧 아我이며,
곧 정淨이다.

以是俱非世出世故. 卽如來藏元明心妙. 卽心卽空. 卽地卽水卽風卽
火. 卽眼卽耳鼻舌身意. 卽色卽聲香味觸法. 卽眼識界如是乃至卽意
識界. 卽明無明明無明盡如是乃至卽老卽死卽老死盡. 卽苦卽集卽
滅卽道. 卽智卽得. 卽檀那卽尸羅卽毗棃耶卽羼提卽禪那卽般剌若.
卽波羅蜜多. 如是乃至卽怛闥阿竭卽阿羅訶三耶三菩. 卽大涅槃. 卽
常卽樂卽我卽淨.

다. 동시同時를 잡아서 묘함을 드러냄
이렇게 모두가 세간법에 즉卽하고 출세간법에 즉卽하므로 여래장에
즉卽한 묘하고 밝은 마음의 근원(妙明心元)은 즉卽을 여의고 비非를
여의며 즉이면서(是卽) 즉이 아니다(非卽).

以是俱卽世出世故. 卽如來藏妙明心元. 離卽離非是卽非卽.

라. 말을 여읨을 결론으로 제시함
세간의 삼계 중생과 출세간의 성문과 연각이 아는 바의 마음(所知心)으
로 어찌 부처님의 위없는 보리를 측량하고 헤아릴 수 있겠으며, 세상의
말로 어찌 부처님의 지견知見에 들어가겠느냐? 비유컨대 금슬과 공후
와 비파가 비록 묘한 소리가 있으나, 만일 묘한 손가락이 없으면 끝내

소리를 발할 수 없는 것과 같다.

너와 중생들도 마찬가지라서 보각寶覺과 진심眞心이 각각 원만하다. 그러나 나는 손가락만 눌러도 해인海印[332]이 광명을 발하건만 너는 잠깐만 마음을 일으켜도 진로塵勞가 먼저 일어나니, 위없는 깨달음의 도(無上覺道)를 부지런히 구하지 않고 소승을 애착하고 생각해서 적은 것을 얻고서 만족하기 때문이다."

如何世間三有衆生及出世間聲聞緣覺以所知心測度如來無上菩提. 用世語言入佛知見. 譬如琴瑟箜篌琵琶雖有妙音. 若無妙指終不能 發. 汝與衆生亦復如是. 寶覺眞心各各圓滿. 如我按指海印發光. 汝 暫擧心塵勞先起. 由不勤求無上覺道. 愛念小乘得少爲足.

통의 여기서는 차단(遮)과 비춤(照)을 잡아서 원만함을 드러내고 있다. 그리고 여래장의 청정과 본연本然은 미세한 티끌(纖塵)을 세우지 않고 일체 법을 여의어서 십법계十法界의 상相을 끝내 얻을 수 없는데, 이는 쌍雙으로 차단함을 잡아서 원만함을 드러낸 것이다. 이는 세간과 출세간이 모두 아니기 때문이다.

그러나 여래장은 일체 법에 즉卽하면서 세간과 출세간의 한 법도 버리지 않으니, 이것이 쌍으로 비춤을 잡아서 원만함을 드러낸 것이다. 만약 비非라 말하고 즉卽이라 말한다면 오히려 이는 차단과 비춤이

---

332 해인은 바다에 풍랑이 쉬면 삼라만상 모든 것이 도장 찍히듯 그대로 바닷물에 비쳐 보인다는 뜻이며, 해인삼매는 모든 번뇌가 사라진 부처의 마음속에는 과거와 현재·미래의 모든 업이 똑똑하게 보인다는 것을 의미한다.

아직 일심一心를 극極하지 못한 것이다. 반드시 즉을 여의고 비를 여의어야(離卽離非) 즉이면서 즉이 아니니(是卽非卽), 차단과 비춤이 동시이고 마음과 말의 길이 끊어져야 바야흐로 일심의 묘함을 드러낸다.

그렇다면 원융한 과보의 바다(果海)가 말과 사고를 묘하게 끊은 것이니, 어찌 아는 바(所知)의 허망한 마음으로 능히 측량할 수 있겠으며 세상의 말로써 들어갈 수 있겠는가! 모름지기 원만히 깨닫고 원만히 닦아야(圓悟圓修) 바야흐로 일심의 묘함에 계합할 것이다. 그래서 금슬이 비록 묘한 소리를 갖추었으나, 만일 묘한 손가락이 없으면 끝내 소리를 발할 수 없는 것과 같다고 비유한 것이다. 묘한 손가락은 관觀과 행行을 비유한 것이다. 그러나 너와 중생들도 보각寶覺과 진심眞心은 각각 원만해서 나와 다르지 않다. 그러나 나는 손가락을 누르면 해인海印이 광명을 발하지만, 너는 잠깐만 마음을 일으켜도 진로塵勞가 먼저 일어나니, 그 까닭이 무엇인가? 진실로 소승을 애착하고 생각하는 바람에 부지런히 구하려 하지 않고 적은 것을 얻는 데 만족하기 때문이다.

이상 공불공여래장이 중도관中道觀의 체體가 됨을 열었다.

첫 권부터 여기까지는 세 가지 여래장성이 삼관三觀의 체體가 됨을 통틀어 열었다.

②일심一心으로 단박에 깨달아 단박에 증득함(頓悟頓得)을 드러내는 것을 제시함

부루나가 말하였다.

"제가 여래와 더불어 보각寶覺이 원만하고 밝아서 참되고 묘하고

청정한 마음(眞妙淨心)이 둘이 없이 원만하지만, 그러나 저는 옛날에 비롯함 없는 망상을 만나 오랫동안 윤회에 있은 탓에 지금 성스러운 탈 것(聖乘)을 얻었으나 오히려 아직 구경究竟이 아닙니다. 세존께서는 모든 망상 일체가 원만히 없어져서 독립적이고 묘하고 참되고 항상하나니(獨妙眞常), 감히 여래께 여쭙니다.

'일체 중생은 무슨 까닭으로 허망이 있어서 스스로 묘명妙明을 가린 채 이렇게 윤회에 빠져 있는 겁니까?'"

부처님께서 부루나에게 말씀하셨다.

"네가 비록 의심을 제거했지만 남은 의혹은 소진하지 못했으니, 내가 세간에 나타난 일로써 지금 다시 너에게 묻겠다.

너도 분명 들었겠지. 실라벌성에 사는 연야달다演若達多가 새벽에 문득 거울로 자기 얼굴을 비추어 보면서 거울 속 비친 머리에 눈과 눈썹을 볼 수 있는 걸 사랑했는데, 정작 자기 머리에서 얼굴과 눈이 보이지 않자 '도깨비다'라고 성내고 꾸짖으면서 까닭 없이 미쳐 달아났다고 한다. 어떻게 생각하느냐? 이 사람이 어찌하여 까닭 없이 미쳐 달아났느냐?"

부루나가 대답하였다.

"이 사람은 마음이 미쳤을 뿐 다른 까닭은 없습니다."

부처님이 말씀하셨다.

"묘각妙覺의 밝은 원만함(明圓)은 본래 원만해서 밝고 묘한 것(本圓明妙)이다. 이미 허망이라고 칭하는데 어찌 까닭(因)이 있겠느냐? 만약 원인된 바(所因)가 있다면 어찌 허망이라고 칭하겠느냐?

스스로의 모든 망상이 펼쳐져 구르면서(展轉) 서로 인하는데, 미혹으

로부터 미혹을 쌓아 진겁塵劫을 거치므로 비록 부처님이 발명發明하여
도 오히려 돌이킬 수 없다. 이와 같은 미혹의 원인은 미혹을 인하여
스스로 있는 것이니, 미혹이 원인이 없는 줄 알아채면 허망은 의지할
바가 없어서 오히려 생김이 있지 않은데 어찌 멸함이 있겠느냐? 보리를
얻은 이는 마치 잠에서 깨어난 사람이 꿈속의 일을 말하는 것과 같나니,
마음이 설사 정명精明하더라도 어떠한 인연으로 꿈속의 물건을 취할
수 있겠느냐?

하물며 원인이 없어서 본래 있는 바(所有)가 없음이겠느냐? 저
성안에서 연야달다가 어찌 인연이 있어서 머리를 두려워하여 도망쳤겠
느냐? 광증이 홀연히 쉬어도 머리를 다른 데서 얻는 것이 아니며,
설사 광증을 쉬지 못하더라도 어찌 머리를 잃었겠느냐?

부루나야! 허망의 성품도 그와 같나니 원인이 어찌 존재하겠느냐?
네가 다만 세간과 업과와 중생의 세 가지 상속을 분별함을 따르지
않으면 세 가지 연緣이 끊어지므로 세 가지 인因이 생기지 않는다.
그러면 네 마음속 연야달다의 미친 성품은 저절로 쉬게 될 것이다.

쉬면 즉각 보리의 수승하고 청정하고 밝은 마음이 본래 법계에
두루할 뿐 어떤 사람으로부터 얻는 것이 아니니, 어찌 그렇게 애써서
닦아 증득하겠느냐? 비유하면 어떤 사람이 자기 옷 속에 여의주가
매여 있는데도 스스로 자각自覺해서 알지 못한 채 다른 지방에서 궁핍하
고 헐벗으며 걸식해 돌아다니는 것과 같다. 비록 진실로 궁핍하지만
여의주 구슬은 잃어버린 적이 없으므로 홀연히 지혜 있는 사람이 그
구슬을 가리켜주면 원하는 바가 마음을 따라서 크게 풍요로운 부자가
될 터이니, 그때 비로소 신령스런 여의주는 외부에서 얻은 것이 아님을

깨달을 것이다.”

富樓那言. 我與如來實覺圓明眞妙淨心無二圓滿. 而我昔遭無始妄想久在輪迴今得聖乘猶未究竟. 世尊諸妄一切圓滅獨妙眞常. 敢問如來一切衆生何因有妄. 自蔽妙明受此淪溺. 佛告富樓那. 汝雖除疑餘惑未盡. 吾以世間現前諸事今復問汝. 汝豈不聞室羅城中演若達多忽於晨朝以鏡照面. 愛鏡中頭眉目可見. 瞋責己頭不見面目. 以爲魑魅無狀狂走. 於意云何. 此人何因無故狂走. 富樓那言. 是人心狂更無他故. 佛言. 妙覺明圓本圓明妙. 旣稱爲妄云何有因. 若有所因云何名妄. 自諸妄想展轉相因. 從迷積迷以歷塵劫. 雖佛發明猶不能返. 如是迷因因迷自有. 識迷無因妄無所依. 尚無有生欲何爲滅. 得菩提者如寤時人說夢中事. 心縱精明. 欲何因緣取夢中物. 況復無因本無所有. 如彼城中演若達多. 豈有因緣自怖頭走. 忽然狂歇頭非外得. 縱未歇狂亦何遺失. 富樓那. 妄性如是因何爲在. 汝但不隨分別世間業果衆生三種相續. 三緣斷故三因不生. 則汝心中演若達多狂性自歇. 歇卽菩提勝淨明心本周法界. 不從人得. 何藉劬勞肯綮修證. 譬如有人於自衣中繫如意珠. 不自覺知. 窮露他方. 乞食馳走. 雖實貧窮. 珠不曾失. 忽有智者指示其珠. 所願從心. 致大饒富. 方悟神珠非從外得.

통의 앞에서 이미 세 가지 여래장의 성품이 비록 삼관三觀의 체體가 되어도 오히려 수증修證에 속해서 점차漸次가 없지 않음을 열어 보였기 때문에 만자가 다시 ‘무슨 까닭으로 허망이 있습니까?’

하고 여쭌 것이다. 요컨대 허망은 원래 원인(因)이 없다는 것을 밝힘으로써 단박에 깨닫고 단박에 증득함을 드러내었으니, 바야흐로 천연의 묘한 성품이 본래 스스로 원만히 이루어져서 공功을 들이지도 않고 외부로부터 얻지도 않음을 보는 것이다.

만자가 여쭌 '무슨 까닭으로 허망이 있습니까?' 하는 하나의 질문은 가장 철저하게 근원을 궁구하는 것이니, 배우는 사람(學人)은 날마다 오직 이 구절만 갖고 수시로 참구參究해야지 함부로 교리 속에는 조사祖師의 뜻이 없다고 말하지 말아야 한다. 세존께서는 말로 설명하기 어려워지자 연야달다가 머리를 미혹한 일을 밝혀서 허망에는 원래 원인이 없고 또한 머리를 보는 것도 외부에서 얻지 않음을 제시하였다.

묘각妙覺의 밝은 마음은 본래 허망함이 없으니, 이미 허망이라 칭하는데 어찌 까닭(因)이 있겠느냐? 원인이 있다면 허망이라 칭하지 못하지만, 그러나 스스로의 온갖 망상이 서로 인因하여 미혹으로부터 미혹을 쌓을 뿐이다. 이처럼 미혹의 원인은 바로 미혹을 인하여 저절로 있는 것이니, 만약 미혹이 원인이 없는 줄 알면 허망은 의지할 바가 없어서 오히려 생김이 있지 않은데 어찌 멸함이 있겠는가? 마치 잠에서 깨어난 사람이 꿈속의 일을 말하는 것과 같을 뿐이다.

허망의 성품도 그와 같나니 원인이 어찌 존재하겠는가? 네가 다만 세 가지 상속을 분별함을 따르지 않으면 세 가지 연緣이 끊어지니, 그렇다면 세 가지 인因이 생기지 않는다. 세 가지 연緣은 살생, 도적질, 음행이고, 세 가지 인因은 업을 발해 중생을 윤택하게 하는 것과 두 가지 무명無明이 세 가지 연緣의 인因이 된다.

말하자면 세 가지 연緣이 본래 공空함을 요달해서 근본무명이 즉각 생기지 않으면, 묘각의 밝은 마음이 본래 미혹하지 않아서 하루아침에 단박에 증득한다. 바로 연야달다의 미친 마음이 쉬면 머리는 다른 데서 얻는 것이 아님과 같으니, 어찌 노력을 기울여서 닦아 증득하겠는 가? 그러므로 마치 가난한 자식의 옷에 매인 여의주가 원래 잃어버린 적도 없고 다른 데서 얻은 것도 아닌 것과 같으니, 돈오頓悟의 종지가 여기서 보인다.

이상 일심을 곧바로 가리켜서 단박에 증득함을 드러내었다.

③참(眞)과 허망을 쌍으로 끊어서 묘함을 드러내는 것을 제시함을 두 가지로 나눔

가. 적합한 기연이 미혹에 집착해서 여전히 인연이나 자연이라 의심하다

그때 아난이 대중 속에 있다가 부처님 발에 정례頂禮하고는 일어서서 부처님께 여쭈었다.

"세존께서 지금 '살생과 도적질과 음행의 업인 세 가지 연緣이 끊어지 므로 세 가지 인因이 생기지 않는다. 마음속 연야달다의 미친 성품은 저절로 쉬게 될 것이고, 쉬면 즉각 보리라서 남으로부터 얻는 것이 아니다'라고 말씀하셨으니, 그렇다면 인연인 것이 환히 명백하거늘 어찌하여 여래께서는 인연을 단박에 버리셨습니까?

저도 인연으로부터 마음이 깨달음을 열었습니다. 세존이시여! 이 이치가 어찌 저희들 나이 젊은 배움이 있는 성문(有學聲聞)뿐이겠습니 까? 지금 이 회상에 있는 대목건련, 사리불, 수보리 등도 늙은 범지梵 志[333]로부터 부처님께서 설한 인연법을 듣고는 마음이 깨달음을 열어서

---

333 산스크리트어는 brāhmaṇa로, 범梵은 청정을 뜻하며 바라문婆羅門을 일컫는다.

무루無漏를 이루게 되었습니다.

이제 '보리는 인연으로부터 얻지 않는다'고 설하시니, 그렇다면 왕사성의 구사리 등이 말한 자연自然이 가장 첫째가는 진리(第一義諦)가 되겠습니다.

바라건대 대자대비를 드리워서 저의 미혹과 번뇌를 개발開發하여 주소서."

卽時阿難在大衆中頂禮佛足起立白佛. 世尊現說殺盜婬業. 三緣斷故三因不生. 心中達多狂性自歇. 歇卽菩提不從人得. 斯則因緣皎然明白. 云何如來頓棄因緣. 我從因緣心得開悟. 世尊. 此義何獨我等年少有學聲聞. 其此會中大目犍連及舍利弗須菩提等. 從老梵志聞佛因緣. 發心開悟得成無漏. 今說菩提不從因緣. 則王舍城拘舍棃等所說自然成第一義. 惟垂大悲開發迷悶.

통의 아난은 묘한 마음은 단박에 증득하지 수행을 빌리지 않는다는 말씀을 듣자 오히려 인연이란 의심을 밟고서 자연이란 질문을 한 것이다. 예전에는 불성이 인연을 빌려서 드러났는데, 지금은 본래 갖춰 있어서 수행하지 않고 스스로 얻으니, 이는 불성의 자연自然을 설한 것이다. 그렇다면 저 외도가 말하는 신아神我[334]의 자연이 제일의

바라문은 청정한 수행을 하고 범천梵天에 태어나기를 지향하는 자이므로 이와 같이 말한다.

[334] 산스크리트어는 puruṣa이다. 상캬 학파에서 설하는 이십오제二十五諦의 하나로, 순수 정신을 말한다. 이 신아가 물질의 근원인 자성(自性, 산스크리트어 prakṛti)을

제第一義諦가 되는 것이다. 이는 불성이 공功을 빌리지 않는다는 것을 자연으로 삼은 것이지 앞서 말한 망견妄見으로 분별하는 자연은 아니다.

나. 세존께서 두루두루 통달해 사事에 즉함으로써 참마음(眞心)은 상대가 끊어졌음을 드러낸 것을 여섯 가지로 나눔
가) 미혹과 깨달음이 모두 아님을 총체적으로 드러냄
부처님이 아난에게 말씀하셨다.

　"가령 저 성안에 있는 연야달다에게 미친 성품의 인연이 없어지게 되면 미치지 않은 성품이 자연히 나올 것이니, 인연과 자연의 이치는 여기서 궁해진다.

佛告阿難. 卽如城中演若達多狂性因緣若得滅除. 則不狂性自然而出. 因緣自然理窮於是.

나) 참(眞)과 허망을 쌍으로 끊음을 드러낸 것을 두 가지로 나눔
(가) 참(眞)을 끊는 예시를 두 가지로 나눔
㉮자연을 끊음
아난아! 연야달다의 머리가 본래 자연이라면 본래 스스로 그런 것이니, 그러함(然)은 스스로(自)가 아님이 없는데 무슨 까닭으로 머리를 무서워하며 미쳐서 도망갔느냐?

　관조하면, 자성의 평형 상태가 깨어져 현상 세계가 전개된다고 한다.

阿難. 演若達多頭本自然. 本自其然無然非自. 何因緣故怖頭狂走.

㈏인연을 끊음

만약 자연인 머리가 인연 때문에 미쳤다면, 어찌하여 자연인 머리가 인연 때문에 상실하지는 않았느냐? (연야달다의) 본래의 머리는 상실하지 않았는데도 미친 공포심이 허망하게 나왔다면, 머리는 조금도 변하거나 바뀐 적이 없거늘 어찌 인연에 의한 것이라고 하겠느냐?

若自然頭因緣故狂. 何不自然因緣故失. 本頭不失狂怖妄出. 曾無變易何藉因緣.

(나) 허망을 끊는 예시를 두 가지로 나눔
㈎자연을 끊음

본래 미친 것이 자연이라면 본래부터 미친 공포심이 있었어야 할 터이니, 미치지 않았을 즈음에는 그 미친병이 어디에 잠복했느냐?

本狂自然本有狂怖未狂之際狂何所潛.

㈏인연을 끊음

미치지 않은 것이 자연이라면, 머리는 본래 허망함이 없거늘 어찌하여 미쳐서 도망쳤느냐?

不狂自然. 頭本無妄何爲狂走.

다) 결론으로 말과 사고를 묘하게 끊음

만약 본래의 머리를 깨달아서 미쳐 도망간 줄 안다면 인연이든 자연이든 모두 희론戱論이 된다.

若悟本頭識知狂走. 因緣自然俱爲戱論.

라) 망연妄緣을 버림

그래서 내가 '세 가지 연緣이 끊어지므로 곧 보리의 마음이다'라고 한 것이다. 보리의 마음이 생기고 생멸의 마음이 소멸한다면 이는 다만 생멸일 뿐이다.

是故我言三緣斷故卽菩提心. 菩提心生生滅心滅. 此但生滅.

마) 관觀과 지혜를 쌍으로 없애다

소멸과 생김이 함께 다해버린 공용功用 없는 도에 만약 자연이 있다고 하면, 그렇다면 자연의 마음이 생기고 생멸의 마음이 소멸한 것이라서 이 역시 생멸이다. 생멸이 없는 것을 이름하여 자연이라 한다면, 마치 세간에서 온갖 상相이 섞여서 일체一體를 이룬 것을 화합성이라 말하고 화합이 아닌 것을 본연성本然性이라고 말하는 것과 같다. 본연과 본연이 아님, 화합과 화합이 아님이란 화합과 본연을 함께 여의어야 한다.

滅生俱盡. 無功用道若有自然. 如是則明自然心生生滅心滅. 此亦生滅無生滅者名爲自然. 猶如世間諸相雜和成一體者名和合性. 非和

合者稱本然性. 本然非然. 和合非合. 合然俱離.

바) 과해果海를 없애서 동일하게 함
그리고 여의고 합함까지도 모두 아니어야 이 구절이 비로소 희론이
없다고 말한다.

離合俱非. 此句方名無戲.

④ 결론으로 수행을 권해서 행行을 발함을 따진다
보리와 열반은 오히려 요원해서 네가 겁을 거치면서 애써서 닦아 증득하
는 것이 아니며, 비록 다시 시방 여래의 12부 경전335의 청정한 묘리妙理

---

335 석가모니의 교설을 그 성질과 형식에 따라 구분하여 12부로 분류하여 놓은
불교 경전. 십이분경十二分經·십이분교十二分敎라고도 한다. ① 수다라修多羅:
계경契經·법본法本이라고 번역하는 산문체의 경전. ② 기야祇夜: 중송重頌·응송
應頌 등으로 번역하는, 산문체의 경문 뒤에 그 내용을 운문韻文으로 노래한
경전. ③ 수기授記: 경의 말뜻을 문답 형식으로 해석하고, 또 제자들의 다음
세상에서 날 곳을 예언한 것. ④ 가타伽陀: 풍송諷頌·고기송孤起頌이라 번역하는,
4언·5언·7언의 운문으로 구성된 것. ⑤ 우타나優陀那: 무문자설無問自說이라
번역하는 것으로, 『아미타경阿彌陀經』 등과 같이 남이 묻지 않는데도 석가모니가
스스로 이야기한 말. ⑥ 니타나尼陀那: 연기緣起·인연因緣이라 번역되는, 경
중에서 석가를 만나 법을 들은 인연 등을 설한 것. ⑦ 아파타나阿波陀那: 비유譬喩
라고 번역하며, 경전 중에서 비유로써 은밀한 교리를 명백하게 풀이한 부분.
⑧ 이제왈다가伊帝曰多伽: 본사本事라 번역하는 것으로, 석가나 제자들의 지난
세상에서의 인연을 말한 부분. ⑨ 사타가闍陀伽: 본생本生이라 번역하는 것으로,
석가 자신의 지난 생에서의 보살행菩薩行을 말한 부분. ⑩ 비불략毘佛略: 방광方廣
이라 번역하는, 광대한 진리를 말한 부분. ⑪ 아부타달마阿浮陀達摩: 희유법希有

를 항하의 모래 수처럼 기억해 지닌다 하더라도 다만 희론만 더할 뿐이다.

네가 비록 인연과 자연을 결정적으로 명료하게 이야기하고 설명해서 사람들이 널 다문제일多聞第一이라 칭하지만, 이렇게 여러 겁 동안 많이 듣는 것으로 훈습하여도 마등가의 난관을 능히 벗어나 여의지 못하였다. 어찌 나의 불정신주佛頂神呪로 마등가 마음에 있는 음욕의 불길이 단박에 쉬면서 아나함과를 얻은 뒤에 나의 법 안에서 정진의 숲을 이루고 애욕의 강물이 말라붙어서 너로 하여금 해탈케 하길 기다릴 필요가 있겠는가?

그러므로 아난아! 네가 비록 겁을 거치면서 여래의 비밀묘엄秘密妙嚴을 기억해 지니더라도 하루 동안 무루업無漏業을 닦아서 세간의 미워하고 애착하는 두 가지 고통을 멀리 여의는 것만 못하다.

저 마등가는 옛날에 음녀였지만 신주의 힘으로 애욕이 소멸되었고, 법 안에서 지금은 이름을 성비구니性比丘尼라 이름하는데, 라후라[336]의 어머니 야수다라[337]와 함께 똑같이 숙세宿世의 인연을 깨달았다. 여러

法이라 번역하며, 석가가 보인 여러 가지 신통력神通力을 말한 부분. ⑫ 우바제사 優波提舍: 논의論議라 번역하는, 교법教法의 이치를 논하고 문답한 경문 등으로 되어 있다.

336 석가여래釋迦如來의 아들로, 어머니는 구이俱夷이다. 석가釋迦가 성도成道한 뒤에 출가出家하여 제자가 되었다. 석가의 큰 열 제자 가운데 한 사람으로 밀행密行 제일이며, 라호羅怙라고도 한다.

337 산스크리트어 yaśodharā의 음사. 콜리야족 출신으로, 싯다르타의 아내, 곧 나후라羅睺羅의 어머니. 정반왕淨飯王이 세상을 떠나자 마하파사파제摩訶波闍波提와 함께 출가하여 비구니가 되었다.

세상을 거치는 원인인 탐욕과 애착이 고통이란 걸 알고서 일념一念으로 무루의 선善을 훈습해 닦았기 때문에 혹은 속박에서 벗어나기도 하고 혹은 수기授記를 받기도 하였거늘, 너는 어찌하여 스스로 속아서 아직 도 보고 들음에만 머물러 있느냐?"

菩提涅槃尚在遙遠. 非汝歷劫辛勤修證. 雖復憶持十方如來十二部經清淨妙理如恆河沙祇益戲論. 汝雖談說因緣自然決定明了. 人間稱汝多聞第一. 以此積劫多聞熏習不能免離摩登伽難. 何須待我佛頂神呪摩登伽心婬火頓歇得阿那含. 於我法中成精進林. 愛河乾枯令汝解脫. 是故阿難. 汝雖歷劫憶持如來祕密妙嚴. 不如一日修無漏業遠離世間憎愛二苦. 如摩登伽宿爲婬女. 由神呪力銷其愛欲. 法中今名性比丘尼. 與羅睺母耶輸陀羅同悟宿因. 知歷世因貪愛爲苦. 一念熏修無漏善故或得出纏. 或蒙授記. 如何自欺尚留觀聽.

통의 여기서는 사례를 통해 참마음(眞心)은 상대가 끊어졌음을 드러내고 있다. 아난이 예전에 인연과 자연의 견해에 집착한 것은 다만 일반적인 상식(常情)일 뿐이니, 어찌 상대를 끊은 절대의 참마음에 들어갈 수 있겠는가. 그래서 세존께서는 연야달다가 머리를 미혹한 일로 따지길 "연야달다가 머리를 미혹한 일에서 만약 미친 성품의 인연이 소멸할 때라면 자연히 머리가 있는 게 보이지만, 그러나 아직 미치기 이전을 관찰한다면 어찌 인연과 자연이 있겠는가?"라고 하였으니, 그래서 "이치가 여기서 궁하였다"고 말한 것이다.

이하에서는 본래 인연과 자연이 없음을 제시했기 때문에 쌍으로 그 상相을 변별하였다. 말하자면 네가 온갖 인연을 여의는 것으로 문득 자연을 삼는 것은 마치 연야달다의 머리가 본래 자연이라면 필경에도 자연일 텐데, 다시 어떤 인연 때문에 머리를 두려워하여 미쳐 도망치면 자연이 아닌 것과 같다. 이는 자연을 끊은 것이다. 만약 자연인 머리가 인연 때문에 미쳤다면, 어찌하여 자연인 머리가 인연을 빌려 상실하지는 않는 것인가? 비록 미쳤더라도 머리는 본래 상실하지 않아서 바로 미쳐 두려워하여 도망쳤을 뿐이다. 설사 미쳤더라도 머리는 변하거나 바뀐 것이 없으니 어찌 인연을 빌리겠는가? 이는 인연을 끊은 것이다.

앞에서 머리는 자연과 인연을 인因하지 않고도 득실得失이 있다고 변별하였으니, 참 성품(眞性)이 인연과 자연에 속하지 않는 것을 충분히 알겠다. 아래에서 미침(狂)을 변별한 것은 말하자면 머리는 인연과 자연에 속하지 않을 뿐만 아니라 바로 미친 것도 인연이나 자연은 아니라는 말이다. 만약 미친 것이 자연이라면 미치기 전에 그 미침은 어디에 잠복해 있는가? 이런 미침은 자연이 아니다. 만약 미침이 자연이 아닌데도 머리가 본래 허망함이 없다면, 어찌하여 미쳐 도망치는 것인가? 이런 미침은 역시 인연이 아니고, 허망함 역시 인연에도 자연에도 속하지 않는 것을 충분히 알 것이다.

총체적으로 말해서 인연과 자연의 설명은 모두 허망한 계교計較로서 명언名言의 습기習氣이다. 다만 아직 본래의 머리를 한 번에 깨닫지 못했을 뿐이다. 만약 본래의 머리를 깨달아서 미쳐 도망친 것을 알아챘다면 인연과 자연 둘 다 희론이 된다. 이렇게 보면 천연의 묘한 성품을 아는 것이 인연과 자연에 속하지 않음이 분명하다. 그러므로 아래에서

는 과해果海를 합하여 드러내고 말과 사고를 묘하게 끊었으니, 이
때문에 내가 '세 가지 연緣이 끊어지므로 곧 보리의 마음이다'라고
말한 것은 단지 허망한 연緣이 끊어지자 각覺의 성품이 생기는 것이다.

그러나 이는 생멸의 변두리 일(邊事)이다. 만약 이 생멸도 모두
다해서 공용功用 없는 도道에 이른다면, 이는 비록 관觀과 지혜(智)라도
대대對待가 없어지지 않는다. 만약 자연이 있으면 이름하여 자연의
마음이 생기고 생멸의 마음이 소멸하는 것이니, 이는 오히려 생멸의
변수(邊收: 변두리 일)에 속하는 것이다. 또 '생멸 없음'을 가리키는
것도 자연이라 칭하니 어찌 망견妄見이 아니겠는가? 지혜가 비록
없어지더라도 이理는 잊지 못하는 것이다. 종문宗門이 여기까지 이른
다면 단지 법신의 변사邊事라 칭할 뿐 아직 법신의 향상사向上事는
아니다.

오히려 저 세간에서 조화調和로 맛을 이루어도 비화합非和合을 가리
키는 건 본연本然의 성품을 칭하는 것이다. 이것은 절대絕待의 참마음
이 아니다. 반드시 본연과 비본연非本然, 화합과 비화합, 화합과 본연
일체를 함께 여의고, 여의고 합함도 모두 부정해야 한다. 이에 이르면
관觀과 지혜도 모두 없어지고, 마음과 경계도 둘 다 잊고, 성스러움과
범속함의 정情도 다하고, 미혹과 깨달음도 쌍으로 떨어버리고, 법신에
도 떨어지지 않고, 과해果海를 없애 평등하고, 말과 사고를 멀리 벗어나
니, 이 구절을 이름하여 희론이 없는 법이라 한다.

앞서 아난이 진술한 깨달음은 말하자면 아승지 겁을 거치지 않고
법신을 획득하는 것이다. 허나 여기에 이르러서 다시 인연과 자연으로
의심을 삼으니, 바로 이는 다문多聞으로 명언의 습기를 잊지 못하는

것이니 어찌 희론의 명언으로 보리와 열반을 취할 수 있겠는가? 그러므로 여래의 대자비로 결론지어 질책하면서 이렇게 수행을 권하였다.

"보리와 열반은 오히려 요원해서 네가 겁을 거치면서 애써서 닦아 증득하는 것이 아니며, 설사 네가 12부 경전을 기억해 지닌다 하더라도 단지 희론만 더할 뿐이다.

그리고 네가 다문多聞이라서 여러 겁 동안 훈습해도 어쨌든 마등가의 난관을 벗어나지 못하였다. 다만 나의 신주神呪를 기다려서 너로 하여금 해탈케 했으니, 이 때문에 네가 비록 겁을 거치면서 기억해 지니더라도 하루 동안 무루업無漏業을 닦는 것만 못하다.

저 마등가는 음녀였지만 야수다라 부인과 함께 일념一念으로 무루의 선善을 훈습하여 닦았기 때문에 혹은 속박에서 벗어나기도 하고 혹은 수기授記를 받기도 하였거늘, 너는 장부로서 어찌하여 용맹하게 훈습하지 않고 도리어 보고 듣고 관찰하는 자취에만 머물러 걸려 있느냐?"

이상 세 가지 여래장의 성품으로 삼관三觀의 체體를 삼는 것을 열었다. 마지막엔 수행해 지닐 것을 절실히 권했기 때문에 아래에서는 행行을 청하였다.

2) 온갖 행行을 상세히 진술함으로써 삼관三觀의 상相을 제시하는 것을 두 가지로 나눔

(1) 특별히 행行을 청하는 문門

아난과 대중들이 부처님의 가르침을 듣고는 의혹이 녹아버리면서 마음이 실상實相을 깨닫자 몸과 뜻이 가볍고 편안해지며 미증유未曾有를 얻었다. 그러자 거듭 다시 슬피 눈물을 흘리면서 부처님 발에 정례하고는 무릎을 꿇고 합장한 채 부처님에게 말씀을 드렸다.

"위없는 대자비이시자 청정보왕淸淨寶王께서 제 마음을 잘 열어주시고 이러한 갖가지 인연과 방편으로 능히 이끌어주어서 캄캄한 데에 빠진 자들을 인도하여 고해苦海에서 나오게 하셨습니다.

세존이시여! 제가 이제 비록 이런 법음法音을 듣고서 여래장인 묘각의 밝은 마음(妙覺明心)이 시방세계에 두루하면서 여래의 시방 국토인 청정한 보배로 장엄한 묘각왕妙覺王의 찰토刹土[338]를 함육含育하고 있음을 알았으나, 여래께서 다시 질책하기를 '다문多聞은 공功이 없어서 닦아 익히는 것만 못하다'고 하셨습니다. 저는 지금 마치 유랑하는 사람이 홀연히 천왕天王이 주시는 화려한 집을 받은 것 같습니다. 비록 큰 저택을 얻었지만 문을 찾아 들어가는 것이 중요하니, 원컨대 여래께서는 대자비를 버리지 마시고 저와 이 모임에 있는 몽매한 이들에게 개시開示해서 소승을 버리고 필경 여래의 무여열반無餘涅槃[339]인 근본 발심의 길을 얻게 하여 주소서.

배울 것이 있는(有學) 이들이 어떻게 해야 옛날의 반연을 다스려 항복받고 다라니를 얻어서 부처 지견(佛知見)에 들어가겠습니까?"

이렇게 말하고 오체五體를 땅에 대고 모임의 사람들과 한마음으로 부처님의 자비스런 가르침을 기다리고 있었다.

---

338 산스크리트어 kṣetra의 음사인 찰刹에, 그 번역인 토土를 붙인 말로, 국토라는 뜻이다.

339 번뇌煩惱를 끊고 분별分別의 지智를 떠나 육신肉身까지 없애어 정적靜寂에 돌아간 경지. 곧 죽은 뒤에 들어가는 열반을 말한다.

阿難及諸大衆聞佛示誨. 疑惑銷除心悟實相. 身意輕安得未曾有. 重復悲淚頂禮佛足. 長跪合掌而白佛言. 無上大悲淸淨寶王善開我心. 能以如是種種因緣方便提獎. 引諸沈冥出於苦海. 世尊. 我今雖承如是法音. 知如來藏妙覺明心. 徧十方界含育如來十方國土淸淨寶嚴妙覺王刹. 如來復責多聞無功不逮修習. 我今猶如旅泊之人忽蒙天王賜與華屋. 雖獲大宅要因門入. 惟願如來不捨大悲. 示我在會諸蒙暗者捐捨小乘. 畢獲如來無餘涅槃本發心路. 令有學者從何攝伏疇昔攀緣. 得陀羅尼. 入佛知見. 作是語已. 五體投地. 在會一心. 佇佛慈旨.

통의 여기서는 적합한 기연이 행行을 청하고 있다. 고덕古德은 수도분修道分으로 판단했지만, 난 관觀의 상相을 제시한 것으로 판단한다. 아난은 애초에 삼관三觀을 청했는데, 앞에서는 단지 드러난 이理를 잡는 것으로 관觀의 체體를 삼았지만, 지금 아난은 발심하고 수행해서 원대하게 보리를 취했으니 관행觀行이 아니면 들어갈 수 없다. 허망한 상相을 관하는 것으로 행行을 삼았기 때문에 뒤이어 시방 여래가 똑같은 소리로 게송을 설해 관觀의 상相을 올바로 제시해서 25가지 성스러운 원통圓通이 바로 각 사람에게 마땅함을 따라 관상觀相의 방편을 제시했다.

아난은 부처님의 개시開示를 받고 나서 법신의 진체眞體를 깨닫자 스스로 묘각의 밝은 마음(妙覺明心)이 본래 원만하고 두루해서 시방 부처님들의 찰토刹土를 함육한다고 믿었다. 그런데 여래는 지금 결론으로 질책하셨으니, 말씀인즉 '보리와 열반은 오히려 요원해서 네가

겁을 거치며 수행해서 증득할 수 있는 것이 아니다'라고 하셨으니
다문多聞이 아니더라도 증득할 수 있는 것이다. 그렇다면 마치 천왕天王
이 화려한 집을 준 것과 같지만 문을 찾아 들어가는 것이 중요하기
때문에 이렇게 행行을 청한 것이다. 삼관三觀이라야 비로소 법계의
문에 들어가는데, 지금은 이 경전의 지취旨趣를 확고히 잡았기 때문에
관상觀相을 제시한 것이다.

(2) 세존께서 행行의 상相을 위탁하여 제시하는 것을 두 가지로 나눔
① 자리自利의 묘하고 원만한 이행理行을 제시하는 것을 네 가지로 나눔
가. 미혹과 깨달음의 근원을 통틀어 제시하는 것을 네 가지로 나눔
가) 보리를 발하는 초심(發覺初心)을 총체적으로 제시함
그때 세존께서 회상에 있는 연각과 성문들로서 보리심에 자재하지
못한 이들을 불쌍히 여기고, 아울러 앞으로 부처님이 멸도한 후에
말법의 중생들로서 보리심을 발하려는 이를 위하여 무상승無上乘[340]의
묘하게 수행하는 길을 열어주려고 아난과 대중들에게 말씀하셨다.
　"너희들이 결정코 보리심을 발하여 부처님 여래의 묘한 삼마제에서
피로와 권태를 내지 않으려면 응당 보리를 발한 초심의 두 가지 결정된
뜻(決定義)을 먼저 밝혀야 된다.

爾時世尊哀愍會中緣覺聲聞於菩提心未自在者. 及爲當來佛滅度後
末法衆生發菩提心開無上乘妙修行路. 宣示阿難及諸大衆. 汝等決

---

340 승乘은 중생을 깨달음으로 인도하는 부처의 가르침을 뜻한다. 자신도 깨달음을
　　구하고 남도 깨달음으로 인도하는 대승大乘을 말한다.

定發菩提心. 於佛如來妙三摩提不生疲倦. 應當先明發覺初心二決
定義.

나) 두 가지 결정된 뜻을 따로 제시하는 것을 두 가지로 나눔

(가) 생멸하지 않는 마음을 근본 수행의 인因으로 삼는 것을 세 가지로 나눔

㉮ 능관能觀의 마음을 제시함

무엇이 초심의 두 가지 뜻의 결정인가?

아난아, 첫 번째 결정된 뜻은, 너희들이 성문을 버리고 보살승을 닦아서 부처 지견에 들어가고자 하면, 응당 인지因地의 발심이 과지果地의 각覺과 같은가, 다른가를 잘 살펴야 한다.

아난아! 만약 인지에서 생멸의 마음을 근본 수행의 인因으로 삼아 불승佛乘[341]의 불생불멸을 구하려고 한다면 그것은 옳지 못하다. 이런 뜻 때문에 너는 마땅히 온갖 기세간器世間을 살펴보아야 한다. 만들어 진 법은 다 변화하고 소멸한다.

아난아! 너는 세간의 만들어진 법을 관찰하라. 무엇인들 무너지지 않느냐? 그러나 끝내 허공이 무너진다는 말은 듣지 못했으니, 왜냐하면 허공은 만들어진 것이 아니고 이를 말미암아 시종일관 괴멸이 없기 때문이다.

云何初心二義決定. 阿難. 第一義者. 汝等若欲捐捨聲聞修菩薩乘入
佛知見. 應當審觀因地發心與果地覺爲同爲異. 阿難. 若於因地以生

---

341 부처의 경지에 이르게 하는 궁극적인 가르침. 특히 보살을 위한 부처의 가르침이
라는 뜻에서 보살승菩薩乘이라고도 한다.

滅心爲本修因. 而求佛乘不生不滅無有是處. 以是義故. 汝當照明諸
器世間可作之法皆從變滅. 阿難. 汝觀世間可作之法誰爲不壞. 然終
不聞爛壞虛空. 何以故. 空非可作. 由是始終無壞滅故.

⑭ 소관所觀의 경계를 제시한 것을 세 가지로 나눔

A. 생멸의 근원을 제시함

너의 몸 가운데 견고한 모습은 땅이고, 축축한 것은 물이며, 따뜻한
촉감은 불이며, 동요하는 것은 바람이다. 이 네 가지가 얽히면서 너의
고요하고 원만한 묘각의 밝은 마음(妙覺明心)을 분리시켜, 보는(視)
것도 되고 듣는(聽) 것도 되고 느끼는(覺) 것도 되고 살피는(察) 것도
되는 바람에 처음부터 끝까지 다섯 겹으로 쌓여 혼탁하다.

則汝身中堅相爲地. 潤溼爲水. 煖觸爲火. 動搖爲風. 由此四纏. 分汝
湛圓妙覺明心. 爲視爲聽爲覺爲察. 從始入終五疊渾濁.

B. 생멸의 모습을 비유함

무엇을 혼탁하다고 하느냐? 아난아! 비유컨대 맑은 물은 본래 청결하
고 저 먼지, 흙, 재, 모래 따위는 본질이 머물며 막는 것이라서 두
가지 바탕이 법 그대로(法爾)[342]인지라 성질이 서로 같지 않은데, 어떤
세간 사람이 저 흙이나 먼지를 가져다가 깨끗한 물에 넣으면 흙은
머물며 막음을 잃어버리고 물은 청결이 없어져서 그 모양이 흐려지는

---

342 법이法爾는 있는 그대로의 상태·모습·이치를 말한다.

것을 이름하여 혼탁(濁)하다고 하는 것과 같다. 너의 다섯 겹으로
쌓인 혼탁도 마찬가지이다.

云何爲濁. 阿難. 譬如淸水淸潔本然. 卽彼塵土灰沙之倫本質留礙.
二體法爾性不相循. 有世間人取彼土塵投於淨水. 土失留礙水亡淸
潔. 容貌汨然名之爲濁. 汝濁五重亦復如是.

통의 이 이하로는 생멸의 근원(元)을 올바로 제시하고 있다. 먼저
두 가지 결정된 뜻을 세워서 보리를 발한 초심으로 삼는다.
장차 생멸하지 않는 마음을 근본 수행의 인因으로 삼는 것을 제시하려
는데, 먼저 다섯 가지 혼탁함(五濁)이 생멸하는 모습을 제시하니,
그 의미는 생멸에 즉해서 무생無生을 증득하고 오온五蘊에 즉해서
법신을 증득하는 데 있다.

중생이 미혹으로 전도된 까닭은 진실로 일심一心을 미혹해 업식業識
이 되고, 견상見相을 의거해 색심色心이 되고, 색심에 의거해 오온을
이루기 때문이다. 이 허망함을 말미암아 근(根: 육근), 진(塵: 육진),
식(識: 육식), 계(界: 십팔계)로 나뉘는데, 오직 오온으로만 생사의
근본을 삼은 것이다.

이제 허망함을 돌이켜 참(眞)으로 돌아가려는데, 만약 이 오온의
몸과 마음을 여의면 다시 수행할 만한 터전(地)이 없기 때문에 오온을
관觀하는 것으로 도道에 들어가는 문을 삼았다. 마치 인지因地에서
전도되었다면 다시 인지에서 일어나는 것과 같다. 앞에서 마음을
따져 봄(見)을 변별함으로써 타파한 것은 이 오온의 몸과 마음이 허망이

란 것을 타파했을 뿐이다. 여래장 성품을 회통해 귀의하는 것은 반드시 오온으로부터 첫머리를 삼아야 한다. 중생의 상속인즉 오온을 고통의 근본으로 삼기 때문에 이제 수행은 반드시 오온의 허망한 모습을 관觀하는 것으로 시작해야 한다.

즉 마지막에서 음마陰魔[343]를 열어 보임은 대체로 오온을 관해도 그 묘함을 얻지 못했기 때문에 마魔의 권속에 떨어진 것이고, 회통을 매듭지으면서 오온의 변제邊際를 총체적으로 제시한 것은 귀의할 곳 (歸宿)을 알게 한 것이니, 이는 부처님이 세간에 나와서 법을 설한 근본 뜻이 전적으로 중생의 오온의 몸과 마음을 타파하기 위한 것이다. 다만 이 경전에서도 두루 갖췄기 때문에 관觀하는 이로 하여금 반드시 먼저 그 요체를 얻게 하면 이理이든 관觀이든 다 귀의하는 바가 있을 것이다.

세존께서 설법을 허락할 시초에 '부처님 여래의 묘한 삼마제에서 피로와 권태를 내지 않으려면'이라 말씀함으로써 '삼마제의 명칭이 대불정수능엄왕'임을 최초로 인정하였다. 지금은 먼저 이 대정大定을 훈계하면서 피로와 권태를 내지 말라고 했을 뿐이다. 이를 증거로 삼으면, 앞에서는 이理를 드러냄을 관체觀體로 삼고, 지금은 행行의 문門을 설해서 관상觀相으로 삼았다는 것은 의심할 나위가 없다.

두 가지 결정된 뜻은 말하자면 결정해서 바꿀 수 없다는 것이니, 첫째는 인지因地의 발심을 살피는 것이고, 둘째는 번뇌의 근본을 살피는 것이다. 만약 생멸을 비추어 들어가면 당장에 진상眞常이고, 만약

---

343 오음五陰은 여러 가지 괴로움을 일으키고 수행에 장애가 되므로 마魔라고 한다. 온마蘊魔와 같다.

번뇌의 근원을 알면 칼날을 맞이해도 해탈한다. 수행의 요체는 이보다 절실한 것이 없기 때문에 '인지因地의 발심이 과지果地의 각覺과 같은가 다른가'를 살피게 한 것이다. 그 뜻은 과지果地의 각覺을 근본 인因의 마음으로 삼게 한 것이니, 아마도 생멸 아닌(非生滅) 마음으로 불생멸不生滅의 과果에 계합할 수 있기 때문이다. 그래서 세간의 온갖 생멸법이 다 무너지는 모습(壞相)임을 비추어 밝게 하였다. 다만 허공이 무너지지 않는 것은 작용(作)이 없기 때문이니, 그렇다면 작용 없는 묘한 행(無作妙行)이 근본이 됨을 정확히 가리킨 것이다.

또 생멸하지 않는 것은 바로 원만하고, 고요하고, 묘하고, 밝고, 맑고, 깨끗한 참마음(眞心)이다. 다만 최초의 일념이 허망하게 움직여서 무명이 되었기 때문에 마침내 소상所相을 형태화해서 사대四大의 허망한 색色을 이루고, 허망한 견見을 일으켜서 오로지 사대를 취해 몸을 삼았다. 이 사대의 속박으로 인해 바로 원만하고 밝은 묘한 마음(圓明妙心)이 견문각지見聞覺知로 나뉘면서 오온의 중생을 이루었으니, 비유하자면 맑고 차가운 물을 재, 모래, 먼지, 흙에 넣으면 혼탁해지면서 나뉘지 않는 것처럼 이 오온의 혼탁한 원인도 이로부터 있는 것이다.

C. 생멸을 따로 밝힘
아난아! 네가 허공이 시방계에 두루함을 볼 때 공空과 봄(見)은 구분되지 않으니, 공空은 체體가 없고 봄(見)은 각覺이 없지만 서로 짜이면서 허망이 이루어졌다. 이것이 첫 번째 겹으로 이름하여 겁탁劫濁이라 한다.

네 몸은 지금 오로지 사대를 체體로 삼고 있는데, 견문각지見聞覺知가 막아서 걸리게 하고 물·불·바람·흙이 돌면서 각지覺知하게 하여 서로 짜이면서 허망이 이루어졌으니, 이것이 두 번째 겹으로 이름하여 견탁見濁이라 한다.

또 네 마음속에 기억하고 알아채고 외우고 익혀서 성품은 지견知見을 발하고 모양은 육진六塵을 나타낸다. 육진을 여의고는 상相이 없고 각覺을 여의고는 성품이 없지만 서로 짜이면서 허망이 이루어졌으니, 이것이 세 번째 겹으로 이름하여 번뇌탁煩惱濁이라 한다.

또 네가 아침저녁으로 생멸이 멈추지 않는데, 지견知見은 매양 세간에 머물고자 하고 업의 운행(業運)은 항상 국토에서 옮기려 하지만 서로 짜이면서 허망이 이루어졌으니, 이것이 네 번째 겹으로 이름하여 중생탁衆生濁이라 한다.

너희들의 보고 들음은 원래 다른 성품이 없지만 온갖 티끌이 막아서 무단히 다름(異)이 생겼다. 성품 안에서는 서로 알고 작용 속에서는 서로 등져서 같음(同)과 다름(異)이 표준을 잃었지만 서로 짜이면서 허망이 이루어졌으니, 이것이 다섯 번째 겹으로 이름하여 명탁命濁이라 한다.

阿難. 汝見虛空徧十方界空見不分. 有空無體. 有見無覺. 相織妄成. 是第一重名爲劫濁. 汝身現摶四大爲體. 見聞覺知壅令留礙. 水火風土旋令覺知. 相織妄成. 是第二重名爲見濁. 又汝心中憶識誦習. 性發知見. 容現六塵. 離塵無相. 離覺無性. 相織妄成. 是第三重名煩惱濁. 又汝朝夕生滅不停. 知見每故留於世間. 業運每常遷於國土. 相

織妄成. 是第四重名衆生濁. 汝等見聞元無異性. 衆塵隔越無狀異生. 性中相知用中相背. 同異失準相織妄成. 是第五重名爲命濁.

통의 위에서는 오탁五濁이 생멸하는 근원을 총체적으로 드러내고 있으며, 아래에서는 오탁이 생멸하는 모습(相)을 따로 제시하고 있다. 그러나 오탁은 오온에 의거해 성립한 것이니, 생각건대 청정계淸淨界 속에는 본래 중생이 없거늘 어찌 겁탁, 견탁, 번뇌탁, 중생탁, 명탁 등의 일이 있겠는가? 다만 미혹을 인해 본래의 원명元明이 응결하여 색심이 되어서 오온의 중생이 곧 참마음(眞心)을 혼탁케 하기 때문에 다섯 가지 허망한 모습이 있는 것이다. 봄(見)과 허공이 서로 짜이면서 겁탁이 되는데, 이는 색온色蘊을 잡아서 겁탁을 밝힌 것이다. 겁劫은 산스크리트어로 겁파劫波로서 한역하면 시분時分이니 긴 시간을 칭하는 것이다. 그리고 이 밝힘은 색온에 의거했으니 응당 사대가 서로 얽혔다고 말해야 하는데, 지금 '허공과 봄(見)으로 말함'은 미망迷妄이 최초에는 허공을 둠으로써 색체色體가 된 것이고, 이에 '망견妄見이 먼저 잡음'이란 짐짓 완공頑空을 인해 참마음을 혼탁케 하기 때문에 망견을 이룬 것이다. 이 봄(見)이 허공의 모습(空相)을 흡취吸取해서 오래 응결하여 색色이 되어서 색심을 이루고, 이를 말미암아 참마음을 덮어 가리기 때문에 허공을 잡아서 색온을 밝힌 것이다.

여기서 '서로 짜이면서'는 뜻을 잡아서 말한 것인데, 다만 면밀綿密하게 서로 얽혀서 나눌 수 없음을 취한 것이다. 대체로 생멸이 멈추지 않아 짜임이 있는 것을 잡아 뜻을 이룬 것이라서 세간에서 날줄과 씨줄로 짜는 것과는 같지 않다.

'공空과 봄(見)은 구분되지 않는다'는 말하자면 묘공妙空을 미혹해서 완공頑空이 된다면 공이 본래 두루하고, 묘명妙明을 미혹해서 망견妄見이 된다면 봄(見)도 역시 두루한 것이니, 두 가지 허망이 혼합해서 하나가 되기 때문에 '구분되지 않는다'고 말한 것이다. 또 공은 본래 진여眞如의 실체實體이고, 봄(見)은 본래 원명圓明의 묘각妙覺인데, 이제 이미 미혹해서 하나로 혼합된 것이 마치 맑은 물에 재나 흙을 던진 것과 같다면 둘 다 잃은 것이다.

그래서 단지 공空이 있을 뿐 진체眞體는 없고, 단지 봄(見)이 있을 뿐 진각眞覺은 없으니, 이 두 가지 허망을 말미암아 생멸이 서로 얽혀서 바로 색심色心이 있기 때문에 색온의 시작이 되는 것이다. 겁탁이란 명칭은 청정계 속에서는 본래 때(時)를 두지 않는데, 지금은 색심이 처음 모이는 때(時)가 문득 장구한 시간의 근본이 됨을 말미암기 때문에 색온에 의거해 그 명칭을 겁탁이라 한 것이다.

'네 몸은 지금 오로지 사대…… 견탁이 된다'에서는 수온受蘊을 가리켜 견탁으로 삼았다. 견탁의 견見은 바로 오식五識이 집착해 받아들인 망견妄見이다. 사대와 육근을 가리켜서 견탁을 삼는 것은 대체로 사대가 자신의 모습이 되고 망견이 됨을 허망하게 인정하는 것이다. 생각건대 너의 색신은 본래 있지(有) 않는데도 지금 오로지 사대를 취해 체體로 삼고 있으니, 마침내 원만하고 밝은 묘한 마음(圓明妙心)을 막아서 정체하거나 걸리게 하고, 나아가 견문각지見聞覺知로 나뉘면 현격히 떨어져서 통하지 않게 된다. 그리고 저 사대는 본래 지각知覺이 없는데, 지금 안에서 식심識心을 막아 무지無知를 돌려서 앎이 있게(有知) 하다가 마침내 수受를 집착해 나(我)로 삼는다. 무지는 지견知見

안에 던져지고 지각이 무지 속에 녹아 관통함으로써(融貫) 스스로의 모습(自相)이 혼탁하고 생멸이 멈추지 않는데, 망견이 이를 집착해 수용受用의 근根이 된다. 청정심 속의 망견에 이 수受를 집착하는 색근色根이 있기 때문에 수온에 의거해 그 명칭을 견탁이라 하는 것이다.

'또 네 마음속에 기억하고 알아채고 외우고 익혀서…… 이름하여 번뇌탁煩惱濁이라 한다'는 상온想蘊에 의거해 성립되었다. 상想은 바로 육식六識의 망상인데, 번뇌의 성품이 공空해서 이 망상은 본래 있지 않다(非有). 네 마음속에서 평상시 외우고 익히는 지난 일의 습기習氣가 안으로 고동쳐서 홀연히 염念을 일으켜 아는 바와 보는 바(所知所見)의 경계를 두고자 묵은 습기(宿習)를 이끌어 일으키기 때문에 '성품은 지견知見을 발한다'고 말한다. 그 망상을 따라 염念한 바의 티끌 경계가 망상의 마음속에서 분명히 형용形容되니, 이것이 소위 육진이 반연하는 그림자를 허망하게 인정해서 자기 마음의 모습(自心相)으로 삼는 것이기 때문에 '모양은 육진을 나타낸다'고 말한다. 그러나 이 망상은 티끌을 반연해서 있을 뿐 티끌을 여의면 실체가 없고, 각覺을 여의면 끝내 자성自性이 없다. 이 망상의 생멸이 멈추지 않고 청정심 속에서 요동치기 때문에 상온에 의거해 그 명칭을 번뇌탁이라 한다.

'또 네가 아침저녁으로 생멸이 멈추지 않는데…… 이름하여 중생탁衆生濁이라 한다'는 행온에 의거해 성립되었다. 말하자면 이 중생은 본래 있지 않은데(非有), 네 망상의 생멸이 멈추지 않고 지견知見이 매양 세간에 머물고자 하기 때문에 생각 생각마다 업을 이룬다. 그리하여 선악의 업력業力이 생각 생각 열두 가지 종류의 생生으로 유전流轉하면서 떠나고 머물고 태어나고 소멸하는 것을 중생의 근본으로 삼아 참마음(眞心)을 혼탁케 하기 때문에 행온에 의거해 그 명칭을 중생탁이라 한다.

'너희들의 보고 들음은 원래 다른 성품이 없지만…… 이름하여 명탁命濁이라 한다'는 식온識蘊에 의거해 성립되었다. 그러나 이 명근命根은 본래 있지 않지만(非有), 너의 근원이고 하나이고 묘하고 원만한(元一妙圓) 참마음(眞心)을 말미암아서 같고 다름의 모습이 본래 없는 것이다. 진실로 사대가 식識의 성품을 막아서 나누었기 때문에 견문각지見聞覺知가 되었고, 그렇다면 온갖 티끌(塵)이 현격히 떨어졌기 때문에 무단히 다름(異)이 생긴 것이다. 성품 속에서 본래 일체一體가 되었기 때문에 서로 아는 것이고, 작용 속에서 육근이 할거하기 때문에 서로 등지는 것이다. 그래서 같음(同)은 한결같이 정해진 같음이 없고, 다름(異)은 각각의 다름이 없어서 둘 다 그 표준을 잃었다.

이 식識이 색심色心을 잇달아 지녀서 명근命根이 되어서 같음과 다름이 혼탁하고 서로 짜이면서 허망이 이루어졌기 때문에 이 식온에 의거해 그 명칭을 명탁이라 한다. 원래 이 오탁五濁은 묘하고 원만한 마음(妙圓心) 속에서 본래 있는 바(所有)가 없는데, 다만 오온의 생멸을 말미암아 참마음을 혼탁케 하기 때문에 '탁濁'이라 한 것이다. 이는 모두 미망迷妄의 근원이니, 그래서 이 아래에서는 허망함을 돌이켜 참으로 돌아감(返妄歸眞)을 잡아서 관행觀行을 제시하였다.

㉰관행觀行의 원인을 제시함을 세 가지로 나눔

A. 원인이 참되고 결과가 올바름(因眞果正)을 밝힘

아난아! 네가 지금 견문각지見聞覺知로 하여금 여래의 상락아정常樂我淨에 깊이 계합하고자 한다면, 응당 생사의 근본을 먼저 가려내어서 생멸하지 않는 원만하고 맑은 성품(圓湛性)에 의지해 이루어야 한다. 즉 맑음으로 그 허망한 생멸을 돌려 조복함으로써 원각元覺으로 되돌아가고, 원명각元明覺인 생멸 없는 성품을 얻어서 인지因地의 마음을 삼아야 할 것이니, 그러한 후에야 과지果地의 수증修證을 원만히 이룰 것이다.

阿難. 汝今欲令見聞覺知遠契如來常樂我淨. 應當先擇死生根本. 依不生滅圓湛性成. 以湛旋其虛妄滅生伏還元覺. 得元明覺無生滅性爲因地心. 然後圓成果地修證.

B. 미혹을 끊는 얕고 깊음을 비유한 것을 두 가지로 나눔

A) 점진적으로 끊음을 비유함

마치 탁한 물을 맑히려면 고요한 그릇에 가만히 두는 것과 같다. 고요함이 깊어져 움직이지 않으면 모래와 흙은 저절로 가라앉아서 맑은 물이 나타나니, 이를 이름하여 처음으로 객진客塵의 번뇌를 조복했다고 한다.

如澄濁水貯於淨器. 靜深不動沙土自沈. 淸水現前名爲初伏客塵煩惱.

B) 단박에 끊음을 비유함

진흙까지 없앤 순수한 물은 이름하여 근본무명을 영원히 끊었다고
한다.

去泥純水名爲永斷根本無明.

C. 결론으로 참(眞)의 궁구로 미혹이 다함

밝은 모습이 정순精純하여 일체가 변하여 나타나도 번뇌가 되지 않고
다 열반의 청정한 묘덕妙德에 합한다.

明相精純. 一切變現不爲煩惱. 皆合涅槃淸淨妙德.

통의 여기서는 관행觀行의 모습을 간략히 제시하고 있다. 생각건대
혼탁한 각覺으로 하여금 열반의 청정한 묘덕과 깊이 계합하게
하려면 응당 먼저 생사의 근본을 가려내야 한다. 가려냄은 적발함이다.
오로지 생멸하지 않는 성품에 의거함으로써 생멸을 돌린다. 돌림(旋)
은 소용돌이치는(漩) 것이니 마치 물이 소용돌이치는 것과 같다. 말하
자면 생각 생각 허망함을 소용돌이처럼 돌림으로써 참(眞)에 돌아가는
것이다. 이렇게 조복해서 원각元覺으로 되돌아가고 원명각元明覺을
얻어 인지因地의 마음을 삼으니, 이런 후에야 바야흐로 과지果地의
수증修證을 원만히 이룰 것이다. 그래서 마치 탁한 물을 맑혀서 깨끗한
물이 현전하는 것과 같으니, 이를 이름하여 처음으로 객진번뇌를
조복하는 것이라 한다. 이것이 점진적으로 끊는 것이다. 진흙까지

없앤 순수한 물을 이름하여 근본무명까지 영원히 끊었다고 하는데, 이것이 단박에 끊는 것이다. 등각等覺에 당면한 후에야 마음이 장차 묘각에 들어가고, 참(眞)의 궁구로 미혹이 다하면 열반의 청정한 묘덕에 합하니, 이는 생멸하지 않는 마음의 관행觀行의 공功을 말미암은 것이다.

(나) 번뇌의 근본 뜻을 살펴서 원만한 근(圓根)을 가려냄을 여섯 가지로 나눔

㉮ 상세히 살피라고 훈계하심

두 번째 결정의決定義는 너희들이 반드시 보리심을 발하여 보살승에서 큰 용맹을 내어 결정적으로 모든 유위상有爲相을 다 버리고자 한다면, 응당 번뇌의 근본을 상세히 살펴야 한다. 이 번뇌의 근본이 무시無始이래로 업을 발해 생生을 윤택하게 했는데, 무엇이 짓고 무엇이 받는 것인가?

아난아! 네가 보리를 닦으면서도 번뇌의 근본을 살펴보지 못한다면 허망한 근根과 진塵이 어느 곳에서 뒤바뀌었는지 능히 알 수 없으리니, 뒤바뀐 곳을 알지 못하고서 어떻게 번뇌를 항복시켜 여래의 지위를 취할 수 있겠느냐?

第二義者. 汝等必欲發菩提心. 於菩薩乘生大勇猛決定棄捐諸有爲相. 應當審詳煩惱根本. 此無始來發業潤生誰作誰受. 阿難. 汝修菩提. 若不審觀煩惱根本. 則不能知虛妄根塵何處顚倒. 處尙不知云何降伏取如來位.

㉔ 근根의 결성을 올바로 가리킴

아난아! 너는 세간에서 매듭 푸는 사람을 살펴보라. 매듭이 맺힌 데를 보지 못하고서 어떻게 풀 줄 알겠는가? 허공이 너에게 깨어져 찢겨졌다는 말은 듣지 못했으니, 까닭인즉 허공은 형상이 없어서 맺히거나 푸는 일이 없기 때문이다.

그렇다면 네게 현전現前한 눈, 귀, 코, 혀, 몸과 마음의 여섯이 도적의 중개자가 되어서 집안의 보물을 탈취한 것이니, 이를 말미암아 비롯함 없는 중생세계에 얽힘과 속박이 생기기 때문에 기세간器世間을 능히 초월하지 못한다.

阿難. 汝觀世間解結之人不見所結云何知解. 不聞虛空被汝隳裂. 何以故. 空無形相無結解故. 則汝現前眼耳鼻舌及與身心六爲賊媒自劫家寶. 由此無始衆生世界生纏縛故於器世間不能超越.

통의 여기서는 번뇌의 근본을 살피고 있다. 업을 발함은 근본무명이다. 생生을 윤택하게 하는 것은 애착(愛)과 취함(取)의 두 가지 미혹이다. 태어나고 죽는 것은 실제로 이 두 가지를 말미암아 있는데, 통틀어 그 명칭을 번뇌라 한다. 그러나 이 두 가지를 근根에 의거해 변별하는 것은 말하자면 이 두 가지 법이 원래 실체가 없고 단지 육식의 망상에 의거해서만 작용한다는 말이다. 그래서 육근의 문두門頭에서 육진(塵)을 반연하여 경계를 취하는데, 순전히 무명無明의 용사用事로써 애착과 취함을 돕기 때문에 생각 생각 애착하고 취하며 곳곳마다 탐내고 집착해서 생사가 육근과 육진 속에서 맺히니, 이 때문에 허망한 근根과 진塵이 어느 곳에서 뒤바뀌었는지 살펴 알게 한 것이다.

근根과 진塵이 서로 교류하면서 맺힌 곳이 곧 뒤바뀐 곳으로서, 바로 생사가 맺힌 근根이 존재하는 곳이다. 만약 맺힘을 풀고자 한다면 반드시 맺힌 근根에 나아가 풀어야 하기 때문에 육근의 우열優劣을 살펴야 하니, 그 뜻인즉 원만한 근(圓根)의 비움을 취함으로써 쉽게 풀리는 것이다. 그래서 그 선택을 사용할 뿐이니, 장차 원만한 근根을 선택하는데 먼저 육근의 우열을 선택한 바를 알게 하고자 함일 뿐이다.

㉔ 근根과 인因이 허망하게 짜임을 드러냄

아난아! 무엇을 중생세계라고 하느냐? 세世는 변천해 흐르는 것이고, 계界는 방위方位라 한다. 네가 지금 반드시 알아야 하나니, 동, 서, 남, 북과 동남, 서남, 동북, 서북과 상, 하는 계界가 되고 과거와 미래와 현재는 세世가 되는데, 방위는 열이 있고 흐름의 수(流數)는 셋이 있다.

일체 중생이 허망이 짜여 서로 이루어졌는데 몸속에서 번갈아 변천하면서 세世와 계界가 서로 교섭한다. 그리고 이 계界의 성품이 설사 시방十方이라 해도 정해진 위치로 밝힐 수 있는 것은 세간에서는 다만 동, 서, 남, 북만 지목할 뿐이고 위(上)와 아래(下)는 위치가 없고 중앙은 정해진 방위가 없다. 사방四方의 숫자가 필경 분명해서 삼세三世와 더불어 서로 교섭하니, 3, 4와 4, 3이 곱해져서 12가 되고 이 변천의 흐름이 세 번 중복해서 일십, 백, 천이 된다.[344] 그리하여 처음과 끝을 총괄하면 육근 안에 각각의 공덕이 1,200개씩 있다.

阿難. 云何名爲衆生世界. 世爲遷流. 界爲方位. 汝今當知東西南北
東南西南東北西北上下爲界. 過去未來現在爲世. 方位有十. 流數有
三. 一切衆生織妄相成. 身中貿遷世界相涉. 而此界性設雖十方. 定
位可明世間祇目東西南北. 上下無位. 中無定方. 四數必明與世相涉
三四四三宛轉十二. 流變三疊一十百千總括始終六根之中各各功德
有千二百.

㉔ **역용力用이 가지런하지 않음을 드러내는 것을 여섯 가지로 나눔**

A. **안근眼根**

아난아! 네가 다시 육근 속에서 우열을 충분히 정해보아라. 가령 눈으로
보는 것은 뒤는 어둡고 앞은 밝아서 전방은 완전히 밝고 후방은 완전히
어두우며, 왼쪽과 오른쪽은 곁눈질로 2/3만 볼 뿐이다. 종합해 논한다
면 지은 공덕이 온전하지 못하니, 셋으로 나누어 공덕을 말하면 일분一
分은 공덕이 없으므로 반드시 알아야 하나니, 눈은 다만 800의 공덕이
있을 뿐이다.

阿難. 汝復於中克定優劣. 如眼觀見後暗前明. 前方全明. 後方全暗.
左右旁觀三分之二. 統論所作功德不全. 三分言功. 一分無德. 當知
眼唯八百功德.

---

344 3곱하기 4나 4곱하기 3은 모두 12이고, 이 변화는 세 번 중복된다. 즉 처음은
3 곱하기 4는 12가 되고, 둘째는 처음의 12에 10을 곱해서 120이 되고, 셋째는
여기에 다시 10을 곱해서 1,200이 된다. 몸과 마음이 세계와 상호 교섭하면
육근의 특징은 1,200개의 기능이 있다.

B. 이근耳根

가령 귀는 시방에 막힘없이 두루 듣는다. 움직이면 멀고 가까움이 있는 듯하지만, 고요하면 변제邊際가 없으므로 반드시 알아야 하나니, 이근은 원만해서 1,200의 공덕이 있다.

如耳周聽十方無遺. 動若遍遙. 靜無邊際. 當空耳根圓滿一千二百功德.

C. 비근鼻根

가령 코는 냄새를 맡는데, 들숨과 날숨을 통하여 나감과 들어감이 있으나 그 중간의 교차는 빠져 있다. 비근을 살펴보건대 3분의 1이 빠졌으므로 반드시 알아야 하나니, 코는 오직 800의 공덕이 있을 뿐이다.

如鼻齅聞通出入息. 有出有入而闕中交. 驗於鼻根三分闕一. 當知鼻唯八百功德.

D. 설근舌根

가령 혀는 선양宣揚으로 온갖 세간과 출세간의 지혜를 다한다. 말은 방향이나 분수가 있지만 이치(理)는 다함이 없으므로 반드시 알아야 하나니, 설근도 원만해서 1,200의 공덕이 있다.

如舌宣揚盡諸世間出世間智. 言有方分理無窮盡. 當知舌根圓滿一

千二百功德.

E. 신근身根

가령 몸은 접촉을 느끼면서 불쾌감과 쾌감을 알아채는데, 몸에 합할
때는 능히 느끼지만 몸에서 여의면 알지 못해서 여의면 하나이고 합하면
둘이다. 신근을 살펴보건대 3분의 1이 빠졌으므로 반드시 알아야 하나
니, 신근도 오직 800의 공덕뿐이다.

如身覺觸識於違順. 合時能覺. 離中不知. 離一合雙驗於身根三分闕
一. 當知身唯八百功德.

F. 의근意根

가령 의근은 시방 삼세의 일체 세간법과 출세간법을 묵묵히 포용한다.
성인의 법이든 범부의 법이든 포용하지 못함이 없어서 그 한도를 다하므
로 반드시 알아야 하나니, 의근은 원만해서 1,200의 공덕이 있다.

如意默容十方三世一切世間出世間法. 唯聖與凡無不包容盡其涯際.
當知意根圓滿一千二百功德.

⑩ 원만한 근根을 선택하라고 훈계함

아난아! 네가 지금 태어나고 죽는 욕망의 흐름을 거슬러서 유전流轉의
뿌리를 돌이켜 궁구하여 불생멸에 이르고자 한다면, 반드시 이 여섯
가지 수용근受用根에서 어느 것이 합합하고 어느 것이 여의며(離),

어느 것이 깊고 어느 것이 얕으며, 어느 것이 원만히 통하고(圓通)
어느 것이 원만하지 않은지를 증험證驗해야 한다. 만약 여기에서 원통
圓通의 근근을 깨달아서 저 비롯함 없이 허망함으로 짜인 업의 흐름을
거슬러 원통을 따를 수 있다면, 원만하지 못한 근과 함께하는 것보다
시간이 갑절이나 빨리 될 수 있다.

　내가 지금 여섯 가지 맑고 원만하고 밝고 근본(湛圓明本)인 공덕의
수량이 그와 같음을 갖추어 드러냈으니, 네 마음대로 들어갈 수 있는
것을 자세히 선택하라. 내가 마땅히 발명하여 너로 하여금 진보케
하리라.

阿難. 汝今欲逆生死欲流. 返窮流根至不生滅. 當驗此等六受用根誰
合誰離. 誰深誰淺. 誰爲圓通. 誰不圓滿. 若能於此悟圓通根. 逆彼無
始織妄業流得循圓通. 與不圓根日劫相倍. 我今備顯六湛圓明本所
功德數量如是. 隨汝詳擇其可入者. 吾當發明令汝增進.

㊽ 하나의 문門에 깊이 들어가게 함

시방의 여래께서는 십팔계를 하나하나 수행해서 모두 원만하고 위없는
보리를 얻으셨지만 그 중간에도 우열이 없다. 다만 네가 하열하여
그 가운데서 자재한 지혜를 원만히 하질 못했기 때문에 내가 선양해서
너로 하여금 단지 하나의 문門에 깊이 들어가게 한 것이니, '하나'에
들어가서 허망이 없으면 저 여섯 가지 아는 근根이 일시에 청정하니라."

十方如來於十八界一一修行皆得圓滿無上菩提. 於其中間亦無優劣.

但汝下劣. 未能於中圓自在慧. 故我宣揚. 令汝但於一門深入. 入一無妄. 彼六知根一時清淨.

통의 여기서는 육근의 우열을 제시하고 있다. 앞에서 '이를 말미암아 중생세계에 얽힘과 속박이 생기기 때문에 기세간器世間을 능히 초월하지 못한다'고 말했으니, 이 때문에 중생세계를 단지 정보正報의 몸에 나아가 말했음을 알겠다. '세계'란 말에서 세世는 망념이 변천해 흐르는 것을 잡은 것이며, 계界는 하나의 몸에 왼쪽, 오른쪽, 앞, 뒤가 있기 때문에 계界가 됨을 잡은 것이다. 일념이 겨우 홍기하여 슬그머니 변천해 흐르면서 문득 삼세三世가 있고, 방위가 비록 열 가지가 있어도 단지 사방을 말할 뿐이다. 이 삼세와 사방을 단지 하나의 몸에 나아가 관찰하기 때문에 '몸속에서 번갈아 변천하면서'라고 말하는 것이다. 계界와 세世가 상호 교섭하는 것은 소위 허망을 짜면서 서로 이루는 것이다.

'3, 4와 4, 3이 곱해져서 12가 되고'는 말하자면 일념의 법 그대로 삼세를 다 갖추어서 하나의 몸에 온전히 두루해도 왼쪽, 오른쪽, 앞, 뒤의 사방을 벗어나지 못한다면, 매 방위마다 각각 삼세가 있으므로 3 곱하기 4로 12를 이루는 것이다. 그 사방은 전적으로 일념이 융관(融貫: 융통)된 것이라면, 매 세世마다 다 사방이 있으므로 4 곱하기 3으로 12를 이루는 것이다. 이렇게 서로 짜이기 때문에 완전宛轉[345]이라 말한다.

---

[345] 군색한 데가 없이 순탄하고 원활圓滑함을 말한다.

처음에는 일념이 한 겹(一疊)이 되어서 단지 12가 있을 뿐이며, 망념이 거듭 변하여 전념前念이 이미 멸하고 후념後念이 이어 생기는데 가장 극도로 미세(最極微細)하다. 처음으로 일으킨 일념에 근본이 없음은 곧 이 일념이 이미 삼세를 포함하고 사방에 흐르기 때문에 12를 이루는 것이니, 이것이 하나의 중첩이다.

두 번째 중첩은 바로 동방의 삼세에서 매 세世마다 각기 하나의 근본이 있어서 공통으로 30을 이루면 사방의 합계가 120이기 때문에 백百이라 말한 것이니, 이것이 두 번째 중첩이다. 세 번째 중첩은 120을 토대로 각각 10이 있으면 1,200을 이루니, 이것이 세 번째 중첩이다. 이것이 세世로 방위를 교섭하는 것이니, 그 계界는 이를 예로 삼아서 알 수 있다.

'최초의 일념은 근본을 세우지 않는다'는 머묾 없는 근본으로부터 일체 법을 세우기 때문이다. 그러나 생멸의 망념은 미세하게 흘러 들어가니(流注), 말하자면 일념 속에 90찰나가 있고 1찰나 속에 900생 멸이 있다. 실제로는 찰나 찰나 겁을 궁구해도 다하지 못하는데, 지금 단지 세 가지 중첩으로 말한 것은 말하자면 생멸의 일념이 법 그대로 변천해 흐르면서 삼세를 다 갖춤을 잡은 것이니, 비록 겁을 궁구하더라도 단지 삼세를 말할 뿐이다.

그러므로 생멸의 근신根身에 나아가서 육근의 업용業用이 각각 본래 1,200의 공능功能에 해당함을 밝힌 것이니, 단지 두루한 곳과 두루하지 못한 곳, 원만한 근기와 원만하지 못한 근기를 잡아서 그 역용力用의 우열을 정할 뿐이다. 만약 안근이 앞은 보지만 뒤를 보지 못해서 공능이 이르지 못하는 곳을 잡는다면, 3분의 1이 빠져서 단지 800을 갖추었을 뿐이다. 귀는 원만히 시방을 듣기 때문에 온전히 1,200을 갖추었고, 코는 들고 나는 숨을 잡지만 그 중간의 교차가 빠져 있어서 단지 800이 있을 뿐이다. 혀는 묘한 이치(妙理)를 선양해서 원만하게 1,200을 갖추었고, 몸은 여의고 합하는데, 여의면 알지 못해서 단지 800을 갖추었을 뿐이다. 의근은 시방과 삼세를 묵묵히 포용해서 두루 하지 않음이 없기 때문에 1,200을 갖추었다. 이상은 전적으로 공능을 잡아서 논한 것이니, 육근의 우열이 이미 여기서 제시되었다.

'중생이 뒤바뀌어서 생사 속에서 초월하질 못한다'는 단지 육근에 의거해 육진을 반연해서 경계를 취하고 무명이 업을 발해 애착과 취함이 생(生)을 윤택케 해서 미혹을 일으켜 업을 지음이 생사의 근(根)을 결성(結成)하기 때문에 오랜 겁 동안 생사에 빠져 있는 것이다. 이제 만약 생사의 흐름을 거슬러서 허망함을 돌이켜 참(眞)으로 돌아간다면, 단지 이 육근의 문두(門頭)에 나아가 흐름의 근(根)을 돌이켜 궁구해서 불생멸의 땅에 이르는 것일 뿐이지 이를 버리고 따로 구할 필요는 없다.

이 육근은 본래 묘하게 밝은 참마음(妙明眞心) 속에 나타난 사물이기 때문에 육근은 육근대로, 육진은 육진대로 다 근원에 돌아갈 수 있다. 지금은 단지 원만한 근(根)에 나아가 그 쉽게 들어감을 취하면 공용(功用)이 쉽게 이루어지기 때문에 모름지기 선택을 해서 하나의 문(門)에 깊이 들어가게 한 것이니, 과연 능히 '하나'에 들어가서 허망이 없으면 저 여섯 가지 아는 근(根)이 일시에 청정하다.

다) 허망함이 다하여 근원으로 돌아감을 간략히 제시하는 것을 두 가지로 나눔

(가) 적합한 기연이 의문을 물음

아난이 부처님께 말씀을 드렸다.

"세존이시여! 어떻게 흐름을 거슬러 하나의 문에 깊이 들어가서 육근을 일시에 청정하게 할 수 있습니까?"

阿難白佛言. 世尊. 云何逆流深入一門. 能令六根一時淸淨.

(나) 세존께서 정확히 제시한 것을 열 가지로 나눔

㉮ 기틀은 얕고 법은 깊음을 총체적으로 밝힘

부처님께서 아난에게 말씀하셨다.

"네가 지금 이미 수다원과를 얻어서 삼계의 중생세간이 견도위見道位에서 끊는 미혹은 이미 소멸했다. 그러나 오히려 육근 속에 쌓아온 비롯함 없는 허망한 습기를 알지 못하였으니, 그 습기는 요컨대 수도위修道位를 인해야 끊을 수 있는데 하물며 이 가운데 생生, 주住, 이異, 멸滅하는 분제分齊와 두수頭數[346]이겠느냐?

佛告阿難. 汝今已得須陀洹果. 已滅三界衆生世間見所斷惑. 然猶未知根中積生無始虛習. 彼習要因修所斷得. 何況此中生住異滅分齊頭數.

---

[346] 복잡하게 많이 있는 번뇌를 뜻한다.

④ 여섯인지 하나인지 허망을 관찰하게 함

지금 너는 또한 현전現前의 육근이 하나인지 여섯인지 관찰해 보라.

아난아! 만일 하나라면 귀는 어찌하여 보지 못하고, 눈은 어찌하여 듣지 못하고, 머리는 어찌하여 밟지 못하고, 발은 어찌하여 말이 없느냐?

만약 이 육근이 결정코 여섯이라면, 내가 지금 이 모임에서 너와 더불어 미묘한 법문을 선양하는데, 너의 육근 중 어느 것이 와서 나의 말을 받아들이느냐?"

아난이 대답했다.

"제가 귀를 가지고 듣습니다."

부처님이 말씀하셨다.

"네 귀가 스스로 듣는다면 네 몸과 입은 무슨 상관이 있기에 입으로는 나에게 이치를 묻고 몸은 일어서서 공경하느냐?

그러므로 반드시 알아야 하나니, 하나가 아니라 끝내 여섯이고 또 여섯이 아니라 끝내 하나이다. 결국 네 근根은 원래 하나도 아니고 원래 여섯도 아니다.

今汝且觀現前六根爲一爲六. 阿難. 若言一者. 耳何一見. 目何不聞. 頭奚不履. 足奚無語. 若此六根決定成六. 如我今會與汝宣揚微妙法門. 汝之六根誰來領受. 阿難言. 我用耳聞. 佛言. 汝耳自聞何關身口. 口來問義身起欽承. 是故應知非一終六. 非六終一. 終不汝根元一元六.

㈐참(眞)과 허망(妄) 둘 다 잊는 것을 정확히 제시함

아난아! 반드시 알아야 하나니, 이 근根은 하나도 아니고 여섯도 아니다. 비롯함 없는 때로부터 뒤바뀌고 빠져 있기 때문에 원담圓湛에서 하나나 여섯이란 뜻이 생겼다.

阿難. 當知是根非一非六. 由無始來顚倒淪替故於圓湛一六義生.

㈑미혹해서 하나를 집착하는 것을 질책함

너는 수다원이라서 여섯은 녹일 수 있었지만 아직 하나는 없애지 못했다.

汝須陀洹雖得六銷猶未亡一.

㈒형상과 명자名字를 벗어나길 비유함

가령 태허공을 여러 그릇에 담아 놓으면 그릇 모양이 다르기 때문에 다른 허공이라 말하겠지만, 그릇을 제거하고 허공을 관찰하면 허공이 하나라고 말하게 되는데, 저 태허공이 어찌 너에게 같기도 하고 같지 않기도 하겠는가? 하물며 '하나다', '하나가 아니다'라고 말을 하겠는가? 그렇다면 네가 여섯 가지로 수용하는 근根을 요달해 아는 것도 또한 마찬가지이다.

如太虛空參合羣器. 由器形異名之異空. 除器觀空說空爲一. 彼太虛空云何爲汝成同不同. 何況更名是一非一. 則汝了知六受用根亦復

如是.

㉻허망의 근원을 따로 제시한 것을 두 가지로 나눔

A. 허망의 근원을 따로 드러낸 것을 여섯 가지로 나눔

A) 안근眼根

밝음(明)과 어둠(暗) 등 두 가지가 서로 형상화함을 말미암아 묘원妙圓 속에서 맑음에 들러붙어 봄(見)을 발하고, 견정見精이 색色을 반영하면서 색色을 응결하여 안근을 이룬다. 안근의 근원은 청정한 사대가 요체이고 이로 인해 안체眼體라 칭하는데 마치 포도송이와 같다. 이 안체는 부근사진浮根四塵이 되어 흘러넘치면서 색色을 쫓아다닌다.

由明暗等二種相形. 於妙圓中黏湛發見. 見精映色結色成根. 根元目 爲淸淨四大. 因名眼體如蒲萄朶. 浮根四塵流逸奔色.

B) 이근耳根

움직임(動)과 고요함(靜) 등 두 가지가 서로 치는 것을 말미암아 묘원妙 圓 속에서 맑음에 들러붙어 들음(聽)을 발하고, 청정聽精이 소리를 반영하면서 소리를 말아 이근耳根을 이룬다. 이근의 근원은 청정한 사대가 요체이고 이로 인해 이체耳體라 칭하는데 마치 새로 말아낸 나뭇잎과 같으며, 이 이체는 부근사진이 되어 흘러넘치면서 소리를 쫓아다닌다.

由動靜等二種相擊. 於妙圓中黏湛發聽. 聽精映聲卷聲成根. 根元目

爲淸淨四大. 因名耳體如新卷葉. 浮根四塵流逸奔聲.

C) 비근鼻根

통함(通)과 막힘(塞) 등 두 가지가 서로 발함을 말미암아 묘원妙圓 속에서 맑음에 들러붙어 듣는 후각을 발하고, 후정嗅精이 냄새를 반영 하면서 냄새를 받아들여 비근鼻根을 이룬다. 비근의 근원은 청정한 사대가 요체이고 이로 인해 비체鼻體라 칭하는데 마치 두 손톱을 드리운 것과 같으며, 이 비체는 부근사진이 되어 흘러넘치면서 냄새를 쫓아다 닌다.

由通塞等二種相發. 於妙圓中黏湛發嗅. 嗅精映香納香成根. 根元目 爲淸淨四大. 因名鼻體如雙垂爪. 浮根四塵流逸奔香.

D) 설근舌根

담담함(恬)과 변함(變) 등 두 가지가 서로 섞임을 말미암아 묘원妙圓 속에서 맑음에 들러붙어 맛보는 것을 발하고, 상정(嘗精: 미각)이 맛을 반영하면서 맛을 짜서 설근을 이룬다. 설근의 근원은 청정한 사대가 요체이고 이로 인해 설체舌體라고 칭하는데 마치 초승달과 같으며, 이 설체는 부근 사진이 되어 흘러넘치면서 맛을 쫓아다닌다.

由恬變等二種相參. 於妙圓中黏湛發嘗. 嘗精映味絞味成根. 根元目 爲淸淨四大. 因名舌體如初偃月. 浮根四塵流逸奔味.

E) 신근身根

여읨(離)과 합함(合) 등 두 가지가 서로 마찰함을 말미암아 묘원妙圓 속에서 맑음에 들러붙어 촉각을 발하고, 각정覺精이 접촉을 반영하면서 접촉을 잡아 취해 신근을 이룬다. 신근의 근원은 청정한 사대가 요체이고 이로 인해 신체身體라고 칭하는데 마치 장구통과 같으며, 이 신체는 부근사진이 되어 흘러넘치면서 접촉을 쫓아다닌다.

由離合等二種相摩. 於妙圓中黏湛發覺. 覺精映觸摶觸成根. 根元目爲淸淨四大. 因名身體如腰鼓顙. 浮根四塵流逸奔觸.

F) 의근意根

생겨남(生)과 소멸함(滅) 등 두 가지가 서로 이어짐을 말미암아 묘원妙圓 속에서 맑음에 들러붙어 지각(知)을 발하고, 지정知精이 법을 반영하면서 법을 잡아 의근을 이룬다. 의근의 근원은 청정한 사대가 요체이고 이로 인해 의사意思라고 칭하는데 마치 캄캄한 방안에서 보는 것과 같으며, 이 의사는 부근사진으로 흘러넘치면서 법을 쫓아다닌다.

由生滅等二種相續. 於妙圓中黏湛發知. 知精映法攬法成根. 根元目爲淸淨四大. 因名意思如幽室見. 浮根四塵流逸奔法.

B. 허망을 총체적으로 결론내림

아난아! 이와 같은 육근은 저 각명覺明이 밝음을 밝히려고 각覺을 말미암아 저 정료精了를 잃고서 허망에 들러붙어 광명을 발한 것이다.

그러므로 네가 지금 어둠을 여의고 밝음을 여의면 봄(見)의 체體가 있지 않을 것이고, 움직임을 여의고 고요함을 여의면 원래 들음(聽)의 성질이 없을 것이고, 통함이 없고 막힘이 없으면 냄새 맡는 성품이 생기지 않을 것이고, 변하지도 않고 담담하지도 않으면 맛보는 것이 나오지 못할 것이고, 여의지도 않고 합하지도 않으면 각촉覺觸이 본래 없을 것이고, 소멸함이 없고 생겨남이 없으면 요달해 아는 것이 어디에 의탁하겠느냐?

阿難. 如是六根. 由彼覺明有明明覺. 失彼精了黏妄發光. 是以汝今離暗離明無有見體. 離動離靜元無聽質無通無塞齅性不生. 非變非恬嘗無所出. 不離不合覺觸本無. 無滅無生了知安寄.

㈆ 관심觀心으로 돌아가길 가리킴
네가 다만 움직임과 고요함, 합함과 여윔, 담담함과 변함, 통함과 막힘, 생겨남과 소멸함, 밝음과 어둠의 12가지 온갖 유위상을 따르지 않으면, 그리하여 하나의 근근을 수순隨順하여 뽑아버리면 들러붙은 것을 탈피해 안으로 조복한다.

汝但不循動靜合離恬變通塞生滅明暗. 如是十二諸有爲相. 隨拔一根脫黏內伏.

㈇ 지혜가 일어나고 미혹을 잊음
조복을 하여 원진元眞에 돌아가면 본래의 밝은 빛을 발할 것이니,

빛의 성품이 발명하면 그 밖의 다섯 가지 들러붙은 것도 응당 뽑히면서
원만히 해탈한다. 현전現前의 육진이 일으킨 지견知見을 말미암지
않으면,

伏歸元眞發本明耀. 耀性發明. 諸餘五黏應拔圓脫. 不由前塵所起
知見.

㉢대용大用을 대략 드러냄

밝음이 근根을 따르지 않고 근根에 의탁해 밝음이 발하니, 이를 말미암
아 육근이 상호 작용을 한다.

　아난아! 너도 알지 않느냐? 지금 이 모임에 있는 아나율타는 눈이
없어도 보며, 발란타용跋難陀龍은 귀가 없어도 들으며, 긍가殑伽 여신
은 코가 없어도 냄새를 맡으며, 교범발제驕梵鉢提는 혀가 다른데도
맛을 안다. 순야다신舜若多神은 몸이 없어도 촉감을 느끼는데, 여래의
광명 속에서 잠깐 나타나도록 비치지만 이미 바람의 성질이므로 그
체體가 원래 없고, 온갖 멸진정滅盡定[347]으로 고요해진 성문으로 이

---

347 성자가 모든 심상心想을 다 없애고 적정寂靜하기를 원해서 닦는 선정이다.
멸진정의 세부 내용에 대해선 다음과 같은 서로 다른 의견이 존재한다. *멸진정
이 무색계의 최고위의 하늘인 비상비비상처에 들어가는 것으로 보는 견해가
있다. 이와는 달리 비상비비상처에서 별도의 노력을 기울여서 얻어야 하는,
크게 보아 비상비비상처에 속하기는 하지만 그것과는 별도의 선정인 것으로
보는 견해가 있다. *부파불교의 설일체유부는 멸진정을 별도의 실체, 즉 실법實法
으로 본다. 반면 부파불교의 경량부와 대승불교의 유식유가행파는 멸진정을
실법實法으로 보지 않으며, 마음(心)과 마음작용(心所)이 전전轉轉하지 않는

모임에 있는 마하가섭은 오랫동안 의근意根이 소멸했지만 심념心念을
인하지 않고도 원만하고 밝게 요달해 안다.

明不循根寄根明發. 由是六根互相爲用. 阿難. 汝豈不知今此會中阿
那律陀無目而見. 跋難陀龍無耳而聽. 殑伽神女非鼻聞香. 驕梵鉢
提異舌知味. 舜若多神無身覺觸. 如來光中映令暫現. 旣爲風質其體
元無. 諸滅盡定得寂聲聞如此會中摩訶迦葉久滅意根圓明了知不因
心念.

㊂허망함이 다해 근원으로 돌아감을 드러냄

아난아! 지금 네가 모든 근根을 원만하게 뽑아버리고 나면 안이 환해지
면서 빛을 발한다. 그러면 이런 부진浮塵과 기세간器世間의 온갖 변화하
는 모습이 끓는 물에 얼음 녹듯이 염念에 감응해 화化하면서 위없는
지각(無上知覺)을 이룰 것이다.

아난아! 가령 저 세상 사람들이 봄(見)을 눈에 모았다가 급히 감으면
서 어두운 모습이 앞에 나타나게 하면 육근이 캄캄해지면서 머리와
발도 캄캄해지지만, 그 사람이 손으로 몸을 두루 만져보면 비록 보지는
못해도 머리와 발을 하나하나 분간해 지각하는 것은 밝을 때와 같을
것이다.

분위分位를 마치 실재인 것으로 가립한 가법假法으로 본다. *설일체유부에서는
멸진정이 모든 마음(즉 6식)이 다 소멸된 완전한 무심의 상태라고 보는데,
유식유가행파에서는 마음(즉 8식) 중에서 제7식인 말나식까지만 소멸되며 제8
식인 아뢰야식은 소멸되지 않는다고 본다.

반연하여 봄(見)은 밝음을 인하므로 어두워지면 보질 못한다. 그러나 밝지 않아도 스스로 (빛을) 발하면 온갖 어두운 모습이 영원히 혼미하게 할 수 없을 터이니, 육근과 육진이 이미 녹았다면 어찌 각명覺明이 원만하고 묘함(圓妙)을 이루지 못하겠는가?"

阿難. 今汝諸根若圓拔已. 內瑩發光. 如是浮塵及器世間諸變化相如湯消冰. 應念化成無上知覺. 阿難. 如彼世人聚見. 於眼. 若令急合暗相現前. 六根黯然頭足相類. 彼人以手循體外繞. 彼雖不見. 頭足一辯知覺是同. 緣見因明暗成無見. 不明自發則諸暗相永不能昏. 根塵旣銷. 云何覺明不成圓妙.

여기서는 허망이 다하여 근원으로 돌아가는(妄盡還源) 것을 대략 제시하고 있다. 아난이 하나에 들어가 허망함이 없어지면 육근이 일시에 청정해진다는 설명을 듣고도 깨닫지 못하기 때문에 본래 하나도 여섯도 없음을 깨우치는 얘기로써 이 질문을 일으켰으며, 그리하여 여섯 가지 허망의 본원本源을 제시함으로써 귀의할 경지(地)를 밝혔다. 따라서 세존께서 이 근根이 하나인지 여섯인지 먼저 살피라 한 것은 이 본원本元이 하나도 아니고 여섯도 아니라는 이치를 드러내는 데 뜻이 있다.

다만 비롯함 없는 뒤바뀜을 말미암아 원담체圓湛體 속에서 하나와 여섯의 뜻(義)을 낳기 때문에, 비유컨대 허공을 여러 그릇에 담아 놓으면 마침내 다른 허공이라 말하겠지만, 그릇을 제거하고 허공을 관찰하면 또 허공이 하나라고 말하게 되는데, 허공이 어찌 그릇으로 인해 동일하기도 하고 다르기도 하겠는가? 동일한 허공이라 함도 오히려 억지 명칭인데, 어찌 다시 '하나다', '하나가 아니다'라고 말을 하겠는가? 이 뜻을 요달해 알면 여섯 가지로 수용하는 근根도 이와 같을 뿐이라서 '하나다', '여섯이다' 하는 견해를 지을 수 없다.

　문: 육근은 본래 묘하고 맑고 원만하고 밝은(妙湛圓明) 참마음(眞心)인데, 어찌하여 이 육근의 망상을 이루었는가?

　답: '밝음과 어둠 등을 말미암아' 이하는 처음으로 이루어진 육근의 허망한 모습을 올바로 보여줌으로써 여섯 가지 허망의 근원을 제시하였다. '밝음과 어둠 등을 말미암아'는 육근이 본래 있지(有) 않다는 것을 드러내는 데 뜻이 있다. 다만 묘하고 원만한 참마음을 미혹해서 허망하게 아뢰야식을 이루는 것을 식정識精이라 일컫는데, 밝음을 인해 소所를 성립해서 마침내 사대의 허망한 티끌(妄塵)이 있다. 밝음과 어둠이 서로 형상화함을 말미암아 맑고 밝은 진체眞體를 치는데, 이로 인해 맑음에 들러붙어서 허망한 봄(見)을 발하고, 견정見精이 색色을 반영하면서 오랫동안 취하여 집착하기 때문에 색色을 응결하여 근根을 이룬다.

　그리고 근이 처음 이루어질 때 비로소 사대의 청정한 색色으로 식정識精을 가두고 아울러 거칠어지면서 외적으로 부진근浮塵根이 되기 때문에 식정이 이로부터 흘러넘쳐서 색色 등의 티끌(塵)을 쫓아다닌다. 이것이 안근이 이루어지는 까닭이다. 움직임과 고요함 두 티끌을 말미암아 이근을 발하고, 통함과 막힘 두 티끌을 말미암아 비근을 발하고, 담담함과 변함 두 티끌을 말미암아 설근을 발하고, 여읨과 합함 두 티끌로써 신근을 발하고, 생겨남과 소멸함 두 티끌을 말미암아 의근을 발하니 다 안근의 사례와 같다. 이상이 육근이 이루어지는 까닭이다.

의근은 마음의 무형無形에 속하고 근원根元 또한 청정한 사대라 칭하는 것은 말하자면 처음에 망견을 말미암아 부모의 정혈精血을 빨아들여서 식識이 그 속에 깃들어 의탁하고, 아울러 오근五根이 이미 이루어져서 처음으로 살덩어리를 결성해 그 속에 거처하는 것을 육단심肉團心[348]이라 칭하기 때문에 이것이 사대에 속해서 부진근이라 칭하는 것이다. 그리고 한 구멍의 식정識精이 있어서 이로부터 법진法塵을 쫓아다니니, 이에 무명의 껍질로 최초로 결성된 청정한 사대는 그 이름이 승의근勝義根으로서 장식藏識을 감싸는데, 의근은 이 아득한 어둠(杳冥) 속에 처하기 때문에 캄캄한 방에서 보는 것 같다. 성인의 마음(心)에 일곱 구멍[349]이 있다는 것은 그 비어 있음(虛)을 말해서 밝혔을 뿐이다.

이상 육근이 생기生起하는 허망한 근원을 통틀어 제시했기 때문에 총체적으로 결론짓기를 '이와 같은 육근은 저 각명覺明이 허망하게 밝음을 밝히려고 각覺을 말미암기 때문에 저 참다운 정(眞精)을 잃고서

---

348 산스크리트어 hṛdaya의 음사로, 심心·견실심堅實心이라고도 한다. ① 심장, 본질, 핵심. ② 본디 청정한 마음.

349 중국 상商나라의 마지막 임금인 주왕紂王이 간언諫言하는 신하들을 처형하고 폭정暴政을 멈추지 않자 미자微子 등은 상商을 떠났다. 하지만 비간比干은 "신하는 죽더라도 임금께 충간忠諫해야 한다"라며 계속 주왕紂王에게 간언諫言하였다. 그러자 주왕은 화를 내며 "성인聖人의 심장에는 구멍이 일곱 개나 있다고 들었다"라며 비간의 충심忠心이 진짜인지를 확인하겠다며 그를 해부하여 심장을 꺼내도록 하였다.

허망에 들러붙어 그 정광精光을 발한 것'이라 했다. 모두 티끌(塵)을 반연해서 있는 것이지 티끌을 여의면 실체가 없으니, 그래서 '소멸함이 없고 생겨남이 없으면 요달해 아는 것이 어디에 의탁하겠느냐?'고 말한 것이다. 처음에는 알지 못함이 바로 허망이기 때문에 무명이 주재主宰가 되고 애착과 취함이 수용受用이 됨을 인정했으니, 그래서 그런 것에 의거해 업을 지은 것이다.

아래에서는 관심觀心을 제시했기 때문에 '네가 지금 허망을 돌이켜 참(眞)에 돌아가고자 한다면, 다만 육진六塵을 따르지 않고 하나의 근근根을 수순隨順하여 뽑아버려서 들러붙은 것을 탈피해 안으로 조복하라. 조복을 하여 원진元眞에 돌아가면 본래 있는 참마음(眞心)의 광명이 한 번에 밝은 빛을 발할 것이니, 만약 하나의 근근根으로부터 빛의 성품이 발명하면 다섯 가지 들러붙은 것도 그에 따라 해탈해서 현전現前의 육진을 따르지 않고 일으킨 지견知見도 다 참 빛(眞光)이 홀로 드러난 것일 뿐이다. 이 참 밝음(眞明)을 말미암으면 육근의 허망함을 따르지 않고 단지 근근根에 의탁해 의심을 밝히니, 이를 말미암아 육근이 개통開通해서 상호 작용을 한다'라고 말했다. 이것이 너로 하여금 안락安樂과 묘상妙常을 속히 증득하게 하는 까닭이니, 또한 너의 육근도 또한 다른 물건이 아니다. 아래에서 육근을 따르지 않는 사람을 인용하니 어찌 믿지 않겠는가?

아난이 아래에서 '근원으로 돌아감'을 올바로 제시했으니, 이를테면 '지금 네가 모든 근근根을 원만하게 뽑아버리고 나면 안이 환해지면서 빛을 발한다. 이런 부진근浮塵根의 몸과 기세간器世間은 끓는 물에 얼음 녹듯이 염念에 감응해 화化하면서 위없는 지각(無上知覺)을 이룰 것이다'고 한 말이다. 마치 물이 얼음이 되고 얼음이 다시 물이 되는 것과 같으니, 어찌 외적인 것을 빌리겠는가? 그리고 허망한 앎과 허망한 봄(見)은 다 현전의 티끌(塵)을 빌리는 것이니, 이제 현전의 티끌을 말미암지 않고 밝음을 인하지 않아도 자연히 본래 갖춘 진견眞見을 개발하면 온갖 어두운 모습(暗相)도 영원히 어둡지는(昏) 않을 것이다. 그러므로 묘명妙明을 가려서 은폐하는 것은 근진根塵의 허물이다. 만약 근진이 이미 소멸했다면 어찌 각명覺明의 무명無明이 원명圓明의 묘각妙覺을 이루지 못하겠는가? 그래서 참(眞)과 허망이 근원으로 돌아가는 것이 총체적으로 육근 밖으로 벗어나지 않는다는 것을 안다.

이상 허망이 다하여 근원으로 돌아감을 대략 드러내었다.

라) 최초의 방편을 은밀히 제시한 것을 두 가지로 나눔

(가) 적합한 기연이 단멸斷滅을 거듭 의심함을 두 가지로 나눔

㉮ 참(眞)으로써 허망을 의심함

아난이 부처님께 말씀드렸다.

"세존이시여! 부처님께서 말씀하시기를 '인지因地의 각심覺心으로 상주常住를 구하고자 하면, 요컨대 과위果位의 명목名目과 상응해야 한다'고 하셨나이다.

세존이시여! 가령 과위果位 중의 보리와 열반과 진여와 불성과 암마라식과 공여래장과 대원경지大圓鏡智[350]의 일곱 가지 명칭은 말은 비록

---

350 사지四智의 하나로, 번뇌에 오염된 아뢰야식阿賴耶識을 질적으로 변혁하여 얻은 청정한 지혜를 말한다. 이 지혜는 마치 모든 것을 있는 그대로 비추어 내는 크고 맑은 거울처럼, 아뢰야식에서 오염이 완전히 제거된 상태이므로 이와

다르나 청정하고 원만하여 그 체성體性이 견고히 응결해서 마치 금강왕金剛王처럼 상주常住하며 무너지지 않습니다.

만약 이 보고 들음이 밝음과 어둠, 움직임과 고요함, 통함과 막힘을 여의면, 필경 그 체體가 없는 것이 마치 생각하는 마음(念心)이 현전의 티끌을 여읠 경우 본래 있는 바가 없는 것과 같습니다. 어찌 이 필경의 단멸斷滅을 갖고 수행의 원인을 삼아서 여래의 일곱 상주常住의 과果를 얻겠습니까?

阿難白佛言. 世尊. 如佛說言因地覺心欲求常住. 要與果位名目相應. 世尊. 如果位中菩提涅槃眞如佛性菴摩羅識空如來藏大圓鏡智. 是七種名稱謂雖別. 淸淨圓滿體性堅凝. 如金剛王常住不壞. 若此見聽離於明暗動靜通塞畢竟無體. 猶如念心離於前塵本無所有. 云何將此畢竟斷滅以爲修因. 欲獲如來七常住果.

④ 허망으로써 참(眞)을 의심함

세존이시여! 만약 밝음과 어둠을 여의게 되면 봄(見)이 필경에 공空하니, 마치 현전의 티끌이 없으면 생각(念)의 자성自性이 멸하는 것과 같습니다. 이리저리 미세하게 추구해보아도 본래 제 마음과 제 마음의 소所가 없는데, 무엇을 갖고 인因을 수립해서 무상각無上覺을 구하겠습니까?

여래께서 앞서 '맑고 정미롭고 원만하고 항상하다(湛精圓常)'고 말씀

같이 말한다.

하신 것이 진실한 말이 아니어서 끝내 희론戱論이 될 터이니, 어찌 여래를 진실한 말씀을 하는 분이라고 하겠습니까? 바라옵건대 대자비를 내리셔서 저의 어리석음을 깨우쳐 주소서."

世尊. 若離明暗見畢竟空. 如無前塵念自性滅. 進退循環微細推求本無我心及我心所. 將誰立因求無上覺. 如來先說湛精圓常. 違越誠言終成戱論. 云何如來眞實語者. 惟垂大慈開我蒙悋.

여기서는 듣는 성품이 참되고 항상함을 제시함으로써 이근耳根을 은밀히 가려내는 것을 최초의 방편으로 삼기 때문에 적합한 기연이 먼저 단멸斷滅의 의심을 마련한 것이다. 아난이 육근이 티끌을 여의면 체體가 없다는 설명을 듣고 마침내 단멸이 된다고 의심했기 때문에 불과佛果의 일곱 종류가 다 상주常住하는지 여쭌 것이다. 과연 마음의 생각(心念)이 현전한 티끌을 여의어서 본래 있는 바가 없다면 단멸이다. 어찌 이 필경의 단멸을 수행의 원인으로 삼아서 여래의 일곱 가지 상주하는 과果를 얻고자 하겠는가? 그러므로 이리저리 추구해 보아도 알지 못하자 마침내 여래 스스로의 말씀도 서로 어긋난다는 의심을 일으킨 것이다.

(나) 참되고 항상함(眞常)을 교묘히 제시하는 것을 다섯 가지로 나눔
㉠ 질책을 하면서 의심을 없애주겠다고 허락함
부처님이 아난에게 말씀하셨다.
"너는 다문多聞만 배웠고 온갖 번뇌(漏)를 아직 다하지 못해서 마음

속에서도 한갓 뒤바뀐 소인所因만 알고 진짜 뒤바뀜이 현전한 것은
실로 알아채지 못하는구나. 네가 성심誠心으로도 오히려 믿고 복종하
지 않을까봐, 내가 지금 시험 삼아 세속의 온갖 일을 갖고 너의 의심을
제거해주겠다."

佛告阿難. 汝學多聞未盡諸漏. 心中徒知顚倒所因. 眞倒現前實未能
識. 恐汝誠心猶未信伏. 吾今試將塵俗諸事當除汝疑.

④ 종을 쳐서 시험함

이때 여래께서 라후라에게 종을 한 번 치라고 하신 뒤에 아난에게
물으셨다.

"네가 지금 듣느냐?"

아난과 대중들이 함께 말하였다.

"저희들이 듣습니다."

종소리가 그치면서 소리가 없자 부처님께서 다시 물으셨다.

"네가 지금 듣느냐?"

아난과 대중이 함께 대답했다.

"듣지 못합니다."

그때 라후라가 또 종을 한 번 쳤다. 부처님께서 또 물으셨다.

"네가 지금 듣느냐?"

아난과 대중이 또 대답했다.

"함께 듣습니다."

부처님께서 아난에게 물으셨다.

"너는 무엇을 듣는다고 하고 무엇을 듣지 못한다고 하느냐?"

아난과 대중이 함께 부처님께 말씀드렸다.

"종을 쳐서 소리가 나면 저희들이 듣게 되고, 종을 친 지 오래되어서 소리(聲)가 사라지고 음과 메아리(音響)가 쌍으로 끊어지면 들음이 없다고 칭합니다."

여래께서 또 라후라에게 종을 치라고 명한 뒤에 아난에게 물으셨다.

"지금 소리가 있느냐?"

아난과 대중이 함께 대답했다.

"소리가 있습니다."

조금 있다가 소리가 사라지자 부처님께서 또 물으셨다.

"지금 소리가 나느냐?"

아난과 대중들이 대답하였다.

"소리가 없습니다."

잠시 후 라후라가 다시 와서 종을 치자 부처님께서 또 물으셨다.

"지금 소리가 나느냐?"

아난과 대중들이 함께 대답했다.

"소리가 있습니다."

부처님께서 아난에게 물으셨다.

"너는 무엇을 소리가 난다고 하고 무엇을 소리가 없다고 하느냐?"

아난과 대중이 함께 부처님께 말씀드렸다.

"종을 쳐서 소리가 나면 소리가 있다고 칭하고, 친 지가 오래되어서 소리가 사라지고 음과 메아리(音響)가 쌍으로 끊어지면 소리가 없다고 칭합니다."

卽時如來敕羅睺羅擊鐘一聲. 問阿難言汝今聞不. 阿難大衆俱言我
聞. 鐘歇無聲. 佛又問言汝今聞不. 阿難大衆俱言不聞. 時羅睺羅又
擊一聲. 佛又問言汝今聞不. 阿難大衆又言俱聞. 佛問阿難. 汝云何
聞云何不聞. 阿難大衆俱白佛言. 鐘聲若擊則我得聞擊久聲銷音響
雙絕則名無聞. 如來又敕羅睺擊鐘. 問阿難言爾今聲不. 阿難大衆俱
言有聲. 少選聲銷. 佛又問言爾今聲不. 阿難大衆答言無聲. 有頃羅
睺更來撞鐘. 佛又問言爾今聲不. 阿難大衆俱言有聲. 佛問阿難. 汝
云何聲云何無聲. 阿難大衆俱白佛言. 鐘聲若擊則名有聲. 擊久聲銷
音響雙絕則名無聲.

㉓참되고 항상함(眞常)을 올바로 드러내는 것을 다섯 가지로 나눔

A. 분간하여 정함

부처님께서 아난과 여러 대중에게 말씀하셨다.

"너희들은 지금 어쩌하여 스스로의 말이 교란되고 있느냐?"

대중과 아난이 함께 부처님께 여쭈었다.

"지금 어쩌하여 저희들이 교란되어 있다고 하십니까?"

부처님께서 말씀하셨다.

"내가 '너희들이 듣는가?' 하고 물으면, 너희는 '듣습니다'라고 말하
고, 또 '내가 소리가 나느냐?'고 물으면 너희는 '소리가 납니다'고 말하
니, '듣는다'고도 하고 '소리가 난다'고 해서 대답이 일정하지 않으니,
이것이 어찌 교란되어 있다고 칭하지 않겠느냐?

아난아! 소리가 사라지고 메아리까지 없어지자 너는 들음이 없다고
말하는데, 만약 실제로 들음이 없다면 듣는 성품이 이미 소멸해서

고목과 같을 터이니, 다시 종을 쳐서 나는 소리를 네가 어떻게 아느냐? 소리 있음(有)을 알고 소리 없음(無)을 아는 것은 스스로 소리의 티끌 (聲塵)이 있기도 하고 없기도 할 뿐이지 저 듣는 성품이 어찌 너에게 있었다가 없었다가 하겠느냐? 들음이 실제로 없다고 말한다면 누가 소리의 없음을 아는 자이냐?

佛語阿難及諸大衆. 汝今云何自語矯亂. 大衆阿難俱時問佛. 我今云 何名爲矯亂. 佛言. 我問汝聞汝則言聞. 又問汝聲汝則言聲. 唯聞與 聲報答無定. 如是云何不名矯亂. 阿難. 聲銷無響汝說無聞. 若實無 聞. 聞性已滅同於枯木. 鐘聲更擊汝云何知. 知有知無自是聲塵或無 或有. 豈彼聞性爲汝有無. 聞實云無誰知無者.

B. 올바로 제시함
그러므로 아난아, 들음(聞) 속에서 소리가 생겨났다 없어졌다 할 뿐이지, 너의 들음으로 소리가 생기고 소리가 멸하면서 너의 든는 성품으로 하여금 있게 하거나 없게 하는 것이 아니다.

是故阿難. 聲於聞中自有生滅. 非爲汝聞聲生聲滅令汝聞性爲有爲無.

C. 미혹을 질책함
네가 오히려 뒤바뀌어서 소리를 미혹하여 든는다고 여기니, 혼미해서 항상함을 단멸이라 여긴 것이 어찌 괴이하다 하겠느냐? 온갖 움직임과 고요함(動靜), 폐색閉塞과 개통開通을 여의고는 들음(聞)에 성품이 없다고 끝내 말하지 말아야 한다.

汝尚顚倒惑聲爲聞. 何怪昏迷以常爲斷. 終不應言離諸動靜閉塞開
通說聞無性.

D. 비유로 드러냄

마치 깊이 잠든 사람이 침상에서 숙면을 하고 있는데, 그 집안의 어떤
사람이 그가 잘 때 다듬이질을 하거나 방아를 찧는 것과 같다. 그
사람이 꿈결에 방망이 소리와 절구 소리를 듣고는 북을 친다거나 종을
친다는 등 다른 물건으로 내는 소리로 여기거나, 꿈속에서 '종소리가
어째서 나무와 돌을 치는 소리 같은지' 스스로 괴이하게 여기다가
홀연히 깨어나서 절구와 방망이 소리인 줄을 알고서는 스스로 집안사람
에게 '내가 막 꿈에서 이 절구 소리를 북 소리로 들었다'고 한다.
  아난아! 이 사람이 꿈속에서 어찌 동정과 폐색과 개통을 기억하겠는
가? 그 몸은 비록 잠을 자지만 듣는 성품은 혼미하지 않느니라.

如重睡人眠熟牀枕. 其家有人於彼睡時擣練舂米. 其人夢中聞舂擣
聲別作他物. 或爲擊鼓. 或爲撞鐘. 卽於夢時自怪其鐘爲木石響. 於
時忽寤遄知杵音. 自告家人我正夢時惑此舂音將爲鼓響. 阿難. 是人
夢中豈憶靜搖開閉通塞. 其形雖寐聞性不昏.

E. 결론을 드러냄

설사 네 몸(形)이 소멸하고 생명의 빛(命光)이 사라진들 이 성품이야

어찌 너에게서 소멸하겠느냐?

縱汝形銷命光遷謝. 此性云何爲汝銷滅.

㉣ 뒤바뀜을 총체적으로 결론지음

온갖 중생이 무시無始이래로 갖가지 빛깔과 소리를 따르면서 염념을
좇아 유전流轉하다 보니 성품이 청정하여 묘하고 항상함(性淨妙常)을
깨달은 적이 없고, 항상한 바를 따르지 않고 온갖 생멸만 좇다보니
그로 말미암아 세세생생 섞이고 물들어서 유전한다.

以諸衆生從無始來循諸色聲逐念流轉. 曾不開悟性淨妙常. 不循所
常逐諸生滅. 由是生生雜染流轉.

㉤ 관심觀心을 가리켜 돌아감을 세 가지로 나눔

A. 티끌을 멸해서 각覺과 동화함

만일 생멸을 버리고 진상(眞常: 참되고 항상함)을 지키면,

若棄生滅守於眞常.

B. 지혜가 일어나고 미혹이 없어짐

영원한 광명(常光)이 현전해서 육근과 육진과 육식의 마음이 때(時)에
응해 녹아 없어진다.

常光現前. 根塵識心應時銷落.

C. 티끌이 소멸하고 각覺이 청정해짐

상상想의 모습이 티끌이 되고 식정識情이 때(垢)가 되는데, 둘 다 멀리
여의면 너의 법안法眼이 때에 응해 맑고 밝을 것이니, 어찌 위없는
지각(無上知覺)을 이루지 못하겠는가?"

想相爲塵. 識情爲垢. 二俱遠離. 則汝法眼應時清明云何不成無上
知覺.

통의

이 이하로는 세존께서 진상眞常을 솜씨 있게 제시하신 것이다.
아난이 이 마음이 티끌을 여의어 체體가 없으면 장차 단멸斷滅
이 된다고 의심했기 때문에 세존께서 시험 삼아 세속의 일을 증거로
해서 의심을 없애게 했으니, 그래서 라후라에게 종을 치라고 해서
시험한 것이다.

처음 종을 쳤을 때 '들었는가?'라고 물은 것은 들음의 성품(聞性)을
시험하는 데 뜻이 있다. 여래께서 다시 라후라에게 종을 치라고 하시고
는 '소리가 있느냐?'고 물은 것은 소리의 티끌(聲塵)을 잡아서 시험한
것이며, 앞에서는 이미 '듣지 못했습니다'고 답했다. 다음에 또 종을
쳤을 때 다시 묻자 '소리가 있다'고 답했는데, 만약 듣는 성품이 과연
없다면 때(時)에 따라 이미 소멸해서 응당 이 소리를 다시 듣지 못해야
한다. 그래서 아난을 질책하기를 '대답에 일정함이 없다'고 하신 것이
니, 있음(有)을 알고 없음(無)을 아는 것은 스스로 성진聲塵이 있거나

없거나 하는 것일 뿐이다. 어찌 저 듣는 성품(聞性)이 너에게 있고 없고 하겠느냐? 만약 실제로 들음이 없다면 누가 없음을 아는 자인가? 이로써 들음(聞)이 항상 진상眞常임을 충분히 증명했다.

그래서 올바로 제시하길 '들음(聞) 속에서 소리가 스스로 생겨났다 없어졌다 할 뿐이지, 너의 듣는 성품이 있기도 하고 없기도 하는 것은 아니다'라고 했으며, 이에 아난을 질책하길 '네가 오히려 소리를 미혹해서 듣는다고 여기니, 항상함을 단멸이라 여긴 것이 어찌 괴이하다 하겠느냐?'고 했으니, 그래서 저 '동정動靜과 같은 현전한 티끌을 여의고는 들음에 성품이 없다고 끝내 말하지 말아야 한다'고 하였다.

그리하여 잠을 자면서 꿈꾸는 사람이 몸은 침상에 있어도 듣는 성품은 혼미하지 않다고 설한 것이니, 이로써 '설사 네 몸(形)이 소멸하고 생명의 빛(命光)이 사라진들 이 성품이야 어찌 너에게서 소멸하겠느냐?'고 한 뜻을 충분히 알 것이다. 이는 진상眞常의 뜻을 결론지어 드러낸 것이다.

아래에서는 뒤바뀜을 제시했으니, 즉 온갖 중생이 갖가지 빛깔과 소리를 따르면서 염念을 좇아 유전流轉하다 보니 항상한 바를 따르지 않고 온갖 생멸만 좇기 때문에 세세생생 섞이고 물들어서 유전하는 것이다. 아래에서는 관심觀心을 가리켜 귀의함이니, 즉 '만일 생멸을 버리고 진상眞常을 지켜서 단번에 영원한 광명(常光)이 현전하면, 육근과 육진과 육식의 마음이 때(時)에 응해 녹아 없어진다. 상想의 모습과 식정識情 둘 다 멀리 여의면, 육근과 육진이 단박에 소멸해서 너의 법안法眼이 때에 응해 맑고 밝을 것이니, 어찌 위없는 지각(無上知覺)을 이루지 못하겠는가?'라고 하였다. 이것은 이미 진상眞常을 솜씨 있게 제시한 것이다. 그 뜻인즉 이근이 최초의 방편이 될 수 있음을 드러낸 것이며, 다음 이하는 결성의 근원根元을 가리켜 앞으로의 공부를 밝히려고 한 것이다.

이상 미혹과 깨달음의 뿌리를 총체적으로 제시하였다.

대불정여래밀인수증요의제보살만행수능엄경통의

大佛頂如來密因修證了義諸菩薩萬行首楞嚴經通議

나. 일심삼관一心三觀의 모습을 올바로 제시한 것을 두 가지로 나눔

가) 적합한 기연이 참(眞)으로써 허망을 의심함

아난이 부처님께 말씀드렸다.

"세존이시여, 여래께서 비록 두 번째 뜻의 문(第二義門)을 말씀하셨지만, 이제 세간에서 매듭을 푸는 사람이 만약에 그 맺힌 근원을 알지 못하면, 저는 이 사람은 끝내 풀 수 없다고 믿습니다.

세존이시여, 저와 모임 속에 있는 배움 있는(有學) 성문들도 마찬가지라서 무시이래로 무명無明과 더불어 함께 소멸하고 함께 생겼으니, 비록 이렇게 다문多聞의 선근善根을 얻어 출가出家를 했어도 마치 낳았던 학질이 다음날 다시 발작하는 것과 같습니다, 원하옵건대 큰 자비로 고통에 빠져 있는 저희들을 불쌍히 여기소서. 오늘의 몸과 마음이 어찌하여 결성되었으며 어찌해야 풀리겠습니까? 또한 미래에 고난을 받는 중생들이 윤회를 벗어나 삼유三有에 떨어지지 않을 수 있도록 하소서."

이렇게 말하고 나서 대중들과 함께 오체五體를 땅에 던지고는 눈물을 비 오듯 흘리면서 정성을 다해 부처님 여래의 위없는 가르침을 기다렸다.

阿難白佛言. 世尊. 如來雖說第二義門. 今觀世間解結之人. 若不知其所結之元. 我信是人終不能解. 世尊. 我及會中有學聲聞亦復如是. 從無始際與諸無明俱滅俱生. 雖得如是多聞善根. 名爲出家. 猶隔日瘧. 惟願大慈哀愍淪溺. 今日身心云何是結從何名解. 亦令未來苦難衆生得免輪迴不落三有. 作是語已. 普及大衆五體投地. 雨淚翹誠佇佛如來無上開示.

통의 이 이하에서는 삼관三觀의 모습을 제시해서 허망에 즉卽하고 참(眞)에 즉함을 드러내고자 했기 때문에 생멸을 잡아서 질문한 것이다. 아난은 앞서 두 번째 뜻의 문(第二義門)을 듣고 나서 생사가 결성되는 근원을 알았다. 다만 오늘의 몸과 마음이 어찌하여 결성되었고 어찌해야 풀릴지 알지 못했으니, 이에 참과 허망의 근원(元)을 알지 못한다고 의심한 것이다. 여기서 특별히 결성을 푸는 방법을 청하였으니, 소위 손을 댄 곳이 바로 최초의 방편이라는 것이다. 이것은 대정大定 법문이지 작은 인연이 아니기 때문에 시방의 모든 부처님도 빛을 놓아 섭수攝授해서 똑같은 목소리로 게송을 설한 것이다.

나) 부처님께서 미혹과 깨달음이 동일한 근원이라고 제시한 것을 네 가지로 나눔

(가) 본존本尊께서 위로하심

그때 세존께서 아난과 모임 속에 있는 유학有學들을 불쌍히 여기고, 또한 미래의 일체 중생을 위하여 세간을 벗어나는 인因으로 장래의 눈을 짓게 하려고 염부단의 자금색紫金色 빛나는 손으로 아난의 정수리를 만지셨다.

爾時世尊憐愍阿難及諸會中諸有學者. 亦爲未來一切衆生爲出世因作將來眼. 以閻浮檀紫金光手摩阿難頂.

(나) 모든 부처님이 증명해 성취한 것을 두 가지로 나눔

㉮ 광명으로 도道의 동일함을 증명함

즉시 시방의 보불세계普佛世界가 여섯 가지로 진동하면서 그 세계에 머무는 미진수微塵數 여래에게 있는 보배 광명이 그 정수리로부터 나오고, 그 광명이 동시에 그 세계에서 기타림으로 와서 여래의 정수리에 부어지자 여러 대중들이 미증유未曾有를 얻었다.

卽時十方普佛世界六種震動. 微塵如來住世界者各有寶光從其頂出. 其光同時於彼世界來祇陀林灌如來頂. 是諸大衆得未曾有.

㉯ 하나의 참(一眞)을 말로 드러냄

그리하여 아난과 대중들은 시방의 미진수 여래께서 이구동성으로 아난에게 말씀하시는 것을 함께 들었다.

"착하다, 아난아. 너를 윤회하게 하는 생사를 결정하는 근원인 구생
무명俱生無明을 네가 알고(識知) 싶다면, 오직 너의 육근일 뿐 다시
다른 물건은 없다. 또 너로 하여금 안락安樂의 해탈과 적정寂靜의
묘상妙常을 속히 증득케 하는 위없는 보리菩提를 알고 싶다면, 역시
너의 육근일 뿐 다시 다른 물건은 없다."

於是阿難及諸大衆俱聞十方微塵如來異口同音告阿難言. 善哉阿難.
汝欲識知俱生無明使汝輪轉生死結根. 唯汝六根. 更無他物. 汝復欲
知無上菩提令汝速證安樂解脫寂靜妙常. 亦汝六根更非他物.

(다) 기틀에 당면해 거듭 청함
아난이 비록 이러한 법음을 들었지만 마음이 오히려 분명하지 못해서
머리를 조아리고 부처님께 말씀드렸다.

"어찌하여 저로 하여금 생사에 윤회케 하는 것과 안락에 묘상妙常케
하는 것이 똑같이 육근일 뿐 다른 물건이 아니라고 하십니까?"

阿難雖聞如是法音心猶未明. 稽首白佛. 云何令我生死輪迴安樂妙
常同是六根更非他物.

(라) 세존께서 선포해 제시하는 것을 두 가지로 나눔
㉮긴 행行을 여섯 가지로 나눔
A. 참 근원은 둘이 아님을 가리킴
부처님이 아난에게 말씀하셨다.

"육근과 육진이 근원이 똑같고, 속박과 해탈이 둘이 아니며,

佛告阿難根塵同源. 縛脫無二.

B. 무명의 체體가 공空함을 제시함
식識의 성품은 허망하여 마치 허공 꽃과 같다.

識性虛妄猶如空華.

C. 육근과 육진이 허망하게 발함을 밝힘
아난아, 육진을 말미암아 앎을 발하고 육근을 인하여 상相이 있나니,

阿難. 由塵發知因根有相.

D. 허망의 근원이 체體가 없음을 밝힘
상相과 봄(見)은 성품이 없어서 묶어놓은 갈대와 같다.

相見無性同於交蘆.

E. 미혹과 깨달음이 동일한 근원임을 제시함
그러므로 네가 지금 지견知見에서 앎(知)을 세우면 곧 무명의 근본이고,
지견에서 봄(見)이 없으면 이것이 바로 열반의 샘이 없는(無漏) 진정眞
淨이다.

是故汝今知見立知卽無明本. 知見無見斯卽涅槃無漏眞淨.

F. 진제眞際를 가리켜 귀의함
어찌 이 가운데서 다시 다른 물건을 용납하겠느냐?"
　이때 세존께서 이 이치를 거듭 선포하고자 게송으로 말씀하셨다.

云何是中更容他物. 爾時世尊欲重宣此義而說偈言.

통의　모든 부처님께서 먼저 미혹과 깨달음이 동일한 근원임을 제시한 연후에 비로소 관觀의 모습을 제시하였다. 아난이 눈물을 비 오듯 흘리면서 정성껏 애달프게 청하는 마음이 극히 절실했기 때문에 세존께서는 정수리를 어루만지며 위로하신 후에 고하셨다. '즉시 시방세계가 여섯 가지로 진동하면서'는 근본무명을 타파하면 육근도 뒤집혀 타파되기 때문에 진동한다고 표현한 것이다. 세계는 본래 유일한 참(眞)이기 때문에 보불普佛이라 말한다. '미진수微塵數 여래에게 있는 보배 광명이 동시에 와서 석가의 정수리에 부어진다'는 석가가 설한 정상의 법(頂法)과 모든 부처님의 도道가 동일함을 표현한 것이다. '모든 부처님이 이구동성으로 아난에게 고했다'는 아난이 처음에 시방 여래에게 보리의 묘한 사마타와 삼마와 선나를 이루게 된 최초의 방편을 청했기 때문에 지금 관의 모습(觀相)이 모든 부처님이 동일하게 고한 것임을 올바로 제시함으로써 시방의 모든 여래가 하나의 도道로 생사를 벗어났음을 표현한 것이다. 즉 제시된 것(所示)이 바로 모든 부처님의 최초 방편이다.

'너를 윤회하게 하는 생사를 결성하는 근원은 오직 너의 육근일
뿐 다시 다른 물건은 없으며, 너로 하여금 안락安樂의 해탈을 속히
증득케 하는 것도 너의 육근일 뿐 다시 다른 물건은 없다'고 함으로써
모든 부처님의 수증修證이 다 동일함을 제시하였으니, 아난으로 하여
금 진실로 믿어서 의심이 없게 하려는 것이다. 이는 아난이 알지
못하는 것이기 때문에 의심을 하면서 거듭 청하자, 본존께서는 먼저
참 근원(眞源)을 가리키면서 '육근과 육진이 동일한 참 근원이고, 속박
과 해탈이 본래 두 이치가 없다'고 제시하였다.

그렇다면 한마음(一心)을 곧바로 가리켜서 다시 잉여의 법은 없는
것이다. 이미 하나의 참(一眞)이라고 의심해 말했지만 무명의 식의
성품(識性)이 나타나 있음을 어찌하랴. 그러므로 '식識의 성품이 허망
함이 마치 허공 꽃과 같아서 본래 있는 바(所有)가 없다'고 말한 것이다.
이는 무명의 체體가 공空함을 말한 것이다. 의심이 본래 공하다면
육근과 육진이 무엇으로부터 있겠는가? 그래서 '육진을 말미암아 앎을
발하고'라 말한 것이니, 소所에 즉해서 이미 허망이 성립되면 너의
허망한 능能이 생긴다.

'육근을 인하여 상相이 있다'는 말하자면 무명이 비록 공하더라도
지금 이미 결성된 근根이라면 허망한 모습(妄相)이 있음이니, 이는
육근과 육진이 허망하게 발함을 밝힌 것이다. 즉 이 봄(見)과 모습(相)
의 둘로 나뉜 것은 원래 무명이 이룬 것이니, 무명이 이미 본래 공하다면
이 모습(相)과 봄(見)도 전혀 스스로의 성품(自性)이 없기 때문에 교차
해 세워놓은 갈대와 같다고 비유한 것이다. 대체로 갈대의 체體는
본래 공하고 교차해 세워놓은 곳도 역시 공하니, 이는 허망의 근원(元)

이 체體가 없음을 밝힌 것이다.

'지견知見에서 앎(知)을 세우면' 등은 말하자면 무명과 육근, 육진이 하나하나 본래 공하고, 공하면 하나의 법도 있지(有) 않아서 오직 하나의 참(一眞)만이 홀로 존재할(存) 뿐이다. 그러나 너의 아는 바(所知)와 보는 바(所見)의 성품이 스스로 천연天然이라서 다시 지견을 세울 필요는 없다. 만약 억지로 하나의 지견을 세운다면 이는 무명의 근본이다. 그러므로 지금에 즉해서 허망을 돌이켜 참에 돌아가는(返妄歸眞) 것은 따로 수행할 필요가 없으니, 다만 지견에서 망견妄見을 일으키지 않는 것이 바로 열반의 샘이 없는(無漏) 진정眞淨이다. 이는 미혹과 깨달음이 동일한 근원임을 제시한 것이니, 어찌 이 가운데서 다시 다른 물건을 용납하겠는가? 이는 진제眞際[351]를 결론지어 가리킨 것이라서 수행의 요체가 이보다 절실한 것이 없다. 아직 다하지 못한 뜻(義)이 있기 때문에 거듭 게송을 설했다.

④게송으로 관觀의 모습을 올바로 제시한 것을 여섯 가지로 나눔

A. 일심一心에 의거해 삼관三觀의 모습을 세움

참 성품(眞性: 종지의 근본)에는 유위有爲가 공했지만(공관空觀)
반연하여 생기기 때문에 환幻과 같으니(가관假觀),
함도 없고(無爲) 일어나고 소멸함도 없어서
실답지 않음이 마치 허공 꽃 같다네(중관中觀).

---

351 ①진실의 극치, 곧 깨달음의 경지를 뜻한다. ②모든 현상의 있는 그대로의 참모습. 차별을 떠난, 있는 그대로의 모습을 말한다.

眞性(宗本)有爲空. (空觀)緣生故如幻. (假觀)無爲無起滅. 不實如空華(中觀).

B. 일심에 즉함이 소관所觀의 경계가 됨

허망을 말해서 온갖 참(眞)을 드러내니

허망과 참이 똑같이 둘 다 허망이구나(참과 허망을 쌍으로 끊는다).

오히려 참도 아니고 참 아님도 아니니

무엇이 봄(見)과 보는 바(所見)이겠는가?(근根과 경계를 둘 다 잊음)

중간에도 실다운 성품은 없나니

그래서 마치 갈대를 교차해 세워놓은 것 같으니라(무명의 체體가 공함).

맺힘과 풀어냄은 소인所因이 똑같으니(미혹과 깨달음은 근원이 똑같음)

성스러움과 범속함은 두 길이 없다(근원에 돌아감에 두 길은 없음).

너는 교차해 세워놓은 갈대의 성품을 살펴볼지니

공空도 아니고 또한 유有도 아니다(중도中道를 직관함).

미혹해 어두우면 곧 무명無明이고

발명發明하면 문득 해탈이니라(동일한 근원이란 까닭을 올바로 제출함).

言妄顯諸眞 妄眞同二妄 (眞妄雙絕)猶非眞非眞 云何見所見 (根境兩忘)中間無實性 是故若交蘆 (無明體空)結解同所因 (迷悟同源)聖凡無二路 (歸源無二)汝觀交中性 空有二俱非(直觀中道) 迷晦卽無明 發明便解脫(正出同源所以).

C. 원만한 근(圓根)에 의거함이 이치(理)에 들어가는 문門이 됨

매듭을 푸는 데는 차례를 인因하여
여섯이 풀리면 하나 역시 없어지니
근根이 원통圓通을 선택하면
흐름에 들어가 정각을 이루리라.

解結因次第. 六解一亦亡. 根選擇圓通. 入流成正覺.

D. 모습을 낳는(生相) 무명이 끊어야 할 미혹이 됨을 가리킴

아타나의 미세한 식識은
습기習氣가 폭포와 같은 흐름을 이루는데,
참(眞)과 참 아님(非眞)에 미혹할까봐
내 항상 펼쳐 연설하지 않았노라.

陀那微細識. 習氣成暴流. 眞非眞恐迷. 我常不開演.

E. 일심一心을 단박에 증명해서 삼관三觀의 작용을 드러냄

자기 마음에서 자기 마음을 취하면
환幻 아님이 환법幻法을 이루지만(참과 허망이 서로 성립함),
취하지 않으면 환幻 아님도 없다(허망이 멸하면 참도 없어짐).
환幻 아님도 오히려 생기지 않는데
환법이 어찌 성립되겠는가?(참이 궁窮하자 미혹도 다함)

自心取自心. 非幻成幻法(眞妄互立) 不取無非幻(妄滅眞亡) 非幻尙不

生. 幻法云何立(眞窮惑盡).

F. 모든 부처님이 똑같이 증득해서 삼관三觀의 명칭을 결론지음

이것을 이름하여 묘련화妙蓮華라 하고

금강왕의 보각寶覺이라고도 하며

여환如幻 삼마제라고도 하나니

손가락 한 번 튕기는 순간에 무학無學을 초월하네.

이 아비달마阿毘達磨[352]는

시방의 박가범薄伽梵[353]께서

외길로 이르는 열반문涅槃門이다.

是名妙蓮華. 金剛王寶覺. 如幻三摩提. 彈指超無學. 此阿毗達磨.

十方薄伽梵. 一路涅槃門.

통의 여기 '참 성품(眞性)' 이하 '발명發明'에 이르기까지는 문득

해탈함이 감응의 게송이 된 것이니, 삼관의 모습과 뜻(義)을

---

352 아비달마(阿毘達磨, 산스크리트어 Abhidharma, 논論) 또는 아비담마(팔리어 Abhi-
dhamma)의 문자 그대로의 뜻은 대법(對法: abhi+dharma=對+法)이다.

353 산스크리트어 bhagavat의 음사. 유덕有德·중우衆祐·세존世尊이라 번역한다.
모든 복덕을 갖추고 있어서 세상 사람들의 존경을 받는 자, 세간에서 가장
존귀한 자, 곧 부처를 일컫는다.

올바로 제시한 것이다. 참 성품은 바로 종지의 근본이다. 말하자면 진여眞如의 묘한 성품이 만법의 조종祖宗이기 때문에 첫머리에서 표방한 것이다. '유위有爲가 공했다'는 공관空觀을 제시한 것이다. 말하자면 모든 유위법이 참(眞)에 의거해 성립해서 비록 있다(有) 해도 성품이 항상 스스로 공空하니, 바로 이것이 공관이 된다. 공空의 입장에서는 오직 하나의 진여일 뿐 끝내 한 법도 없어서 적멸하여 고요하기(寂滅湛然) 때문에 사마타의 뜻에 해당한다.

'반연해 생기기 때문에 환幻과 같다'는 가관假觀을 제시한 것이다. 말하자면 진여의 체體가 공해도 불변으로써 연緣을 따르기 때문에 온갖 법을 이루는데, 온갖 법은 본래 없고 단지 연緣이 모여 생겨났을 뿐이다. 연緣이 모여 생겨났다면 생기지 않았을 때는 있지(有) 않고, 있어도 성품은 항상 스스로 공하기 때문에 환幻과 같을 뿐이다. 밝음(明)이 온갖 법을 비추면 그 당체當體가 환幻과 같기 때문에 삼마의 뜻에 해당한다.

'함도 없고(無爲) 일어나고 소멸함도 없어서 실답지 않음이 마치 허공 꽃 같다네'는 중관中觀을 제시한 것이다. 말하자면 진여는 무위無爲라서 본래 일어나고 소멸함이 없지만, 지금은 이미 연緣을 따라 사事를 이루어서 마치 일어나고 소멸함이 있는 듯하다. 그러나 환幻의 체體는 실답지 않아서 끝내 일어나는 곳이 없기 때문에 허공 꽃과 같다. 허공 꽃이 본래 일어나고 소멸함이 없어도 공空의 체體는 그 체가 한결같이 고요(寂然)하다. 말하자면 참 성품은 고요해도 연緣에 따르는 것을 막지 않으니, 비록 연에 따르는 데 맡겨도 참 근원(眞源)은 맑고 고요하다. 그렇다면 공空과 유有가 가지런히 환하게 밝아서 중도

中道가 단박에 드러나기 때문에 선나의 뜻에 해당한다.

그러나 이 삼관이 총체적으로 일심에 의거해 그 모습(相)을 보인 것이 바로 수능엄대정首楞嚴大定이다. 이 선정은 맺힘(結)을 푸는 비결秘訣이자 미혹을 타파하는 신부神符[354]이니, 부처 부처마다 도道의 성취는 다 이 선정을 비밀의 원인(密因)으로 삼았다. 그리고 아난이 최초로 이 선정을 문득 질문하자, 그 미망의 뿌리가 깊기 때문에 먼저 허망을 타파함으로써 삼관의 체體를 드러냈고, 아울러 행문行門을 질문하자 바로 생사가 결성되는 근원을 살폈다. 지금은 이미 결성되는 근원을 알기 때문에 그 맺힘을 푸는 방법을 청한 것이다. 이 모든 부처가 바야흐로 이구동성으로 드러내 보인 것에 이르러서 이 법의 깊고 깊음을 충분히 보았으며, 진실로 믿지 않고 의심하지 않는 자는 가볍게 끄집어낼 수 있는 것이 아니다.

허망을 말해서 온갖 참(眞)을 드러낸 것을 1.5게송으로 제시했다. 즉 일심의 참 근원이 소관所觀의 경계가 되었으니, 말하자면 일심에 의거해 삼관을 건립하였다. 이 삼관으로 일심을 되돌아 비추기 때문에 관觀의 경계가 되었으니, 말하자면 적멸의 일심에 참과 허망이 쌍으로 끊어졌다. 또 참(眞)의 명칭은 단지 허망을 말미암아 드러나니, 만약 허망을 말하고 참을 말하면 총체적으로 다 허망이기 때문에 '허망과 참이 똑같이 둘 다 허망이다'라고 말한 것이다. 그리고 이 마음이 오히려 참(眞)과 참 아님(非眞)을 말하지 않는데 어찌 능견能見과 소견

---

354 몸을 보호해주거나 행운을 가져다주는 특별한 힘을 갖고 있다고 믿어지는 자연물 또는 인공적으로 만들어진 물건. 호부護符, 신부神符, 영부靈符라고도 한다.

所見이 있겠는가? 이로써 能能과 소所가 다 무명을 인해 성립함을 알 것이다. 만약 무명의 체體가 공함을 요달하면 육근과 육진이 스스로 소멸해서 능과 소를 쌍으로 잊는다. 육근과 육진과 교차하는 곳 전체가 본래 공하고, 공하면 결성되지 못하고, 결성되지 못하면 육근과 육진이 단박에 소멸하니, 결성을 푸는 묘함은 이보다 더한 것이 없다.

'맺힘과 풀어냄은 소인所因이 똑같으니' 이하는 가타伽陀[355]로서 바로 동일한 근원이란 까닭을 제출한 것이다. 말하자면 일심을 미혹해서 무명이 허망하게 성립하고 能能과 소所가 대대待對하면 육근과 육진이 이로 인해 결성되는데, 지금 푸는 것도 역시 이로 인해 푸는 것이다. 그리하여 성스러움과 범속함이 똑같이 일심에 품부稟賦되어 있어서 원래 두 길이 없다. 이제 네가 단지 육근과 육진이 서로 교류함을 관하는 가운데 본래 실다운 성품이 없는데 무엇으로부터 결성이 되겠는가?

무명이 허망하게 성립하기 때문에 공이 아니며, 비록 있더라도(有) 자성이 없기 때문에 있지(有) 않으니, 공을 말하고 유有를 말하는 것이 다 무명에 의거하고 있다. 그러나 맑고 고요한 일심에는 공空과 유有가 다 끊어졌기 때문에 둘 다 부정된다. 네가 단지 이 교차 속의 성품을 관찰할진대, 미혹해 어두우면 곧 무명이고, 만약 발명하면 곧 해탈을 이루니 무슨 어려움이 있겠는가?

'매듭을 푸는 데는 차례를 인因하여' 이하는 한 게송의 의미가 원만한 근(圓根)에 의거해 이치(理)에 들어가는 문이 되는 것이니, 말하자면

---

355 ① 산스크리트어, 팔리어 gāthā의 음사. 게偈라고도 음사. 십이부경十二部經의 하나로서, 경전의 서술 형식이 운문체로 된 것. ② 아가타阿伽陀의 준말.

이미 여섯이 결성되었다면 모름지기 차례대로 풀어야 하기 때문에 '차례를 인因하여'라고 말한 것이다. 만약 여섯의 결성이 풀리면 하나 역시 존재하지 않기 때문에 '여섯이 풀리면 하나 역시 없어진다'고 말했으니, 이 때문에 원만한 근(圓根)을 선택하는 것이 곧 흐름에 들어가서 정각을 성취할 수 있는 것이다.

'아타나' 이하는 근본무명이 끊어야 할 미혹이 된다는 것을 정확히 가리킨 것이니, 말하자면 능히 끊는(能斷) 것이 삼관三觀이다. 이 아타나식은 매우 깊고, 미세하고, 훈습으로 변하고(薰變), 사량하기 어려운데, 습기習氣가 안으로 고동쳐서 맑고 고요한(湛淵) 심체心體로 하여금 마침내 폭류暴流를 이루게 한다. 참과 허망이 화합하기 때문에 '참(眞)과 참 아님(非眞)에 미혹할까봐'라고 한 것이니, 말하자면 외도와 이승이 허망한 집착을 나(我)로 삼아서 단견斷見과 상견常見을 일으키기 때문에 평소에 감히 펼쳐 연설하지 않은 것이다. 이제 끊을 것은 바로 이 식識일 뿐이다.

'자기 마음에서 자기 마음을 취하면' 이하의 다섯 구절에서는 일심을 단박에 증득함으로써 삼관의 작용을 드러낸 것을 제시하였다. 참마음(眞心)을 미혹함을 말미암아 업식業識을 이루고, 육근과 육진의 온갖 법을 변화하여 일으키느라 자기 마음의 나타난 바를 요달하지 못하기 때문에 집착해 취함(執取)으로 미혹을 일으켜 업을 지으니, 어찌 자기 마음에서 자기 마음을 취하는 것이 아니겠는가? 취取 한 글자를 인하기 때문에 비환非幻의 참(眞)으로 허환虛幻의 허망한 법을 이루는 것이다.

이제 만약 허망을 돌이켜 참으로 돌아가는 데는 다시 별다른 법이 없으니, 다만 취하지 않으면 육근과 육진이 단박에 소멸해서 참도

성립하지 못하거늘 환법幻法이 무엇으로부터 성립하겠는가? 이 참(眞)
을 궁구하고 미혹을 다하는 데는 단지 이 업을 발하는 무명이 본래
공해서 중생을 윤택케 하는 애착과 취함이 당장 소멸함을 요달하는
데 있을 뿐이다. 이것이 요체를 수고롭게 하지 않고도 무생無生을
단박에 증득하는 까닭이니, 참에 돌아가는(歸眞) 요체는 이보다 절실
한 것이 없다.

'이것을 이름하여 묘련화妙蓮華라 하고' 이하 세 구절에서는 관觀의
명칭을 총체적으로 결론짓고 있다. 말하자면 이 대정大定을 묘련화라
칭하는데, 본래 물듦이 없기 때문에 마치 연꽃과 같다. 또 견고함이
없어도 꺾이지 않기 때문에 금강왕의 보각寶覺이라 칭하고, 유有에
즉함으로써 공空을 관하기 때문에 여환如幻 삼마제라고 말한다. '손가
락 한 번 튕기는 순간에 무학無學을 초월하네'는 법의 날카로움이
능히 빠른 효과를 거둠을 드러낸 것이다.

아비달마阿毘達磨는 한역하면 비할 바 없는 법이니, 법의 수승함을
드러낸 것이다. '시방의 박가범薄伽梵께서 외길로 이르는 열반문涅槃門
이다'는 부처 부처마다 똑같이 수행하고 똑같이 증득함을 드러낸 것이
다. 오로지 묘한 이치(妙義)를 열어 보여서 이 장章을 다했기 때문에
관觀의 모습을 올바로 제시했다고 판석判釋하는 것이다. 이 외에는
다시 드러내 요달함이 없으니, 이런 이는 부디 깊이 관觀할지니라.

이상 삼관의 모습을 제시하였다.

다. 해탈과 결성의 방향을 간략히 제시하는 것을 세 가지로 나눔

가) 경가經家가 서문을 표시함

그래서 아난과 대중들이 부처님 여래의 위없는 자비로운 가르침과 기아祇夜[356]와 가타伽陀를 듣자, 섞이고 혼합함이 환하고 정채로우며 묘한 이치가 맑게 사무쳐서 마음눈이 밝게 열리며 미증유未曾有를 찬탄했다.

아난이 합장하여 정례하고 부처님께 말씀드렸다.

"제가 지금 부처님의 막힘없는 자비로 '성품이 청정하고 묘하고 항상하다'는 진실한 법구法句를 들었습니다.

於是阿難及諸大衆. 聞佛如來無上慈誨. 祇夜伽陀雜糅精瑩. 妙理淸徹. 心目開明歎未曾有. 阿難合掌頂禮白佛. 我今聞佛無遮大悲性淨妙常眞實法句.

나) 기틀에 당면해서 계청啓請함을 두 가지로 나눔

(가) 여섯이 풀리면 하나 역시 없어진다는 것을 질문함

그러나 마음은 아직도 여섯이 풀리면 하나 역시 없어진다는 것을 요달하지 못하고 있습니다.

心猶未達六解一亡.

---

356 기아(祇夜, Geya)는 응송應頌 또는 중송重頌이라 번역한다. 산문의 끝에서 다시 그 뜻을 반복해 말하는 운문으로 12부 경전의 하나다.

(나) 맺힘을 푸는 순서를 질문함

이처럼 맺힘을 푸는 순서를 모르고 있으니, 바라옵건대 큰 자비를 내려 이 법회에 모인 사람과 미래의 중생들을 불쌍히 여겨서 법음法音을 베풀어 찌든 때를 깨끗이 씻어 주소서."

舒結倫次. 惟垂大慈. 再愍斯會及與將來. 施以法音洗滌沈垢.

이 이하에서는 맺힘을 푸는 방향을 간략히 제시하고 있다. 맺힘을 푸는 차례를 들었어도 '여섯이 풀리면 하나 역시 없어진다'는 맺힘을 푸는 순서를 알지 못했으니, 뜻인즉 최초의 입문 방법을 밝혀달라고 청請한 것이다.

다) 세존께서 솜씨 있게 제시한 것을 두 가지로 나눔

(가) '여섯이 풀리면 하나 역시 없어진다'에 답한 것을 세 가지로 나눔

㉮ 육근이 맺히게 된 이유를 제시한 것을 다섯 가지로 나눔

A. 일심을 허망하게 미혹해서 오음五陰을 이룬 것을 사물을 빌려 드러냄

그때 여래께서 사자좌獅子座[357]에서 열반승涅槃僧[358]을 정돈하고 승가리僧伽梨[359]를 여미고는 칠보 궤짝을 잡아 손으로 끌어당겨서 겁바라천劫

---

[357] 부처님이 앉는 상좌牀座. 부처님은 인간에서 가장 높은 지위에 있는 분이므로, 부처님이 설법할 때 앉는 높고 큰 상을 사자좌라 한다.

[358] 산스크리트어 nivāsana의 음사. 군裙·하의下衣라고 번역. 수행승이 허리에 둘러 입는 치마 같은 옷.

[359] 산스크리트어 saṃghāṭī의 음사. 삼의三衣의 하나. 삼의 가운데 가장 크므로 대의大衣, 베 조각들을 거듭 이어서 만들며, 중의重衣, 조條의 수가 많으므로

波羅天이 바친 첩화건疊華巾을 들었다.

卽時如來於師子座. 整涅槃僧斂僧伽梨. 攬七寶几. 引手於几取劫波
羅天所奉華巾.

B. 허망하게 오음을 맺어서 육근을 이룬 것을 사물을 빌려 드러냄
그리고 대중 앞에서 매듭 하나를 맺으면서 아난에게 보이며 말씀하
셨다.
　“이것을 무엇이라 하느냐?”
　아난과 대중이 함께 부처님께 말씀드렸다.
　“그것은 매듭이라 합니다.”
　그러자 여래께서 첩화건을 맺으면서 다시 하나의 매듭을 만들고는
거듭 아난에게 물으셨다.
　“이것은 무엇이냐?”
　아난과 대중이 또 부처님께 말씀드렸다.
　“그것도 매듭이라 합니다.”
　이렇게 차례로 첩화건을 맺으면서 모두 여섯 매듭을 만들고는 하나
나 맺을 때마다 맺은 매듭을 손으로 들고 아난에게 물으셨다.
　“이것을 무엇이라 하느냐?”
　아난과 대중도 마찬가지로 차례로 대답했다.
　“그것은 매듭이라 합니다.”

잡쇄의雜碎衣라고 한다.

於大衆前綰成一結. 示阿難言此名何等. 阿難大衆俱白佛言. 此名爲
結. 於是如來綰疊華巾又成一結. 重問阿難此名何等. 阿難大衆又
白佛言. 此亦名結. 如是倫次綰疊華巾總成六結. 一一結成. 皆取手
中所成之結. 持問阿難此名何等. 阿難大衆亦復如是次第訓佛此名
爲結.

C. 하나와 여섯의 이치가 생기는 것을 사물을 빌려 드러냄

부처님이 아난에게 말씀하셨다.

"내가 처음 첩화건을 맺을 때 너는 그것을 매듭이라고 했다. 이
첩화건은 원래 실제로 한 줄기인데, 두 번째 맺을 때나 세 번째 맺을
때 어찌하여 너희들은 다시 매듭이라고 말하느냐?"

아난이 부처님께 말씀드렸다.

"세존이시여! 이 보배로운 첩화를 짜서 만든 수건은 본래 하나의
체體이지만, 저의 생각으로는 여래께서 한 번 맺으시면 하나의 매듭이
란 명칭을 얻게 되고, 만약 백 번 맺으시면 끝내 백 매듭이라 칭할
수 있습니다. 그러나 이 첩화건은 다만 여섯 매듭뿐이라서 끝내 일곱까
지는 이르지 못하고 다섯은 넘어섰는데, 여래께서는 어찌하여 단지
첫 번째만 허락하시고 두 번째, 세 번째는 매듭이라 칭하지 않으십
니까?"

佛告阿難. 我初綰巾汝名爲結. 此疊華巾先實一條. 第二第三云何汝
曹復名爲結. 阿難白佛言. 世尊. 此實疊華緝績成巾雖本一體. 如我
思惟. 如來一綰得一結名. 若百綰成終名百結. 何況此中祇有六結.

終不至七亦不停五. 云何如來祇許初時. 第二第三不名爲結.

D. 육근의 같음과 다름을 사물을 빌려 드러냄

부처님이 아난에게 말씀하셨다.

"이 보배로운 첩화건이 원래는 한 줄기일 뿐임을 너는 알고 있다. 그러나 내가 여섯 번 맺자 여섯 매듭이란 이름이 있는 것이다. 너는 자세히 관찰할지니, 첩화건 자체는 같지만 맺음으로 인하여 다르게 되었다. 어떻게 생각하느냐? 처음 맺어서 매듭지은 것을 첫 번째 매듭이라 칭하고, 이렇게 나아가 여섯째 매듭까지 생겼는데, 내가 지금 여섯 번째 매듭의 명칭을 갖고 첫 번째 매듭이라고 할 수 있느냐?"

"할 수 없나이다. 세존이시여, 여섯 매듭을 그냥 두는 한 이는 여섯 번째 명칭이지 끝내 첫 번째는 아닙니다. 설사 제가 여러 생을 거치면서 아무리 변명한다 해도 어떻게 여섯 매듭의 이름을 혼란하게 할 수 있겠습니까?"

佛告阿難. 此寶華巾. 汝知此巾元止一條. 我六綰時名有六結. 汝審觀察. 巾體是同因結有異. 於意云何. 初綰結成名爲第一. 如是乃至第六結生. 我今欲將第六結名成第一不. 不也世尊. 六結若存. 斯第六名. 終非第一. 縱我歷生盡其明辯. 如何令是六結亂名.

E. 육근의 같음과 다름을 결론으로 종합함

부처님이 말씀하셨다.

"그러하니라. 여섯 매듭이 같지 않지만 본래의 원인을 돌아보면 하나의 수건으로 만들어진 것이라서 끝내 그 매듭을 혼란스럽게 뒤섞을 수 없다. 그렇다면 너의 육근도 마찬가지라서 필경 같음(同) 속에서 필경 다름(異)이 생겨나는 것이다."

佛言如是. 六結不同. 循顧本因一巾所造. 令其雜亂終不得成. 則汝六根亦復如是. 畢竟同中生畢竟異.

통의 여기서는 여섯 매듭의 같음과 다름의 근원(元)을 솜씨 있게 제시하고 있다. 여래께서 겁바라천이 바친 첩화건을 취하여 매듭의 근본으로 삼게 된 것은, 수건에 있는 오색五色으로 하나의 참(一眞)을 미혹해 오온이 되는 것을 표현하는 데 뜻이 있다. 장차 이에 의거해 허망하게 육근을 나눈 것이다. '부처님께서 아난에게 말씀하셨다' 이하는 하나와 여섯의 이치가 생기는 것을 따져서 제시했다. 이 첩화건은 원래 실제로 한 줄기인데 차례대로 맺어지면서 여섯 매듭이 되었으니, 이는 원래 하나의 정명精明에 의거해 여섯 화합和合으로 나누어 이루어짐을 올바로 표현한 것이다. '이 보배로운 첩화건' 이하에서 '필경 다름(異)이 생겨나는 것이다'까지는 육근의 같음과 다름을 사물을 빌려 드러낸 것이다.

이상 수건의 매듭이 말미암는 바를 제시하였다.

㉰'여섯을 풀면 하나도 없어진다'를 제시한 것을 두 가지로 나눔
A. '여섯을 풀면 하나도 없어진다'를 사물을 빌려 드러냄
부처님이 아난에게 말씀하셨다.

"네가 필경 이것을 싫어해서 여섯 매듭이 이루어지지 않고 하나가 되기를 원한다면, 다시 어떻게 해야 하느냐?"

아난이 대답했다.

"이 매듭이 그냥 있는 한 옳고 그름이 칼날처럼 일어나서 '이 매듭은 저 매듭이 아니고, 저 매듭은 이 매듭이 아니다'고 하는 것이 저절로 생길 수 있습니다. 그러나 여래께서 오늘 만일 매듭을 다 풀어서 매듭이 생기지 않게 하면, 이 매듭 저 매듭이 없어져서 하나라 칭할 것도 없는데 여섯이 어찌 성립되겠습니까?"

佛告阿難. 汝必嫌此六結不成. 願樂一成復云何得. 阿難言. 此結若存是非鋒起. 於中自生此結非彼彼結非此. 如來今日若總解除. 結若不生則無彼此. 尚不名一六云何成.

B. 법이 참과 허망의 불생不生과 합치함

부처님이 말씀하셨다.

"여섯을 풀면 하나도 없어진다는 것도 마찬가지다. 너희가 무시이래로 심성心性이 미쳐 날뛰어서(狂亂) 지견知見이 허망하게 발하는데, 그 허망을 발함이 쉬지 않아서 봄(見)을 피로케 하여 티끌(塵)을 발한다. 마치 눈동자를 피로케 하면 미친 꽃이 맑고 정채롭고 밝음(湛精明)에서 까닭 없이 어지럽게 일어나는 것과 같다. 일체 세간의 산하대지와 생사, 열반도 다 광란과 피로에 즉해 뒤바뀐 꽃의 모습이다."

佛言. 六解一亡亦復如是. 由汝無始心性狂亂知見妄發. 發妄不息勞

見發塵. 如勞目睛則有狂華於湛精明無因亂起. 一切世間山河大地
生死涅槃皆卽狂勞顚倒華相.

통의 여기서는 '여섯을 풀면 하나도 없어진다'를 제시함으로써 본래
하나와 여섯의 이치가 없다는 것을 제시하고 있다. 부처님께
서 아난에게 '네가 필경 이것을 싫어해서 여섯 매듭이 이루어지지
않고 하나가 되기를 원한다면, 어떻게 해야 얻을 수 있느냐?'고 물은
것은 그 뜻이 아난으로 하여금 스스로 '여섯을 풀면 하나도 없어진다'는
이치를 깨닫게 하는 데 있다. 대체로 '하나'는 무명을 비유하고 '여섯'은
육근을 비유한다. 아난이 '매듭이 생기지 않으면 하나라 칭할 것도
없는데 여섯이 어찌 성립하겠는가?'를 깨달아 알았기 때문에 부처님
께서 마찬가지라고 인허印許하셨으니, 이는 바로 사事를 빌려 밝힌
것이다.

그래서 아래에서 올바로 제시하길 '너희가 무시이래로 지견知見이
허망하게 발하는데, 그 허망을 발함이 쉬지 않아서 마치 눈이 피로해
미친 꽃을 보는 것과 같다. 그래서 근원이고 맑고 정채롭고 밝고
유일하고 참(元湛精明一眞)인 체體에서 까닭 없이 일체 세간의 산하대
지가 어지럽게 일어나고, 진정계眞淨界 속에서 생사와 열반이 다 광란
과 피로에 즉해 뒤바뀐 꽃의 모습이다'라고 말한 것이다. 이는 소위
허망과 참이 똑같이 둘 다 허망이란 것이다. 허망이 소멸하자 참도
역시 존재하지 않으니, '여섯을 풀면 하나도 없어진다'는 이치가 여기서
드러난다.

㉲매듭을 푸는 방법을 제시한 것을 다섯 가지로 나눔

A. 두 변邊이 무력함을 사물을 빌려 드러냄

아난이 말했다.

"이 피로가 매듭과 같다면 어떻게 풀어야 합니까?"

여래께서 매듭진 수건을 손으로 잡고 왼쪽으로 당기면서 아난에게 물으셨다.

"이렇게 하면 풀 수 있겠느냐?"

"못합니다, 세존이시여."

다시 손으로 오른쪽으로 당기면서 또 아난에게 물으셨다.

"이렇게 하면 풀 수 있겠느냐?"

"못합니다, 세존이시여."

부처님이 아난에게 말씀하셨다.

"내가 지금 왼쪽과 오른쪽으로 당겼지만 결국 풀 수가 없었다. 너는 방편을 마련해 보거라. 어찌하면 풀겠느냐?"

阿難言. 此勞同結云何解除. 如來以手將所結巾偏掣其左. 問阿難言 如是解不. 不也世尊. 旋復以手偏牽右邊. 又問阿難如是解不. 不也 世尊. 佛告阿難. 我今以手左右各牽竟不能解. 汝設方便云何解成.

B. 중도中道가 공功을 거두는 것을 사물을 빌려 드러냄

아난이 부처님께 말씀드렸다.

"세존이시여, 응당 매듭의 중심(心)에서 풀면 즉시 풀릴 것입니다."

阿難白佛言. 世尊. 當於結心解卽分散.

C. 중도를 직관하라고 사물을 빌려 명함

부처님께서 아난에게 말씀하셨다.

"그렇고 그렇도다. 맺힌 것을 풀려면 매듭의 중심에서 풀어야 된다.

佛告阿難. 如是如是. 若欲除結當於結心.

D. 성불의 참 원인(眞因)을 올바로 제시함

아난아! 내가 '불법은 인연으로부터 생긴다'고 말한 것은, 세간의 화합인 거친 모습(麤相)을 취한 것이 아니다. 여래는 세간법과 출세간법을 발명發明해서 그 근본 인(本因)이 반연한 바를 따라 나오는 것을 안다. 이렇게 나아가 항하 모래 수 세계 밖의 한 방울 비까지도 그 수효를 다 알며, 또 소나무는 곧고 가시나무는 굽으며 따오기는 희고 까마귀는 검은 것처럼 눈앞에 나타난 갖가지 일을 다 그 근원의 이유(元由)까지 안다.

阿難. 我說佛法從因緣生. 非取世間和合麤相. 如來發明世出世法. 知其本因隨所緣出. 如是乃至恆沙界外一滴之雨亦知頭數. 現前種種松直棘曲鵠白烏玄皆了元由.

E. 육근을 말미암아 증득해 들어감을 결론으로 제시함

그러므로 아난아, 네 마음을 따라 육근에서 선택하라. 육근의 매듭이 만약 풀리면 육진의 모습도 저절로 소멸할 터이니, 모든 허망이 녹아 없어지면 참되지 않음(不眞)이 어찌 대대待對하겠는가?

是故阿難. 隨汝心中選擇六根. 根結若除塵相自滅. 諸妄銷亡不眞何待.

통의 여기서는 매듭을 푸는 방법을 올바로 제시하고 있다. 아난이 '이 피로가 매듭과 같다면 어떻게 풀어야 합니까?' 하고 여쭌 것은 비록 수건의 매듭에 나아가 여쭈었더라도 그 뜻은 육근의 매듭을 푸는 방법을 청한 데 있기 때문에 '이 피로가 매듭과 같다면'으로 청한 것이다. 세존께서는 솜씨 있게 제시했으니, 바로 손으로 왼쪽과 오른쪽으로 당기면서 물은 것이다.

아난이 모두 풀 수 없다고 말한 것은 그 뜻이 두 변邊의 무력함을 드러내는 데 있다. 그래서 다시 돌이켜서 아난에게 '너는 방편을 마련해 보거라. 어찌하면 풀겠느냐?'고 명한 것이다. 아난은 대답하길 '응당 매듭의 중심(心)에서 풀면 즉시 풀릴 것입니다'라고 하였다. 그러나 여래가 어찌 매듭을 푸는 그 중심을 스스로 알지 못하겠는가? 그래서 되돌아 아난에게 따진 것은 바로 스스로 착수하는 곳을 알게 하고자 함이니, 이 때문에 부처님께서 응당 매듭의 중심에서 풀어야 한다고 인허印許한 것은 그 뜻이 중도를 직관하게 하는 데 있다.

아래에서 '성불의 참 원인(眞因)을 제시함'은 기틀에 당면해서 진실로 믿어 의심하지 않도록 하고자 함이기 때문에 부처님 스스로 일체의 세간법과 출세간법 모두 근원의 원인(元因)을 요달했다고 진술하였다.

하물며 이 수행에서 어찌 그 절요節要[360]를 알지 못하겠는가?

지금인즉 '네 마음을 따라 육근에서 선택하라. 육근의 매듭이 만약 풀리면 육진의 모습도 저절로 소멸할 터이니, 모든 허망이 녹아 없어지면 참되지 않음(不眞)이 어찌 기대겠는가?'라고 말한 것은 육근을 말미암아 증득해 들어감을 정확히 제시한 것이다.

이상 '여섯을 풀면 하나도 없어진다'를 총체적으로 답했다.

(나) 매듭을 푸는 순서에 대한 답을 네 가지로 나눔

㉮ 생겨남은 식을 인해 있다(生因識有)는 것을 사물을 빌려 드러냄

아난아, 내가 지금 너에게 묻겠다. 이 겁파라 수건에 여섯 매듭이 나타나 있는데 동시에 맺힌 것을 풀 수 있겠는가?"

"못합니다, 세존이시여. 이 매듭은 본래 차례로 맺혀 생겼습니다.

阿難. 吾今問汝. 此劫波羅巾六結現前. 同時解縈得同除不. 不也世尊. 是結本以次第綰生.

㉯ 소멸은 색으로부터 없애는(滅從色除) 것을 사물을 빌려 드러냄

그래서 지금도 반드시 차례로 풀어야 합니다. 여섯 매듭이 체體는 같지만 맺히던 때가 똑같지는 않다면, 매듭을 풀 때도 어찌 동시에 풀겠습니까?"

---

[360] 중요하고 필요한 부분만 축약한 것을 말한다.

今日當須次第而解. 六結同體結不同時. 則結解時云何同除.

㉒ 법이 매듭을 푸는 차례와 합치함을 세 가지로 나눔

A. 중도를 말미암아 견사(見思: 견혹과 사혹)를 끊음으로써 인공人空을 증득함

부처님께서 말씀하셨다.

"육근을 풀어 없애는 것도 마찬가지이다. 이 육근을 처음 풀게 되면 먼저 인공人空을 얻는다.

佛言. 六根解除亦復如是. 此根初解先得人空.

B. 중도를 말미암아 진사塵沙[361]를 끊음으로써 법공法空을 증득함

공성空性이 원만하고 밝으면 법해탈法解脱을 이룬다.

空性圓明成法解脱.

C. 중도를 말미암아 무명을 끊음으로써 무생無生을 증득함

법을 해탈한 후에 함께 공하여(俱空) 생겨나지 않으면

解脱法已俱空不生.

---

361 진사塵沙는 많음을 비유한 것이다. 한량없는 차별 현상을 알지 못하여 중생을 구제하는 데 장애가 되는 번뇌로, 진사혹塵沙惑이라 한다.

㉣ 결론으로 관심觀心에 돌아감

이를 이름하여 '보살이 삼마지로부터 무생법인無生法忍을 얻었다'고
한다."

是名菩薩從三摩地得無生忍.

통의 여기서는 매듭을 푸는 순서를 답하고 있다. '매듭은 차례로
맺혔다'는 생겨남은 식을 인해 있다(生因識有)는 것을 사물을
빌려 드러내는 것이다. '지금도 또한 차례로 풀어야 합니다'는 소멸은
색으로부터 없앰(滅從色除)을 사물을 빌려 드러낸 것이다. 위에서
모두 사물을 빌려 드러내니, 아래에서도 법이 매듭을 푸는 차례에
합치한다.

'이 육근을 처음 풀게 되면 먼저 인공人空을 얻는다'는 사마奢摩의
중도관을 말미암아 운에 맡겨(任運) 먼저 견사(見思: 견사혹)³⁶²을 끊어
분단생사分段生死³⁶³를 소멸하기 때문에 '먼저 인공人空을 얻는다'고
하였다. 이는 관행觀行으로부터 십신十信³⁶⁴을 만족하는 것이다. '공성

---

362 견사의 혹이란 과거·현재·미래 삼세三世의 도리에 미혹되어 있는 견혹見惑과
   사상事象에 미혹되어 있는 사혹思惑을 합한 것으로서, 이 두 가지가 중생 세계의
   생사生死를 일으키는 것이라고 한다.

363 육도六道로 윤회輪廻하는 범부凡夫의 생사生死를 말한다. 분分은 제각기 가는
   것이니 목숨의 끝이고, 단段은 끝이니 몸의 형체임. 범부는 각기 업인業因을
   따라서 신체에 크고 작으며, 가늘고 굵은 모양이 있고, 목숨에 길고 짧은 한계가
   있는 생사. 변역생사變易生死와 상대말이다.

364 십신심十信心·십심十心이라고도 한다. 보살이 처음 닦아야 할 열 가지 마음.

空性이 원만하고 밝으면 법해탈法解脫을 이룬다'는 말하자면 삼마三摩
의 중도관을 말미암아 진사혹塵沙惑을 멸하여 무명을 부분적으로 타파
하니, 바로 초주初住로부터 삼현三賢[365]을 거쳐서 지地에 오르는 데까지
이른다.

'법을 해탈한 후에 함께 공하여(俱空) 생겨나지 않으면'은 선나禪那의
중도관을 말미암아 초지初地에 들어가서 중심으로 중심으로(中中)
살바야薩婆若[366]의 바다에 흘러든다. 이는 십지十地를 거쳐서 등각等覺
까지 극極하는 것이다. 그래서 결론으로 관심觀心에 돌아가면서 곧
'이를 이름하여 보살이 삼마지로부터 무생법인無生法忍을 얻었다고
한다'고 말했으니, 매듭을 푸는 방식이 이보다 더한 것이 없다. 자발적
인 여래의 대자비가 아니라면 이토록 자세할 수 있겠는가!

이상 매듭을 푸는 방식을 제시했다.

---

①신심信心: 부처의 가르침을 믿는 마음. ②염심念心: 부처의 가르침을 명심하여
잊지 않는 마음. ③정진심精進心: 힘써 정진하는 마음. ④정심定心: 마음을
한곳에 모아 흐트러지지 않게 하는 마음. ⑤혜심慧心: 모든 현상의 본성을
꿰뚫어 아는 마음. ⑥계심戒心: 계율을 지켜 청정하는 마음. ⑦회향심廻向心:
자신이 쌓은 공덕을 깨달음으로 향하게 하는 마음. ⑧호법심護法心: 마음을
다스려 번뇌가 일어나지 않게 하는 마음. ⑨사심捨心: 재물을 아끼지 않고
베풀어 주는 마음. ⑩원심願心: 원하는 것을 이루기 위해 수행하는 마음이
그것이다.

365 십주十住·십행十行·십회향十廻向의 수행 단계에 있는 보살을 말한다.

366 산스크리트어 sarva-jña의 음사로, 일체지一切智라고 번역. 모든 것의 안팎을
깨달은 부처의 지혜이다.

上示解結方竟

통의 경문의 일반적인 과정을 살펴보건대, 아난은 최초로 시방 여래에게 청해서 보리의 묘한 사마타와 삼마와 선나의 최초 방편을 이루게 되었다. 대체로 삼관三觀은 부처 부처마다 도를 이룬 근본이니, 소위 외길(一道)로 생사를 벗어났다는 것이다. 그 최초의 방편이 바로 저마다 발심發心해서 도를 깨닫는 근본 원인(本因)이니, 바로 속박에서 벗어나는 공부와 같다.

종전에 여래께서는 이미 아난에게 속박에서 벗어나는 방법을 솜씨 있게 제시했고 착수하는 곳을 자세히 밝혔을 뿐만 아니라 거듭 거듭 당부하셨다. 그리하여 25성聖이 원통圓通³⁶⁷을 이룬 것을 거듭 빌린 것은 저마다 최초로 도를 깨달은 방편을 올바로 제시한 것이다. 마치 추왕성趣王城에서는 집집마다 길이 장안長安으로 통했지만 다만 문을 나서는 첫걸음은 각 사람의 발꿈치 아래에 있어서 방향을 따라 편의를 취할 뿐인 것과 같으니, 이 때문에 원각圓覺³⁶⁸의 마음을 닦는 데 25륜輪의 관법觀法이 있다. 이 경전에 있는 25성聖의 묘한 문門은 바로 그 사람 사람마다 깨닫는 곳으로 다 근원으로 돌아갈 수 있다. 다만 원만히 통하는(圓通) 본근本根의 처소를 취해야 쉽게 들어가기 때문에

---

367 이르지 아니한 데 없이 널리 두루 통달한다. 또는 진여의 이치를 널리 깨닫는 수행을 원통이라 한다.

368 원만한 깨달음, 즉 부처의 깨달음을 이르는 불교용어. 일체의 생명에는 본래부터 깨달음이 있고 진심이 있어서 체體에 맞으면 원각이라 하고, 인因에 맞으면 여래장이라 하며, 과果에 맞으면 또 원각이라 한다.

이근耳根을 선택해 첫 번째로 삼은 것이다. 이는 바로 매듭을 없앤 당장의 마음(當心)이 25성聖의 뜻을 명한 것이다.

라. 최초의 방편을 자세히 제시한 것을 네 가지로 나눔
가) 적합한 기연이 해당 근根을 특별히 청함

아난과 대중들이 부처님의 가르침(開示)을 듣고 혜각慧覺이 원만히 통하면서 의혹이 없어지자 일시에 합장하며 부처님 두 발 밑에 정례頂禮하고는 부처님께 말씀드렸다.

"저희들이 오늘 몸과 마음이 밝아지면서 걸림 없음을 흔쾌히 얻었습니다. 비록 하나와 육근이 없어지는 이치를 깨달아 알았지만 아직도 원만히 통하는(圓通) 본근本根을 통달하지 못했습니다.

세존이시여, 저희들은 여러 겁을 고아처럼 표류하며 떠돌았으니 어떤 마음, 어떤 생각으로 부처님의 천륜天倫에 참여했겠습니까? 마치 젖을 잃은 아이가 문득 자애로운 어머니를 만난 것 같습니다. 만약 다시 이때의 모임을 인해 도를 이루어서 얻게 된 비밀의 말씀이 도리어 본래의 깨달음과 같다면 여래의 말씀을 듣지 못한 것과 차별이 있지 않으니, 바라옵건대 크신 자비로 저희에게 비밀의 장엄을 베푸셔서 여래의 최후의 가르침(開示)을 성취케 하소서."

이렇게 말하고는 오체를 땅에 대고 물러나 비밀의 기연(密機)을 간직한 채 부처님의 은밀한 가르침을 바라고 있었다.

阿難及諸大衆蒙佛開示慧覺圓通得無疑惑. 一時合掌頂禮雙足而白佛言. 我等今日身心皎然快得無礙. 雖復悟知一六亡義. 然猶未達圓

通本根. 世尊. 我輩飄零積劫孤露. 何心何慮預佛天倫. 如失乳兒忽
遇慈母. 若復因此際會道成. 所得密言還同本悟. 則與未聞無有差
別. 惟垂大悲惠我祕嚴. 成就如來最後開示. 作是語已五體投地. 退
藏密機冀佛冥授.

나) 세존께서 시험 삼아 증명해서 은밀히 전수함

(가) 세존께서 시험 삼아 물어봄

이때 세존께서 대중 속의 대보살들과 모든 번뇌(漏)가 다한 대아라한들
에게 널리 말씀하셨다.

"너희 보살들과 아라한들이 나의 법 안에 태어나서 무학無學을 이루
게 되었으니, 내가 지금 너희들에게 묻겠다.

'최초로 발심하여 십팔계를 깨달았으니, 무엇이 원만히 통함(圓通)
이 되었으며 어떤 방편으로 삼마지에 들어갔느냐?'"

爾時世尊普告眾中諸大菩薩及諸漏盡大阿羅漢. 汝等菩薩及阿羅漢.
生我法中得成無學. 我今問汝最初發心悟十八界誰爲圓通. 從何方
便入三摩地.

이 이하에서는 최초의 방편을 자세히 제시하고 있다. 아난과
대중이 이미 하나와 여섯이 없어지는 이치를 깨달았지만,
다만 아직 원만히 통하는 본근本根을 통달하지 못해서 가르침을 바란
것이다.

'얻어 들은 비밀의 말씀'은 이미 '여섯을 풀면 하나도 없어진다'는

이치를 깨달은 것으로서 소위 모든 여래가 설한 법이다. '도리어 본래의 깨달음과 같다면'은 말하자면 먼저 실상實相을 깨달았어도 다만 화옥 (華屋: 화려한 집)에서 아직 문에 들어가질 못한 것이라서 마치 아직 듣지 못한 것과 똑같다. 세존께서 스스로 열어 보이지(開示) 않고 모임에 있는 보살과 성문에게 물은 것은 그 뜻이 각 사람이 들어가는 초심初心의 방편을 빌려서 문門마다 다 증득해 들어갈 수 있음을 드러낸 것이다. 부처님의 은밀한 가르침을 바라기 때문에 여래께서 잠자코 대중을 빌려 설한 것이다.

(나) 온갖 성인들이 증명해 성취함을 세 가지로 나눔

㉮ 온갖 성인들이 선포해 제시한 것을 두 가지로 나눔

A. 24성인이 따로 증명함을 네 가지로 나눔

A) 육진六塵을 여섯으로 나눔

(A) 성진聲塵

교진나 등 다섯 비구가 즉시 자리에서 일어나 부처님 발에 정례하고 부처님께 말씀드렸다.

"제가 녹원(鹿苑: 녹야원)과 계원雞園에서 여래께서 최초로 도道를 이루시는 것을 관찰해 보았는데, 부처님의 음성에서 사제四諦를 깨달아 밝혔습니다. 부처님께서 비구에게 물으시면서 제가 처음 이해했다고 칭찬하셨죠. 여래께서는 저를 인가하시며 아약다阿若多라고 칭하시니, 묘한 소리가 은밀하고 원만한지라(密圓) 저는 음성에서 아라한을 얻었습니다. 부처님께서 원만히 통함(圓通)을 물으시는데, 제가 증득한 대로라면 음성이 최상입니다."

憍陳那五比丘卽從座起. 頂禮佛足而白佛言. 我在鹿苑及於雞園. 觀
見如來最初成道. 於佛音聲悟明四諦. 佛問比丘我初稱解. 如來印我.
名阿若多. 妙音密圓. 我於音聲得阿羅漢. 佛問圓通. 如我所證音聲
爲上.

통의 이 이하에서는 25성인이 삼과三科[369], 칠대七大[370]를 말미암았
으니, 이는 성진聲塵으로부터 들어간 것이다. 교진나는 한역
하면 화기火器이다. 선조가 불을 숭배하는 외도였기 때문에 족성族姓으
로 이름 지은 것이다. 다섯 비구는 바로 부처님께서 최초로 득도(得度:
출가)시킨 분들이다. 부처님께서 출가하실 때 정반왕은 곧 집안의
친족인 아현파, 발제, 마하남구리 세 사람과 외숙인 교진나와 십력가섭
에게 명해서 이 다섯 사람이 석가를 따르며 호위하도록 지시했다.

나중에 이들은 부처님을 버리고 각자 다른 도(異道)를 닦았다. 급기
야 여래께서 도를 이루신 후 다섯 사람을 제도할 생각으로 마침내
녹야원에 가서 사제의 법륜을 세 번 굴렸다. 부처님께서 '이해했느냐?'
고 묻자 교진나가 '이해했습니다'라고 대답해서 부처님께서 인가하셨
다. 아약다는 한역하면 해(解: 이해)이다. 이는 음성을 듣고 깨달았음
을 말미암은 것이다.

---

369 모든 현상을 세 가지로 분류한 오온五蘊·십이처十二處·십팔계十八界를 말한다.
370 모든 현상을 구성하고 있는 일곱 가지 요소를 말한다. ①지대地大: 견고한
성질. ②수대水大: 축축한 성질. ③화대火大: 따뜻한 성질. ④풍대風大: 움직이는
성질. ⑤공대空大: 공간, 허공. ⑥식대識大: 분별하는 마음 작용, 분별 작용,
인식 작용. ⑦근대根大: 감각하거나 의식하는 기관·기능.

(B) 색진色塵

우바니사타가 즉시 자리에서 일어나 부처님 발에 정례하고 부처님께 말씀드렸다.

"저 또한 부처님께서 최초로 도를 이루심을 살펴보았습니다. 그래서 '청정하지 못한 모습(不淨相)을 관찰하라'고 하시기에 크게 싫어해 여의는(厭離) 마음을 내어 온갖 색色의 성품을 깨달았습니다. 청정하지 못함(不淨), 백골白骨, 미진微塵으로부터 허공에 돌아가서 공空과 색色이 둘 다 없어져서 무학無學의 도를 이루자, 여래께서 인가하시면서 니사타라 칭하셨습니다. 티끌의 색이 이미 다하고 묘색妙色이 은밀하고 원만해서 제가 색상色相으로부터 아라한을 얻었습니다. 부처님께서 원만히 통함(圓通)을 물으시는데, 제가 증득한 대로라면 색인色因이 최상입니다."

優婆尼沙陀卽從座起. 頂禮佛足而白佛言. 我亦觀佛最初成道. 觀不淨相生大厭離. 悟諸色性以從不淨白骨微塵歸於虛空. 空色二無成無學道. 如來印我名尼沙陀. 塵色旣盡妙色密圓. 我從色相得阿羅漢. 佛問圓通. 如我所證色因爲上.

통의 여기서는 색진色塵을 말미암아 들어가는 것이다. 우바니사타는 한역하면 근소近少 또는 진성공塵性空이라 한다. 색의 성품을 깨달은 것을 말미암아 명칭을 얻었다. 부정관不淨觀으로부터 백골, 미진에 이르기까지 허공으로 돌아간다.

(C) 향진香塵

향엄香嚴 동자가 즉시 자리에서 일어나 부처님 발에 정례하고 부처님께 말씀드렸다.

 "저는 여래께서 저에게 '모든 유위의 모습을 자세히 관찰하라'고 가르치신 것을 들었습니다. 제가 그때 부처님을 하직하고 깨끗한 방에서 편안히 명상하다가 비구들이 침수향沈水香을 태우는 걸 보았습니다. 향기가 고요히 콧속으로 들어오는데, 저는 '이 향기는 나무도 아니고 허공도 아니고 연기도 아니고 불도 아닌데 가도 닿는 데가 없고 와도 좇아온 바가 없다'고 관찰했으며, 이로 말미암아 뜻(意)이 녹으면서 무루無漏를 발명하였습니다. 여래께서 저를 인가하시면서 '향엄'이란 이름을 얻었으니, 육진의 기운(塵氣)이 문득 소멸하고 묘한 향이 은밀하고 원만해서 저는 향엄으로부터 아라한을 얻었습니다. 부처님께서 원만히 통함(圓通)을 물으시는데, 제가 증득한 대로라면 향엄이 최상입니다."

香嚴童子卽從座起. 頂禮佛足而白佛言. 我聞如來教我諦觀諸有爲相. 我時辭佛宴晦清齋. 見諸比丘燒沈水香. 香氣寂然來入鼻中. 我觀此氣非木非空非煙非火. 去無所著來無所從. 由是意銷發明無漏. 如來印我得香嚴號. 塵氣倏滅妙香密圓. 我從香嚴得阿羅漢. 佛問圓通. 如我所證香嚴爲上.

 여기서는 향진香塵을 말미암아 들어가는 것이다. 보살이 동진童眞으로 도道에 들어갔기 때문에 동자라고 칭했다. 향기가 나무도 아니고 허공도 아니고 연기도 아니고 불도 아니라고 관찰했다면 향엄香嚴의 체體가 공한 것이다. 가도 닿는 데가 없고 와도 좇아온 바가 없다면 육진의 경계가 여여如如하다. 이로 말미암아 뜻(意)이 녹으면서 무루를 발명했다.

(D) 미진味塵

약왕藥王과 약상藥上의 두 법왕자法王子와 모임에 있던 5백 명의 범천은 즉시 자리에서 일어나 부처님 발에 정례하고 부처님께 말씀드렸다.

"저희들은 비롯함 없는 겁 이래로 세상의 훌륭한 의사가 되어서 입으로 이 사바세계의 풀, 나무, 쇠, 돌을 맛본 것이 그 수가 대체로 십만팔천입니다. 이런 것들을 다 알아서 쓴 것, 신 것, 짠 것, 싱거운 것, 단 것, 매운 것 등의 맛과 이것들을 화합한 것과 구생俱生과 변이變異, 차가운 것, 뜨거운 것, 독이 있는 것, 독이 없는 것들을 다 두루 알았지만, 여래를 받들어 섬기면서 맛의 성품이 공空도 아니고 유有도 아니며 몸과 마음에 즉하지도 않고 몸과 마음을 여의지도 않음을 요달해 알고서 맛의 원인을 분별하여 이로부터 깨달았습니다. 부처님 여래께서 저희 형제를 인가하시며 약왕과 약상의 두 보살로 칭하여 지금 이 모임에서 법왕자가 되었으니, 맛을 인하여 깨닫고 밝아져서(覺明) 보살 지위에 올랐습니다. 부처님께서 원만히 통함(圓通)을 물으시는데, 제가 증득한 대로라면 맛의 원인이 최상입니다."

藥王藥上二法王子幷在會中五百梵天卽從座起. 頂禮佛足而白佛言. 我無始劫爲世良醫. 口中嘗此娑婆世界草木金石. 名數凡有十萬八

千. 如是悉知若醋鹹淡甘辛等味幷諸和合. 俱生變異. 是冷是熱有毒
無毒悉能徧知. 承事如來. 了知味性非空非有. 非卽身心. 非離身心.
分別味因從是開悟. 蒙佛如來印我昆季藥王藥上二菩薩名. 今於會
中爲法王子. 因味覺明位登菩薩. 佛問圓通如我所證味因爲上.

통의　여기서는 미진味塵을 말미암아 들어가는 것이다. 부처의 종자
를 감당하여 이어가기 때문에 법왕자라 칭한다. 약왕은 많은
겁 동안 맛을 알았지 일시一時가 아닌 탓에 맛의 성품이 본래 공함을
요달해 알았다. 몸과 마음을 잡아서 근식根識과 미진味塵을 상대적으로
관찰해서(對觀) 즉卽하지도 않고 여의지도 않으면 중도가 저절로 드러
난다. 맛의 원인을 분별하면 무명의 체體가 공해서 무생無生을 요달해
증득한다.

(E) 촉진觸塵

발타바라와 그 동반자인 16보살(開士)이 즉시 자리에서 일어나 부처님
발에 정례하고 부처님께 말씀드렸다.

"저희들은 처음 위음왕威音王 부처님께 법을 듣고 출가하였습니다.
스님들이 목욕할 때 차례대로 욕실에 들어갔다가 홀연히 물의 원인이
티끌(塵)을 씻는 것도 아니고 또한 몸(體)을 씻는 것도 아님을 깨달아서
중간에서 편안하게 있는 바가 없음(無所有)을 얻었습니다. 그러나
숙세의 습기는 잊지 못해서 지금에 와서야 부처님을 따라 출가하여
무학無學을 얻게 되었습니다. 저 위음왕 부처님께서 저를 발타바라라
칭하시니, 묘한 촉감이 선명宣明하여 불자주佛子住를 이루었습니다.

부처님께서 원만히 통함(圓通)을 물으시는데, 제가 증득한 대로라면 촉인觸因이 최상입니다."

跋陀婆羅幷其同伴十六開士卽從座起. 頂禮佛足而白佛言. 我等先
於威音王佛聞法出家. 於浴僧時隨例入室. 忽悟水因. 旣不洗塵. 亦
不洗體. 中間安然. 得無所有. 宿習無忘. 乃至今時從佛出家令得無
學. 彼佛名我跋陀婆羅. 妙觸宣明成佛子住. 佛問圓通. 如我所證觸
因爲上.

통의 여기서는 촉진觸塵을 말미암아 들어가는 것이다. 발타바라는
한역하면 현호賢護이다. 홀연히 물의 원인이 티끌을 씻는
것이 아님을 깨닫는 것은 경계의 공空함이며, 몸을 씻는 것도 아님은
육근의 공함이다. 육근과 육진이 이미 공하니 중간에서 편안하게
있는 바 없음(無所有)를 얻는다. 이는 육근과 육진을 벗어나서 공성空性
에 들어가는 것이다.

(F) 법진法塵

마하가섭과 자금광紫金光 비구니들이 즉시 자리에서 일어나 부처님
발에 정례하고 부처님께 말씀드렸다.

"제가 지난 겁에 이 사바세계에 있을 때 부처님께서 세간에 출현하셨
는데 그 이름을 일월등日月燈이라 하셨습니다. 제가 가까이 모시면서
법을 듣고 수행했으며, 부처님이 멸도滅度하신 후에는 사리舍利에
공양을 올리고, 등불을 켜서 밝음을 이어가고, 자광금으로 부처님

형상에 도금하였습니다. 이로부터는 세세생생 몸이 항상 원만하면서 자금광 빛이 났으니, 이 자금광 비구니들은 저의 권속으로 동시에 발심했습니다.

저는 세간의 육진六塵이 변하고 무너짐을 관찰하고는 오직 공적空寂으로 멸진滅盡을 닦아서 몸과 마음이 능히 백천 겁을 지내도 마치 손가락을 한 번 튕기는 순간과 같습니다. 저는 이 공법空法으로 아라한을 이루었으며, 세존께서는 저를 두타頭陀[371]가 최고라고 말씀하셨으니, 묘한 법이 열리고 밝아지면서 온갖 번뇌(漏)를 녹여 없앴습니다. 부처님께서 원만히 통함(圓通)을 물으시는데, 제가 증득한 대로라면 법인法因이 최상입니다."

摩訶迦葉及紫金光比丘尼等卽從座起. 頂禮佛足而白佛言. 我於往劫於此界中有佛出世名日月燈. 我得親近聞法修學. 佛滅度後供養舍利然燈續明. 以紫光金塗佛形像. 自爾以來世世生生身常圓滿紫金光聚. 此紫金光比丘尼等卽我眷屬同時發心. 我觀世間六塵變壞唯以空寂修於滅盡. 身心乃能度百千劫猶如彈指. 我以空法成阿羅

---

371 의식주에 대한 집착을 버리고 심신을 수련하는 것을 이르는 불교용어로, 산스크리트 두타dhuta의 음역이다. 두타행에는 모두 12조항이 있어서 이를 12두타행이라고 부른다. 12두타행은 다음과 같다. ①인가와 떨어진 조용한 숲속에 머문다. ②항상 걸식을 한다. ③걸식할 때는 빈부를 가리지 않는다. ④하루에 한 번만 먹는다. ⑤과식하지 않는다. ⑥점심 이후에는 과실즙이나 꿀 등도 먹지 않는다. ⑦헌 옷감으로 만든 옷을 입는다. ⑧삼의三衣 이외에는 소유하지 않는다. ⑨무상관에 도움이 되도록 무덤 곁에 머문다. ⑩나무 밑에 거주한다. ⑪지붕이 없는 곳에 앉는다. ⑫단정하게 앉고 눕지 않는다.

漢. 世尊說我頭陀爲最. 妙法開明銷滅諸漏. 佛問圓通. 如我所證法
因爲上.

통의 여기서는 법진을 말미암아 들어가는 것이다. 마하가섭은 대음
광大飮光 씨로 이름은 필발라畢鉢羅로서 두타頭陀의 실천에
으뜸이었다. '부처님 사리에 공양을 올리고' 등은 지난 과거의 인因을
서술한 것이다. 육진이 변하고 무너지고 생겨나고 소멸함을 관찰한
것인데, 오직 공적만이 무생이다. 생겨나고 소멸함을 관찰해서 무생을
증득했기 때문에 공법이라 한 것이다.

B) 오근五根을 다섯 가지로 나눔

(A) 안근眼根

아나율타가 즉시 자리에서 일어나 부처님 발에 정례하고 부처님께
말씀드렸다.

"저는 처음 출가해서 늘 잠자기를 좋아했습니다. 여래께서 축생의
부류가 된다고 꾸짖으시니, 제가 부처님의 꾸짖음을 듣고 슬피 울면서
스스로 자책하길 7일 동안 잠을 자지 않다가 두 눈이 멀었습니다.

세존께서 저에게 낙견조명금강삼매樂見照明金剛三昧를 열어 보여주
셔서 저는 눈을 인因하지 않고도 시방세계를 정진精眞이 활짝 트이게
살펴보는 것이 마치 손바닥에 있는 과일을 보듯 하자, 여래께서 저를
아라한을 이루었다고 인가하셨습니다. 부처님께서 원만히 통함(圓通)
을 물으시는데, 제가 증득한 대로라면 봄(見)을 돌이켜 근원(元)을
따르는 것이 가장 으뜸입니다."

阿那律陀卽從座起. 頂禮佛足而白佛言. 我初出家常樂睡眠. 如來訶
我爲畜生類. 我聞佛訶啼泣自責. 七日不眠失其雙目. 世尊示我樂見
照明金剛三昧. 我不因眼觀見十方. 精眞洞然如觀掌果. 如來印我成
阿羅漢. 佛問圓通. 如我所證旋見循元. 斯爲第一.

통의 이 이하는 오근을 말미암아 들어가는 것이다. 아나율은 한역
하면 무빈無貧이다. 부처님의 사촌 동생으로 백반왕白飯王[372]
의 아들이다. 잠자는 것을 많이 좋아해서 부처님께서 꾸짖기를 "쯧쯧,
어찌 잠만 자는가! 소라나 고동, 조개 종류는 한 번 자면 천년을
자서 부처님의 명호名號를 듣지 못한다'고 하셨다. 이로 인해 아나율은
크게 분발하여 잠을 자지 않다가 눈이 멀고 말았다. 그러나 가르침에
의거해 수행을 해서 마침내 천안통天眼通을 얻었으니, 육안으로 살펴
보지 않아도 시방세계를 본다는 것은 소위 밝음(明)이 안근을 따르지
않는 것이며, 밝지 않음이 스스로 발한다면 온갖 어두운 모습(暗相)도
길이 어둡질(昏) 못한 것이다.

(B) 비근鼻根

주리반특가가 즉시 자리에서 일어나 부처님 발에 정례하고 부처님께
말씀드렸다.

"제가 암기를 잘하지 못해서 다문多聞의 성품이 없습니다. 처음

---

[372] 가비라국迦毗羅國의 임금이던 사자협왕師子頬王의 둘째 아들로, 정반왕淨飯王의
첫째 아우이자 여래如來의 숙부이다. 백반왕의 맏아들은 조달調達이고, 작은
아들은 아난阿難이다.

부처님을 만나 설법을 듣고 출가해서 여래께서 가르쳐 주신 한 구절의 게송을 기억해 지니려고 했지만, 백일 동안을 앞의 것을 외우면 뒤의 것을 잊어버리고 뒤의 것을 외우면 앞의 것을 잊어버렸습니다. 부처님께서 저의 어리석음을 불쌍히 여겨서 저에게 '안거安居하여 날숨과 들숨을 잘 다스려라'고 하시므로, 저는 그때 숨을 관찰하여 생주이멸生住異滅의 온갖 행이 찰나란 걸 미세하게 궁극까지 살폈습니다. 마침내 마음이 활짝 열리면서 크게 걸림 없음(大無礙)을 얻고, 나아가 번뇌(漏)가 다하여 아라한을 이루면서 부처님 좌하座下에 머물자 무학無學을 이루었다고 인가하셨습니다. 부처님께서 원만히 통함을 물으시는데, 제가 증득한 대로라면 '숨을 돌이켜 공을 따름(返息循空)'이 가장 으뜸입니다."

周利槃特迦卽從座起. 頂禮佛足而白佛言. 我闕誦持無多聞性. 最初值佛聞法出家. 憶持如來一句伽陀. 於一百日. 得前遺後. 得後遺前. 佛愍我愚. 教我安居調出入息. 我時觀息微細窮盡. 生住異滅諸行刹那. 其心豁然得大無礙. 乃至漏盡成阿羅漢. 住佛座下印成無學. 佛問圓通. 如我所證反息循空. 斯爲第一.

통의 여기서는 비근을 말미암아 들어가는 것이다. 주리반특가는 한역하면 사노蛇奴, 또는 계도繼道이다. 길가에서 태어났기 때문에 성품이 가장 어리석고 우둔하다. 전생에 법사法師가 되어서 은밀히 불법에 인색했기 때문에 어리석음이란 과보를 받은 것이다. 오백 명의 비구가 똑같이 하나의 게송을 가르쳤지만 90일이 지나도 기억하질 못했다. 세존께서 산란散亂함을 그치게 하려고 들숨과 날숨을 관찰하라고 했는데, 마침내 마음이 열리자 '숨을 돌이켜 공을 따르면서(返息循空)' 들숨과 날숨을 여의었다.

(C) 설근舌根

교범발제가 즉시 자리에서 일어나 부처님 발에 정례하고 부처님께 말씀드렸다.

"저는 구업이 있으니, 과거의 겁에 사문沙門을 경시하고 희롱하다가 세세생생 우사병牛呞病이 있었습니다. 여래께서 저에게 일미청정一味淸淨의 심지心地 법문을 열어 보이시시니, 저는 마음을 소멸해 삼마지에 들어가게 되었습니다. 그리하여 맛을 관찰하는 앎(知)이 체(體: 설근)도 아니고 사물(物: 맛)도 아니라서 염念에 감응하여 세간의 모든 번뇌(漏)를 초월하게 되었으니, 안으로는 몸과 마음을 벗어버리고 밖으로는 세계까지 버려서 삼유三有를 멀리 여읜 것이 마치 새가 새장을 벗어난 것 같았습니다. 때(垢)를 여의고 육진을 녹여서 법안法眼이 청정하자 아라한을 이루었으니, 여래께서 친히 인가하여 무학無學의 도에 올랐습니다. 부처님께서 원만히 통함(圓通)을 물으시는데, 제가 증득한 대로라면 '맛을 돌이켜 앎으로 돌아가는(還味旋知)' 것이 가장 으뜸입니다."

憍梵鉢提卽從座起. 頂禮佛足而白佛言. 我有口業. 於過去劫輕弄沙門. 世世生生有牛呞病. 如來示我一味淸淨心地法門. 我得滅心入三摩地. 觀味之知非體非物. 應念得超世間諸漏. 內脫身心外遺世界.

遠離三. 有如鳥出籠. 離垢銷塵法眼淸淨成阿羅漢. 如來親印登無學

道. 佛問圓通. 如我所證還味旋知. 斯爲第一.

통의 여기서는 설근을 말미암아 들어가는 것이다. 교범발제는 한역
하면 우사牛呞이다. 소는 되새김질을 일삼으므로 감응한 과보
도 그와 같은 것이다. 체體도 아니고 사물(物)도 아니라면 근根과
진塵 둘 다 잊기 때문에 안으로 몸과 마음을 벗어나고 밖으로 세계를
버린다.

(D) 신근身根

필릉가바차가 즉시 자리에서 일어나 부처님 발에 정례하고 부처님께
말씀드렸다.

"제가 처음 발심하여 부처님을 따라 도道에 들어갔을 때 여래께서
세간의 즐겁지 않은 일을 말씀하시는 것을 자주 들었습니다. 성城
안에서 걸식하면서 그 법문을 마음으로 생각하다가 모르는 사이에
길에서 독가시에 발을 찔려 온몸이 아팠습니다. 제가 생각건대 '앎이
있기에(有知) 이 깊은 아픔을 아는 것이니, 비록 아픔을 느끼는(覺)
걸 깨닫지만 깨달음(覺)의 청정심淸淨心에는 아픔도 아픔을 깨닫는
것도 없다'고 하고, 제가 다시 '이처럼 하나의 몸에 어찌 두 가지 각覺이
있겠는가?' 생각했는데, 생각을 거둔지 얼마 안 가서 몸과 마음이
홀연히 텅 비면서 21일 동안 모든 번뇌(漏)가 다하여 아라한을 이루었습
니다. 그리하여 부처님의 인가와 수기를 직접 받아서 무학無學을 발명
했습니다. 부처님께서 원만히 통함(圓通)을 물으시는데, 제가 증득한

대로라면 '순수한 각으로 몸을 버림(純覺遺身)'이 가장 으뜸입니다."

畢陵伽婆蹉卽從座起. 頂禮佛足而白佛言. 我初發心從佛入道. 數聞
如來說諸世間不可樂事. 乞食城中心思法門. 不覺路中毒刺傷足擧
身疼痛. 我念有知知此深痛雖覺覺痛覺淸淨心無痛痛覺. 我又思惟
如是一身寧有雙覺. 攝念未久身心忽空. 三七日中諸漏虛盡成阿羅
漢. 得親印記發明無學. 佛問圓通. 如我所證純覺遺身. 斯爲第一.

통의 여기서는 신근을 말미암아 들어가는 것이다. 필릉가바차는 한역하면 여습餘習이다. 옛날 바라문이었을 때의 여습餘習으로 오만함이 많았으니, 가령 하신河神을 '보잘 것 없는 계집종(小婢)'이라 욕한 종류이다. 처음 도道에 들어갔을 때 부처님에게 세간은 무상無常하고 고통은 공空하다는 법을 들었기 때문에 '즐겁지 않은 일'이라 말한 것이다. 법문을 마음으로 생각하다가 모르는 사이에 독가시에 발을 찔린 것이 바로 고통스런 일이다. 제가 생각건대 몸에 앎을 두기에 이 깊은 아픔을 아는 것이니, 비록 지각知覺이 있어서 이 깊은 아픔을 각覺하더라도 각심覺心의 청정함을 돌이켜 관찰하면 아픔(痛)과 능히 아파함(能痛)이 있지 않다. 이 '각심覺心'이 소위 '순수한 각으로 몸을 버림(純覺遺身)'이다.

(E) 의근意根
수보리가 즉시 자리에서 일어나 부처님 발에 정례하고 부처님께 말씀드렸다.

"저는 광겁曠劫 이래로 마음에 걸림이 없어서 생生을 받은 것이 항하 모래 수와 같음을 스스로 기억합니다. 처음 어머니 태胎에 있을 때부터 곧 공적空寂을 알았고, 이렇게 나아가 시방세계까지 공空을 이루었고, 또한 중생들까지도 공성空性을 증득케 하였습니다. 그래서 여래께서 성각性覺의 진공眞空을 발한 걸 받고서 공성空性이 원만히 밝아져 아라한을 얻으면서 여래의 보명공해寶明空海에 단박에 들어가 부처 지견(佛知見)[373]과 똑같아졌습니다. 그리하여 '무학無學을 이루었다'고 인가를 하시니, 해탈성공解脫性空에서는 제가 최상이 됩니다. 부처님께서 원만히 통함(圓通)을 물으시는데, 제가 증득한 대로라면 온갖 모습(相)이 아닌 모습(非)으로 들어가고 비소非所와 비非도 다해서 '법을 돌이켜서 무로 돌아감(旋法歸無)'이 가장 으뜸입니다."

須菩提卽從座起. 頂禮佛足而白佛言. 我曠劫來心得無礙. 自憶受生如恆河沙. 初在母胎卽知空寂. 如是乃至十方成空. 亦令衆生證得空性. 蒙如來發性覺眞空. 空性圓明得阿羅漢. 頓入如來寶明空海. 同佛知見印成無學. 解脫性空我爲無上. 佛問圓通. 如我所證諸相入非非所非盡旋法歸無. 斯爲第一.

 여기서는 의근을 말미암아 들어가는 것이다. 수보리는 한역하면 공생空生 또는 선현善現이다. 태어날 때 곳간(庫藏)이 다

---

373 제법諸法 실상實相의 이치를 깨닫고 비추어 보는 부처님의 지혜. 모든 부처님이 세간에 출현하는 까닭은 중생으로 하여금 이 부처님의 지견知見을 얻게 하기 위한 것이라고 한다.

공해서 공을 이해하는 데는 최상이라 하겠는데, 오래되어 공적空寂을 알았기 때문에 부처님을 따르면서 성각의 진공을 듣게 되자 마침내 깨달음을 얻었다. '부처 지견과 똑같아졌다'는 대체로 부처님이 관하는 바의 공리空理와 일부 똑같아진 것이지 완전히 똑같은 것은 아니다. '비소非所와 비非도 다해서'는 말하자면 비소非所의 비非도 다한 것이다.

C) 육식六識을 여섯 가지로 나눔

(A) 안식眼識

사리불이 즉시 자리에서 일어나 부처님 발에 정례하고 부처님께 말씀드렸다.

"저는 광겁 이래로 마음으로 보는 것이 청정해서 이렇게 생생을 받은 것이 항하 모래 수와 같으며, 세간과 출세간의 갖가지 변화를 한 번 보면 통달해서 장애가 없었습니다. 저는 길에서 가섭파迦葉波 형제를 만나 함께 인연을 널리 설함을 듣고서 마음에 변제邊際가 없음을 깨달았습니다. 그래서 부처님을 따라 출가하여 견각見覺이 밝고 원만해서 크게 두려움 없음(大無畏)을 얻어 아라한을 이루고 부처님의 장자長子가 되었으니, 부처님 입으로부터 탄생하고 법의 교화로부터 태어난 것입니다.[374] 부처님께서 원만히 통함(圓通)을 물으시는데, 제가 증득한 대로라면 마음으로 봄(心見)이 광명을 발하고 광명이 지견知見을 극極하는 것이 가장 으뜸입니다."

---

374 부처의 가르침을 직접 받았기에 부처의 입으로부터 태어나고 부처의 교화로부터 태어난 것과 같다.

舍利弗卽從座起. 頂禮佛足而白佛言. 我曠劫來心見淸淨. 如是受生
如恒河沙. 世出世間種種變化一見則通獲無障礙. 我於路中逢迦葉
波兄弟相逐宣說因緣. 悟心無際從佛出家. 見覺明圓得大無畏成阿
羅漢. 爲佛長子. 從佛口生. 從法化生. 佛問圓通. 如我所證心見發光
光極知見. 斯爲第一.

통의 여기서는 안식을 말미암아 들어가는 것이다. 사리불은 한역하면 추자鶖子, 즉 '추의 자식'으로 어머니의 이름 추鶖와 연결된 것이다. 광겁 이래로 마음으로 보는 것이 청정하다면 숙세宿世의 인因이 이미 깊은 것이며, 세간과 출세간의 갖가지 변화는 말하자면 사제四諦의 생멸법이다. 마음으로 봄(心見)이 광명을 발하고 광명이 지견知見을 극極하는 것은 말하자면 현전한 안진을 말미암지 않고 지견을 일으키는 것이다.

(B) 이식耳識

보현보살이 즉시 자리에서 일어나 부처님 발에 정례하고 부처님께 말씀드렸다.

"저는 이미 항하 모래 수와 같은 여래의 법왕자가 된 적이 있으니, 시방 여래께서 보살의 근기인 그 제자들에게 '보현행을 닦으라'고 가르치신 것은 저로부터 이름을 세운 겁니다.

세존이시여, 저는 마음으로 들음(心聞)으로써 중생이 갖고 있는 지견을 분별하는데, 만약 타방他方의 항하 모래 수 세계 밖의 한 중생이라도 마음속에 보현행을 발명하는 이가 있다면, 저는 그때 어금니가 여섯 개인 코끼리를 타고 백천 가지로 몸을 나누어서 모두 그곳에 이르겠습니다. 설사 저 장애가 깊어서 저를 보질 못한다 해도 저는 그 사람의 정수리를 암암리에 어루만져서 그를 옹호하고 위로해 보현행을 성취하게 하겠습니다. 부처님께서 원만히 통합(圓通)을 물으시는데, 제가 본인本因을 말하건대 마음으로 들음(心聞)으로 발명하여 분별이 자재自在한 것이 가장 으뜸입니다."

普賢菩薩卽從座起. 頂禮佛足而白佛言. 我已曾與恆沙如來爲法王子. 十方如來教其弟子菩薩根者修普賢行從我立名. 世尊. 我用心聞分別衆生所有知見. 若於他方恆沙界外有一衆生心中發明普賢行者. 我於爾時乘六牙象分身百千皆至其處. 縱彼障深未得見我. 我與其人暗中摩頂. 擁護安慰令其成就. 佛問圓通. 我說本因心聞發明分別自在. 斯爲第一.

통의 여기서는 이식을 말미암아 들어가는 것이다. 행行이 법계에 충만함을 보普라 하고, 지위가 극성極聖에 이웃함을 현賢이라 한다. 만약 이식이 분별하면 한량이 있지만, 지금은 마음으로 듣기 때문에 마음이 시방에 두루해서 들음도 법계에 두루하는 것이다. 대체로 중생이 갖고 있는 지견은 이 마음 밖으로 벗어나지 않기 때문에 능히 하나하나 분별할 수 있는 것이다. 다만 유심有心으로 보현행에 계합하는 자라도 바로 섭수攝受되고 옹호를 받으니, 마음으로 들음을 말미암기 때문에 분별이 자재하다.

(C) 비식鼻識

손타라난타가 즉시 자리에서 일어나 부처님 발에 정례하고 부처님께 말씀드렸다.

"제가 처음 출가해서 부처님을 따라 도道에 들어가 비록 계율을 갖추었지만, 삼마지에서는 마음이 항상 산란하여 무루無漏를 얻지 못했는데, 세존께서 저와 구치라에게 '코끝이 흰 것을 관찰하라'고 가르치셨습니다. 제가 처음부터 자세히 관찰해서 21일이 지나자 콧속의 기운이 연기처럼 들고 나가는 것을 보면서 몸과 마음이 안으로 밝아져 세계를 원만히 밝혔으니(圓洞), 두루 텅 비고 청정함이 마치 유리와 같았습니다. 연기의 모습이 점점 소멸하고 코의 숨이 희어지면서 마음이 열리고 번뇌(漏)가 다하자 모든 들고 나가는 숨이 광명으로 화하여 시방세계를 비추면서 아라한을 이루었는데, 세존께서는 제가 응당 보리를 얻을 것이라고 수기하셨습니다. 부처님께서 원만히 통함(圓通)을 물으시는데, 저는 숨을 소멸함으로써 숨이 오래되어 광명을 발하고 그 광명이 원만하여 번뇌를 소멸하는 것이 가장 으뜸입니다."

孫陀羅難陀卽從座起. 頂禮佛足而白佛言. 我初出家從佛入道. 雖具戒律. 於三摩地心常散動未獲無漏. 世尊教我及俱絺羅觀鼻端白. 我初諦觀經三七日. 見鼻中氣出入如煙. 身心內明圓洞世界. 徧成虛淨猶如瑠璃. 煙相漸消鼻息成白. 心開漏盡. 諸出入息化爲光明照十方界得阿羅漢. 世尊記我當得菩提. 佛問圓通. 我以消息息久發明明圓滅漏. 斯爲第一.

통의 여기서는 비식을 말미암아 들어가는 것이다. 손타라난타는 한역하면 염희豔喜이니 아내를 겸해서 얻은 이름이다.[375] 부처님의 친동생인데 출가 초기에는 마음이 산란했기 때문에 부처님께서 코끝이 흰 것을 관찰하도록 가르치신 것이다. 그래서 집중된 마음(注心)이 반연攀緣에 상관하지 않기 때문에 비식에 의거하게 되는데, 이전에 숨을 세는(數息) 것은 단지 근根에 의거할 뿐이다. '모든 들고 나가는 숨이 광명으로 화하여'는 식識을 여의기 때문에 마음 광명이 발하고 초월해서 시방세계를 비춘다.

(D) 설식舌識

부루나 미다라니자가 즉시 자리에서 일어나 부처님 발에 정례하고 부처님께 말씀드렸다.

"저는 광겁 이래로 변재辯才가 걸림이 없어서 고苦와 공空을 널리 설하여 실상實相을 깊이 통달했습니다. 이렇게 나아가 항하 모래 수와 같은 여래의 비밀법문까지 제가 대중에게 미묘하게 열어 보이되 두려움이 없었습니다. 세존께서 저에게 대변재가 있음을 아시고는 음성륜音聲輪으로 저를 가르쳐 발양發揚케 하셨으니, 제가 부처님 앞에서 부처님을 도와 법륜을 굴리면서 사자후를 인하여 아라한을 이루자, 세존께서 저를 설법이 무상無上이라고 인가하셨습니다. 부처님께서 원만히 통함(圓通)을 물으시는데, 저는 법음法音으로 악마와 원수를 항복받아서 모든 번뇌(漏)를 소멸하는 것이 가장 으뜸입니다."

---

[375] 손타라는 아내의 이름이고 난타는 이름이다. 부처님의 제자 중에 난타라는 이름이 많으므로 앞에다 아내의 이름을 붙여서 손타라난타라고 했다.

富樓那彌多羅尼子卽從座起頂禮佛足而白佛言. 我曠劫來辯才無礙.
宣說苦空深達實相. 如是乃至恒沙如來祕密法門. 我於衆中微妙開
示得無所畏. 世尊知我有大辯才. 以音聲輪敎我發揚. 我於佛前助佛
轉輪. 因師子吼成阿羅漢. 世尊印我說法無上. 佛問圓通. 我以法音
降伏魔怨消滅諸漏. 斯爲第一.

통의 　여기서는 설식을 말미암아 들어가는 것이다. 부루나는 한역하
면 만滿이고, 미다라는 한역하면 자慈이다. 니尼는 여성을
칭하니 바로 그 어머니다. 광겁 이래로 변재가 걸림이 없다면 숙세의
인因이 이미 깊은 것이다. 고苦와 공空, 사제와 생멸의 법을 널리
설해서 능히 실상을 통달했으니, 이것을 일러 '미묘하게 열어보였다'고
한다. 설식으로 묘한 법을 선양해서 번뇌(漏)가 다하게 되었으니,
이것이 소위 법의 이치를 잘 이해해서 설법에 따라 깨달아 들어가는
것이라 한다.

(E) 신식身識

우파리가 즉시 자리에서 일어나 부처님 발에 정례하고 부처님께 말씀드
렸다.

　"제가 직접 부처님을 따라 성을 넘고 출가해서 여래께서 6년 고행하시
는 것을 몸소 보았으며, 여래께서 마군들을 항복받고 외도들을 제압하
며 세간의 탐욕과 온갖 번뇌(漏)를 해탈하심을 직접 보았습니다. 그리
하여 부처님의 가르침과 계율을 받고, 이렇게 나아가 3천 가지 위의威儀
와 8만 가지 미세한 성업性業과 차업遮業이 다 청정해지면서 몸과

마음이 적멸하여 아라한이 되었습니다.

저는 여래의 대중 가운데 벼리(綱紀)였는데, 저의 마음을 직접 인가하시면서 계율을 지니고 몸을 닦는 데는 대중 가운데 으뜸이 되었습니다. 부처님께서 원만히 통함(圓通)을 물으시는데, 저는 몸을 단속해서 몸이 자재하게 되고, 차례로 마음을 단속해서 마음이 통달하게 되고, 그런 뒤에 몸과 마음 일체가 통하여 이로운 것(通利), 이것이 가장 으뜸입니다."

優波離卽從座起. 頂禮佛足而白佛言. 我親隨佛踰城出家. 親觀如來六年勤苦. 親見如來降伏諸魔制諸外道. 解脫世間貪欲諸漏. 承佛敎戒. 如是乃至三千威儀八萬微細性業遮業悉皆淸淨. 身心寂滅成阿羅漢. 我是如來衆中綱紀. 親印我心. 持戒修身衆推爲上. 佛問圓通. 我以執身身得自在. 次第執心心得通達. 然後身心一切通利. 斯爲第一.

통의 여기서는 신식을 말미암아 들어가는 것이다. 우파리는 한역하면 근집近執이다. 여래께서 태자太子였을 때 측근에서 집사執事를 맡았던 신하이다. 말하자면 살생, 도적질, 음행은 망령된 것으로 성품이 본래 죄라서 제지制止를 기다리지 않고 범하기만 해도 업을 이루기 때문에 성업性業이라 한다. 그 나머지는 허물을 인해 처음으로 제지하고, 앞서 범한 것을 제지하면 즉시 죄가 없기 때문에 차업遮業이라 한다. 이 두 가지 업이 이미 공했기 때문에 몸과 마음이 적멸하다. 몸의 계율이 원만하고 밝기 때문에 몸이 자재하며, 마음의 계율이 원만하고 밝기 때문에 마음이 자재하다.

(F) 의식意識

대목건련이 즉시 자리에서 일어나 부처님 발에 정례하고 부처님께 말씀드렸다.

"저는 처음에 길에서 걸식을 하다가 우루빈나, 가야, 나제의 세 가섭파가 여래의 인연법의 깊은 이치를 설하는 걸 들었습니다. 저는 단박에 발심해서 크게 통달하게 되었는데, 여래께서 저에게 은혜를 베푸셔서 가사가 몸에 입혀지고 수염과 털이 저절로 떨어졌습니다. 저는 시방세계를 돌아다녀도 걸리는 바가 없었으며, 신통이 발명하여 으뜸(無上)이 되면서 아라한을 이루었으니, 어찌 세존뿐이겠습니까? 시방의 여래께서도 저의 신력神力이 원만하고 밝고 청정하고 자재하고 두려움이 없다고 찬탄을 하셨습니다. 부처님께서 원만히 통함(圓通)을 물으시는데, 마치 탁한 물을 맑힐 때 오래두면 청정해지는 것처럼, 저는 고요함(湛)에 돌아가서 마음 광명이 발하여 퍼지는 것이 가장 으뜸입니다."

大目犍連卽從座起. 頂禮佛足而白佛言. 我初於路乞食. 逢遇優樓頻螺伽耶那提三迦葉波. 宣說如來因緣深義. 我頓發心得大通達. 如來惠我袈裟著身鬚髮自落. 我遊十力得無罣礙. 神通發明推爲無上成阿羅漢. 寧唯世尊. 十方如來歎我神力圓明淸淨自在無畏. 佛問圓通. 我以旋湛心光發宣如澄濁流久成淸瑩. 斯爲第一.

통의 여기서는 의식을 말미암아 들어가는 것이다. 목건련은 한역하면 채숙씨采菽氏이다. 이름은 구율타拘律陀인데 한역하면 무절수無節樹이다. 우루빈나는 한역하면 목과률木瓜蘽이고, 가야는 한역하면 성城인데 또한 산의 이름이고, 나제는 한역하면 하河이니 세 가섭파가 거주하는 곳이다. 인연의 깊은 이치는 말하자면 무생법無生法이다. 의식은 생멸하지만 지금은 무생無生을 깨달았기 때문에 마음이 통달하게 된 것이다. 고요함에 돌아감(旋湛)은 말하자면 생겨나고 소멸하는 현전의 티끌을 좇지 않는 것이니, 이 때문에 마음 광명이 발하여 퍼지는 것이다.

이상은 십팔계를 말미암아 깨달아 들어가는 것이고, 이하는 칠대七大를 말미암아 깨달아 들어가는 것이다.

D) 칠대七大를 일곱 가지로 나눔

(A) 화대火大

오추슬마가 여래 앞에서 합장하며 부처님 두 발에 정례하고는 부처님께 말씀드렸다.

"저는 늘 옛날을 기억하는데 구원겁久遠劫 이전에는 탐욕이 많은 성품이었습니다. 그런데 공왕空王이란 부처님께서 세상에 출현하여서 '음욕이 많은 사람은 맹렬한 불덩이가 된다'고 하시면서 저에게 '백해百骸와 사지四肢의 온갖 차갑고 따뜻한 기운을 두루 관찰하라'고 가르쳐 주셨습니다.

그러자 신령한 광명이 안으로 응결하면서 많은 음심을 변화시켜 지혜의 불을 이루니, 이때부터 모든 부처님이 저를 '화두火頭'라고 부르셨습니다. 저는 화광삼매火光三昧의 힘 때문에 아라한을 이루고는 '모든 부처님이 도를 이루시면 저는 역사力士가 되어서 직접 마군魔軍과 원수를 항복받겠다'고 대원大願의 마음을 발했습니다. 부처님께서 원만히 통함(圓通)을 물으시는데, 저는 몸과 마음의 따뜻한 촉감이 걸림 없이 유통하는 걸 자세히 관찰해서 모든 번뇌(漏)가 소멸하고 큰 보배 화염(寶焰)을 내어 위없는 깨달음(無上覺)에 오르는 것이 가장 으뜸입니다."

烏芻瑟摩於如來前. 合掌頂禮佛之雙足而白佛言. 我常先憶久遠劫前性多貪欲. 有佛出世名曰空王. 說多婬人成猛火聚. 敎我徧觀百骸四肢諸冷煖氣. 神光內凝化多婬心成智慧火. 從是諸佛皆呼召我名爲火頭. 我以火光三昧力故成阿羅漢. 心發大願諸佛成道我爲力士親伏魔怨. 佛問圓通. 我以諦觀身心煖觸無礙流通. 諸漏旣銷生大寶焰登無上覺斯爲第一.

통의 여기서는 화대를 말미암아 들어가는 것이다. 오추슬마는 한역하면 화두火頭이다. 이 화대는 외부의 불이 아니라 바로 자기 마음의 욕망의 불에 나아가 관찰하는 것이다. 많은 음심을 변화시켜 지혜의 불을 이루는 것은 소위 성품의 불(性火)뿐이니, 여래장을 인하여 진공眞空의 성품의 불을 갖추고 있는 것이다. 대체로 음란의 기미가 일단 움직이면 음심婬心을 조성해서 발하기 때문에 살아서는 욕망의 불이 되고 죽어서는 업의 불길(業火)이 된다. 그러나 음욕이 생사의 근본이 되는 것은 성품의 불을 말미암아 이루어지는 것인데, 지금은 백해百骸와 사지四肢의 온갖 차갑고 따뜻한 촉감이 본래 자성自性이 공함을 두루 관찰하기 때문에 음심이 소멸하고 지혜 광명이 현전하는 것이니, 소위 큰 보배 화염(寶焰)을 내는 것이다.

(B) 지대地大

지지持地보살이 즉시 자리에서 일어나 부처님 발에 정례하고 부처님께 말씀드렸다.

"저는 기억합니다. 옛날 보광普光 여래께서 세상에 출현하셨을 때 저는 비구가 되었습니다. 늘 일체의 중요한 길과 나루터의 땅이 험하고 좁아서 법답지 못한 탓에 수레와 말이 다니는데 방해가 되면, 저는 다리를 만들거나 혹은 모래와 흙을 지기도 하면서 길을 평탄하게 골랐으며, 이와 같이 한량없는 부처님이 세상에 출현할 때까지 부지런히 애썼습니다.

혹은 어떤 중생이 시장터에서 짐꾼을 얻어 짐을 지우려고 하면 제가 먼저 짐을 졌으며, 그가 가는 곳까지 가서 그 짐을 부려놓고는 즉시 떠나면서 그 삯을 받지 않았습니다. 비사부毗舍浮 부처님[376]이 세상에 나타나셨을 때는 세상에 기근이 심했는데, 저는 짐꾼이 되어서 멀고 가까움을 묻지 않고 오직 1전錢만 받았으며, 혹은 수레와 소가

---

376 불교의 과거칠불 중 세 번째 부처이다. 산스크리트 비스바부Visvabhi 또는 비스바북Visvabhuk을 음역하여 비사부불毗舍浮佛·비습바부毗濕婆部·비사바· 비사 등으로 부르고, 의역하여 변일체자재遍一切自在·일체승一切勝·종종변현種 種變現·변승遍勝·광생廣生이라 부른다. 석가모니 이전에 나타난 과거칠불 중 비바시불·시기불과 함께 과거 장엄겁莊嚴劫의 부처로, 장엄겁의 천불 중에서 맨 뒤에 나타난 부처이다. 나머지 네 부처는 현겁에 나타났다.

진흙구덩이에 빠지면 저의 신력神力으로 바퀴를 밀어서 그 고통에서
벗어나게 했습니다.

그때 국왕이 부처님을 맞이하여 재齋를 마련했는데, 제가 그때 땅을
고르면서 부처님을 기다렸습니다. 비사부 여래께서는 저의 정수리를
어루만지면서 '응당 심지心地를 평탄히 하면 세계의 땅 일체가 평탄해진
다'고 말씀하셨는데, 저는 즉시 마음이 열리면서 몸의 미진微塵이 세계
를 조성한 온갖 미진과 평등하여 차별이 없음을 보았으며, 미진의
자성自性이 서로 저촉하거나 마찰하지 않고 나아가 병기까지도 저촉함
이 없어서 저는 법의 성품에서 무생법인無生法忍을 깨달아 아라한을
이루었습니다.

마음을 돌이켜 이제 보살의 지위에 들어갔는데, 온갖 여래께서 묘련
화妙蓮華의 부처 지견의 경지를 선언하심을 듣고 제가 먼저 증명하여
상수上首가 되었습니다. 부처님께서 원만히 통함(圓通)을 물으시는데,
저는 몸과 세계의 두 미진이 평등하고 차별이 없어서 본래 여래장인데
허망하게 티끌(塵)을 발한 것임을 자세히 관찰함으로써 티끌이 녹고
지혜가 원만해서 위없는 도를 이루는 것이 가장 으뜸입니다."

持地菩薩卽從座起. 頂禮佛足而白佛言. 我念往昔普光如來出現於
世. 我爲比丘常於一切要路津口田地險隘有不如法妨損車馬我皆平
塡. 或作橋梁. 或負沙土. 如是勤苦經無量佛出現於世. 或有衆生於
闤闠處要人擎物. 我先爲擎. 至其所詣放物卽行不取其直. 毗舍浮佛
現在世時世多饑荒. 我爲負人無問遠近唯取一錢. 或有車牛被於泥
溺. 我有神力爲其推輪拔其苦惱. 時國大王延佛設齋. 我於爾時平地

待佛. 毗舍如來摩頂謂我當平心地則世界地一切皆平. 我卽心開. 見身微塵與造世界所有微塵等無差別. 微塵自性不相觸摩. 乃至刀兵亦無所觸. 我於法性悟無生忍成阿羅漢. 迴心今入菩薩位中. 聞諸如來宣妙蓮華佛知見地我先證明而爲上首. 佛問圓通. 我以諦觀身界二塵等無差別. 本如來藏虛妄發塵. 塵銷智圓成無上道. 斯爲第一.

통의 여기서는 지대를 말미암아 들어가는 것이다. 지지보살은 먼저 세계의 땅을 평탄케 했지만 아직 티끌(塵)의 성품이 본래 공함을 통달하지 못했기 때문에 비사부 부처님의 가르침을 인해 심지心地를 평탄하게 하자 즉시 마음이 열리면서 심지가 평등해졌다. 심지가 평등하면 일체가 평등하기 때문에 자신의 미진과 외부의 미진이 평등하여 차별이 없으니, 이는 미진의 성품이 공하여 본래 안과 밖이 없음을 깨달은 것이다. '성품이 서로 저촉하지 않는다'는 마치 공空으로써 공空에 합하는 것과 같기 때문이다. 티끌의 성품이 이미 공하면 일체가 다 공하기 때문에 병기도 닿지 않는 것이다. 옛사람이 머리를 하얀 칼날에 대면서 마치 봄바람을 베는 것과 같다고 한 것은 티끌의 성품이 공함을 깨달았기 때문이다. 티끌이 녹고 지혜가 원만하면 본래 여래장이다.

(C) 수대水大

월광동자月光童子가 즉시 자리에서 일어나 부처님 발에 정례하고 부처님께 말씀드렸다.

"저는 기억합니다. 옛날 항하 모래 수와 같은 겁 이전에 부처님이 세상에 나오셨는데 그 이름은 수천水天이었습니다. 온갖 보살들에게 수관水觀을 닦아 익혀 삼마지에 들어가라고 가르치시면서 '몸속에 있는 물의 성품이 박탈되지 않아서 처음 콧물과 침으로부터 진액, 정혈, 대소변에 이르기까지 궁진窮盡하여 몸속을 순환하는 물의 성질이 동일함을 관하고, 몸속의 물이 세계 밖 부당왕찰浮幢王刹의 온갖 향수해香水海와 더불어 평등하여 차별 없음을 보라'고 하셨습니다.

제가 그때 처음으로 이 관觀을 성취하여 단지 그 물만 볼 뿐 몸은 없어지지 못했습니다. 이때 비구로 있으면서 방안에서 편안하게 참선을 하는데, 저의 제자가 창문으로 방안을 엿보다가 맑은 물이 방안에 가득 찬 것만 보일 뿐 다른 것은 전혀 보이지 않자 철모르는 동자가 무지한 나머지 기왓장 하나를 물속에 던져 첨벙 소리를 내고는 힐끔 돌아보고 가버렸습니다. 제가 선정에서 나온 뒤에 단박에 가슴이 아픈 것이 마치 사리불이 위해귀危害鬼를 만난 것 같아서 제 스스로 생각하길 '이제 나는 이미 아라한 도를 얻어서 오랫동안 병의 인연을 여의었는데, 어찌하여 오늘은 갑자기 가슴이 아픈가? 장차 퇴보(退失)하려는 것이 아닌가?' 하였습니다.

그때 동자가 문득 제 앞에 와서 앞서 있었던 일을 말하기에 저는 즉시 동자에게 말했습니다.

'네가 다시 물을 보면 즉시 문을 열고 물속에 들어가서 기왓장을 끄집어내거라.'

동자가 가르침을 받들었습니다. 나중에 제가 선정에 들었을 때 동자가 다시 돌아와 물이 보이면서 기왓장도 그대로 있자 문을 열고 끄집어 냈습니다. 제가 그 후에 선정에서 나오자 몸이 처음과 같았습니다.

　　그로부터 한량없는 부처님을 만나다가 산해자재통왕여래山海自在
通王如來 때에 이르러서야 비로소 몸이 없음을 얻으면서 시방세계의
온갖 향수해와 더불어 성품이 진공眞空에 합하여 둘도 없고 차별도
없었으며, 지금 여래에게는 동진童眞이란 이름을 얻어서 보살의 모임
에 참여하게 되었습니다. 부처님께서 원만히 통함(圓通)을 물으시는
데, 저는 물의 성품이 한맛으로 유통함으로써 무생법인을 얻어 보리를
원만하게 함이 가장 으뜸입니다."

月光童子卽從座起. 頂禮佛足而白佛言. 我憶往昔恆河沙劫有佛出
世名爲水天. 敎諸菩薩修習水觀入三摩地. 觀於身中水性無奪. 初從
涕唾如是窮盡津液精血大小便利. 身中旋復水性一同. 見水身中與
世界外浮幢王刹諸香水海等無差別. 我於是時初成此觀. 但見其水
未得無身. 當爲比丘室中安禪. 我有弟子闚窗觀室. 唯見淸水徧在室
中了無所見. 童稚無知. 取一瓦礫投於水內. 激水作聲顧盼而去. 我
出定後頓覺心痛. 如舍利弗遭違害鬼. 我自思惟. 今我已得阿羅漢道
久離病緣. 云何今日忽生心痛. 將無退失. 爾時童子捷來我前說如上
事. 我則告言. 汝更見水可卽開門入此水中除去瓦礫. 童子奉敎. 後
入定時還復見水瓦礫宛然. 開門除出. 我後出定身質如初逢無量佛
如是至於山海自在通王如來方得亡身. 與十方界諸香水海性合眞空
無二無別. 今於如來得童眞名預菩薩會. 佛問圓通. 我以水性一味流
通得無生忍圓滿菩提. 斯爲第一.

통의

여기서는 수대를 말미암아 들어가는 것이다. '당위비구當爲比丘'에서 당當은 '이때'이다. '선정에서 수관水觀을 이루었는데, 어떤 제자가'는 바로 물이 방에 가득 찬 것을 본 것이니, 이는 오직 식識의 변화일 뿐임을 알 것이다. 옛날 어떤 승려가 산에 거처하면서 화관火觀에 들어가면 멀리 산 전체에서 화광火光을 보았기 때문에 성품의 물(性水)이나 성품의 불(性火)이 원만하고 두루함을 알 것이다. 오직 업에 따라 발현發現할 뿐이다. 처음에 몸을 잊지 못한 것은 선정에 들고 나감이 있기 때문이고, 몸을 없앤 후에는 일체를 상대하면서도 정을 잊기(對待情忘) 때문이다. '몸 안의 물과 향수해의 성품이 진공에 합하여 둘도 없고 차별도 없음'은 바야흐로 성품의 물(性水)의 진공이 본래 원만하고 두루해서 한맛으로 유통하여 성품에 둘이 없음을 드러내기 때문이다.

(D) 풍대風大

유리광법왕자瑠璃光法王子가 즉시 자리에서 일어나 부처님 발에 정례하고 부처님께 말씀드렸다.

"저는 기억합니다. 옛날 항하 모래 수 겁을 거치면서 무량성無量聲이란 칭호의 부처님께서 세상에 나오셨는데, 보살에게 본각本覺의 묘하고 밝음을 열어 보이시면서 '이 세계와 중생의 몸이 모두 허망한 인연의 풍력風力으로 구르는 것임을 관찰하라'고 하셨습니다.

제가 그때 계界의 성립을 관찰하고, 세상의 움직이는 때를 관찰하고, 몸의 움직임과 정지를 관찰하고, 마음의 동념動念을 관찰하니, 모든 움직임이 둘이 없고 평등하여 차별이 없었습니다. 제가 그때 이 온갖 움직이는 성품이 와도 좇아온 데가 없고 가도 이를 데가 없어서 시방 미진수의 뒤바뀐 중생들이 다 똑같이 허망하고, 이렇게 나아가 삼천대천의 한 세계 안에 있는 중생들이 마치 하나의 그릇 속에 담긴 백마리 모기가 앵앵 어지럽게 울면서 분촌分寸 속에서 바글거리는 것과 같음을 깨달았습니다. 그러다가 부처님을 만나서 얼마 되지 않아 무생법인을 얻었는데, 이때 마음이 열리면서 바로 동방東方의 부동不動 부처님 나라를 보고 법왕자法王子가 되어 시방의 부처님을 섬겼으며, 몸과 마음이 광명을 발하면서 걸림 없이 환하게 사무쳤습니다. 부처님께서 원만히 통함(圓通)을 물으시는데, 저는 풍력의 의지함 없음을 관찰해서 보리심을 깨달아 삼마지에 들어가 시방의 부처님과 합하여 하나의 묘한 마음(一妙心)을 전하는 것이 가장 으뜸입니다.”

瑠璃光法王子卽從座起. 頂禮佛足而白佛言. 我憶往昔經恆沙劫有佛出世名無量聲. 開示菩薩本覺妙明. 觀此世界及衆生身皆是妄緣風力所轉. 我於爾時觀界安立. 觀世動時觀身動止. 觀心動念. 諸動無二等無差別. 我時覺了此輩動性. 來無所從. 去無所至. 十方微塵顚倒衆生同一虛妄. 如是乃至三千大千一世界內所有衆生. 如一器中貯百蚊蚋啾啾亂鳴. 於分寸中鼓發狂鬧. 逢佛未幾得無生忍. 爾時心開. 乃見東方不動佛國. 爲法王子事十方佛. 身心發光洞徹無礙. 佛問圓通. 我以觀察風力無依悟菩提心入三摩地. 合十方佛傳一妙心. 斯爲第一.

통의 여기서는 풍대를 말미암아 들어가는 것이다. 이 풍대는 오로지 온갖 중생의 몸이 모두 허망한 인연의 풍력風力으로 구르는 것임을 관찰하기 때문에 일체의 갖가지 움직임이 다 허망한 인연에 속한다. 본성이 적멸하기 때문에 '온갖 움직임에 둘이 없다'고 말했으니, 움직임에 오고가는 모습이 없는데도 중생이 뒤바뀐 나머지 단지 적멸의 성품 속에서 바글거릴 뿐이다. 움직임이 본래 움직임 없음이기 때문에 동방의 부동不動 부처님 나라에서 법왕자가 되었으며, 몸에 움직임과 정지가 없고 마음에 생겨남과 소멸함이 없기 때문에 몸과 마음이 광명을 발하면서 걸림 없이 환하게 사무친 것이다.

(E) 공대空大

허공장虛空藏 보살이 즉시 자리에서 일어나 부처님 발에 정례하고 부처님께 말씀드렸다.

"제가 여래와 더불어 정광定光 부처님 처소에서 가없는 몸(無邊身)을 얻었는데, 그때 손으로 사대의 보배 구슬(四大寶珠)을 들고 시방의 미진수微塵數 부처님 세계를 비추어 허공을 변화로 이루었으며(化成), 또 자기 마음에 대원경大圓鏡을 나타내서 안으로 열 가지 미묘한 보배 광명을 놓아 시방의 허공이 다할 때까지 흘려보냈으며, 온갖 당왕찰幢王刹이 대원경 안에 들어오고 제 몸에 건너 들어가지만 몸은 허공과 같아서 서로 방해하거나 걸리지 않으며, 몸이 능히 미진수 국토에 잘 들어가서 불사佛事를 널리 행하여 대수순大隨順을 얻었습니다.

이 대신력大神力은 제가 '사대四大는 의지함이 없고, 망상의 생멸과 허공은 둘이 아니라서 부처님 나라와 본래 동일하다'는 걸 자세히 관찰함을 말미암아 동일함(同)에서 발명하여 무생법인無生法忍을 얻었습니다. 부처님께서 원통을 물으시는데, 저는 허공의 가없음을 관찰함으로써 삼마지에 들어가 묘한 힘이 원만하고 밝은 것이 가장 으뜸입니다."

虛空藏菩薩卽從座起. 頂禮佛足而白佛言. 我與如來定光佛所得無邊身. 爾時手執四大寶珠. 照明十方微塵佛刹化成虛空. 又於自心現大圓鏡. 內放十種微妙寶光. 流灌十方盡虛空際. 諸幢王刹來入鏡內. 涉入我身. 身同虛空不相妨礙. 身能善入微塵國土廣行佛事得大隨順. 此大神力. 由我諦觀四大無依妄想生滅虛空無二佛國本同. 於同發明得無生忍. 佛問圓通. 我以觀察虛空無邊入三摩地. 妙力圓明. 斯爲第一.

통의 여기서는 공대를 말미암아 들어가는 것이다. 허공은 색色의 체體이지만, 진공을 미혹함을 인해 사대를 허망하게 맺기 때문에 공성空性을 잃는 것이다. 이제 '사대의 보배 구슬이 시방의 미진수 부처 세계를 비추어 허공을 변화로 이루었다'는 사대의 원만하고 밝음을 관찰하여 그 체體가 진공에 합하는 것이 소위 가없는 몸(無邊身)을 얻는 것이다. 자기 마음에 대원경을 나타내기 때문에 광명이 시방의 허공이 다할 때까지 비추어서 이 마음이 진공에 합하는 것이니, 대원경지大圓鏡智는 평등하게 현현顯現하기 때문이다. '온갖 찰토刹土가 대원경 안에 들어오고 제 몸에 건너 들어가지만 몸은 허공과 같아서 서로 방해하거나 걸리지 않는다'는 진실로 대원경지가 원만히 비춤으로써 몸과 마음이 적멸하여 올바른 평등에 의지한다. 그래서 국토에 잘 들어가 불사를 널리 행하는 것이다. 대수순大隨順을 얻은 자라면 하나하나 모두 평등의 법계에 들어간다.

(F) 식대識大

미륵보살이 즉시 자리에서 일어나 부처님 발에 정례하고 부처님께 말씀드렸다.

"저는 기억합니다. 옛날 미진수 겁을 거치면서 부처님이 세상에 나오셨는데 그 이름은 일월등명日月燈明이었습니다. 제가 그 부처님을 따라 출가를 했지만, 세상의 명예를 중시하는 마음이 있고 귀족들과 놀기를 좋아했습니다. 그때 세존께서 저에게 '유심식정唯心識定을 닦아 익혀서 삼마지에 들라'고 가르치셔서 많은 겁을 거치면서 이 삼매로 항하 모래 수와 같은 부처님을 섬겼더니 세상의 명예를 구하는 마음이 쉬어 소멸했습니다. 연등불이 세상에 출현하게 되서야 제가 비로소 무상無上의 묘하고 원만한 식심識心 삼매를 이루었고, 나아가 허공을 다하도록 여래 국토의 청정함과 더러움, 있음과 없음이 다 제 마음의 변화로 나타난 것이었습니다.

세존이시여, 제가 오직 심식心識뿐임을 요달해 알았기 때문에 식識의 성품에서 한량없는 여래를 유출하였으며, 지금은 수기授記를 얻어서 다음의 보불처補佛處에 있게 되었습니다. 부처님께서 원만히 통함(圓通)을 물으시는데, 저는 시방이 모두 식識뿐임을 자세히 관찰함으로써 식심이 원만하고 밝아 원성실圓成實에 들어가고 의타기성依他起性과 변계소집성徧計所執性을 멀리 여의어 무생법인을 얻는 것이 가장 으뜸입니다."

彌勒菩薩卽從座起. 頂禮佛足而白佛言. 我憶往昔經微塵劫有佛出
世名日月燈明. 我從彼佛而得出家. 心重世名. 好遊族姓. 爾時世尊
敎我修習唯心識定入三摩地. 歷劫已來以此三昧事恆沙佛. 求世名心
歇滅無有. 至然燈佛出現於世. 我乃得成無上妙圓識心三昧. 乃至盡
空如來國土淨穢有無皆是我心變化所現. 世尊. 我了如是唯心識故.
識性流出無量如來. 今得授記次補佛處. 佛問圓通. 我以諦觀十方唯
識. 識心圓明入圓成實. 遠離依地及徧計執得無生忍. 斯爲第一.

통의   여기서는 식대를 말미암아 들어가는 것이다. 미륵은 유식唯識
의 법문을 오랫동안 닦았다. '옛날에 출가했지만 세상의 명예
를 중시하는 마음이 있고'는 지혜를 미혹해 식識을 이루어서 나의
애착을 견고하게 집착하기 때문에 세상의 명예를 중시하는 마음이
있는 것이다. 탐욕으로 물든 육진이 육근을 유희遊戲하기 때문에 귀족
들과 놀기를 좋아하는 것이다. 육근, 육진, 육식의 세 가지가 화합하여
계(界: 18계)가 된다. 계는 종족種族이란 뜻이다. 유심식정唯心識定을
오래 닦고 많은 부처님을 내리 섬기면서 만법이 식識일 뿐임을 완전히
깨달았기 때문에 세상의 명예를 구하는 마음이 쉬어 소멸한 것이다.
연등불에 이르러서야 비로소 묘하고 원만한 식심識心 삼매를 이루었
고, 이에 국토의 청정함과 더러움이 다 제 마음의 변화로 나타난
것임을 요달했고, 한량없는 여래가 다 식識의 성품에서 유출했기 때문
에 수기授記를 얻어서 다음의 보불처補佛處에 있게 되었다. 오직 식識뿐

이라고 관찰함을 말미암아 원성실圓成實을 얻고, 의타기성依他起性과 변계소집성偏計所執性을 멀리 여의기 때문에 무생법인을 얻는 것이다.

(G) 견대見大

대세지법왕자大勢至法王子가 같은 무리인 52보살과 함께 즉시 자리에서 일어나 부처님 발에 정례하고 부처님께 말씀드렸다.

"저는 기억합니다. 옛날 항하 모래 수와 같은 겁에 부처님이 세상에 나오셨는데 그 이름을 무량광無量光이라 하셨고, 열두 여래가 일겁 동안 계속 이어졌는데 그 최후 부처님의 이름은 초일월광超日月光이셨습니다. 그 부처님께서 저에게 염불삼매念佛三昧를 가르치시면서 말씀하셨습니다.

'비유컨대 한 사람은 오로지 기억만 하고 한 사람은 오로지 잊기만 한다면, 이 두 사람은 만나도 만나지 못하고 보아도 보지 못한다. 그러나 두 사람이 서로 기억하고 그 기억하는 생각이 깊어지면, 그리고 이렇게 나아가 이 생에서 저 생으로 이르기까지 한다면 형상에 그림자가 따르듯 서로 어긋나지 않으리라.

시방의 여래가 중생을 불쌍히 여기는 것은 어머니가 아들을 생각하듯 하지만, 만일 아들이 도망치면 생각한들 무슨 소용이 있겠느냐? 아들이 어머니 생각하기를 어머니가 아들 생각하듯 한다면, 그때 어머니와 아들은 여러 생을 거치면서도 서로 어긋나거나 멀어지지 않을 것이다. 만약 중생의 마음에 부처님을 기억하고 부처님을 염송하면 현재(現前)나 미래에 반드시 결정코 부처님을 볼 것이라서 부처님과의 거리가 멀지 않다. 방편을 빌리지 않고도 저절로 마음이 열리는 것이 마치

향에 물든 사람의 몸에 향기가 있는 것과 같으니, 이것을 이름하여
향광장엄香光莊嚴이라 한다.'

　저는 근본의 인지因地에서 염불의 마음으로 무생법인에 들어갔으며,
지금도 이 세계에서 염불하는 사람을 섭수攝收하여 정토에 귀의하게
합니다. 부처님께서 원만히 통함(圓通)을 물으시는데, 저는 선택 없이
육근을 모두 섭수하여 청정한 생각(淨念)이 서로 이어져서 삼마지를
얻는 것이 가장 으뜸입니다."

大勢至法王子與其同倫五十二菩薩卽從座起. 頂禮佛足而白佛言. 我
憶往昔恆河沙劫有佛出世名無量光. 十二如來相繼一劫. 其最後佛
名超日月光. 彼佛教我念佛三昧. 譬如有人一專爲憶一人專忘. 如是
二人若逢不逢或見非見. 二人相憶二憶念深. 如是乃至從生至生同
於形影不相乖異. 十方如來憐念衆生如母憶子. 若子逃逝雖憶何爲.
子若憶母如母憶時. 母子歷生不相違遠. 若衆生心憶佛念佛. 現前當
來必定見佛. 去佛不遠. 不假方便自得心開. 如染香人身有香氣. 此
則名曰香光莊嚴. 我本因地以念佛心入無生忍. 今於此界攝念佛人
歸於淨土. 佛問圓通. 我無選擇. 都攝六根淨念相繼得三摩地. 斯爲
第一.

통의 여기서는 견대를 말미암아 들어가는 것이다. 오직 이 견대만
이 바로 팔식八識의 견분見分이다. 대원경지를 미혹해서 무명
이 되어 아뢰야식을 이루는데, 망견妄見을 발하여 일으키기 때문에
견분이 된다. 근신기계根身器界를 허망하게 보는 일체 중생이 오염(染

汚)을 집착해 취하기 때문에 예토穢土를 이루고, 지금은 허망을 돌이켜 참에 돌아가려(返妄歸眞) 하기 때문에 염불로 섭수하여 정토에 돌아가면 망견이 단번에 타파되면서 온갖 더러움이 단박에 제거된다. 이 때문에 염불을 망견을 타파하는 중요한 술術로 여기는 것이다. 이 망견이 본래 지혜 광명이기 때문에 대세제법왕자가 스승으로 삼은 부처님이 무량광이 된 것이다.

이 봄(見)은 지혜를 미혹해서 변하여 일어남을 말미암기 때문에 마치 자식에 대한 어머니와 같은 것이다. 망견의 허망한 흐름은 정情을 따라 업을 짓기 때문에 마치 자식이 도망치는 것과 같다. 모든 부처님 지혜의 염원은 중생을 거두어 교화하는 것이기 때문에 마치 어머니가 자식을 생각하는 것과 같다. 만약 허망을 돌이켜 참에 돌아가는(返妄歸眞) 뜻(志)이 있다면 마치 자식이 어머니를 생각하는(憶) 것과 같다. 자식과 어머니가 서로 생각하니 어찌 얼굴을 볼 때가 없겠는가? 만약 중생이 생각 생각마다 회광반조廻光返照한다면 자기 마음의 부처를 보지 못함이 없을 것이다.

'마치 향에 물든 사람과 같다'는 훈습으로 변하는 힘을 말미암은 것이다. 대세지법왕자가 이 견대에 의거하여 염불하는 사람을 섭수하기 때문에 모두 정토에 귀의한다. '육근을 모두 섭수하여' 등은 망견의 육근과 육진이 생각 생각마다 집착해 취하고 생각 생각마다 오염되어서 갖가지 업을 짓기 때문에 임종할 때 지옥의 나쁜 모습을 보고 생사에 떨어지는 것이다. 그러나 이제 염불하는 사람은 육근의 문두門頭에서 일체의 견문각지見聞覺知가 순수하고 한결같은 청정한 마음(純一淨心)이라 오직 부처만이 현전하여 생각 생각마다 청정을 이루기 때문에 임종할 때 부처를 보는 것이다.

　그래서 '육근을 모두 섭수하여 청정한 생각(淨念)이 서로 이어진다'고 말한 것이니, 이는 바로 부사의不思議한 훈습 변화(熏變)의 힘이다. 정토가 오직 마음뿐이란 것이 여기에서 보인다. 그러나 봄(見)은 바로 생사의 근본이다. 만약 참선이라면 '참(眞)을 구하려 애쓰지 말고 오직 봄(見)을 쉬어야 한다'고 말하고, 만약 염불이라면 오염된 봄(染見)을 굴려서 청정한 봄(淨見)을 이루니, 오직 하나뿐인 견분見分이 쓰이기도 하고 쓰이지 않기도 하는 것이다. 여기에서 선종과 정토종이 나뉘는 것이다.

감산덕청(1546~1623)

명나라 4대 고승 중 한 명으로, 감산憨山은 호이고 덕청德淸은 법명이다. 안휘성安徽城 금릉金陵에서 태어났으며, 속성은 채씨蔡氏이다. 19세에 남경 보은사報恩寺에서 출가한 이후, 평생 수행과 홍포에 힘썼다. 선과 염불을 함께 닦을 것(禪淨雙修)을 주장했으며, 육조 대사에서 비롯된 조계曹溪의 법맥을 중흥시켰다. 또한 유불도儒佛道 삼교에 능통하여 이의 조화를 추구하였다.

저서로『능가경관기』,『조론약주』,『법화경통의』,『화엄경강요』,『원각경직해』,『기신론직해』,『금강경결의』,『몽유집』,『중용직지』,『노자해』,『장자내편주』등이 있다.

장순용

고려대학교 사학과를 졸업하고 동 대학원 철학과를 수료하였다. 민족문화추진위원회 국역연수원과 태동고전연구소 지곡서당을 수료한 뒤 보림선원 백봉 김기추 거사 문하에서 불법을 참구하였다. 제17회 행원문화상 역경상譯經賞을 수상했다.

역서로는『한위양진남북조불교사』,『신화엄경론』,『화엄론절요』,『설무구칭경』,『티베트 사자의 서』,『대장일람집』,『반야심경과 생명의학』등 다수가 있으며, 편저로는『십우도』,『도솔천에서 만납시다』,『허공법문』등이 있다.

수능엄경통의 1

초판 1쇄 인쇄 2020년 5월 15일 | **초판 1쇄 발행** 2020년 5월 25일
지은이 감산 덕청 | **역주** 장순용 | **펴낸이** 김시열
펴낸곳 도서출판 운주사

(02832) 서울시 성북구 동소문로 67-1 성심빌딩 3층

전화 (02) 926-8361 | 팩스 0505-115-8361

ISBN 978-89-5746-608-7 93220 값 27,000원
ISBN 978-89-5746-607-0 (세트)

http://cafe.daum.net/unjubooks 〈다음카페: 도서출판 운주사〉